Medizinische Psychologie

von Ernst Kretschmer

vierzehnte ergänzte
und bearbeitete Auflage

Herausgegeben von
Wolfgang Kretschmer

Mit 27 Abbildungen
und 9 Tabellen

1975
Georg Thieme Verlag
Stuttgart

1. Auflage 1922
2. Auflage 1922
3. Auflage 1926
1. französische Auflage 1927
4. Auflage 1930
1. englische Auflage 1934
5. Auflage 1939
1. schwedische Auflage 1940
6. Auflage 1941
1. ungarische Auflage 1941
7. Auflage 1943
8. Auflage 1945
9. Auflage 1947
10. Auflage 1950
2. englische Auflage 1952
1. italienische Auflage 1952
2. schwedische Auflage 1952
1. spanische Auflage 1954
11. Auflage 1956
2. französische Auflage 1956
2. spanische Auflage 1957 (reimpression)
1. japanische Auflage 1957
1. polnische Auflage 1958
3. spanische Auflage 1961
12. Auflage 1963
13. Auflage 1973

Verfasser:

Prof. Dr. med. Dr. phil. h. c. Dr. med. h. c.
Ernst Kretschmer †

Herausgeber:

Prof. Dr. med. Wolfgang Kretschmer
Universitäts-Nervenklinik, Tübingen

ISBN 3 13 366714 9

Vorwort zur 14. Auflage

Der gute Erfolg der letzten Auflage spornte mich an, das Lehrbuch im gegebenen Rahmen zu verbessern und im besonderen weitere Forschungsergebnisse einzufügen. So sind zu fast jedem Kapitel wesentliche Ergänzungen hinzugekommen, besonders in den Abschnitten Großhirnleistungen, Gedächtnisleistungen, Bewußtsein, Denken, Traum, Intelligenz, geschlechtstypische Abweichungen und Selbstbewußtsein. Die Abschnitte Temperament und Endokrinium, Aufmerksamkeit, Schlaftrieb, Geschlechtstypen mußten neu geschrieben werden. Trotz diesen Erweiterungen ist das Buch übersichtlich und handlich geblieben. Nach wie vor wurde auf begriffliche Klarheit und Anregung zu kritischem Denken Wert gelegt.

Das Werk vermittelt vornehmlich Persönlichkeitspsychologie. Solange die Gesellschaft aus Einzelwesen besteht, die erzogen und behandelt werden müssen, läßt es sich nicht umgehen, deren individuelle Unterschiede zu beschreiben und zu messen, ein Vorgehen, das ohnehin die sozialen Beziehungen nicht übergehen kann.

Tübingen, Oktober 1973

Wolfgang Kretschmer

Vorwort zur 13. Auflage

Ein Buch, das über 48 Jahre hinweg verlegt worden ist, neu herauszugeben, stellt eine nicht leichte Aufgabe. Es trägt trotz vieler Ergänzungen und Verbesserungen die Spuren der Zeit, in der es entstand. Doch was zunächst als Hemmnis erscheint, ist auch ein wesentlicher Vorteil. Das Werk umspannt die *wissenschaftliche und gesellschaftliche Entwicklung von über zwei Generationen* und repräsentiert sie so unmittelbar, wie es ein neuer Entwurf nicht vermöchte. Ein weiterer Grund bewog mich, frisch Hand anzulegen. Dieses Buch bildet einen grundlegenden und originellen Beitrag zur Psychologie und Psychopathologie, ist also dem Zwang der Neuheit enthoben. Wo es übersichtliche Ordnungen des Stoffes und Fortschritt der Erkenntnis gebracht hat, behält es seinen Wert.

Gewiß war es nicht zu umgehen, auf der letzten Auflage aufbauend, die gedanklichen Linien fortzusetzen und in sie *weitere Fakten* einzufügen. Bei den behutsamen stilistischen Verbesserungen, stofflichen Ergänzungen und klärenden Erläuterungen waltete das Bestreben, die Ideen und Absichten des Verfassers möglichst eindeutig, folgerichtig und geschlossen hervortreten zu lassen. Besonders sorgfältig mußten die Themen „Leib-Seele-Problem", „Halluzination", „Gestaltvollzüge", „Entwicklungstheorie", „Traum", „Tabu", „Trieb", „Instinkt", „Temperament", „Suggestion" bearbeitet werden. Hinzugefügt habe ich weiter einige Worte über das *Limbische System* und die Hypothese der *Sublimierung,* sowie eine ergänzte begriffliche Fassung des *barykinetischen Temperaments* der Athletiker.

Es befriedigt mich sehr, einige wichtige Elemente aus dem wissenschaftlichen Nachlaß des Verfassers, die in engem Bezug zum vorliegenden Werk stehen, eingebaut zu haben. Da ist zunächst die im „Sensitiven Beziehungswahn" entworfene *psychiatrische Charakterlehre* als streng gegliedertes Schema präsentiert. In Verbindung mit dem Kapitel über die Temperamente hat der Leser erstmals Gelegenheit, das gesamte Charakterkonzept des Autors kennenzulernen, und zwar von der konstitutionellen Gesetzmäßigkeit wie auch von der psychologischen Dynamik her. Sodann fand das „Psychobiogramm", den jetzigen Erfordernissen begrifflich und sachlich angepaßt, wieder seinen alten Platz. Schließlich wurden einige unmittelbar sachbezügliche Aufzeichnungen und Diskussionsbemerkungen des Verfassers, sowie einige erneut aktuelle Stellen aus früheren Auflagen in die Abschnitte „Ich und Außenwelt" sowie „Psychotherapie" eingeschmolzen. Mit all diesen Maßnahmen hoffe ich, das Werk angemessen in unsere Zeit hineinzustellen, aber auch gängige Mißverständnisse, besonders gegenüber der Konstitutionslehre, zu beheben. Das Literaturverzeichnis wurde neu aufgestellt, das Sach- und Autorenverzeichnis ergänzt. Die jetzige Auflage gibt die bisher breiteste Übersicht über die psychologisch-psychiatrischen Grundgedanken Kretschmers. Im Hinblick auf die grundsätzliche Strittigkeit vieler hier bearbeiteter Fragen sei betont, daß die Meinung des Herausgebers nicht unbedingt mit der des Verfassers übereinstimmt.

Manchem Leser wird auffallen, daß der bisherige letzte Teil des Buches „Praktische ärztliche Psychologie" mit Ausnahme der Gedanken über Psychotherapie und Psychosomatische Medizin, fehlt. Der Verfasser hatte nach der 10. Auflage ernstlich erwogen, der angewandten medizinischen Psychologie einen besonderen Band zu widmen, verwarf jedoch diesen Plan in der Einsicht, daß er nicht sinnvoll zu Ende zu führen sei. In der Tat nützt es wenig, das unübersehbar gewordene Feld psychologischer Diagnostik und Therapie auf engen Raum zusammenzudrängen und dementsprechend mit allgemeinen Worten abzuhandeln. Nur das Studium der Handbücher und Monographien hilft hier weiter. Aus die-

ser Sachlage zog ich die radikale Konsequenz und bin der Meinung, daß das Werk so einheitlicher wirkt und gewonnen hat. Denn trotz der Straffung um etwa ein Drittel enthält es durch die Ergänzungen jetzt mehr wesentliche Fakten und Gesichtspunkte als früher.
Es lohnt sich, einen Blick auf die Entstehung und theoretische Tendenz der „Medizinischen Psychologie" zurückzuwerfen. Das Buch wurde in der Blütezeit der deutschen Psychiatrie begonnen und steht so im geistigen Kraftfeld der zwanziger Jahre, durchdrungen von den außerordentlich lebendigen Strömungen der damaligen medizinischen Faktenforschung, der Psychologie und Philosophie. Naiver Realismus und naiver geistiger Optimismus ergänzten sich und bedingten nicht zuletzt den besonderen Glanz der Formulierungen und den unermüdlichen Schwung der Arbeit. Um die Falltüren kurzschlüssiger Argumente zu umgehen und etwas Gültiges zu sagen, bedurfte es nicht nur des Fleißes sondern auch einer breiten persönlichen Kultur. Unter den Persönlichkeiten, die diese Voraussetzungen besaßen, befand sich auch PAUL SCHILDER in Wien, ein junger Psychiater von umfassenden Kenntnissen, großer philosophischer Bildung und scharfem Verstand. KRETSCHMER war intuitiver und schöpferischer, aber weniger rigoros im Denken. Beide pflegten einen intensiven Gedankenaustausch. Sie galten als die aussichtsreichsten Kandidaten des psychiatrischen Nachwuchses.
SCHILDERS verheißungsvolle Karriere endete in der Emigration. Seine Bücher sind heute noch lesenswert. 1924, also zwei Jahre nach KRETSCHMER, erschien „seine" medizinische Psychologie. Die enge geistige Gemeinschaft beider Forscher, die sich ausgezeichnet ergänzten, war von nun an offenkundig. SCHILDER lehnte sich stärker an die Psychoanalyse an – ohne sich allerdings auf sie festzulegen! Zu anderen Vertretern der jüdischen Elite der deutschen Psychiatrie, KRONFELD und STORCH, pflegte der Verfasser ebenfalls fruchtbare Kontakte, was sich in diesem Buch deutlich niederschlägt. Daneben hat der Einfluß E. BLEULERS die wichtigste Rolle gespielt. JUNG war nach KRETSCHMERS Meinung neben HEYER der einzige führende Tiefenpsychologe, mit dem man sich über Psychotherapie und deren Bedeutung für die Psychiatrie „vernünftig" unterhalten konnte. KRETSCHMER schätzte JUNG vor allem als Charakterologen und Schizophrenieforscher.
Das anthropologische Konzept der „Medizinischen Psychologie" wurzelt – das ist von mancher Seite schmerzlich bedauert worden – im *Positivismus* und in der Assoziationspsychologie. Des Verfassers Tendenz, die seelischen Erscheinungen im Materiellen zu verankern und damit zu „sichern" läßt sich nicht verkennen und hat im Laufe seines Lebens zugenommen. Doch ist dies nur der am stärksten hervortretende Aspekt. Bei aufmerksamem Lesen wird man schnell erkennen, daß die nachfolgenden Ausführungen keineswegs so „positiv" sind, wie es nach der erwähnten Prämisse der Fall sein müßte. Vielmehr verraten sie immer ein feines Gespür für die nicht objektivierbaren und meßbaren Seiten des Seelenlebens und des Organismus. Es wird nicht weniger echte, verstehbare *Psychologie* geboten als *Physiologie*. Tatsächlich spiegelt die Forschung des Verfassers ein ständiges Ringen zwischen naturwissenschaftlichem *Kausalismus*, imaginativem *Dynamismus* und spirituellem *Voluntarismus*. Da der Leser heute diesen Spannungen gegenüber oft abgestumpft ist, weise ich ausdrücklich darauf hin und lege es ihm nahe, ihnen nachzuspüren. Erst dann wird er nämlich den Reichtum des Werkes zu würdigen wissen.
Die Allgemeinbildung ist die „andere Hälfte" des vielgeschmähten Positivismus, jedenfalls bei seinen besten Vertretern. Von ihr sind auch die folgenden Seiten wesentlich mitbestimmt. Tatsachen und Beispiele aus weit voneinander entfernten Lebensgebieten veranschaulichen die einfachen *Grundbegriffe* und *Systementwürfe*. Diese beiden bilden eine glückliche Mitte zwischen komplizierten Konstruktionen, die nur der Fachmann zu handhaben vermag und den unangemessenen Simplifizierungen, unter denen wir heute oft zu leiden haben. Auch in anderer Hinsicht *vermittelt* die vorliegende Systematik, nämlich zwischen Motivpsychologie und physiologischer Psychologie, die sich heute durch den Fanatismus vieler Psychoanalytiker und Verhaltenstheoretiker schroff gegenüberstehen. Die Brücke entsteht dadurch, daß KRETSCHMER die seelischen Er-

scheinungen vom Inhalt auf die *Form,* d.h. auf *Strukturen* reduziert. Diese sind jedoch nicht so abstrahiert wie die physiologischen Modelle, sondern komplex genug, um an die lebendige Anschauung anzuschließen.
Mit dieser Vielseitigkeit und Ausgewogenheit des Standpunktes, die einen weiten Horizont schaffen, kommen wir zum Zweck des Buches. Es will nicht möglichst viele und möglichst moderne Tatsachen zusammenhäufen. So werden manche wichtigen psychologischen Gebiete nur gestreift (Gestaltpsychologie, Feldtheorie, Lerntheorie u.a.). Vielmehr möchten Autor und Herausgeber innerhalb grundsätzlicher Perspektiven *allgemeingültiges Wissen biologischer Psychologie* vermitteln, das hilft, zahlreiche Beobachtungen zu erklären oder zu verstehen, aber auch verschiedene psychologische Lehren kritisch zu beurteilen. Der Zusammenklang von Erkenntnistheorie, Wissenschaftskunde, Physiologie, Morphologie, Charakterlehre, Psychiatrie, Kulturtheorie macht darum den Reiz und die Besonderheit des Werkes aus. Ungeachtet seiner stofflichen und gedanklichen Begrenzung, die allerdings die hinreichende Ausführlichkeit im einzelnen ermöglichte, bildet es eine reichhaltige Auskunftsquelle für den Lernenden.

Tübingen, August 1970

WOLFGANG KRETSCHMER

Inhalt

Dritter Teil: Triebe und Temperamente

Vierter Teil: Persönlichkeiten und Reaktionstypen

Anhang

Einleitung

Seit Jahren wird eine psychologische Schulung der Medizinstudenten und Ärzte gefordert. Welcher Art aber? Die philosophische *Psychologie* konnte damit nicht gemeint sein, denn sie gibt dem Arzt wenig, was er praktisch nützen könnte. Auch die daran angegliederte *angewandte Psychologie* ist vorwiegend auf pädagogische und berufstechnische Fragen zugespitzt, mit denen der Arzt nur an manchen Punkten Berührung hat. Gewiß konnte mit dem Ruf nach medizinischer Psychologie auch nicht gemeint sein, daß die sogenannte *physiologische Psychologie* als besonderer Unterrichtszweig für den Mediziner herausgehoben werden müßte. Dieses psycho-physische Grenzgebiet, das hauptsächlich die Physiologie der Sinnesorgane und die Lehre von den Hirnzentren umspannt, wurde ja gerade von medizinischer Seite her mit größtem Erfolg bearbeitet, seine Ergiebigkeit für psychologische Fragen aber noch keineswegs erschöpft. Böte man dem Arzt die physiologische Psychologie allein zur Befriedigung seines Bedürfnisses nach psychologischer Ausbildung an, so würde man ihn gerade vor der Pforte stehenlassen, durch die er einzutreten wünscht: zum Einblick in die höheren Seelenvorgänge, in den Aufbau der Persönlichkeit, ihrer Entwicklungen und Reaktionen, für die alle physiologische Psychologie zunächst nur die Vorstufe bildet.

Der geistig aufgeschlossene Mediziner empfindet darüber hinaus in seiner Berufsausbildung eine doppelte Lücke. Er braucht eine Psychologie, die aus der *ärztlichen Praxis* entstanden und für die praktischen Aufgaben des ärztlichen Berufs bestimmt ist. Dies ist die Hauptsache. Weiter entspringt der Ruf nach Psychologie öfters einem unbestimmt gefühlten Bedürfnis des Arztes, über die vier Wände des engsten Fachbereichs hinaus noch einen Blick zu tun in die *geistigen Gebiete* der Erkenntnistheorie, der ethischen und ästhetischen Probleme, des Völkerlebens, und zwar in einer Weise, die seine medizinisch-naturwissenschaftlichen Gedankenkreise organisch mit dem geisteswissenschaftlichen Horizont verbindet.

Unter diesen beiden Leitgesichtspunkten ist die vorliegende „Medizinische Psychologie" verfaßt. Kürze und Gedrängtheit der Darstellung haben Verlag und Autor gemeinsam angestrebt. Es wurde deshalb der Hauptgesichtspunkt: die Psychologie für die ärztliche Praxis, ganz in den Mittelpunkt gerückt und der Ausblick in weitere geistige Probleme der Psychologie nur an gegebener Stelle andeutungsweise berücksichtigt. Dieser Weg wird nur gezeigt, aber nicht gegangen; wie es denn nicht die Forderung an ein kurzes ärztlich-psychologisches Lehrbuch sein kann, daß man daraus auch Erkenntnistheorie, Ästhetik und Völkerpsychologie fertig erlernte.

Eine medizinische Psychologie muß durchaus lebensnah sein, d.h. sie muß zu jedem wichtigeren Gesichtspunkt auch praktische Beispiele bieten. Sie darf sich aber nicht auf die oberflächliche, ungeordnete Darbietung nützlicher Regeln und Erfahrungen beschränken. Die praktische ärztliche Psychologie im engsten Sinne muß aus einer *systematischen* Unterlage wachsen, welche die wenigen, allenthalben wiederkehrenden *biologischen Grundmechanismen* zeigt, auf die sich die verwirrende Fülle des reichen, realen Lebens reduzieren läßt. Die Differenzierung der Grundmechanismen und Typen des Seelenlebens wurde auf entwicklungsgeschichtlicher Basis versucht, unter möglichst breiter Anwendung anatomisch-physiologischer Gesichtspunkte, soweit solche heute schon für die höhere Psychologie verwertbar sind. Daß eine ärztliche Psychologie dabei ebenso aus dem Normalleben wie aus der Psychopathologie schöpfen muß, leuchtet ein. Denn es sind immer wieder dieselben Grundmechanismen, die hier im Traum, in der Künstlerphantasie und in der Völkerpsychologie, dort in Schizophrenie und Neurose, hier in den tierischen und kindlichen Reaktionsweisen, dort in Hysterie und Katatonie wiederkehren. Je nach Bedarf wurden daher normalpsychologische oder psychopathologische Erfahrungen als Beispiele gewählt und dann der darin wirkende Mechanismus in breiten Querschnitten durch Entwicklungspsychologie, Normalpsychologie und Psychopathologie verfolgt.

Es werden die für den Arzt praktisch wichtigsten Dinge: die Psychologie der Neurosen, der psychopathischen Reaktionen, der Hysterie, der leichteren schizophrenen und paranoischen Grenzzustände in den Vordergrund gerückt. Denn die *Psychologie der Neurosen ist die Psychologie des menschlichen Herzens überhaupt* und zwar in paradigmatisch akzentuierter Form. Ein Neurosenkenner ist an sich ein Menschenkenner – und dadurch auch für die übrigen psychologischen Anforderungen des ärztlichen Berufs am besten geschult. Bei dieser Einstellung ist es klar, daß die *affektdynamischen* Gesichtspunkte in einer medizinischen Psychologie den breitesten Raum einnehmen, daß die Darstellung der Affekte, Triebe und Willensvorgänge den Vordergrund beherrscht, während die Zergliederung der höheren Intelligenzleistungen zurückstehen muß.

Wir hoffen, daß der hier versuchte systematische Entwurf eines ärztlich-psychologischen Wissens dem Psychiater und Fachpsychologen da und dort Anregung bieten und durch die Vereinfachung auf wenige biologische Grundmechanismen den klinisch psychiatrischen Unterricht klarer und übersichtlicher für den Studenten möge gestalten helfen. Soll der Student von einem Buch den vollen Nutzen haben, so muß er daneben die wesentlichen seelischen Vorgänge und ärztlichen Kunstgriffe bei Neurosen, leichten Psychosen und Begutachtungen selber kennen lernen. Ein theoretisches und praktisches Kolleg über ärztliche Psychologie und Psychotherapie würde zum angestrebten Ausbau des medizinischen Unterrichts führen. Mit Rücksicht auf die erforderlichen Vorkenntnisse kann diese klinische Unterweisung nur neben oder nach den psychiatrischen Vorlesungen erfolgen.

ERSTER TEIL

Seelische Hauptleistungen und ihr anatomisch-physiologisches Substrat

1. Kapitel

Vom Wesen der Seele

Ich und Außenwelt, Geist und Materie

Seele nennen wir das unmittelbare Erleben. Seele ist alles Empfundene, Wahrgenommene, Gefühlte, Vorgestellte, Gewollte. Seele ist also z. B. ein Baum, ein Ton, die Sonne, sofern ich sie als Wahrnehmung Baum, als Vorstellung Sonne betrachte. Seele ist die Welt als Erlebnis, die Summe aller Dinge, subjektiv gesehen, und das Gesamt aller inneren Bewegungen, die nicht an Gegenständen anknüpfen.

Innerhalb dieser Summe alles unmittelbar Erlebten bemerken wir nun eine gewisse zwingende Tendenz, sich nach zwei Punkten hin zu polarisieren: nach den zwei Gegenpolen „Ich" und „Außenwelt". Das Ich wird als stärkster Brennpunkt des Erlebens empfunden, zugleich mit dem Gefühl der unteilbaren Einheit, Einzigartigkeit und des inneren Bezuges aller seiner Bestandteile. Der unmittelbare Erlebnistatbestand dieses Ichgefühls oder Persönlichkeitsbewußtseins ist ungeklärt und voll innerer Widersprüche. Das Ichbewußtsein erstreckt sich einmal auf die Erlebnisse selbst, die wir „meine Seele", und sodann auf einen Teil des Erlebten, den wir „meinen Körper" nennen. Dabei hat aber dieses Ichbewußtsein die Tendenz, sich von seinen Einzelbestandteilen, an denen wir es fassen wollen, immer mehr gleichsam nach innen zurückzuziehen. „Das bin ich nicht, das ist nur mein Finger", kann jemand sagen; oder: „Das bin ich nicht, das ist nur ein böser Gedanke, der sich mir aufdrängt". Zuletzt, wenn man das weiter verfolgt, bleibt vom Ich nicht mehr übrig als ein imaginärer Punkt hinter allem Erlebten. Das Ich ist also zugleich das Imaginärste und doch das unmittelbar Gewisseste.

Damit nicht genug. Um den Widerspruch vollzumachen, wird nun die Seele wieder in das Ich hineinprojiziert. Die Seele, die doch, an sich betrachtet, nichts weiter wäre als der Inbegriff aller Erlebnisvorgänge, wird nun wie eine Art Ding oder wie eine Art zweite, innere Persönlichkeit empfunden, die in der äußeren Persönlichkeit oder dem Körper gleichsam eingeschachtelt ihren Wohnsitz hätte. Die Seele ist also einerseits die Summe alles Erlebens und das Ich ein Teil dieses Erlebens, nämlich der Teil, der nach Abzug dessen, was wir Außenwelt nennen, vom Gesamterleben übrig bleibt. Andererseits ist aber die Seele umgekehrt ein Bestandteil des Ich, der Teil nämlich, der übrigbleibt, wenn wir den Körper abziehen.

Alles Erlebte, was wir nicht als Ich empfinden, nennen wir Außenwelt. Ob es eine Außenwelt außerhalb unseres Erlebens wirklich gibt, wissen wir nicht und können wir niemals wissen. Es ist wichtig, sich darüber klar zu sein, daß alles, was wir in der Naturwissenschaft untersuchen, Erlebnisinhalte unserer Seele und nicht die Dinge selbst sind. Farben, Töne, Wärme, Bewegungen, ebenso wie Pflanzen, Tiere und Gesteine sind uns nur in unseren Sinneseindrücken gegeben. Die Erfahrung gibt uns nichts über sie als optische, akustische und taktile Empfindungen. „Das Auge schafft das Licht und das Ohr die Töne, sie sind außer uns nichts, wir leihen ihnen dieses" (LICHTENBERG). Ob es außerhalb unseres Erlebens, außerhalb unserer Empfindungen ein „Ding an sich" (KANT) gibt, eine von uns unabhängige Welt, die auch dann noch vorhanden wäre, wenn unsere Psyche aufhörte, sie zu schaffen – das wissen wir nicht.

Es soll uns auch kein Kopfzerbrechen machen. Es genügt festzustellen, daß *innerhalb* unseres Erlebens die Welt sich in zwei Zonen „Ich" und „Außenwelt" für uns sondert. Wollen wir diese Sonderung vom äußersten Ichstandpunkt aus in Worte fassen (Solipsismus), so können wir sagen: Das Ich setzt sich selbst aus sich heraus ein Nicht-Ich (FICHTE). Alles Erleben findet im Ich statt. Aber einen Teil dieses Erlebens *projiziert* das Ich aus sich hinaus, als ob es als Außenwelt außerhalb seiner selbst existierte. Oder man formuliert den Tatbestand umgekehrt ganz von der Außenwelt her: Ein Mensch, der blind und taub und ohne Tastsinn zur Welt käme, könnte niemals ein Seelenleben oder ein Ich entwickeln. Die Seele ist nichts als eine Funktion der Sinnesorgane und des Gehirns oder, ganz naiv ausgedrückt, ein Sekret der Gehirnzellen. Das Ich ist ein Produkt der Sinneseindrücke (Materialismus).

Dabei ist der *Gegensatz zwischen Materie und Geist,* den wir ebenfalls in unserem Denken vorfinden, mit dem Gegensatz zwischen Ich und Außenwelt zwar in seiner psychologischen Entstehung innig verwandt, aber nicht gleichbedeutend, sofern der eigene Körper zwar zum Ich, aber nicht zum Geist gerechnet wird. Die Pole der Unterscheidungen Ich – Außenwelt und Geist – Materie werden zweifellos durch den Gegensatz zwischen Akt und Erlebnis (= Ich oder Seele) und Erlebnisinhalt (= Außenwelt oder Materie) bedingt. Zwischen diesen beiden Polen aber schwankt der Erlebniskomplex, den wir „eigener Körper“ nennen, unsicher hin und her, sofern er ebensowohl als materielles Objekt unserer Sinneswahrnehmung, wie als handelndes Subjekt und unentbehrliche Grundlage desselben zum Ich gerechnet werden kann.

Eine archaische, naive Anschauung hat die Seele vergegenständlicht und als eine hauchartige Substanz, im Körper wohnend, gedacht. Aus dieser Anschauungsweise entsprang zwanglos das, was man in philosophischer Durchbildung *Dualismus* nennt, nämlich die Vorstellung, daß Seele und Körper zwei selbständige Instanzen seien, die innig, jedoch nicht untrennbar im Sinne der Wechselwirkung oder des psychophysischen Parallelismus verbunden wären. Dieser Dualismus steht im Gegensatz zum Monismus, der entweder *spiritualistisch* (in extremer Form Solipsismus genannt) die Materie im Ich oder *materialistisch* das Seelische in der Materie auflösen will.

Alle drei philosophischen Systeme sind in sich widerspruchsvoll. Der Solipsismus allein erscheint logisch konsequent, ist es aber nicht. Zwingende Evidenzerlebnisse widersprechen ihm energisch, indem sie uns nur für kurze Zeit die Fiktion ermöglichen, die ganze sogenannte Außenwelt mit Einschluß unserer Nebenmenschen als etwas nicht selbständig Wirkliches, vielmehr nur als eine Art Luftspiegelung unserer Persönlichkeit anzusehen. Andererseits vergißt der Materialismus, daß die Materie uns niemals direkt, sondern nur in Form seelischer Empfindungen gegeben, daß also die primäre, unmittelbare Erfahrung stets psychisch ist. Er kann daher nur einem ungeschulten Denken genügen. Der Dualismus endlich, als die älteste und früher allgemein selbstverständliche Weltanschauung, hielt sich frisch und lebenskräftig, weil er der naiv reflektierenden Welterfahrung entspricht (empirischer Dualismus). Je mehr sich unsere erkenntnistheoretischen und psychologischen Begriffe verfeinern, desto differenzierter wird auch er. Die heute wieder zum Teil berechtigt sich regenden vitalistischen Strömungen führen allerdings, recht verstanden, nicht zu einem neuen Dualismus sondern zu einer Verseelung, auch der anorganischen Welt, sofern man die Befunde konsequent durchdenkt. Man mache sich klar, wieweit die sogenannte Materie heute von der Naturwissenschaft selbst entsinnlicht und entmaterialisiert ist.

Mit einem Wort: Unsere widersprüchlichen Begriffe von der Seele und ihrer Stellung im modernen Weltbild befinden sich in einem Übergangsstadium, wo die älteren Vorstellungen nicht mehr recht befriedigen und die neuen noch nicht voll durchgebildet sind. Diese Ungeklärtheit wirkt sich ungünstig auf die psychologische Forschung aus, indem wir – im Bewußtsein des inneren Widerspruchs – öfters moderne monistische Anschauungen, die von der Einheit alles empirischen Erlebens ausgehen und die in der Trennung zwischen Seele und Materie nur die Erfahrung von zwei Seiten desselben Gegenstandes sehen, mit Bestandteilen älterer dualistischer Ausdrucksformen vermengen. Es ist uns z. B. unmöglich, das Verhältnis zwischen Gehirn und Seele ohne zu große sprachliche Geschraubtheiten anders als in Form einer dualistischen „Wechselwirkung“ zwischen zwei selbständigen Instanzen darzulegen.

Für am besten vertretbar halte ich einen kritischen spiritualistischen Monismus, der unter strenger Betonung einer letzten Einheit aller Dinge den empirisch unzweifelhaften *Er-*

kenntnisprimat des Seelischen vor dem Materiellen anerkennt und voraussetzt, daß uns in unserer Erkenntnis *unmittelbar* nur Seelisches gegeben ist. In dieser Sicht erscheint das, was wir Materie nennen, nur als eigenartige Anschauungsform innerhalb des Seelischen bzw. als eine Betrachtung der Wirklichkeit von *einer* Seite her, aber nicht als etwas vom Seelischen grundsätzlich Getrenntes. Die radikale These hingegen, daß überhaupt nur das Ich als erkennendes Subjekt wirklich existiere, ist unhaltbar.

Der spiritualistische Monismus führt fast notwendig zu irgendeiner Form des *Pantheismus,* zum Glauben an eine Allbeseelung, einen Weltgeist als umfassende Einheit, die sich in jedem der verschiedenen Einzeldinge als einem Teil ihrer selbst ausdrückt. Dieser pantheistische Monismus begleitete als eine der starken Leitideen die Entwicklung des neueren abendländischen Denkens von SPINOZA bis zu LESSING, GOETHE und SCHELLING. Gerade in der Prägung von SPINOZA und GOETHE wirkt er durch seine starke innere Geschlossenheit, die streng naturwissenschaftliches Denken mit ethischer Vertiefung und religiöser Innerlichkeit verbindet.

Doch kehren wir zum unmittelbaren Erleben, d.h. der Seele, zurück. Wir bemerken dann, daß die beiden Ganzheiten „Ich" und „Außenwelt" nicht scharf voneinander getrennt sind, sondern gleichsam in breiten Randzonen fluktuierend ineinander übergehen. Das Zentrum des Ichbewußtseins ist jener imaginäre Punkt hinter allem Erleben. Um dieses Zentrum gruppiert sich der eigene Körper als die einzige sinnliche Repräsentation des Ich. Seine einzelnen Teile besitzen nicht unbedingt Ichcharakter. Sie sind Ich, sofern sie alle zusammen als Gesamtkomplex empfunden werden. Sie können aber auch, vom betrachtenden Bewußtsein isoliert, vergegenständlicht und nicht mehr ganz als Ich, sondern nur als eine Art Besitztum des Ich betrachtet werden. Wir sagen: „meine Hand", „mein Finger" etwa in derselben Art, wie wir „mein Hut", „meine Uhr" sagen. Für Teile des Körpers, die nicht mehr sensibel und motorisch mit ihm verbunden sind, wie die Enden der Haare, der Nägel, die Sekrete, schwächt sich die Ichqualität immer mehr ab und wird, wenn sie den räumlichen Zusammenhang zu verlieren beginnen, zunehmend negativ. Diese Körperteile bilden im Bewußtsein den fließenden Übergang zu den dem Körper nächstliegenden Dingen, wie die Kleider, die zwar vorwiegend als Außenwelt empfunden werden, auf die aber, je nach Umständen, noch ein wenig vom Ichbewußtsein ausstrahlt; so, wenn wir sagen: „Er hat mich angerührt", wenn nur die Kleidung berührt wurde.

Wir sehen also, daß es eine Menge von Dingen des eigenen Körpers und seiner Umgebung gibt, die, in die Randzone zwischen Ich und Außenwelt fallend, je nach der Einstellung unseres Bewußtseins bald als Ich, bald als Nicht-Ich empfunden werden. Diese Tatsache ist für das Verständnis vieler, besonders auch abnormer Seelenzustände von großer Bedeutung.

Fassen wir das begrifflich Wichtigste zusammen:

1. Seele nennen wir das unmittelbare Erleben.

2. Dieses sondert sich in die zwei Pole *„Ich"* und *„Außenwelt"*. Die Bewußtseinskomplexe „Ich" und „Außenwelt" gehen in breiten fluktuierenden Randzonen ineinander über.

3. Alles Seelische oder alles Erleben entspinnt sich aus der Wechselwirkung zwischen Ich und Außenwelt, indem entweder das Ich Wirkungen aus der Außenwelt aufnimmt: *„Abbildungsvorgänge"*, oder an sie abgibt: *„Ausdrucksvorgänge"*.

4. Den Abbildungs- und Ausdrucksvorgängen kann man als dritte Gruppe seelischer Phänomene noch die *Affektivität* anreihen. Sie umfaßt alles, was die seelischen Vorgänge auf ihrem Weg vom einfachen Sinneseindruck und Bild über abstrakte Vorstellungen und Überlegungen bis zum Entschluß und zum motorischen Impuls an Gefühlstönen, d.h. an *Wertungen für das Ich* begleitet, und die Antriebe, die von ihnen ausgehen. Also die einfachsten Gefühle der Lust und Unlust, der Gereiztheit oder Gleichgültigkeit, wie die komplexen Gemütsbewegungen: Liebe, Zorn, Angst, Haß, Begierde und dergleichen. Zur Affektivität gehören die im III. Teil als *„Triebe und Temperamente"* beschriebenen Funktionen.

Heutige Vorstellungen vom Leib-Seele-Problem

Wenn man früher die Beziehung der psychischen Funktionen zu ihrem körperlichen Substrat ins Auge faßte, so ergab sich ganz von selbst die Formel „Gehirn und Seele“, sofern die dem Seelischen entsprechenden körperlichen Vorgänge ausschließlich dem Gehirn zugedacht wurden. Man engte diese Formel zeitweise noch weiter ein: „Großhirnrinde und Seele“; denn die Beziehungen bestimmter Großhirnrindenbezirke zu den höheren Wahrnehmungs- und Sprachvorgängen und die des allgemeinen Hirnrindenverfalles zur erworbenen Geistesschwäche wurden zuerst erkannt.

Heute hat sich der Schwerpunkt der psychophysischen Probleme in einem doppelten Sinn verschoben.

Das Interesse wendet sich neben der jüngeren Großhirnrinde mit Entschiedenheit auch dem limbischen System und dem *Hirnstamm* zu, was auf die Theorie der seelischen Entsprechungen seine charakteristischen Rückwirkungen hat. Die Forschungen (Psychiatrie der Gegenwart Bd. I/1A) führten zu folgenden Erkenntnissen: Für die höhere Vitalität und die Persönlichkeit wesentliche Faktoren, wie Bewußtseinsfunktionen, Triebleben und Affektivität, haben ihre hirnphysiologische Repräsentanz nicht allein im Großhirn, sondern auch in der Hirnstammgegend. Dem zentralen Persönlichkeitskern würden also hirnphysiologisch hauptsächlich Limbisches System, motorische Stammganglien und Hypothalamus entsprechen, während das höhere Großhirn zu einer Art kompliziertem Instrument derselben, einem Apparat für differenzierte Registraturen und Einzelleistungen herabsänke. Zweifellos ist es faszinierend, die Perspektive in dieser Weise umzukehren, zumal die Betrachtungsweise nicht theoretisch erzwungen, sondern durch neue Forschungen nahegelegt wird. Man muß nur im Auge behalten, daß die feine Differenzierung des im Hirnstamm verkörperten Erbgutes an Antrieben, Affektreaktionen und reflektorischen Bewegungsweisen durch die Entwicklung der Hirnrinde bedingt ist, und daß erst diese Differenzierung das Wesentliche und Hervorragende dessen begründet, was man gerade eine *menschliche* Persönlichkeit nennt.

Die Beschränkung der psychischen Korrelationen auf das Gehirn hat sich als ungenügend erwiesen. Die Forschung zeigt in eindringlicher Weise, welchen bestimmenden Einfluß die *endokrinen Drüsen* (Schilddrüse, Keimdrüsen, Zirbeldrüse, Hypophyse, Nebenniere usw.) über das Nervensystem auf das Seelenleben ausüben, insbesondere das „Temperament“, d. h. Antrieb, Stimmung und Empfindlichkeit. Da Hormondrüsen und Zwischenhirn im Sinne einander übergeordneter, sich gegenseitig regulierender Systemkreise miteinander in Wechselwirkung stehen, mußte die frühere Zellentheorie der körperlich-seelischen Entsprechungen zugunsten einer funktionellen (humoralen und konduktiven) abgewandelt werden: Vermittlerstoffe und Impulsleitung.

Die wichtigen Beziehungen zwischen *Körperbau* und *seelischer Anlage* (s. Kap. 7) fügen sich eng in den Funktionszirkel: Blutdrüsen – vegetatives Nervensystem – Gehirn ein. Sie zeigen uns die Psyche nicht mehr ausschließlich mit einzelnen Körperorganen verknüpft. Der Gesamtkörper, sowohl anatomisch wie physiologisch betrachtet, ist bis zu einem gewissen Grade Repräsentant der Korrelationen geworden. Wenn wir die Gesamtheit aller humoralen und vegetativ-nervösen Wechselbeziehungen mit ihrer Doppelauswirkung einerseits auf das nervöse Zentralorgan und die Psyche, andererseits auf den körperlichen Aufbau und Funktionsablauf übersähen, würden wir zu dem Schluße kommen, daß eine bestimmte Psyche nur mit einem ganz bestimmten Gesamtkörper (von außen und innen, funktionell wie anatomisch gleichzeitig betrachtet) gedacht werden kann.

Bei der Betrachtung des Gesamtorganismus von höherer Warte aus gibt es keinen absoluten Gegensatz zwischen „Form“ und „Funktion“. In meinem Buch „Körperbau und Charakter“ habe ich gezeigt, daß gerade die Körpermorphologie uns die zuverlässigsten *Funktionskonstanten* des Organismus leicht zugänglich macht und meßbar darbietet und dadurch für das Studium der Korrelationen innerhalb der psychophysischen Gesamtpersönlichkeit besonders geeignet ist.

In teilweise engem Anschluß an neovitalistische Gedankengänge (DRIESCH 1941 u. a.) hat deshalb E. BLEULER (1925) gegen die allzu schematische Trennung von psychisch und nichtpsychisch bzw. psychisch und körperlich Front gemacht. Er zeigt, daß wir zwar über eine etwaige begleitende Bewußtseinsfunktion bei den sogenannten rein körperlichen Abläufen (etwa eines irgendwie gearteten Bewußtseins der Einzelzelle oder niedrigerer Zellverbände) weder in positivem noch in negativem Sinne etwas wissen. Dagegen haben alle Lebensvorgänge mit der Psyche im engeren Sinne folgendes in größerem oder geringerem Grade gemein: 1. die *mnestischen Funktionen* (SEMON 1920), d.h. die Fähigkeit, Eindrücke von früheren Reizen zu speichern und zu reproduzieren; 2. die Fähigkeit zur *„Integration“*, d. h. der Zusammenfassung solcher Eindrücke zu größeren Wirkverbänden, und 3. die Zweckmäßigkeit solchen Wirkerwerbes: das *teleologische* Prinzip. BLEULER faßt die dem Psychischen vergleichbaren Lebensprinzipien als „Psychoide“ zusammen. Die Psyche im engeren Sinne wird ihm so zu einem differenzierten Spezialfall der Psychoide, d.h. der im gewissen Sinne „allbeseelten“ lebenden Substanz. Formulierungen dieser Art nehmen, wie man sieht, manche bei LEIBNIZ und SPINOZA vorgebildeten metaphysischen Gedankenansätze in präziserer biologischer Durchführung wieder auf. Die Betonung der Gemeinsamkeiten zwischen „psychischen“ und „rein körperlich neurologischen“ Abläufen schließt besser an den kompliziert ineinandergreifenden, staffelförmig aufgebauten Gehirnmechanismen an als die grobe Alternative: hier psychisch, dort nichtpsychisch.

Erläuterung des Herausgebers:

Mit Hilfe der Kybernetik bzw. Informationstheorie ist es gelungen, Denkmodelle für die erwähnte „mnestische“ Funktion auf der körperlich-stofflichen Seite zu konstruieren, nicht jedoch für die Entstehung der „Integration“, d. h. zweckmäßiger Wirkkombinate. (Der Zweck, das „Programm“ einer Maschine kommt stets aus dem menschlichen Bewußtsein, nicht aus den Reaktionselementen.) Man betrügt sich, wenn man glaubt, mit der zunehmenden Verfeinerung und Entsinnlichung des Stoffgefüges in chemischer und physikalischer Sicht rücke die Seele dem Körper näher. Es gibt keine Brücke, keine Übergangszone zwischen beiden. Tatsächlich werden durch die Forschung nur die *formalen* Gemeinsamkeiten klar (ärztlich-therapeutisch sehr wichtig!), während die *empirische* Verschiedenheit zwischen *Selbstbewußtsein* und *Objektbewußtsein* unverändert und unaufhebbar bleibt. Es gelten nur die Formeln „Körper und Seele“ (Wahrnehmung) oder „weder Körper noch Seele“ (Mystik, Tod). „Körper *ist* Seele“ wird man nie sagen können.

Schwierigkeiten der Hirnlokalisation

Die Lehre von den Hirnfunktionen versuchte man zunächst an Hand der Ausfallserscheinungen bei Störung bestimmter umschriebener Hirnteile zu entwickeln. Daher haben wir über die Lokalisation von Hirnausfallssymptomen eine Menge wertvoller Kenntnisse. Das Negativ ist gut gesichert, das Positiv dagegen hypothetisch und umstritten. Wir fragen: Was ist die positive Funktion des unversehrten Hirnteiles, dessen Störung diese oder jene Symptome liefert? Die Schwierigkeit der Antwort hängt mit Eigentümlichkeiten des Hirnaufbaues, nämlich der Staffelung über- und untergeordneter Instanzen und dem korrelativen und vikariierenden Zusammenspiel der einzelnen Hirnteile (BETHE 1931) zusammen. Der epileptische Krampf z. B. wurde zunächst als *Reizsymptom* der geschädigten motorischen Hirnrindenregion aufgefaßt, die als „krampfendes Zentrum“ galt. Dann aber trat die Frage auf: Ist der Krampf wirklich ein Symptom der Reizung und nicht vielmehr der *Lähmung*, der Ausschaltung der Rinde? Wird nicht durch die Schädigung der Rinde ein ihr nachgeordnetes, tieferes, subkortikales Zentrum *enthemmt*, und dieses macht den Krampf? Und wenn ja: welches von ihnen? Man sieht an diesem einfachen Beispiel sofort die grundsätzliche Kompliziertheit aller hirnlokalisatorischen Fragen, die sich für die Beziehungen bestimmter seelischer Störungsphänomene zu bestimmten Hirnteilen wiederholen. Wir halten uns im folgenden vorzugsweise an die gesicherten Negative der Hirnphysiologie. Wenn wir von Lokalisation, Zentren usw. reden, so meinen wir die „Störungszentren“.

Durch umschriebene experimentelle Reize, die Leistungen, z. B. Bewegungen auslösen, werden nun die klinischen Negative in wertvoller Weise ergänzt, geklärt und bestätigt. Wir müssen allerdings bedenken, daß der Stromstoß der Elektrode an einer Stelle des Gehirns einen störenden Eingriff, einen krankhaften Grenzfall bildet. Derart und insbesondere von einem kleinen Punkt aus bringt das „Subjekt“ seine psychischen und motorischen Leistungen sicherlich nicht zuwege!

Im übrigen erfolgen alle Hirnlokalisationen empirisch nach der einfachen Kausalformel: wenn A eintritt, tritt B ein, oder wenn A zu B tritt, tritt C ein, oder wenn A fehlt, tritt B nicht ein. Das heißt: bei Reizung einer Hirnregion A tritt eine Funktion B auf, oder umgekehrt: bei Läsion einer bestimmten Hirnstelle fällt in der Regel eine Lebensleistung aus – oder wird durch eine neue Leistung verdrängt. Es geht hier also um statistische Feststellungen der Häufigkeit positiver oder negativer Koppelungen gewisser Hirnteile mit bestimmten Funktionen und Leistungen. Erst von diesen einfachen Tatsachen aus kann dann die ganze Vielfalt und Kompliziertheit über-, unter- und nebengeordneter Funktionssysteme des Gesamthirns in mühsamen Forschungsgängen schrittweise erschlossen werden. Eine grundsätzliche theoretische Ablehnung aller Hirnlokalisationen ist deshalb unmöglich, weil man nicht behaupten kann, daß von jeder Hirnstelle aus dieselben Effekte auftreten. Wenn also Kliniker und Hirnforscher vom „Sitz“ einer bestimmten psychischen Funktion reden, so ist dies keine Hirnmythologie, sondern eine vorläufige anschauliche Abkürzungsformel für eine Beobachtung.

Die feste Zuordnung bestimmter Leistungen zu bestimmten, isoliert betrachteten *Reflexbögen* wurde besonders von Gelb u. Goldstein (1920) und Conrad (1947) relativiert, die mit Recht jede biologische Reaktion grundsätzlich als Reaktion des Gesamtorganismus auf den betreffenden Reiz auffassen, wobei sich nur bestimmte Nahwirkungen und Reaktionen besonders für diesen Reiz disponierter Apparate stärker herausheben. In der Pathologie fragen wir also nicht nur danach, welcher Zell- und Funktionsausfall von welchem Leistungsausfall begleitet wird, sondern auch danach, welche Leistungen das *reduzierte Gehirn* hervorzubringen vermag.

Die Vorstellung vom Reflexbogen bleibt aber bei der theoretischen Darstellung mancher psychischer und psychophysischer Tatbestände gerechtfertigt, sofern der Bezug zum übergeordneten Ganzen nicht vergessen wird. Dabei ist zu beachten, daß viele psychophysische Zusammenhänge *Zirkelfolgen* sind, die im Regelkreis in sich selbst zurückkehren, so daß man z. B. bei den zwischen Affekt, Endokrinium und vegetativen Zentren laufenden Vorgängen jede einzelne Etappe ebenso als Ursache wie als Wirkung betrachten kann. Dies wurde durch v. Weizsäcker mit den Theoremen der biologischen Akte und des Gestaltkreises am ausführlichsten dargelegt (1968).

Person und Tiefenperson

Im vorigen Hauptabschnitt begann uns das Leib-Seele-Verhältnis, insbesondere die im Dualismus postulierbare absolute Selbständigkeit und Eigenart von Körper und Seele, problematisch zu werden.

Bei jenen *gemeinsamen Strukturmerkmalen* der sonst scharf unterscheidbaren psychischen und physischen Sphäre haben wir nun zwei Integrationsstufen begrifflich zu bestimmen, *Person* und *Tiefenperson*.

Nehmen wir ein Beispiel aus dem Leben. Ein Mensch wird von einem plötzlichen, heftigen Schreckerlebnis überfallen. Er kann auf zweierlei Weise reagieren:

a) Ein gefestigter, intelligenter Mensch wird mit schnellem Blick die Gesamtsituation erfassen – wenn ihm genug Zeit bleibt – und in einem Akt, denkend und handelnd, gezielt zur Abwehr oder Flucht übergehen, und zwar mit einer Reihe situationsangepaßter motivierter psychomotorischer Reaktionen.

b) Ist der Schreckstoß aber blitzartig und überstark und trifft er außerdem auf einen labilen Menschen, so antwortet dieser gar nicht motivisch, sondern reflektorisch, was nicht von einem höheren Ich gesteuert wird, sondern in komplexen, entwicklungsgeschichtlich vorgebildeten Schablonen abläuft. Man pflegt dies als Schreck- und Paniksyndrome oder hysterische Reaktionen zu bezeichnen.

Im Fall a) reagiert die *Person* mit bewußten, motivierten Entschlüssen – im Fall b) setzt sich allein die *Tiefenperson* mit typischen, hochintegrierten Verhaltensschablonen durch. Mit „Tiefenperson" meine ich also kein Durcheinander von Reflexen, sondern geordnete psychisch und physisch parallel ablaufende Reaktionen, die beide auf den gleichen biologischen Zweck ausgerichtet sind.

Bei den *motorischen Hysterien* kann man im therapeutischen Experiment häufig zeigen, daß die Schaltung der Tiefenperson und die rational willensmäßige Schaltung nicht allmählich und verständlich ineinander übergehen, sondern auf bestimmte Schlüsselreize hin sich öfters so plötzlich und abrupt ablösen, als drehte man einen elektrischen Schalter. Daß die zweite Schaltung unter bestimmten Voraussetzungen die erste ganz vertreten kann, diese Möglichkeit hängt mit der hirnphysiologischen Beobachtung zusammen, daß fertige Aggregate der Tiefenperson (z. B. als Triebhandlungen) von bestimmten Stellen im Zwischenhirn bzw. in hirnstammnahen Teilen des basalen Großhirns aus zu mobilisieren sind.

Das Einspringen der Tiefenperson läßt sich nun nicht nur in akuten dramatischen Situationen feststellen. Auch wenn wir das Verhalten des gesunden und kranken Menschen erforschen, begegnen uns Schablonen, die bald abrupt durchbrechen, bald mit rational gesteuerten Impulsen interferieren, bald unmerklich sich einschleichen, bald nur hinter normalen Willensakten durchschimmern. Diese Skala reicht herab bis zu den Primitivautomatismen, wie Saugreflex, Greifreflex, Sperreflex, Kletterautomatismen usw., bei den schwersten gehirnorganischen Abbauvorgängen.

Der Begriff *Tiefenperson,* den ich in Anlehnung an F. KRAUSS (1919) formuliert habe, ist heute nicht nur eine heuristische Orientierung, sondern durch Grundlagenforschung von mehreren Seiten her substantiierbar. Er umschließt ganzheitliche psychophysische (psychosomatische) Funktionssysteme mit formelhaften Reaktionen, Automatismen, geschlossenen Integraten und Aggregaten. Ein Vorgang in diesem Sinn – denken wir etwa an den Diabetes insipidus – kann von der psychischen Seite her als Triebanomalie, von der physiologischen Seite her als Stoffwechselstörung betrachtet werden. Hier ist weder a die Ursache von b, noch b die Ursache von a. Sondern beide sind Aspekte desselben einheitlichen Geschehens, das in unserem Beispiel vom Dienzephalon gesteuert wird.

Neben den affektiv-hormonal-vasomotorischen Koppelungen, den Vitalgefühlen (Stimmungsfarben) und individuellen Haltungsspannungen gehören im weiteren Sinne zur Tiefenperson die elementaren Bewegungsstile und Erlebnisweisen, die wahrscheinlich phylogenetisch auf den Vorstufen tierischer Instinkte aufbauen. Von ihnen wird später noch ausführlich die Rede sein (Kap. 7 und 8). Als körperliches Substrat solcher Handlungs- und Vorstellungsaggregate können wir – bei aller kritischen Einschränkung – dienzephale und mesenzephale Gebiete, die motorischen Stammganglien und überhaupt den ganzen vegetativ-nervösen Apparat ansehen.

Wir haben bei unseren experimentellen Studien zur Konstitutionsbiologie die Phänomene klargelegt, die wir am besten mit dem Stichwort *„Querverbindungen"* bezeichnen wollen: Wir meinen damit die Tatsache, daß wir in Reaktionsversuchen beim selben Konstitutionstypus öfters gleichartige Kurven von seiten der Psychomotorik, der vegetativen Apparate und der Affektreaktionen bekommen, daß also mit anderen Worten Psychomotorik, Vegetativum und Affektablauf ähnlich gesteuert werden.

Nach alledem können wir den Begriff der „Tiefenperson" klar definieren. Er ist biologisch und hat mit seelischer Tiefe im philosophischen Sinne nichts zu tun. Er deckt sich auch keineswegs mit dem psychoanalytischen Begriff des „Unbewußten", sondern überschneidet sich nur teilweise mit ihm. Kriterien für die Funktionsweisen der Tiefenperson sind nicht die Bewußtseinsgrade, sondern genau beschreibbare, geformte Mechanismen und Reaktionstypen. Während der Begriff des Unbewußten vorwiegend den psychologischen Umkreis der Motive (S. 182) trifft, umreißt der Begriff der der Tiefenperson die aufeinander abgestimmten psychophysischen Integrate.

Kurz gesagt sind also die Äußerungen der Tiefenperson nicht unbedingt „unbewußt", sondern:

1. unwillkürlich,
2. psychophysisch koordiniert und
3. schablonenartig genormt.

(„Unwillkürlich" heißt hier, genauer gesagt, nicht direkt rational willensmäßig schaltbar.)

Sie entspringen nicht Überlegungen, sondern körperlichen Reizen oder Auslösermotiven.

2. Kapitel

Sinnesempfindung und Aufbau der Wahrnehmungswelt

Die Sinnesempfindungen, aus denen der Mensch unter anderem die seelischen Abbildungsvorgänge aufbaut, teilt man herkömmlicherweise in *sensible* und *sensorische* ein. Die *sensiblen Qualitäten* des „allgemeinen Sinnes" können bis zu einem gewissen Grad überall im Körper empfunden werden. Sie gliedern sich in Berührungs- (Oberflächen-) und Tiefensensibilität (die letztere umfaßt Druck-, Gelenk-, Muskel- und Innenorganempfindungen) und außerdem in Temperatur- und Schmerzempfindungen. Die *sensorischen Qualitäten* dagegen können nur am Ort des dafür differenzierten Sinnesorganes aufgenommen werden. Dazu gehören Geruchs- und Geschmacksempfindungen und die sogenannten „höheren Sinne", Gesichts- und Gehörsinn.

Alle diese Sinnesformen haben die grundlegende Aufgabe der *Orientierung* des Einzelorganismus in der Umwelt, der Erhaltung und Verbesserung seiner Vitalität, und zwar dadurch, daß sie die richtigen Bewegungen gegenüber förderlichen oder schädlichen Reizen ermöglichen. Der biologische „Sinn" der sensibel-sensorischen Leistungen läßt sich also nur im Zusammenhang mit der Motorik beschreiben. Eine Geruchsempfindung z. B. hat für sich keinen biologischen Zweck, sondern beim Tier etwa den Sinn der Vorbereitung einer motorischen Annäherung an ein durch sie vermitteltes Nahrungs- oder Begattungsobjekt, also einer instinktmäßig automatisierten Leistung. Eine Schmerz- oder Hitzeempfindung hat nur „Sinn" als Auslösefaktor für eine Flucht- oder Abwehrbewegung gegenüber einem schädlichen Objekt. Dieselben Funktionen erfüllen auch der Gesichts- und Gehörsinn, allerdings komplizierter und beziehungsreicher. Erst auf der eigentlich menschlichen Ebene kann der Sinneseindruck, losgelöst vom vitalen Zwang, Selbstzweck werden, z. B. als ästhetischer Wert. Hier erscheint neuerlich der Unterschied zwischen Tiefenperson und Person.

Für die rein biologische Betrachtung ist es konsequenterweise nicht von Belang, ob ein Sinneseindruck ins Bewußtsein tritt, sondern ob er die entsprechende Bewegungsdisposition – mit oder ohne Bewußtsein – anspricht. In der Tat sehen wir den größeren Teil der durch Sinnesreize hervorgerufenen vitalen Reaktionen unbewußt oder minderbewußt vor sich gehen. Der *Grad der Bewußtheit* von Sinneseindrücken hängt nicht in erster Linie vom Grad der Kompliziertheit der motorischen Aufgaben, sondern vom Grad der *Neuheit und Ungewohnheit* der Situation oder der mit inbegriffenen *Verantwortung* ab. Man kann z. B. das

Körpergleichgewicht beim Gehen unbewußt halten, ein recht komplexer Bewegungsvorgang, während eine im Verhältnis dazu einfache Neuleistung, wie etwa das erstmalige Vorsetzen des Spielbeines beim turnerischen Kommando, mit aufmerksamer Bewußtheit erfolgt. Ganz Ähnliches gilt für die Sinneseindrücke: die komplizierte optische Registrierung verschlungener Straßenzüge, durch die wir täglich gehen, nimmt fast kein Bewußtsein in Anspruch, während beim Suchen eines Hauseingangs größte Bewußtheit und ins einzelne gehende Beobachtung nötig wird. Das einen Sinneseindruck oder Bewegungsakt begleitende *Bewußtsein* ist also biologisch betrachtet nicht einfach ein „Epiphänomen", sondern steht offenbar in proportionaler Beziehung zu den Neuorientierungsleistungen des Organismus. Im übrigen sind die sensomotorischen Regulationen im Körper überhaupt nicht bewußtseinsfähig, so daß nur Objektvorstellung und Zielvorstellung im Bewußtsein liegen.

Die Rolle der einzelnen Sinnesformen beim Aufbau des Seelenlebens ist sehr verschieden. Hier sind die engen Beziehungen der „Sinnlichkeit" zur *Affektivität* und zum *Triebleben* sowie die Sinnesfunktionen als Basis für die höheren Abbildungsvorgänge, die Vorstellungs- und Denktätigkeit zu berücksichtigen. Auf beiden Seiten sind die einzelnen Sinnesgebiete verschieden stark vertreten, wobei man sagen kann, daß die undifferenzierteren Sinnesqualitäten die unmittelbaren Beziehungen zur Affektivität besitzen, während die Sinne mit sehr komplizierter Skala von Empfindungsmöglichkeiten beim Aufbau der Vorstellungswelt, beispielsweise der Raum- und Zeitvorstellungen, stärker beteiligt sind. Doch besteht hier keine feste Grenze. Zur ersten Gruppe der *„affektverwandten"* Empfindungen gehören die sogenannten „Gemeingefühle", die aus den diffusen, wenig lokalisierten Innen- und Außenempfindungen des Gesamtkörpers schöpfen, sowie Temperatur- und Schmerzempfindungen, desgleichen Geruchs- und Geschmacksempfindungen. Zur zweiten Gruppe der stark *„vorstellungsbildenden"* Sinnesempfindungen gehören die beiden „höheren" Gesichts- und Gehörsempfindungen, mit denen die differenzierten Tastempfindungen und Muskel-Gelenk-Empfindungen, z. B. bei den Raumvorstellungen, wesentlich zusammenarbeiten. Daneben haben sie, besonders in ihrem unmittelbar sinnlichen Charakter, als Licht, Farben und Töne auch lebendige Beziehungen zur Affektivität.

Affektverwandte Empfindungen und Thalamus

Es kennzeichnet die affektverwandten Empfindungen psychologisch, daß sie in einem einzigen Erlebnisvorgang ebensosehr „Empfindungen" wie „Gefühle" sind. Daher wird im deutschen populären Sprachgebrauch der Ausdruck „Gefühl" für Sinnesempfindungen und für Gemütsbewegungen gebraucht, während man übereingekommen ist, im psychologischen Sprachgebrauch den Ausdruck „Gefühl" nur für affektive Vorgänge zu benutzen, die elementaren Sinnesleistungen dagegen nur „Empfindung" zu nennen. Diese zweckmäßige Konvention ändert aber nichts an der tatsächlichen Verwandtschaft beider seelischer Erscheinungsgruppen. Ähnliches meint übrigens auch C. Stumpf (1928) mit dem Ausdruck „Gefühlsempfindungen".

Am besten kann man sich das an der Schmerzempfindung klarmachen. Man kann zwar begrifflich definieren: Schmerz ist eine Sinnes*empfindung* a, die von einem bestimmten Affekt, einem Schmerz*gefühl* b, begleitet ist. Der wirkliche Erlebnistatbestand ist anders: nicht b begleitet a, sondern b und a sind erlebnismäßig durchaus dasselbe. Rein „phänomenal" ist der Schmerz ebensosehr Empfindung wie Gefühl. Diese Einsicht ist auch für unser hirnphysiologisches Denken, z. B. hinsichtlich der Thalamusfunktionen, von grundlegender Bedeutung. Die scharfe Trennung von Empfindung und Gefühl brauchen wir zwar als Abstraktion, auf der Erlebnisstufe jedoch wäre sie unangemessen. Erst bei größerer Differenzierung der Wahrnehmungs- und Vorstellungstätigkeit treten Empfindungsinhalt und Affekt in ein selbständigeres, loseres und variableres Verhältnis zueinander und lassen sich dann auch getrennt betrachten. Der Anblick „Haus" z.B. oder dessen Vorstellung braucht nicht von einem merklichen Affekt begleitet zu sein. Im positiven Fall können je nach Zusammenhang die verschiedensten Affekte auftreten.

Ähnlich wie bei den Schmerzempfindungen ist auch bei den Temperatur-, Geruchs- und Geschmacksempfindungen ein deutlicher Gefühlston mit der Empfindung unmittelbar gegeben bzw. erlebnismäßig mit ihr identisch. Eine Wärme- oder Kälteempfindung ist stets angenehm oder unangenehm, außer in der schmalen Indifferenzzone, wo sie auch als Empfindung verschwindet.

Unter *„Gemeingefühl"* endlich verstehen wir mit WUNDT „das Totalgefühl, in welchem der gesamte Zustand unseres sinnlichen Wohl- und Übelbefindens zum Ausdruck kommt". Das Gemeingefühl ist aufs engste verwandt mit dem, was man von der Affektseite her mit *„Stimmung"* bezeichnet. Das Gemeingefühl nimmt Komponenten aus sämtlichen affektverwandten Empfindungen in sich auf: diffuse Oberflächenempfindungen, Druck- und Lageempfindungen, Herz- und Eingeweideempfindungen, Geruchs- und Geschmacksempfindungen, ja auch die diffusen Stimmungswirkungen von Licht, Farbe und Tönen. Aus dem diffusen Zusammenfließen all dieser, zum Teil fast unmerklichen Empfindungsqualitäten ergibt sich der Gesamtquerschnitt unseres augenblicklichen Wohl- und Übelbefindens, das wiederum erlebnismäßig gleichzeitig Empfindungssumme und Affektlage ist. Besonders gilt dies von komplexen sogenannten *Vitalgefühlen,* wie Hunger, Durst, sexueller Erregung, deren phänomenale Einheit man ebensogut als Empfindungskomplex wie als Affekt, wie – wegen des in ihnen enthaltenen motorischen Antriebes – als Trieb bezeichnen kann.

In sehr zugespitzter Weise hat die JAMES-LANGE-Theorie (1910) die Verwandtschaft zwischen Empfindungen und Gefühlen betont und sie geradezu zur Identität gesteigert. Für die Gruppen der „Vitalgefühle" läßt sich dieser Standpunkt unter phänomenologischen und hirnphysiologischen Gesichtspunkten bis zu einem gewissen Grade wohl vertreten. Wir dürfen außer Temperatur- und Schmerzempfindungen, Geruchs- und Geschmacksempfindungen, diffusen Gemeingefühlen, Hunger, Durst und Sexualgefühlen auch die elementaren Schreck- und Angstaffekte hierher rechnen, die ebenfalls zugleich Gemütsbewegungen und intensive Körpersensationen mit entsprechenden motorischen Einstellungen sind, wobei wieder schwer zu sagen wäre, wieviel oder wenig erlebnismäßig-phänomenal von dem spezifischen Affekt übrigbliebe, wenn wir die charakteristischen Körperempfindungskomplexe davon abzögen. Dagegen wird bei differenzierten seelischen Inhalten, wie wir schon sahen, das Verhältnis viel loser und die genannte Theorie nicht mehr ausschließlich anwendbar. Wir kennen ja Stimmungen, wie heiter und traurig, die ein geringes Empfindungssubstrat haben.

Welches sind nun die *hirnphysiologischen Grundlagen* all dieser Erscheinungen und der ihnen entspringenden triebhaften Einstellungen? Wir dürfen mit zahlreichen Forschern annehmen, daß sämtliche von der Peripherie zum Gehirn ziehenden sensiblen und sensorischen Bahnen zunächst in den *Sehhügel (Thalamus opticus)* einstrahlen. Der Thalamus bildet anatomisch eine große Schaltstelle für sämtliche Empfindungsbahnen, die weiter zu ihren Projektionsfeldern in der Großhirnrinde: der Sehrinde im Hinterhauptslappen, dem Hörzentrum im Schläfenlappen, der Körperfühlsphäre in der hinteren Zentralwindung usw. ausstrahlen. Im Thalamus integriert sich wahrscheinlich das „Körperfühlbild" oder „Körperschema", d.h. die Vorstellung von Größe, Form, Lage und Bewegung des Leibes. Hier befinden sich außerdem auch affektive und sprechmotorische Zentren (Lachen, Rededrang). Der Thalamus ist den motorischen Stammganglien benachbart und nimmt im sensibel-sensorischen System als älterer Hirnteil und noch direkter eingeschaltetes Zentrum zwischen Peripherie und Hirnrinde eine ähnliche Stellung ein wie jene im motorischen.

Die Erforschung der physiologischen Leistungen des Thalamus hat engsten Zusammenhang mit den bei der Hirnstammforschung, der Forschung über das vegetative Nervensystem und den über das grundsätzliche Bedeutungsverhältnis zwischen Hirnstamm und Großhirn zu erörternden Problemen. Der Thalamus bildet gemeinsam mit Hypothalamus (vegetatives Nervensystem) und Limbischem System (vgl. S. 49) diejenige Stelle des Gehirns, wo die verschiedenartigen *Empfindungen ihre eigenartige Gefühlsfärbung und Gefühlsbetonung erhalten*. Hier liegt das Substrat für *Schmerz-* und vielleicht auch *Lustempfindung*, während die Hirnrinde für die Lokalisierung und Erkennung der Empfindung wesentlich ist. Ferner ist der Thalamus die Umschlagstelle, an welcher Erregungen sensibler Neuronen auf solche des vegetativen Systems überspringen. Nach dieser Auffassung wäre also der Thalamus mit Nachbargebieten *Hauptzentrale der sensibel-sensorischen Funktionen* und der damit unzertrennlich verbundenen *elementaren Affektivität (Gemein- und Vitalgefühle)*. Das ganze System bildet zugleich eine Art Reflexbogen für *viszeral-affektive* und *triebhafte Reaktionen* bzw. im weiteren Sinn eine große Schaltzentrale für die Zusammenstellung *formelhafter sensomotorischer Abläufe des Trieblebens*.

Zu verwandten Anschauungen führten schon früher die eingehenden Sensibilitätsstudien von HEAD (1911). Er fand bei Herdstörungen im Thalamus außer der Sensibilitätsstörung eine Tendenz, auf unangenehme Reize überstark zu reagieren, ohne daß dabei die Schwelle für Schmerzreize erniedrigt gewesen wäre. Der gleiche Schmerzreiz tat auf der kranken Seite mehr weh. Es kam zu ganz eigentümlichen halbseitigen Änderungen der Gefühlsbetonung bzw. der affektiven Einstellung auf sensible und sensorische Reize: „Einer unserer Patienten war nicht imstande, auf seinen Platz in der Kirche zu gehen, weil er auf der kranken Seite den Gesang nicht vertragen konnte", und er rieb während des Singens fortwährend die kranke Hand. – Ein anderer ging zu einer Erinnerungsfeier am Todestag König Eduards VII. Sobald der Chor zu singen begann, „kam ein schreckliches Gefühl in die kranke Seite hinein, und das Bein wurde gepackt und kam ins Schütteln". Ein hochgebildeter Patient gab an, seit dem Anfall, der die rechte Seite seines Körpers für angenehme und unangenehme Reize ansprechbarer gemacht habe, sei er zärtlicher geworden: „Ich habe das äußerste Verlangen, meine rechte Hand auf die weiche Haut einer Frau zu legen. Die rechte Hand braucht immer Trost. Es scheint, daß ich auf meiner rechten Seite mich fortwährend nach Sympathie sehne... Meine rechte Hand scheint künstlerischer zu sein." Die thalamisch erkrankte Körperhälfte reagiert also nach HEAD stärker auf das affektive Element sowohl von Außenreizen als von innerseelischen Zuständen. Es besteht eine erhöhte Empfänglichkeit derselben für Lust- und Unlustzustände. KÜPPERS (1922) drückte dies in pointierter Weise aus: Der einseitig thalamuskranke Mensch hat links eine andere Seele als rechts; er ist auf der einen Seite trostbedürftiger, wehleidiger, künstlerischer, sensibler, sehnsüchtiger als auf der anderen. Ohne zu dieser weittragenden Formulierung Stellung zu nehmen, sei nur die zusammengefaßte Ansicht HEADS über die Thalamusfunktion zitiert: „Wir glauben also, daß das wesentliche Organ des Thalamus das Bewußtseinszentrum für gewisse Elemente der Empfindung ist. Er antwortet auf alle Reize, die imstande sind, *Lust* oder *Unlust* oder das Bewußtsein einer Änderung im Gesamtzustand hervorzurufen. Der *Gefühlston* somatischer oder viszeraler Empfindungen ist das Produkt thalamischer Aktivität." Da nur etwa ein Achtel des Thalamus der spinokortikalen Vermittlung von Empfindungen dient, dürfen wir vermuten, daß die von HEAD erwähnten Elementargefühle mit der gleichzeitigen Schädigung von Nachbarbereichen zusammenhängen.

Im Zusammenhang mit der *Leukotomie* bei Geisteskranken, Zwangsneurosen und schweren Schmerzzuständen hat die Forschung indirekt neue Impulse und Gesichtspunkte gewonnen. Es handelt sich hier besonders um das Studium der Ausfälle, die bei Durchtrennung der frontothalamischen Bahnen entstehen und die auch nach der anatomischen Seite von HASSLER (1967) u. a. sorgfältig bearbeitet wurden. Tatsache ist jedenfalls, daß bei Durchtrennung frontothalamischer Bahnen häufig eine wesentliche Abdämpfung erregter Affekte und Schmerzreize erfolgt. Ich habe ähnliche Dinge bei schweren Unfallverletzungen des Augenhöhlendachs studiert und als *„Verlust der personellen Resonanz"* bezeichnet. Hier müssen wir bereits die Mitwirkung des Limbischen Systems (vgl. S. 49) in Rechnung setzen.

Abbildende Empfindungen

Die bisher besprochenen elementaren Sinnesqualitäten hatten gemeinsam, daß sie durch die in ihnen enthaltenen Affektmomente den Organismus zu biologisch zweckentsprechenden positiven oder negativen Reaktionen unmittelbar veranlassen. Sie tun dies in elementarer Weise, d.h. durch direkt mit ihnen gekoppelte psychomotorische Formeln reflektorischer oder instinktiver Art, doch ohne ein Bild von der Reizquelle zu geben. Am besten macht man sich das bei solchen Empfindungen klar, die wir nicht durch Sehen und Abtasten kontrollieren können. Eine Herzbeklemmung oder ein Leibschmerz haben eo ipso starke Affektqualität und führen dadurch sofort und unmittelbar zu bestimmten reflektorisch-psychomotorischen und vegetativ-nervösen Antworten. Sie geben dem medizinisch ungebildeten Träger aber keinerlei Bild von dem Zustand des befallenen Organes, ja oft nicht einmal eine Orientierung darüber, welches Organ betroffen ist. Dies ist ähnlich bei den von außen angeregten affektverwandten Empfindungen, sofern wir sie nicht optisch-taktil ergänzen. Auch wenn wir die ganze Skala der Schmerzempfindungen erschöpften, die von außen auf unseren Körper einwirken können, so würden sie uns doch kein Bild geben von der Art der sie hervorrufenden Außenfaktoren, von außer uns befindlichen Gegenständen, geschweige denn von deren Ordnung im Raum. Ganz ähnlich verhält es sich mit Geruch und Geschmack. Wir können uns mit dem Gesichtssinn und Tastsinn zusammen, ja selbst noch mit einem der beiden Sinne allein ein präzises Bild von dem Gegenstand „Birne" machen, auch wenn wir nie deren Geruch oder Geschmack kennengelernt hätten. Dagegen könnte ein zugleich Blinder und Fühlloser rein aus dem Geruch und Geschmack niemals ein zusammenhängendes gegenständliches Bild konstruieren, das dem optisch-taktilen Gegenstand Birne analog wäre. Sein Geruchs- und Geschmackssinn würden ihm nie etwas anderes liefern als wenige, affektbetonte Empfindungen, die er nicht zu gestalten vermöchte.

Wir können uns an diesen Beispielen die beiden grundsätzlich verschiedenen Arbeitsweisen unserer Sinnesapparate deutlich klarmachen: einerseits auf die affektbetonte, reflektorische bzw. instinktmäßige Haltung hin, andererseits auf die Entwicklung eines ausgearbeiteten Bildes von der Außenwelt, von gegenständlichen Vorstellungen. Die endgültig bezweckte biologische Orientierung würde im zweiten Fall erst indirekt auf dem verschlungenen Umweg über das Bild von der Außenwelt und möglicherweise fast ohne Affektbeteiligung erfolgen. Es ist nun aber nicht so, daß die einen Sinne ausschließlich nur die eine, die anderen nur die andere Arbeitsrichtung hätten. Vielmehr führen nach beiden Seiten je bestimmte Sinnesgruppen vorzugsweise, wobei Elemente aus anderen Gruppen mit einfließen. So wird in das Gegenstandsbild „Birne" deren Geruch und Geschmack, in das Gegenstandsbild „Ofen" das Wärmende, in das Gegenstandsbild „Messer" eventuell das Schmerzhafte ergänzend, aber nicht konstituierend hineingenommen. Umgekehrt bereichert sich das Gemeingefühl, das Wohl- oder Übelbefinden (kardinale und durchschlagende Faktoren der augenblicklichen Summe der diffusen Körperempfindungen) eventuell auch durch elementare Licht-, Farb- und Schallqualitäten der Umgebung, ohne daß es dieser letzteren Faktoren bedürfte. Ein Vitalgefühl, wie Hunger oder sexuelle Erregung, kann das optische Bild einer bestimmten Speise oder eines sexuellen Partners hervorrufen, ohne daß dieses Gefühl bei Abwesenheit eines solchen optischen Korrelats sich wesentlich in seiner Eigenart veränderte. Selbst zu ihrer motorischen Erledigung bedarf z.B. die Hungerempfindung nicht einer bildhaft gegenständlichen Vorstellung von den Außendingen sondern notfalls nur der Leitung durch diffuse Geruchs-, Geschmacks- und Konsistenzqualitäten.

Wir sahen schon, welche Sinnesempfindungen für die Abbildungsvorgänge in Betracht kommen: Beim Ordnen von Einzelempfindungen zu *Bildern* und räumlichen Bezügen, also bei der Entwicklung von *Raumvorstellungen,* führt

der *Gesichtssinn* in engster Zusammenarbeit mit den *Tast- und Lageempfindungen,* letztere ermöglichen eine weitentwickelte, gegenständliche Auffassung, auch ohne Sehkontrolle (z.B. bei Blinden und im Dunkeln).
Die Raumvorstellung entsteht dadurch, daß das Subjekt mit dem Gesichtssinn wie mit dem Oberflächentastsinn der Haut eine große Menge von Einzelreizen in einem einzigen Akt zusammenzufassen vermag. Dabei muß den Einzeleindrücken irgendeine Verschiedenheit je nach dem Ort ihrer Auslösung zukommen, weil wir ja zwei nahe nebeneinandergelegene Hautberührungen unterscheiden. Man hat diese Verschiedenheit der von distanzierten Körperpunkten ausgehenden sinnlichen Signale als qualitativ aufgefaßt (was nicht bewiesen ist!) und mit dem Ausdruck *Lokalzeichen* belegt. Den *Abstand,* in dem zwei nahe nebeneinander wirkende Einzelreize eben noch unterschieden werden, bezeichnet man als *Raumschwelle.* Sie ist an den für genauere sinnliche Differenzierung eingerichteten Körperstellen, wie etwa an den Fingerspitzen oder an der Netzhaut des Auges, wesentlich niedriger, der spürbare Reizabstand ist enger als in anderen Körpergegenden. Durch die beiden Tatsachen der gleichzeitigen Aufnahme und der Unterscheidbarkeit vieler Reize ergibt sich die Grundlage für eine gegenseitige Zuordnung dieser Reize im Sinne eines kohärenten *Sehfeldes* bzw. *Tastfeldes* und damit einer, zunächst vorwiegend *zweidimensionalen* Raumvorstellung. Für die Entwicklung der *Dreidimensionalität* des Raumes lassen sich experimentell verschiedene Faktoren aufzeigen, z.B. durch das Stereoskop die Wirkung der sogenannten binokularen Parallaxe (d.h. der nicht vollkommenen Deckung des rechts- und linksäugigen Bildes) und die mit der Konvergenzbewegung der Augen verbundenen Muskelempfindungen. Ferner sind für das Erlebnis der Dreidimensionalität des Raumes und damit auch die Vorstellung von „Gegenständen" die Bewegungsempfindungen (Muskeln der Augen und Extremitäten, Gelenke) beim „Abtasten" von allen Seiten unerläßlich. Sämtliche genannten Faktoren der Gesichts-, Tast- und Bewegungsempfindungen bewirken die Gegenstands- und Raumvorstellung nicht für sich allein. Erst die koordinierende, verschmelzende Leistung des Subjekts führt zur „Wahrnehmung".
Die alte Streitfrage, ob die Raum- und Zeitvorstellungen erworben (empiristische Theorie) oder als letzte Kategorien angeboren sind (nativistische Theorie), läßt sich entwicklungsbiologisch folgendermaßen beantworten: So komplizierte Phänomene wie Raum- und Zeitvorstellung müssen sich allmählich aus einfacheren entwickelt haben, und ihre Voraussetzungen können wir vielfach experimentell isolieren. Damit ist aber nicht gesagt, daß sich jeder einzelne Mensch die Raum- und Zeitvorstellung selbst wieder erarbeiten müßte. Sondern die Tendenzen auf das räumlich-zeitliche Denken hin werden wohl, wie so vieles andere phylogenetische Erbgut, allmählich präformiert werden und somit bis zu einem gewissen Grade angeboren sein.
Anders ordnen sich die Außenweltreize im *Gehörsinn.* Einmal beteiligt er sich an der *Zeitvorstellung,* die durch rhythmische Gehörsreize, ähnlich wie durch den rhythmischen Ablauf der Körperempfindungen etwa beim Gang, entschieden begünstigt wird, wie Wundt hervorhebt. Wichtiger für die Entwicklung der Zeitvorstellung erscheint allerdings die mnestische Funktion des Gehirns, die ein Nebeneinander von Engrammen abgestufter Verblaßtheit neben den graduell stärksten Neueindrücken ermöglicht. Auf diesem quantitativen Faktor der Gradabstufung der Erlebnisfrische der inneren Bilder (gleichsam als Entfernungsmarken) könnte die Vorstellung der Erinnerungszeit beruhen. Jedenfalls zeigt die Korsakowsche Merkschwäche, daß die Zeitvorstellung aufs engste an die Intaktheit der Merk- und Gedächtnisfunktionen geknüpft ist und daß sie bei schweren Schädigungen derselben verschwindet. Auch wenn durch heftige affektive Erschütterungen (z.B. Trauer, Schock) die natürliche Abstufung der Erinnerungsstärke – im Sinne der retrograden Abschwächung – durchbrochen wird, leidet die Sicherheit des Zeiteinschätzens stark.
Seine Hauptbedeutung für das höhere Seelenleben aber gewinnt der Gehörsinn als Zentralfaktor der *Sprachentwicklung.* Durch die Sprache erst kann sich dasjenige Prinzip entwikkeln, welches das feinste Instrument unseres Denkens darstellt: das Prinzip der *Abstrak-*

tion, d.h. der Bildung nicht sinnlich vorstellbarer Begriffe. Es geht also um die Reduktion der Außenweltbilder auf Wesenszüge und ihre zusammenfassende Überklammerung durch Oberbegriffe, es geht um die horizontale und vertikale Zuordnung (Subsumierung, Koordinierung) der Begriffe sowie um die *logischen Verhältnisse* (Identität – Nichtidentität). Hierher gehören auch die Denkzusammenhänge: Ursache, Folge und Zweck. Das Wort ist der einzige Körper für die abstrakte Vorstellung, die sich ohne es weder fixieren noch übermitteln ließe. Die Beziehung der Grammatik, des Satzbaues zur Logik kennen wir.

Gestaltungsgrad und Leibhaftigkeitsgrad

Als *Gestaltungsgrad* bezeichnen wir den Umfang, in dem das Rohmaterial der durch unsere Sinnesorgane aufgenommenen und von unserem nervösen Gesamtapparat verarbeiteten Einzelreize sich im Bewußtsein ordnet und differenziert. Die vorbereitende Gestaltung vollzieht sich nicht im Sinnesorgan selbst, sondern ist wohl eine Funktion der Großhirnrinde. Das Auge selbst nimmt nicht Häuser, Bäume, Wolken wahr, vermittelt vielmehr nur das Rohmaterial dazu, die sinnlichen Grundqualitäten des Hell, Dunkel, Grün, Gelb usw. Wir achten also auf den Gestaltungsgrad, den unsere Sinneseindrücke in fester räumlicher und zeitlicher Ordnung, in geringerer und größerer Abstraktheit und logischer Verknüpfung erreichen.

Daneben erfassen wir die Produkte unserer Abbildungsvorgänge noch in einer zweiten Skala, nämlich nach dem *Grad ihrer „Leibhaftigkeit“*. Dementsprechend wird ein in uns auftauchendes Bild als „nur“ gedacht, als *„Vorstellung“* oder als „wirklich“ gesehen und gehört, als *„Wahrnehmung“* behandelt. Es verbinden sich hier zwei verschiedene Qualitätsreihen: einmal die „Lokalisation“ des Bildes „innen“ in unserem Kopf oder in der Außenwelt. Mit diesem „subjektiv“ oder „objektiv“ nicht identisch ist das sogenannte „Realitätsurteil“ über die Frage, wieweit wir dem Bild Wirklichkeit zuerkennen. Beide Urteile lassen sich nicht immer unterscheiden, z.B. im mystischen Weltbezug (vgl. S. 108), insbesondere bei Schizophrenen, die eine „innere“ Stimme als leibhaftig und von außen kommend erleben oder umgekehrt etwas Inneres als ich-abhängig, wie das besonders STORCH (1922) und REISS (1921) beim Anfangsstadium nachgewiesen haben. Der Leibhaftigkeitsgrad der in uns aufsteigenden Bilder hängt unter anderem von quantitativen Faktoren, der Zahl und Deutlichkeit der in ihnen enthaltenen Einzelheiten ab. Die *Vorstellung* „Haus“ ist durchschnittlich viel „unsinnlicher“, d.h. viel detailärmer, als die *Wahrnehmung* „Haus“. Das merkt man am besten, wenn man komplizierte Gegenstände abwechselnd nach der Erinnerung und nach der Natur zeichnet. All diese Fragen des Verhältnisses zwischen Ich und Außenwelt, der Leibhaftigkeit, der Projektion und Introjektion spielen in der Völkerpsychologie und in der Psychopathologie eine große Rolle. Wichtig ist, daß sich die z.B. von JASPERS (1946) angenommene grundsätzliche Trennung zwischen Vorstellung und Wahrnehmung in der psychologischen Erfahrung nicht bestätigen läßt, und daß nach Ansicht der meisten Forscher eine kontinuierliche Übergangsskala zwischen beiden angenommen werden muß (JAENSCH 1923). Schizophrene Patienten etwa, selbst wenn sie sehr intelligent sind, können oft nicht sagen, ob sie lebhafte Gedanken haben oder wirklich gesehene und gehörte Dinge erleben.

Eine grundlegende Bedeutung haben auch die großen experimentellen Serien von JAENSCH (1921) und seinen Mitarbeitern, die den sogenannten *„Eidetischen Sehtypus“* ermittelten. Dieser ist besonders bei Jugendlichen, vielleicht auch bei Naturvölkern ausgeprägt. Am Schülermaterial von KROH (1927) zeigten sich die deutlichen eidetischen „Anschauungsbilder“ in über 40% der Fälle bis zum 15. Lebensjahr, um von da an rasch abzunehmen. Der eidetische Sehtypus ist also der ontogenetisch frühere und stellt die *ursprünglich undifferenzierte Einheit des sinnlichen Erlebens* dar, aus der sich die Wahrnehmungen auf der einen, die visuellen Vorstellungen auf der anderen Seite erst differenzieren. Eidetiker können optische Wahrnehmungen als anschauliche Vorstellungen bewahren. (Auch im Bereich des Gehörsinnes und der Hautempfindungen gibt es entsprechende Erscheinungen.) Der Eidetiker sieht ein beliebiges Objekt nach dessen Wegnahme mit dem Charakter der Empfindung weiter. Man kann ihn ein solches Bild auf einer freien Fläche meßbar lokalisieren und bis in die kleinsten Einzelheiten hinein beschreiben lassen. Es ist also sehr leibhaftig und gut gestaltet. Bei geeigneter Versuchsanordnung läßt es sich ebenso von den aus der Sinnesphysiologie bekannten „Nachbildern“, wie von den bloßen Vorstellungen differenzieren. Es zeigt aber andererseits auch Verwandtschaftsbeziehungen zu Vorstellungen und Wahrnehmungen. Letzteren steht es z.B. hinsichtlich der erscheinenden Größe und der sogenannten Horopterabweichung (KIENLE 1968) nahe. Hier handelt es sich überall um den Ausdruck *seelischer Aktivität,* die die Wahrnehmung festhält, umgestaltet oder ohne Wahrnehmung Gestalten produziert.

Die Untersuchungen von JAENSCH liefern wichtige Gesichtspunkte für manche künstlerischen Probleme (nachpuberale eidetische Anlage bei manchen Dichtern und Malern als Grundlage für ihren realistischen Anschauungs- und Phantasietypus) und damit für die typenmäßige Begabungsforschung überhaupt.

Von der eidetischen Nachwirkung ist die *bildhafte Vorstellungskraft* streng zu unterscheiden. Sie hängt von der optischen Wahrnehmung nur indirekt ab (Erinnerung), gestaltet also weitgehend selbständig und spielt z.B. bei der schöpferischen, künstlerischen und organisatorischen Phantasie eine große Rolle, aber auch beim Tagträumen und dem Schlaftraum. Gestaltungs- und Leibhaftigkeitsgrad können hier erheblich schwanken.

Für die physiologischen Grundlagen des Leibhaftigkeitsgrads unseres sinnlichen Erlebens des Gestaltungsgrads gibt es nur ungefähre Anhaltspunkte. Allgemein nimmt die Gestaltprägnanz bei Ermüdung, Erschöpfung, diffusen Giftwirkungen, Infektionen oder Zerstörungen im Gehirn ab. Das kann ebenso für den Leibhaftigkeitsgrad gelten, wie denn überhaupt beide Skalen oft zugleich betroffen sind.

Wahrnehmungsverzerrung und Halluzination

Gestaltverzerrungen, eventuell dynamisch akzentuiert, sieht man unter der Wirkung mancher Rauschgifte, z.B. der Lysergsäure (Krümmung und Bewegung der Wände, tierische Metamorphosen der Möbel und ähnliches). *Chromatische Verwandlungen* gehören zum Erscheinungsbild der Meskalin- (Peyotl-Kaktus), Psilozybin(-Pilz) und LSD-Vergiftung und zwar im Sinne der Verstärkung wie auch der Änderung der Farben. Bei Verletzungen der parieto-okzipitalen Region kann es zu schweren Störungen des Formerkennens kommen: Linien erscheinen gekrümmt, Häuser ändern ihre Stellung und Form; die Objekte erscheinen verlagert oder verkleinert usw. Bei diesen Verzerrungen interferieren also echte Wahrnehmung und organisch angeregte subjektive Seelenvorgänge.

Auf der Stufe der *Halluzination* (Sinnestäuschung) hingegen sind die Vorstellungen vom Sinneseindruck unabhängig, also spontan erzeugt. Abgewandelte Erinnerungsmotive, die lediglich den „Stoff“ abgeben, stellen eine recht indirekte Verbindung zu früheren Wahrnehmungen her. Sogenannte exogene, also organisch verursachte Halluzinationen (z.B. bei Haschisch und Kokain) pflegen ausgesprochen leibhaftig zu erscheinen und sich erst bei hohem Erregungsgrad zu entstalten. Demgegenüber können schizophrene Sinnestäuschungen wenig differenziert und wenig leibhaftig sein, was jedoch ihre Bedeutungsstärke und affektive Brisanz nicht beeinträchtigt.

Bei *Rauschzuständen* (eventuell auch bei beginnender Geisteskrankheit) gibt es alle möglichen Übergänge zwischen Wahrnehmungsstörung und Halluzination, die ständig wechseln können. Aber auch Affekte, Raum- und

Zeitsinn werden betroffen. Es sei dies anhand der *Meskalinvergiftung* (MAYER-GROSS 1928) gezeigt, die – ähnlich LSD und Psilozybin – folgende Veränderungen hervorzurufen vermag: 1. Gradänderungen in der *Stärke des Sinneserlebens* mit Verfeinerung des Unterschiedsempfindens. Gewöhnliche Eindrücke erscheinen kräftiger, stärkere überlaut und grell; die Umwelt wird leuchtend, sonnig, glänzend, voll Harmonie, farbiger, plastischer, überausdrucksvoll, in jeder Kleinigkeit bedeutungsvoll, die umgebenden Gesichter schauspielerhaft scharf. Oder der Berauschte wird von Armut an Eindrucksfähigkeit, von Kälte, *Leere,* Einförmigkeit gequält. Es handelt sich um Wirkungen auf die Affekttönung, sozusagen die affektive Eigenfarbe der Empfindungen, wie sie uns ähnlich schon bei den Thalamusstörungen begegnet sind. Weiterhin entstehen: 2. starke Beeinträchtigungen der Bewegungswahrnehmung, ähnlich wie bei manchen okzipitalhirnverletzten Seelenblinden: Die Bewegungen der Menschen erscheinen dem Vergifteten als feierlich verlangsamt oder als überbelebt, oder es wird nur der vollzogene Ortswechsel, nicht aber die Handlung selbst wahrgenommen, was Störungen des Raum- und Zeiterlebens anzeigt; 3. kommt es zu ausgiebigen *Synästhesien* (LEHMANN 1881; MARTIN 1909; E. BLEULER 1913), d. h. zur Miterregung eines Sinnes bei Reizung eines anderen: beim Erklingen bestimmter Töne werden bestimmte Farben gesehen, ebenso evtl. auch bei Berührung und Schmerz. Das Bellen eines Hundes bewirkt ein Flackern in der Beleuchtung des Zimmers, ein Klopfen verändert die Farbtöne der Landschaft. Die Wahrnehmung geht also unmittelbar in Halluzinationen über. 4. verändern sich *Raum- und Zeitsinn.* Im extremen Fall breitet sich die ganze Welt wie ein Teppich vor den Augen aus. Alles ist erreichbar. In gewisser Entsprechung dazu lebt der Trunkene ganz präsentisch. Vergangenheit und Zukunft sind aufgehoben zugunsten der Gegenwart. Raumexpansion und Zeitkontraktion machen es verständlich, warum bei rauschhafter Entleerung oder Bedrohung eine schaurige Vernichtung, bei anmutiger Phantasie aber eine ungeahnte Bereicherung erlebt werden kann. Man sieht, solche toxischen Wirkungen sind wohl geeignet, tiefgreifende Wandlungen der Beziehungen des Betroffenen zu seiner Umgebung und seiner Weltanschauung zu schaffen. Die nahe Verwandtschaft dieses Erfahrungstyps mit dem akuter Schizophrenien liegt auf der Hand. Dennoch ist es nicht gelungen, diese zellulärstrukturell oder biochemisch zu erklären.

3. Kapitel

Großhirnrinde und mnestisch-assoziative Leistungen

Rindenlokalisation, senso-motorische Vermögen

Bekanntlich strahlen in die Großhirnrinde sensible und sensorische (Sinnesreize vermittelnde) Bahnen ein und motorische (Bewegungen vermittelnde) von ihr aus. In der Umgebung der sensorischen und motorischen Rindenfelder oder Projektionsfelder finden sich Bezirke, die nicht der Empfindung und Bewegung dienen, deren Störung aber komplizierte *Ausfallserscheinungen in der psychischen Synthese* jener veranlaßt, und zwar vor allem auf dem Gebiete der Sprechvorgänge *(sensorische* und *motorische Aphasie)* und der ihnen nahestehenden Funktionen des Lesens und Schreibens *(Alexie* und *Agraphie),* ferner auf den Gebieten der Gegenstandserkennung (*Agnosie* bzw. „Seelenblindheit“). Mit etwas weniger scharfer, aber doch vielfach erkennbarer Lokalisation schließen sich ihnen die *apraktischen* Störungen komplexer Bewegungen an. Ein Blick auf das Oberflächenbild der linken (normalerweise funktionell wichtigeren) Großhirnhälfte zeigt uns als Schema der Hirnlokalisation die bekannten motorischen und sensorischen Felder: die *vordere Zentralwindung* als Sitz des motorischen Rindengebiets mit getrennten Zentren für Bein, Arm, Kopf, Augen; dahinter die *hintere Zentralwindung* und die benachbarten Teile des Scheitellappens als das *sensible Rindengebiet*. Die beiden wichtigen sogenannten höheren Sinnesfunktionen haben je ihre besonderen Felder: nämlich das *Gehör* im *Schläfenlappen* und das *Gesicht* im *Hinterlappen,* speziell in der Gegend der Fissura calcarina.

Wir sehen nun, wie die genannten Zentren für die Sprach-, Erkennungs- und Handlungssynthesen sich räumlich nahe an die sensorischen und motorischen Zentren selbst herangruppieren: so liegt das BROCA-Zentrum für die *motorische Aphasie* am Fuß der *3. Stirnwindung,* also unmittelbar neben den motorischen Zentren für die Kopfgegend. Von da zieht sich das „Sprachgebiet“ durch die Insel hinüber in den Schläfenlappen, insbesondere die *1. Schläfenwindung*. Hier befindet sich das WERNICKE-Zentrum für die *sensorische Aphasie*. Diese psychologisch mit den Wortklangbildern zusammenhängende Funktionsstörung hat also ihren Sitz im Schläfenlappen bei den Zentren für die Hörleistung. Dahinter, oben im Gyrus angularis wird das zur Sprechleistung gehörige Zentrum für das *Lesen* (bzw. die *Alexie*) angenommen.

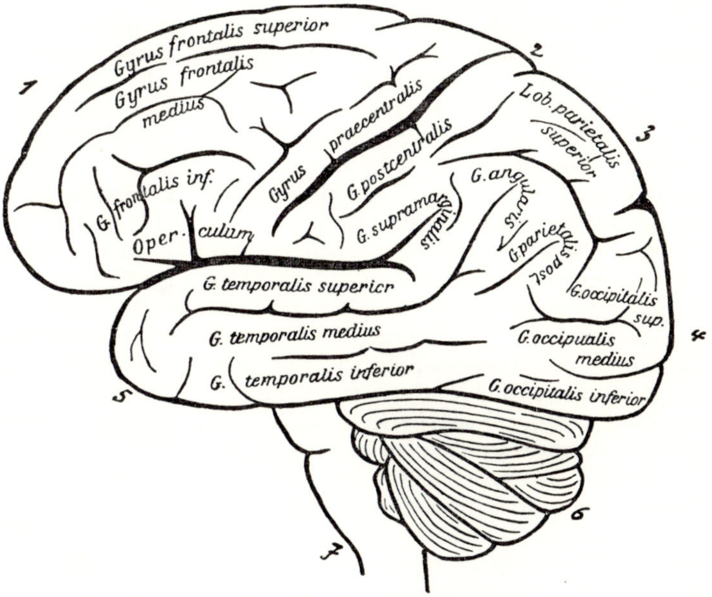

Abb. 1. Seitenansicht der linken Hirnhälfte (schematisches Oberflächenbild)

Großhirn:
1. Stirnhirn
2. Gegend der Zentralwindung
3. Scheitellappen
4. Hinterhauptslappen
5. Schläfenlappen

6. Kleinhirn
7. Hirnstamm

Man kennt auf optischem Gebiet psychologisch verschieden aufgebaute gnostische Teilstörungen bei vorwiegend doppelseitigen Verletzungen im Hinterhauptslappen, also in der Umgegend der Sehrinde. Entsprechende gnostische Störungen gibt es auch im akustischen und taktilen Bereich. Das weite Gebiet der *Apraxie* (LIEPMANN 1920) ist lokalisatorisch sehr kompliziert und hirnphysiologisch nicht vollständig geklärt. Außer den Großhirnstörungen spielen vielleicht auch andere Hirnteile (z.B. das striopallidäre System) eine Rolle. Eine lokalisatorisch wohlbekannte Form der Apraxie entsteht u.a. durch Läsion des vorderen Balkendrittels *(Balkenapraxie)*, d.h. durch Störung der langen Verbindungsfasern zwischen der linken und der rechten Hirnhälfte. Außerdem werden apraktische Störungen häufig bei Herden im Gyrus supramarginalis des Scheitellappens, also in der Nähe der sensiblen Rindenregion, ferner neben akinetischen Symptomen (Bewegungsarmut) bei Stirnhirnkranken beobachtet. Daneben bestehen enge Beziehungen zwischen den gnostischen und den praktischen Funktionen: gestörte Handlungen hemmen die Gnosien, Störungen des Erkennens verderben umgekehrt den Handlungsentwurf. SCHILDER (1924) sagt in pointierter Weise: „Jeder Sphäre des Erkennens ist eine Handlungsmöglichkeit zugeordnet."

In konsequenter Durchbildung aller dieser Beobachtungen und Gedankenansätze kam KLEIST (1934) zu einer geschlossenen Theorie von Bau und *Funktionsplan des Großhirns*: Die Hirnrinde setzt sich aus Sinnessphären zusammen, und zwar stellt der Hinterhauptslappen die *optische*, der Schläfenlappen die *akustische*, das Zentroparietalgebiet die *haptische* Sphäre dar (Berührung), der sich in der Area subcentralis (vielleicht einschließlich der Insel) eine *Geschmackssphäre* anschließt. Das Stirnhirn stellt eine labyrinthär-myästhetische (der Muskelwahrnehmung dienende) Sphäre, das orbitozinguläre Gebiet eine solche der Innenempfindungen (Ichleistungen) dar. Der Lobus piriformis und ammonicus bilden zusammen eine Riechsphäre. Innerhalb jeder Sinnessphäre (dies ist der Grundgedanke von KLEIST) liegt 1. eine eigentlich *sensorische Zone*, 2. eine *motorische Zone* und 3. eine Zone für die der betreffenden Sinnessphäre eigenen *höheren seelischen Leistungen*. (Wir möchten die psychischen Zonen im Umkreis der sensorischen Einstrahlungen als *Verarbeitungsfelder* bezeichnen.) Nach Auffassung von KLEIST müßte diese Dreiteilung nicht nur in der Tastsphäre zu finden sein, wo sie am deutlichsten hervortritt, sondern auch in den anderen Sinnesgebieten des Großhirns (vgl. PENFIELD 1950). Wie RUCH (1951) nachwies, gibt es nahe den sensorischen Projektionsfeldern sogenannte Supressorfelder, bei deren Reizung die ersteren gehemmt werden; d.h. ihre Erregbarkeit geht zurück. Dieses Prinzip könnte bei der Selektion der Aufmerksamkeit und des Handelns eine Rolle spielen.

Die jüngeren Forschungen legen es nahe, *drei sensomotorische Funktionseinheiten* des Gehirns zu unterscheiden. Die *erste (Thalamus, Hypothalamus, Uncus hippocampi, Mesencephalon* und z.T. die *Formatio reticularis)* regulieren die Erregbarkeit der Rinde (subjektiv gesprochen Wachheit und bewußter Antrieb). Versagt dieser Komplex, so können z.B. schwache und starke Reize nicht unterschieden und adäquat beantwortet werden. Die *zweite* Einheit (hinter der Zentralfurche) soll Informationen analysieren, speichern und kombinieren, und zwar in Zonen für Seh-, Hör- und Bewegungswahrnehmung, sowie Hautempfindung, die ihrerseits in drei Integrationsstufen gegliedert sind. Als *dritte* Einheit gilt der *Vorderlappen des Kortex*, in welchem sich Verhaltensprogramme (subjektiv: Absichten) aufbauen sollen. Er steuert gemeinsam mit der *Formatio reticularis* Aufmerksamkeit und Konzentration und ist bei Denktätigkeit erregt (Elektroenzephalogramm) (LURIA 1970).

Auf die unterschiedliche Rolle der beiden *Gehirnhemisphären* weisen Beobachtungen hin, die nach ihrer funktionellen Trennung (Durchschneiden des Corpus callosum und der Massa intermedia aus therapeutischen Gründen) gewonnen wurden (vgl. S. 29). Nimmt der Betroffene stark anregende Reize, z.B. das Bild einer nackten Frau nur mit der rechten Gehirnseite auf, so weiß er nicht, was er sieht (ist *agnostisch*), drückt aber Gefühlsbewegung und im besonderen Verlegenheit aus. Die Affekte sind also hier mit dem Gedächtnisengramm assoziiert, nicht aber die Begriffe und Wörter. Die Letzteren werden über die linke Gehirnseite konstelliert, wodurch eine vollständige Wahrnehmung entsteht. Weitere Forschungen mit der gleichen Versuchsanordnung ergeben folgende Unterschiede (nach ECCLES 1970):

Linke, dominante Hemisphäre

(Sprachareale und Sprechfunktion)
Hochdifferenziertes Bewußtsein
Sprache, Sprechen
Intentionale Ideen
Analytisches Erfassen
Sequentiale Logik
Arithmetisches Verarbeiten (wie Rechner)

rechte subdominante Hemisphäre

(Kein Sprachengramm und keine Sprechübung)
Ganzheitliches Bewußtsein
Nichtverbale Bezüge
Musikalität
Gestalten
Synthetisches Erfassen
Holistik
Geometrisch-räumliches Verarbeiten

Gestaltvollzüge

Versuchen wir nun, das klinisch so verwirrend vielgestaltige und komplizierte Bild der *Aphasie, Agnosie* und *Apraxie* auf einen einfachen psychologischen Nenner zu bringen. Zunächst stellen die aphasischen Störungen (nebst den verwandten Gruppen der Agraphie, Alexie usw.) nur prägnante Spezialfälle der allgemeinen Agnosie und Apraxie dar. Der extreme Grad der *sensorischen (oder amnestischen) Aphasie* besteht im Verlust der Wortklangbilder. Der Patient hört zwar die zu ihm gesprochenen Wörter, aber im extremen Fall nur als sinnloses Geräusch, als eine beziehungslose Folge von Tönen, als hörte er die ihm unbekannte chinesische Sprache. Er findet also nicht jenen formelhaften Zusammenschluß, den man als Wortklangbild bezeichnet. Dieses setzt notwendig ein kompliziertes Ineinandergreifen verschiedener psychischer und physischer Vorgänge voraus, die beim Gesunden wahrscheinlich simultan vor sich gehen, jedenfalls im Bewußtsein nicht als solche repräsentiert sind. Aus der fortlaufenden Sprachtonserie wird eine Teilgruppe ausgesondert und zu einer *Einheit zusammengefaßt,* und zwar nicht beim Hören jedesmal neu. Vielmehr entsteht sie in engem Bezug zur bereits im Gedächtnis vorhandenen *Erinnerungsspur* (Engramm) des betreffenden Wortes, das nicht mühsam aus den sinnlichen Einzelkomponenten zusammengesucht zu werden braucht, sondern als fertige Formel bereit liegt. Beim Verstehen des gesprochenen Wortes antwortet also das mnestische (d.h. als Erinnerungsspur festgehaltene) Engramm des Wortklangbildes auf die neu eintreffende Klangserie. Oder, umgekehrt aufgefaßt, die durch das Ohr ankommende akustische Serie weckt das bereitliegende mnestische Engramm. Kurz gesagt, es findet eine momentane, subjektiv nicht wahrnehmbare Identifikation zwischen neuer Tonfolge und Engramm statt. Was bei diesem Geschehen physischer Vorgang und subjektiver Akt ist, läßt sich nicht bestimmen. Die diesbezüglichen Speicherungs- und Auslösungstheorien dekken das Gesamtphänomen bei weitem nicht. Mit der Zusammenordnung des formelhaften, fest gegliederten Wortklangbildes geht unzertrennlich das *Bedeutungsbewußtsein* einher. Das heißt, mit dem Auftauchen des Wortklangbildes „Hund" wird schlagartig eine Menge assoziativer Beziehungen aus der „Sphäre" (S. 88) dieser Wortformel geweckt: das optische Anschauungsbild des Hundes, sein Bellen, seine Lebensgewohnheiten, seine Werte und seine Beziehungen zum Menschen und zur Umwelt. Im sphärischen Anklingen dieser Assoziationen konstituiert sich das Bedeutungsbewußtsein. In diesem Fall haben wir den „Sinn" eines Wortes verstanden.

Das innige Ineinandergreifen der gnostischen und praktischen Leistungen macht es verständlich, daß die *sensorische Aphasie* neben dem Verlust des Wortverständnisses auch sprachmotorische Störungen zur Folge hat, die man als *„Paraphasie"* bezeichnet. Es kommt hier, offenbar weil die Worte nicht erfaßt werden, zu Sprechschwierigkeiten, und zwar teils als *Buchstaben-* und *Silbenverwechslung* („Musser" statt „Messer"), teils als *Perseverieren,* Haftenbleiben an dem vorher gesagten

Wort (z.B. nach einmal vorgelegtem Messer wird jeder folgende Gegenstand als Messer bezeichnet), teils als *sphärische Entgleisungen,* d.h. durch Abgleiten vom richtigen Ausdruck auf den Kreis ihm assoziativ verwandter Begriffe (z.B. „Messer" statt „Löffel"). Unsere alltäglichen sprachmotorischen Leistungen funktionieren also nur dann richtig, wenn sie durch die zugehörigen Wortklangbilder und die auf sie aufgebauten Begriffe fortlaufend reguliert werden. Darum verlieren ja auch ertaubte Kinder ihre mit gesunden Ohren erworbene Sprechfähigkeit, so daß sie im extremen Fall stumm werden. Wir finden diese engen sensorisch-motorischen Koppelungen auf allen Stufen des nervösen Apparates wieder, bis hinunter zur motorischen Ataxie (Ungeschicklichkeit), die bei Störungen der Tiefensensibilität (Lageempfindung) eintritt.

Gegenstandserkenntnis: Wenn ein Gesunder etwa ein Tintenfaß erblickt, so gewahrt er durchaus nicht die Summe der einzelnen Empfindungen, sondern mit einem Blick erfaßt er ein durchgestaltetes, selbständiges Ganzes und dessen sinnliche Details: die schwarze Farbe, den Lichtreflex, die Einzelpunkte seiner geometrischen Grenze, die Größe, die Stellung im Raum treten als besondere Einzelheiten so wenig ins Bewußtsein, wie jemand die Einzeltöne buchstabiert, die das Wortklangbild einer ihm bekannten Sprache zusammensetzen. Das Tintenfaß ist also psychologisch ein „Gegenstand", der mit einem einzigen subjektiven Akt erfaßt wird und von einem mnestischen Engramm gestützt und durchs Bedeutungsbewußtsein erhellt schlagartig wahrgenommen, d.h. auch verstanden wird.

Die psychologischen Verhältnisse bei der *Agnosie* sind dem Tatbestand bei der sensorischen Aphasie analog. Es fehlt die aktmäßige, aus assoziativen und mnestischen Funktionen aufgebaute Gegenstandserfassung entweder ganz (auf optischem Gebiet die sogenannte Seelenblindheit), wobei trotz erhaltener Perzeption der Sinneseindrücke die Gegenstände der Außenwelt unerkannt und ohne affektiven Bezug bleiben. Oder es kommt zu gnostischen Teilstörungen, etwa bezüglich der Form- oder Farbelemente eines Gegenstandes.

Pieron (1925) unterscheidet Licht-, Farben- und Formwahrnehmung, die nicht für sich lokalisiert sind, vielmehr drei zerebrale Funktionen von zunehmender Kompliziertheit darstellen. Die komplizierteste, der Formensinn, wird bei Hirnverletzten am leichtesten geschädigt, dann der Farbensinn; am elementarsten und am längsten erhalten ist der Lichtsinn. Zu ähnlichen Differenzierungen gestufter Systeme der optischen Wahrnehmung von der amorphen Lichtempfindung bis hinauf zur Gestaltauffassung kam Poppelreuter (1923) durch sorgfältige Analyse der *Sehfeldstörungen* bei Hinterhauptverletzten. Bei der *tiefsten Abbaustufe* fehlen Farb-, Größen-, Form-, Bewegungs- und Richtungswahrnehmung; es wird die bloße Helligkeit registriert. Auf der *zweiten Stufe* kommt es zu unbestimmten Größeneindrücken mit groben Richtungslokalisationen, ohne die Fähigkeit zur Sonderung gleichzeitiger Eindrücke. Auf der *dritten Stufe* treten unbestimmt konturierte Gestaltwahrnehmungen hervor, auf der *vierten* endlich die Wahrnehmung von Einzelgrößen und die differenzierte Gestaltauffassung. Gelb u. Goldstein (1920) zeigten bei *Seelenblindheit,* daß bei kürzerer Darbietungszeit an Stelle der Gestaltauffassung von Zahlen, Buchstaben und Figuren nur verschiedenartig verteilte Flecken von wirrnisartigem Eindruck auftreten. Auch bei der *taktilen Agnosie* können die oben geschilderten drei Teilfunktionen der Gegenstandserfassung je für sich gestört sein. Entweder werden die Einzelempfindungen nicht zur Einheitsformel des Gegenstandes vereinigt oder die mnestischen Tastengramme sind verloren bzw. unerweckbar oder die sphärischen Assoziationen optischer, akustischer und anderer Art, die das Bedeutungsbewußtsein vermitteln, bleiben aus.

Conrad (1947) hat, die Wahrnehmungsversuche (Sander 1928) über Gestaltzerfall auf Hirnverletzte übertragend, bei größeren experimentellen Reihen gezeigt, daß das gestörte Gestalterlebnis auf der Stufe einer „Vorgestalt" stehen bleibt, die durch ein gespanntes, aber schwer erfüllbares Drängen nach klarer Erkenntnis gekennzeichnet ist (unvollständige „Aktualgenese" der Wahrnehmung).

Immer wieder stoßen wir also auf dasselbe Prinzip. Aus einer beziehungslosen Serie einzelner Impulse wird etwas Gestaltetes (ein

„Wortklangbild“, ein „Gegenstand“, oder auf der psychomotorischen Seite eine „Bewegungsform“) gemacht, was ebensosehr ein Akt des Verbindens zusammengehöriger wie die Trennung nicht zusammengehöriger Elemente bedeutet. Diese *Zusammenordnung hirnphysiologischer Einzelvorgänge zu formelhaften, bedeutungsvollen Einheiten bezeichnen wir als Gestaltvollzug.* Daß hinter den gnostischen Störungen der sensorischen Aphasie auch echte akustische Ausfälle liegen, hat unter anderen Richter (1957) im Klopfversuch gezeigt. Die Bedeutung des Gestaltvollzugs wird dadurch nicht eingeschränkt. Dieser gliedert sich in die *Gnosien* und die *Praxien,* die Basis, auf der sich alle höheren seelischen Leistungen, besonders die abstraktiven und kogitativen, aufbauen. Der Gestaltvollzug ist physiologisch eng an das Großhirn gebunden, und zwar an motorisch-sensorische Projektionsfelder.

Was schon Wundt erkannt hat, und was später viel präziser und manchmal zu einseitig herausgestellt wurde, ist dies: Die Gestalt, der Gegenstand, das Wortklangbild, der Akkord, die Bewegungsform, die in das Bewußtsein des Gesunden treten, sind mehr als die Summe ihrer Elemente. Sie sind psychologisch etwas Neues, durchaus selbständige seelische Gebilde von fester Einheit, die sich *erlebnismäßig* nicht weiter zurückführen lassen. Dieses *Gesetz der Verselbständigung höherer Synthesen* ist ein neurobiologisches Grundgesetz, das sich von den einfachsten bis zu den komplexesten Reflexvorgängen verfolgen läßt. Es spielt auch in der Psychomotorik, besonders der Hysterie, eine beherrschende Rolle. Ein Dreiklangakkord wird z.B. durch das Anschlagen der drei Töne c, e, g erzeugt. Diese drei Töne und ihre Gleichzeitigkeit sind alles, was beim gesunden Menschen für seine Wahrnehmung erforderlich ist. Trotzdem ist das Erlebnis des Dreiklanges nicht einfach die Summe der Empfindung jedes der drei Töne. Denn erstens werden diese häufig gar nicht einzeln für sich wahrgenommen. Vielmehr verschwindet das charakteristische musikalische Akkorderlebnis, wenn man sich auf die Einzeltöne einzustellen versucht. Und zweitens ist das Erlebnis etwas seelisch Einheitliches, was durch die Einzeltöne phänomenal nicht erschöpft wird. Entsprechend verhält es sich beim Akt der Gegenstandserfassung, dem Bewegungsentwurf und anderem.

Dieser komplizierte Tatbestand verursachte in der modernen Psychologie eine gewisse Verwirrung und eine Polemik zwischen den Doktrinen der „Assoziations“-, „Gestalt“- und „Aktpsychologie“, die überflüssig ist und auf einer Unklarheit darüber beruht, daß die Betrachtungsweisen in verschiedenen begrifflichen Ebenen liegen. Der Leser wird sich dies am besten an den bekannten Kontroversen in der Farbenlehre klarmachen: Die Farbe „Gelb“ oder „Grün“ ist erlebnismäßig etwas Letztes, das sich psychologisch in keiner Weise weiter zurückführen läßt. Dadurch, daß ich der Farbe „Gelb“ eine bestimmte Wellenlänge zuordne, gewinne ich für das Erlebnis „Gelb“ nicht das mindeste an Verständnis hinzu. Mit der Farbe und der Wellenlänge kann ich zwar das Farberlebnis „Gelb“ kausal erklären, aber nicht ontologisch begründen. Es ist unsinnig zu folgern: In meinem Farberlebnis „Gelb“ bemerke ich nichts von einer Wellenlänge. Also ist die Wellentheorie des Lichtes falsch. Mit der Verwechslung von Erklärung und Begründung betrügen sich heute noch viele physiologische Psychologen. Der zweite Trugschluß droht manchen Heißspornen unter den modernen Akt- und Erlebnispsychologen.

Eine konsequente biologische Hypothese kann gar nicht anders, als das Seelenleben aus sinnlichen bzw. motorischen Einzelelementen, deren mnestischer Fixierung und assoziativer Verbindung aufbauen. Die zuweilen mit modischer Blasiertheit gemiedenen Begriffe „Element“, „Engramm“ und „Assoziation“ sind und bleiben die Eckpfeiler jeder Bearbeitung der Psychologie von der hirnphysiologischen Seite her, lassen sich aber auch psychologisch nicht entbehren und zwar nicht nur in der Agnosie- und Apraxielehre, sondern auch bei vielen Problemen der höheren Psychologie, z.B. des kindlichen Denkens, des entspannten Denkens, der Ideenflucht. Der Wert der drei Bezeichnungen hängt davon ab, ob ihre organische oder seelische Anwendung jeweils begrifflich klar ersichtlich ist und unterschieden wird.

Die *Assoziationstheorie* kann die *Beschaffenheit* eines seelischen Erlebnistatbestandes nicht ableiten, sondern nur physische Bedingungen ihres Zustandekommens annähernd beschreiben. Die Theorie seelischer Elemente und ihrer Zusammensetzung ist eine Hypothese des ordnenden Denkens und stützt sich auf gewisse Erfahrungen der Gliederung des Selbstbewußtseins. Letztere steht mit den „Abschnitten" des Nervensystems zwar in einer gesetzmäßigen, aber lockeren und indirekten Beziehung. Die Parallelität psychischer und physischer Vorgänge (das sind ja die „Elemente") ist also nichts mehr als die Koinzidenz von kategorial Verschiedenem. D. h. Assoziationspsychologie läßt sich nur von der Assoziationsphysiologie her objektivieren, womit sie aufhört, Psychologie zu sein. Im Objektbewußtsein mag sich zeigen, daß nervliche Einzelelemente sich zusammenfügen. Dies kann sich aber im Selbstbewußtsein nicht direkt repräsentieren. Darum kann die *Aktpsychologie* aus der Tatsache, daß sie im seelischen Erlebnis keine Assoziationen, Engramme und sinnlichen Einzelelemente vorfindet, nicht schließen, daß der Akt der Gegenstandserkennung sich nicht trotzdem auf neurale Einzelheiten gründet. Die Assoziationstheorie ist durch eine vertiefte Aktpsychologie so wenig ersetzt, wie der Erlebnisvorgang durch die Assoziationstheorie verstanden ist.

Im Gestaltvollzug der *Praxien* wiederholen sich dieselben Prinzipien. Die *motorische Aphasie* besteht bekanntlich darin, daß die Bewegungsformeln für die Worte nicht gefunden werden können. Der Begriff kann klar gegenwärtig sein, ebenso das zugehörige Wortklangbild. Sobald der Patient aber versucht, das Wort auszusprechen, ist dies unmöglich. Und zwar obgleich die einzelnen Sprechwerkzeuge: Lippen, Zunge, Kehlkopf nicht gelähmt und frei beweglich sind. Die motorischen Einzelakte, aus denen sich die Sprechbewegung zusammensetzt, stehen zur Verfügung. Es versagt aber ihre Zusammenfügung zu einem in sich geschlossenen Bewegungsentwurf. Denn auch bei unseren Sprechbewegungen „buchstabieren" wir nicht jede Muskelinnervation, aus deren Reihenfolge sich ein Wort zusammensetzt, einzeln für sich. Wir geben nicht getrennt den Willensimpuls für jede einzelne dieser Innervationen. Sondern wir veranlassen die Aktualisierung der fertigen Bewegungsformel für das Gesamtwort, das dann automatisch über unseren Sprechapparat erscheint.

Dasselbe wiederholt sich bei der *Apraxie:* Die Bewegungsformeln des Greifens, des Grüßens, des Winkens, des Löffelns, des Streichholzanzündens usw. können nicht gefunden werden. Beim Gesunden baut der unentbehrliche Gestaltvollzug die Psychomotorik auf. Etwas Gestaltetes, eine gebrauchsfertige Formel ermöglicht alle häufiger vorkommenden Akte. Was bei den Gnosien der „Gegenstand", das ist bei den Praxien die „Handlung". Solche, die wir nicht schon in früherer Kindheit erlernt haben, schmelzen allmählich aus gesonderten psychomotorischen Einzelakten zu einer einheitlichen Bewegungsformel zusammen (z. B. Schlittschuhlaufen). Dabei wird an der Menge der ursprünglich für eine Gesamthandlung nötigen, getrennten Einzelimpulse immer mehr gespart. Mit der Verringerung psychomotorischen Aufwands werden die Bewegungsformeln zu „Verkürzungsformeln" (s. S. 83). Dabei wird die Bewegungsformel immer mehr „eingeschliffen", wird zu einem „Automatismus", der eine gewisse Selbständigkeit neben den zweckvollen Intentionen der Persönlichkeit erlangt, ja selbst gegen sie. In einem bestimmten Zusammenhang oft geübte Handlungen laufen bei dessen Wiedereintritt mit geringer Bewußtseinsbeteiligung von selbst ab (z. B. Lichtausdrehen bei Verlassen des Zimmers).

Bei manchen schweren, ausgebreiteten *Hirnkrankheiten* laufen die Lebensfunktionen des Hirnstammes ungestört weiter, die „Wach-Schlaf-Steuerung" entspricht etwa der des Gesunden; keine „Bewußtlosigkeit" entsteht. Dagegen erscheinen sämtliche Gestaltfunktionen wie ausgelöscht, so daß weder gegenständliches Erkennen noch Durchführung von Handlungen, noch sprachliche Gestaltung möglich ist. Die Patienten liegen wach mit offenen Augen, reagieren auf die Umweltreize mit spärlichen niederen Reflexen (z. B. Saug- und Greifreflex), können aber weder verstehen, noch sprechen, noch sinnvoll sich bewegen. Da hier die Funktionen des Großhirnmantels (Pallium) weitgehend abgeschaltet sind, bezeichnen wir diese Zustände als *apallisch* (E. KRETSCHMER 1940).

Großhirnleistungen

Das Großhirn (d.h. die Hirnrinde und ihre Assoziationsbahnen, mit Ausschluß der Stammganglien) wirkt also bei folgenden wichtigen Leistungen mit:

I. *Das sensorisch-motorische Vermögen* beruht auf den Aufnahmezentren für die Sinneseindrücke und den Ausgangszentren für die motorischen Willensimpulse, die in bestimmten Rindenfeldern lokalisiert sind.

II. *Die Gestaltvollzüge* (*Gnosien und Praxien* mit Einschluß der Sprache). Diese haben ebenfalls vielfach lokalisierbare Störungszentren, meist in der Nähe der zugehörigen sensorischen und motorischen Felder.

Zu diesen Großhirnleistungen treten nun noch weitere, die nicht lokalisierbar sind.

Höhere Gedächtnis- und Denkleistungen

Die Leistungen der Großhirnrinde, abgesehen von den sensomotorischen Aufnahme- und Ausdrucksapparaten, gliedern sich in *mnestische,* d.h. der Speicherung von früheren Reizspuren (Engrammen) dienende, und in *assoziative,* d.h. der Verbindung zwischen den Engrammen und zwischen Engrammen und Neuinformationen dienende. Nicht nur die Gestaltvollzüge, sondern auch die höheren mnestisch-assoziativen Leistungen, die sich im Bewußtsein als Gedächtnis- und intellektuelle Denkleistungen widerspiegeln, sind vorwiegend an den unversehrten Bestand der Großhirnrinde und ihrer Bahnen gebunden, aber ohne erkennbare Lokalisation.

Wir wissen, daß Hirnprozesse, die zu ausgebreiteten Schäden der Großhirnrinde führen, wie z.B. die progressive Paralyse, der Altersschwund des Gehirns, die diffusen Atherosklerosen, als charakteristische, besonders früh einsetzende und tiefgreifende Symptome den Gedächtnisverfall und den intellektuellen Schwachsinn zeigen. Die Merkschwäche, d.h. Vergeßlichkeit, Einprägungsunfähigkeit für frische Vorkommnisse, leitet das Bild ein. Nach rückwärts fortschreitend verfallen das frühere Gedächtnismaterial (zuletzt das der Kinderzeit) und zugleich die assoziativen und apperzeptiven (S. 62) Leistungen. Dabei entsteht Urteilsschwäche und Orientierungsunfähigkeit in neuen, ungewohnten Situationen und greift immer mehr auf die lang eingeübten, „auswendig gelernten" Urteilsleistungen über.

Die Gedächtnisleistungen sind nur ein kleiner Teil der Mneme (Semon l.c.) überhaupt. Die Mneme, d.h. die Fähigkeit, die Eindrücke früherer Reize festzuhalten und im Sinne einer verbesserten Umweltanpassung zu verwerten, ist eine der typischsten Eigenschaften der lebenden Substanz überhaupt. Die Immunisierung gegen eine früher durchgemachte Infektionskrankheit ist ein Beispiel solcher mnestischen Vorgänge ohne Mitbeteiligung des Seelenlebens. Als Gedächtnis bezeichnen wir nur die bewußtseinsfähigen bzw. ins Bewußtsein tretenden differenzierten und sinnvoll geordneten mnestischen Leistungen.

Wir unterscheiden drei Gedächtnisleistungen: *Merken, Behalten* und *Ekphorieren,* d.h. die Neueinprägung von Material, sein Festhalten und sein Wiederbewußtmachen. Die drei Komponenten sind nicht durchweg gleich stark. So leidet im normalen Senium und bei organischen Hirnstörungen die Merkfähigkeit früher als die Fähigkeit zur Reproduktion von älteren Kenntnissen.

Ferner muß zwischen den festgehaltenen und den ekphorierungsfähigen Gedächtnisspuren (Engrammen) scharf unterschieden werden. Häufig sind Engramme vorhanden, wo die Fähigkeit fehlt, sie wieder ins Bewußtsein aufsteigen zu lassen. So hat Schilder (1924) bei epileptischen Dämmerzuständen mit ihrem scheinbar ganz massiven und absoluten Erinnerungsausfall Engramme auf indirektem Wege mittels des Ersparnisverfahrens nach Ebbinghaus (1885) nachgewiesen. Im Augenblick nicht mehr erinnerungsfähige Engramme früherer Erlebnisse spielen als „unbewußte" Anordner unserer Lebenshaltung und unseres Handelns eine große Rolle. So sagt Nietzsche richtig: „Müßte ich nicht ein Faß sein von Gedächtnis, wenn ich auch meine

Gründe bei mir haben wollte? Ist denn mein Erleben von gestern? Das ist lange her, daß ich die Gründe meiner Meinungen erlebte." Hierbei kann entweder das nicht mehr erinnerungsfähige Engramm oder nur die dadurch geschaffene seelische Konstellation wirksam bleiben. Beides ist für die Entstehung von Neurosen und Psychosen wichtig. Den negativen Beweis, daß ein Engramm nicht mehr vorhanden ist, zu erbringen, ist unmöglich.

Unter den Faktoren, die die Gedächtnisleistungen gesetzmäßig beeinflussen, seien drei herausgehoben: 1. die *Wiederholung,* 2. die *assoziative Konstellation,* 3. die *affektive (katathyme) Konstellation.*

Die Wirkung der *Wiederholung* ist uns allen beim Lernen bekannt. Sie läßt sich nach dem EBBINGHAUSschen Ersparnisverfahren exakt studieren und kurvenmäßig darstellen. Man läßt hierbei eine Reihe von Wörtern oder Silben so lange wiederholen, bis sie fehlerlos erlernt sind. Am nächsten Tag braucht das Erlernen eine weitaus geringere Zahl von Wiederholungen, was sich nach einer Woche oder einem Monat noch fortsetzt. Umgekehrt wohnt dem Eingeprägten eine Tendenz zur Beständigkeit inne, die offenbar bei Wegfall fördernder Komponenten des Assoziationsablaufes isoliert als *„Perseveration"* zutagetreten kann (z.B. bei Agnosien und Aphasien, bei Katatonie, bei epileptischer Demenz). Hier bleibt das Gesprochene und Gedachte mit Zähigkeit im Bewußtsein haften und läßt neue Vorstellungen nicht aufkommen.

Ferner hängen die Gedächtnisleistungen in der verschiedensten Weise von der *assoziativen Konstellation,* d.h. von den Verbindungen seelischer Inhalte, an denen die geforderte Gedächtnisleistung anknüpft, ab. Der einzelne Gedächtnisakt steht nie für sich allein, sondern erscheint als Glied in einer durchlaufenden Kette von Assoziationen (Gedankenverbindungen). Beim Erinnern zieht bekanntlich ein Bild das mit ihm assoziativ verwandte nach sich. Aber auch beim Merken, beim Neueinprägen spielt die assoziative Konstellation eine erhebliche Rolle. Das *richtige* Teilstück eines fortlaufenden Textes wird z.B. schwerer gelernt, wenn vor ihm ein *falsches* Teilstück erlernt wurde. Der schon vorhandene assoziative Zusammenhang A B hemmt also den angestrebten Gedächtniszusammenhang A b, während umgekehrt die Neuerlernung eines Komplexes durch sein Zusammentreffen mit erlernten *verwandten* Komplexen „gebahnt" wird (z.B. die Erlernung eines spanischen Wortes bei Kenntnis des entsprechenden lateinischen). Auch werden *sinnvoll* unter sich zusammenhängende oder wenigstens gruppenweise bzw. rhythmisch gegliederte Reihen leichter gemerkt und behalten als eine assoziativ völlig unverbundene, sinnlose Silbenreihe. Auf der Fähigkeit einer raschen, sinnvoll gruppenmäßigen Zusammenfassung größerer Materialserien beruht auch die Technik berühmter Gedächtnis- und Rechenkünstler.

Ärztlich-psychologisch gesehen ist die Einwirkung *affektiver Mechanismen* auf den Gedächtnisablauf am wichtigsten. Wir werden sehen, daß man dem Gedächtnis überhaupt und besonders dem des nervösen, gemütslabilen oder jugendlichen Menschen nicht genug mißtrauen kann. Affektive Strömungen, Wünsche, Befürchtungen bewirken tiefgehende quantitative und qualitative Wandlung unseres Gedächtnisstoffes. Sie treffen eine scharfe und parteiische Auswahl dessen, was gemerkt, eingeprägt und wieder ekphoriert wird, und dessen, was unbemerkt bleibt oder, bereits eingeprägt, der *„Verdrängung"* verfällt und dadurch dem Bewußtsein nicht oder kaum zugänglich bleibt. Man merke: Nur was bewußt war, konnte verdrängt werden. Was jedoch nie im Bewußtsein erschien, nie bedacht wurde, ist nicht „verdrängt", sondern äußerstenfalls abgewehrt, oft aber „noch nicht gewußt". Durch die subjektive Auswahl wie auch durch die *katathyme* (affektgemäße) *Verschmelzung* eventuell gar nicht real zusammengehöriger Motive entstehen verschobene, ja gänzlich verfälschte Erinnerungen. Der Grad der Verfälschbarkeit ist meist proportional der Stärke der Affekte, unter denen die Motive bei ihrer Einprägung und Weiterverarbeitung gestanden sind, und der Festigkeit oder Labilität der Persönlichkeitsstruktur. Bei Minderjährigen ist die katathyme Gedächtnisumbildung durchschnittlich viel größer als bei Erwachsenen, bei Frauen größer als bei Männern. Besonders ausgeprägt und oft ungewollt ist sie bei bestimmten, dem hysterischen Formkreis nahestehenden

Psychopathen, den sogenannten geborenen Schwindlern und Phantasten.
Es sind noch gewisse interessante *Erkenntnistäuschungen* zu erwähnen, die die Franzosen als „déjà vue" bzw. „jamais vue" bezeichnen, d. h. Bekanntheitsgefühle bei niemals erlebten oder Unbekanntheitsgefühle bei bereits erlebten Situationen. Solches kommt bei verschiedenen Schäden des psychischen Apparates, z. B. bei beginnenden Schizophrenien, bei Epileptikern, bei Ermüdung, bei Alkoholwirkung, aber auch bei bestimmten normalen Charakteren vor. Sie sind psychologisch nicht aufgehellt. Theoretisch kommen Agglutinationsvorgänge, Verschiebungen, Verdichtungen, also unter Affektwirkung stehende „sphärische" Abbauprodukte bzw. Halbfabrikate des Denkens in Frage, wie auch SCHILDER (1924) vermutete.
Gedächtnis bzw. Erinnerung setzt Bewußtsein (s. S. 58) voraus, während es erfahrungsgesteuertes Verhalten auch unbewußt gibt (vgl. S. 60). Bewußt oder unbewußt speichert der Mensch Informationen, was an besondere Strukturen des Gehirns gebunden sein muß. Diese werden durch Reize irgendwie kurz- oder langfristig verändert und reagieren anders als vorher. Änderungen sind im Nervenzellkern (Ribonukleinsäuren) in den Zellproteinen und an den *Synapsen* (Kontaktstellen zwischen den Neuronen, Grenzmembranen) möglich. Es könnte auch sein, daß beim Lernen neue Synapsen gebildet werden. Dies ist nur in der optischen Rinde von Katzen (mit und ohne Lichtreize) nachgewiesen (GRAGG 1967). Man unterscheidet nach der Dauer ein Minuten-, Kurzzeit- und Langzeitgedächtnis, denen vermutlich verschiedene, noch ungeklärte Nervenprozesse zugrundeliegen. Vergleicht man durch Reize erheblich stimulierte Ratten mit reizarm gehaltenen, so erkennt man eine Vermehrung der Gliazellen und eine Vergrößerung des Nervenzellquerschnitts in der optischen Rinde (DIAMOND 1967). Von der Synapsentheorie ausgehend kann man annehmen, daß Informationen als fortwährend erregte Neuronenkreise weiter existieren. Das könnte für das Kurzgedächtnis zutreffen.
Wo gespeichert wird (Lokalisation), diese Frage führt zu einer komplexen und doch unvollständigen Antwort. Zunächst kommen die sogenannten primären *Projektionsfelder* in Frage (z. B. das okzipitale für Seheindrücke). Weiter spielen die Systeme des mittleren Dienzephalon, einschließlich Corpora mamillaria, des *Schläfenlappens* (besonders die mediodorsalen Kerne), wo man durch direkte elektrische Reizung halluzinierte Erinnerungen wecken konnte, des Hippocampus und des Gyrus hippocampalis eine Rolle, gewiß auch des ganzen Neukortex (dessen ausgedehnte Verletzungen Merk- und Lernfähigkeit mindern) und der für die Aufmerksamkeit wichtigen mesenzephalen Netzformation. Insgesamt zeigten Gehirnexstirpationsexperimente an Projektionsfeldern, daß Speicherung und Reproduktion von ausgedehnten Gebieten abhängen, die sich vermutlich gegenseitig ersetzen können. Beim Lernen *bedingter Reaktionen* erweisen die abgeleiteten Gehirnströme, daß verschiedene Bezirke in unterschiedlicher Verbindung von Hemmung, Erregung und Spontanaktivität mitwirken. Die Erinnerung hängt auch mehr vom Volumen der erhaltenen Gehirnmasse als von der Intaktheit der Projektionsfelder ab (Wichtigkeit der Strukturreserve?).
Die bisherige Diskussion bezog sich auf den dominanten Gehirnteil. Man weiß, daß Lerninformationen auch auf die nicht geübte subdominante Seite übertragen werden. Daß jedoch nicht alle und besonders nicht die komplexen Informationen beidseitig gespeichert werden können, ergibt sich aus der unterschiedlichen Funktion der beiden Hemisphären: die rechte hat die automatische Lern- und Gestaltungsfähigkeit eines sehr intelligenten Tieres; die linke garantiert bewußte Erinnerung, denkendes Verarbeiten und zielgerichtete Ideen (vgl. S. 22).
Physikalische Modelle des Gedächtnisses im Sinn einfacher linearer Zusammenhänge taugen also wenig. Je sorgfältiger man die organischen Grundlagen untersucht, desto größer wird das Beziehungsfeld. Deshalb hat PRIBRAM (1969) die Hypothese der *holographischen Informationsspeicherung* vorgeschlagen. Setzt man eine photographische Platte direkt kohärenten Laserstrahlen aus, so ruft ein dazwischengelegter Gegenstand zunächst sinnlose Figuren hervor (Interferenz und Beu-

gung), das Hologramm. Bringt man dieses wieder unter kohärente Laserstrahlen, so erscheint ein dreidimensionales Bild des Objektes. Die Gesamtinformation – hier ergibt sich die Parallele zum Gehirn – ist nun über die ganze Fläche des Hologramms ausgebreitet. Auch wenn man nur ein kleines Stück davon bestrahlt, entsteht das Originalbild, welches also selbst nach Zerstörung des größten Teils der Registrierfläche reproduzierbar bleibt.

Stirnhirnsyndrome

Die Stirnhirnleistungen (mit Ausnahme der Beziehung zur motorischen Aphasie) sind deshalb schwer zu erforschen, weil sie offenbar mit größeren Funktionskreisen zusammenhängen (vgl. KLEIST 1934), die sich gegenseitig ergänzen und vielleicht auch vertreten. Deshalb wohl sind eigentümlicherweise die Stirnhirnherde gelegentlich symptomarm, verursachen in anderen Fällen dagegen früh weitgreifende Störungen. Offenbar geschieht das letztere besonders dann, wenn weitere ungünstige Vorbedingungen (Funktionsschwäche verbundener Hirnteile oder der anderen Stirnhirnhälfte?) erfüllt sind.

Bekannt sind bei Stirnhirnerkrankungen manchmal auftretende *paralyseähnliche Bilder* mit weitgehender allgemeinpsychischer Unordnung, euphorischer Apathie, Denk- und Merkschwäche. Sodann bringen manche Autoren das Stirnhirn mit der *Apraxie* in Zusammenhang. Am wichtigsten sind die von KLEIST (l.c.) herausgearbeiteten Beziehungen zum psychomotorischen Aufbau, speziell zur *Antriebsfunktion* (S. 41).

Ich habe selbst eindrucksvolle Fälle dieser Art gesehen, z.B. einen Mann, der 10 Jahre vor Ausbruch der Krankheit beim Militär einen schweren Hufschlag auf die Stirn bekommen hatte, von dem ein tiefer, fast handtellergroßer Knochendefekt in der Mitte der rechten Stirn zurückgeblieben war. Ich suchte ihn unangemeldet in seiner Wohnung auf und fand ihn in einem (aktenmäßig seit der Verletzung bestehenden und früher nur vorübergehend durch Erregungen unterbrochenen) Dauerzustand tiefster Stumpfheit, der nur mit dem einer schweren, alten Katatonie oder eines Enzephalitisdefekts verglichen werden kann: vollkommen antriebslos, motorisch erstarrt, immer in genau derselben Haltung Tag für Tag im Lehnstuhl sitzend, so daß die Rockärmel an beiden Vorderarmen an der Stelle, wo sie die Armlehnen berührten, mit einer queren Kerbe durchgescheuert waren. Der Patient sprach spontan nichts, gab auch keine Antwort, befolgte aber ohne Anzeichen von Negativismus oder Katalepsie einfache Aufforderungen, wie Aufstehen, Armaufheben, Fingerspreizen und ging steif, breitbeinig, mit kleinen Schritten. Er war ganz ungepflegt; die langgewachsenen Haare hingen nach vorn und verdeckten sein Gesicht. Ankleiden und Nahrungsaufnahme besorgte er selbst, war dagegen zu keiner Arbeit zu bringen. Eindeutige Affektäußerungen fand ich nicht.

Die wichtige große Statistik und Symptomanalyse von FEUCHTWANGER (1923) an 200 Stirnverletzten im Vergleich mit ebensovielen anderweitig Hirnverletzten führten zu folgendem Resultat: Störungen der Empfindung, der Bewegung (außer Gleichgewicht) und der engeren intellektuellen Fähigkeiten treten bei den Stirnhirnverletzten zurück. Dagegen zeigen sie in hervortretendem Maße Mängel der Aufmerksamkeit, Gemütsverstimmungen euphorischer und depressiver Art, Verlangsamung und Apathie oder umgekehrt Überhastung, Witzelsucht und schließlich Gleichgewichtsstörungen. Dies zeigt also klar, daß die psychischen Störungen bei Stirnhirnläsion in erster Linie die Temperamentsfunktionen: *Affektivität* und *Antrieb* wandeln. Viele der *scheinbaren* Intelligenzstörungen bei Stirnhirnläsion dürften sekundär durch Antriebsmängel, speziell Störungen der Zuwendung, der Aufmerksamkeit, des Interesses bedingt sein. Doch sind die Stirnhirnprobleme nach der intellektuellen Seite hin noch nicht gelöst.

KLEIST (l.c.) hat eine schärfere Differenzierung der Stirnhirnsyndrome vorgenommen, indem er den orbitalen basalen (d.h. dem Augenhöhlendach aufliegenden) Teil der Stirnhirnrinde vom übrigen Stirnhirn trennte und ihn in engeren Funktionszusammenhang mit den medialen Hirnteilen brachte. Er unterschied demnach:

1. Das eigentliche *Stirnhirn,* das nur die konvexe und marginale Stirnhirnrinde umfaßt – als Organ motorischer, psychomotorischer und verwandter Leistungen (in erster Linie Antrieb, sowohl motorisch wie im Sinne des „tätigen Denkens“) und
2. Das *Orbital- und Innenhirn,* dem die orbitale Rinde, das Cingulum, Retrosplenium und der Hippocampus angehören – als Organe der Innenempfindungen und der Ichfunktionen.

Der Gedanke ist dabei, daß die *körperlichen Innenempfindungen* die Grundlage der Ichvorstellung und des zentralen Persönlichkeitskerns abgäben (vgl. Limbisches System).

Spezielle Orbitalhirnsyndrome

Der Ausdruck „Orbitalhirnsyndrome“ läßt die Mitwirkung benachbarter Zentren offen. Wo bioptische Sicherung der Lokalisation möglich war, verschwand mit der operativen Bereinigung der Orbitaldachsplitterung das ganze psychopathische Bild. Will man sich von den positiven Leistungen des Orbitalhirns ein Bild machen, so muß man sie wieder indirekt aus den Ausfallserscheinungen bei Orbitalhirnverletzungen zu erschließen suchen. Für die isolierte Herausarbeitung dieser Syndrome eignen sich am besten die leichteren, vom Gesichtsschädel nach oben wirkenden, gedeckten Verletzungen, wie sie durch Splitterungen des Orbitaldachs und entsprechende basale Rindenprellungsherde entstehen. Ich habe eine Anzahl solcher Fälle gesammelt (1949, 1954) (Gewalteinwirkung auf Mittelgesicht, Jochbein, Nasenwurzel und Augenhöhle). Wenn hier überhaupt Symptome auftreten, so betreffen sie das gemütliche und soziale Verhalten der höheren Persönlichkeit. Der Charakter verändert sich häufig durch Verlust des *Taktgefühls,* ein Verhalten, das auch mit Ausdrücken wie „salopp“, „läppisch“ und ähnlichem umschrieben wird. Bei den schwereren Fällen steigert sich dieser Defekt bis zum Verlust der *moralischen* Hemmungen mit Neigung zu Untreue, Lügen, Stehlen. Eine zweite wichtige Gruppe von Symptomen umfaßt Störungen der *Dynamik* der seelischen Abläufe, entweder im Sinne einer allgemeinen Dauerenthemmung mit fortlaufendem Rededrang – oder mit zeitlich umschrieben auftretenden, episodischen Störungen. So steigerte sich bei einer meiner Patientinnen der Rededrang zeitweilig mit einem stetigen Crescendo der Lautstärke und Schnelligkeit bis zur völligen, mit schweren Kopfschmerzen einhergehenden Erschöpfung. (Dies kann mit guter logischer Struktur und ohne Ideenflucht geschehen.) Ähnliche Schwankungen der Steuerung können sich auch in Gedankenabreißen, explosivem, hartem Herausplatzen des Sprechens und momentanen Affektumschlägen kundtun. Dagegen haben wir prägnante Störungen des Trieblebens bis jetzt nicht beobachtet, während sie bei den Zwischenhirnläsionen eindrucksvoll hervortreten. Beide Hirnlokalisationen verursachen die Neigung zu allgemeinen psychischen *Enthemmungen.*

Wenn man in der Stirnhirn- und speziell Orbitalhirnpathologie über einen so vagen Begriff, wie die „Witzelsucht“, hinauskommen will, so wird man das Wesentliche und Gemeinsame in der Symptomatik der genannten Orbitalhirnfälle herausschälen und präzisieren müssen. Wir finden dann immer wieder:

Störungen der dynamischen Steuerung: Diese betreffen Gedankenabläufe, Affekte, Rede- und Handlungsfolgen. Manchmal ist der Ablauf stoßweise: Abreißen der Gedanken, hart herausfahrende Urteile, heftige, rasch verpuffende Handlungsansätze, ein fast beständiger Rededrang. Besonders interessant sind die dynamischen Crescendophänomene.

Die Verschiebung der Affektskalen: Differentialdiagnostisch ist gegenüber sonstigen Hirntraumatikern oder reizbaren, explosiven Menschen festzuhalten, daß bei Orbitalhirngeschädigten die dynamischen Phänomene von starken Affekten oder Stimmungslagen unabhängig sind. Der Ausdruck „Witzelsucht“ ist deshalb irreführend, weil er weder das Wesentliche, noch das Ganze trifft. Es gibt Orbitalhirnverletzte, die ohne echten Affekt, trocken monoton, pausenlos weiterreden, ohne Kontakt mit dem Gesprächspartner, ohne sich unterbrechen zu lassen und ohne Krankheitsgefühl. Auch leicht gereizte, protestierende Haltungen klingen an und verflachen sich wieder. Euphorische, offenbar mit dem Gefühl der Leichtigkeit der Äußerungen einhergehende Stimmungen sind nicht selten. Das klingt teilweise an das manische Syndrom an, ohne flotte und ideenflüchtige Züge aufzuweisen. Sie haben bei stärkerer Desintegrierung Ähnlichkeit mit *hebephrenen* oder *puberalen* Stimmungsäußerungen (W. KLAGES 1955).

Einer meiner Patienten, ein Mann in mittlerem Lebensalter und verantwortlicher Stellung, schilderte dies so: „Ich war froh, daß ich lebte, ich war halt so in der Stimmung; ich bin mir vorgekommen wie auf Untersekunda, wenn man Jux gemacht hat; ich habe in einer anderen Welt gelebt."

Dagegen sind depressive Stimmungen und Ermüdungsklagen meist schon ein Zeichen wiederaufkommender Selbstbeobachtung und Selbstkritik.

Die Dissoziierung zwischen Schmerzwahrnahme und personeller Resonanz: Die Phänomene, die ich hier meine, lassen sich nur an intelligenten, gut beobachtenden und gut beschreibenden Orbitalhirnverletzten klar zeigen.

Ein Patient kam Wochen nach schwerer Stoßverletzung der rechten Orbita und Nasenwurzel und sofortigem Verlust des rechten Auges mit dem typischen Bild der saloppen, euphorischen Geschwätzigkeit, mit einer erstaunlichen Diskrepanz zwischen der verstümmelnden Verletzung einerseits und andererseits dem Fehlen depressiver Affekte oder ernsthafter Beschwerden oder überhaupt eines echten Krankheitsgefühles. Er nahm die Sache gar nicht ernst und wollte gleich nach Hause. Ein halbes Jahr später erschien er in etwas natürlicherer Verfassung wieder bei mir. Als ich fragte, ob er denn damals nichts von Kopfschmerz oder Schwindel gespürt habe, sagte er: „Ich habe den Kopfschmerz gespürt, aber ich habe das nicht an mich herangelassen. Da war er, aber ich habe ihn nicht als lästig empfunden. Jetzt fängt es an: so richtig verleidet und lästig, wie wenn jetzt erst Leben hereinkäme."

Wenn man diese Aussagen analysiert, so ergibt sich: Der Schmerz hält sich im Rahmen einer Wahrnehmung, löst aber keine Resonanz in der Gesamtpersönlichkeit aus. Er wird registriert wie jeder beliebige Sinneseindruck, doch ohne den zugehörigen quälenden Begleitaffekt. Das Leidige, Deprimierende und Quälende der Kopfschmerzen stellt sich erst viel später allmählich ein und ist gerade nicht ein Zeichen nachträglicher Verschlechterung, sondern im Gegenteil der langsam sich zurückbildenden Orbitalhirnsymptomatik. Auch der Patient empfindet das trotz der steigenden Beschwerden so, wenn er sagt, daß erst jetzt wieder das richtige Leben hereinkomme.

Schilderungen dieser Art sind für feinere psychopathologische Analysen sehr lehrreich, weil die Ähnlichkeit dieser Bilder mit denen nach Leukotomie bei Schizophrenen und Zwangsneurotikern in die Augen springt. Es liegt nahe, daß bei all solchen traumatischen Basalsyndromen die frontothalamischen Bahnen gestört sind.

Für den Begutachter sind diese Dinge von fundamentaler Wichtigkeit. In leichter Ausprägung sind sie z. B. nach Autounfällen keineswegs selten, bleiben aber meist unbeachtet, und dies führt zu Fehlurteilen und Fehlbegutachtungen. Als Handregel für den Praktiker würde man formulieren: Es ist immer verdächtig und erfordert frühe psychiatrische Spezialuntersuchung, wenn nach *ernsten* Schädelhirntraumen (besonders von Gesichtsschädel und Orbita) der Patient über keine oder geringe Beschwerden klagt. Denn selbst robuste Menschen pflegen mindestens in der ersten Zeit die Symptome der allgemeinen Hirnstörung als lästig zu empfinden. Bei dem Teil der Orbitalhirnläsionen, die ich hier im Auge habe, kommt öfters über Wochen und Monate hinweg das pathologische Phänomen der *Syndromüberschichtung* zustande: Das Orbitalhirnsyndrom überschattet das Syndrom der traumatischen Hirnschwäche, das hinter der Blockade der personellen Schmerzresonanz verschwindet und erst viel später zum Vorschein kommen kann. Diese Pseudorestitution mit verzögerter hirntraumatischer Allgemeinsymptomatik muß differentialdiagnostisch erkannt und von den häufigen psychogenen Überlagerungen mit Einsetzen der Rentenneurose unterschieden werden.

Die sphärische Desintegration: Außer bestimmten affektiven Resonanzen sind bei den Patienten öfters noch andere hintergründige Zusammenhänge des Erlebens und Handelns unterbrochen.

Ein von Hause aus höflicher, gesellschaftsfähiger Geschäftsmann (eingedrückter linker Supraorbitalbogen nach Autounfall und Sturz vom Pferd) erzählt auf Befragen: „Ja, das fällt mir auch auf, daß ich z.B. in Abendgesellschaften mich immer danebenbenehme; ich sage z.B. zu einer Dame: ‚Heute sind Sie einmal stark angemalt' oder ‚Sie sieht aus wie ein Papagei'; meine Freunde stellen mich am nächsten Tage zur Rede; ich selbst habe gar nichts gemerkt." Oder eine gebildete junge Dame, die bei einem Autounfall die typische schwere Stoßverletzung gegen Jochbein und Orbita erlitten hatte, beginnt in Gesellschaften peinlich aufzufallen, wenn sie plötzlich mit unfeinen Ausdrücken, wie „dieser Scheißbrief" und ähnlichem, herausfährt.

Diese *Störung des Taktgefühls* ist etwas ganz Spezifisches.

Ein vorher besonders zuverlässiger, liebenswürdiger und in der Menschenbehandlung geschickter Betriebsleiter einer großen Fabrik hatte einen schweren Autounfall mit Hauptstoßwirkung vom Gesicht her. Schon nach 3 Wochen wurde ihm vom Krankenhaus die weite Heimreise gestattet, da die Erscheinungen „fast gänzlich" zurückgegangen seien. Er ging im Betrieb sofort wieder flott ins Zeug. Doch behandelte er die Leute ungeschickt, brachte die Belegschaft durcheinander, überwarf sich mit den Eigentümern, so daß Kündigung erwogen wurde. Unter langsamer Besserung blieb er fast 2 Jahre nach dem Unfall in unserer Klinik, bis er wieder berufsfähig war.

Hier ist die Störung des Taktgefühls wieder das führende Symptom, doch mehr diffus und hintergründig, so daß nach einer typischen Pseudorestitution das Pathologische des Zustandes von der Umgebung nicht erkannt wird und eine moralische Beurteilung Platz greift. Fälle dieser Art sind für die Unfallmedizin von erheblicher Bedeutung. Sie zeigen, wie schon leichte Schädigungen des höheren Persönlichkeitsgefüges, insbesondere des Taktgefühls, bei Menschen in verantwortlichen, leitenden Stellungen sich verhängnisvoll auswirken, die Berufsfähigkeit auf lange Zeit ausschalten und trotz ihrer Unscheinbarkeit ihren Träger mehr beeinträchtigen als schwere Verstümmelungen oder Extremitätenverlust. In schweren Fällen kommt es zu disziplinären oder kriminellen Entgleisungen (massive Fälle berichtet auch Kleist).

Ich habe all diese Entgleisungen an Taktgefühl und ethischer Steuerung bedingende Grundstörung als „sphärische Desintegrierung" bezeichnet; wobei „Sphäre" (s. Kap. 7) den Dunstkreis nebenbewußter Vorstellungen und Gefühle bezeichnet, der beim Aufkeimen jeder Rede oder Handlung dunkel mitanklingt und mitanklingen muß, wenn Wort oder Handlung in der zugehörigen Situation richtig treffen soll. Geht dieses sphärische Bild der Gesamtsituation nicht mehr vollständig und zuverlässig in die endgültige Rede und Handlung mit ein, integriert es nicht mehr bremsend und mitgestaltend einen abgerundeten und wohlabgestimmten ganzheitlichen Akt, dann entstehen Störungen, die man als Taktlosigkeit bezeichnet. Es ist hirnphysiologisch interessant, daß sich hier auf höherer Stufe dieselben Grundprinzipien wiederholen, die bei Läsion anderer Hirnteile zu den Aphasien und Apraxien führen, insofern auch bei diesen die ganzheitliche Verschmelzung früherer Engramme mit einem aufsteigenden intendierten Akt nicht mehr zustandekommt.

Die soeben geschilderten Orbitalhirnsyndrome vermitteln tiefe Einblicke in die physischen Strukturgrundlagen der menschlichen Persönlichkeit.

Arbeitsteilung zwischen Großhirn und Hirnstamm

Zum Schluß noch die wichtige Gegenfrage: Bei welchen komplizierteren zerebralen Aufgaben ist das Großhirn *nicht* erforderlich? Die Antwort läßt sich wenigstens teilweise bei höheren Tieren und bei neugeborenen Menschen geben. So behielt z.B. der großhirnlos gemachte Hund von Goltz (1892) eine Reihe vital wichtiger Leistungen von zum Teil sehr kompliziertem, sensorisch-motorischem Aufbau: Schlafen, Wachen, Fressen, Saufen, ferner bestimmte affektive Äußerungen (Wut bei Reizung), endlich grobe Perzeption von Sinneseindrücken: Reaktion auf grelles Licht, auf Trompetenblasen. Feste, komplexe Bewegungen, wie Stehen und Laufen, konnten ausgeführt werden, nicht dagegen Ziel- und Einzelbewegungen. Bezeichnend ist auch, daß ein Hund, dessen motorische Hirnrinde entfernt ist, die gelähmte zugehörige Pfote zwar nicht mehr für sich allein, dagegen im Bewegungszusammenhang mit den anderen Extremitäten gebrauchen kann, und daß er beim Nadelstich gegen die gelähmte Pfote mit Fluchtbewegungen aller vier Extremitäten reagiert. *Wir können also kurz sagen, daß in der Funktionsteilung innerhalb des Gesamthirns dem Hirnstamm offenbar mehr die festen ererbten Zusammenordnungen bestimmter instinktgebundener vitaler Reaktionskomplexe zukommen, der Großhirnrinde dagegen die differenzierten, auf wechselnde Situationen gerichteten Einzelleistungen.*

Da sich allerdings die Leistungen der einzelnen Hirnteile in der Phylo- und Ontogenese wesentlich verschieben, sind die Verhältnisse beim Hund nicht ohne weiteres auf den Menschen und die beim neugeborenen Menschen nicht ohne weiteres auf den Erwachsenen übertragbar. Immerhin zeigen Beobachtungen an großhirnlosen Neugeborenen recht ähnliche Verhältnisse wie beim GOLTZschen Hund. So war bei dem von GAMPER (1926) beschriebenen 3 Monate alten Kind das Zentralnervensystem nur bis zum Mittelhirn einschließlich gut entwickelt. Alle von Endhirn und Stammganglien unmittelbar abhängigen Bahnsysteme fehlten. Dieses Kind unterschied sich in seinem Verhalten zeitweilig nicht stark vom normalen Säugling (dessen Großhirnfunktionen ja auch noch mangelhaft entwickelt sind). Es zeigte Wechsel von Schlafen und Wachen, gelegentlich lebhaftes Bewegungsspiel und mimischen Ausdruck primitiver, affektiver Regungen. Auf starke taktile Reize reagierte es zum Teil mit Ausweichbewegungen, zum Teil mit komplexen Massenbewegungen. Vergleicht man damit die interessante Beobachtung von SCHOLZ (1925) an einem vorher gesunden Knaben, der durch eine im 8. Lebensjahr einsetzende diffuse Hirnsklerose seiner Großhirnfunktionen (mit teilweiser Degeneration des Thalamus, jedoch bei gut erhaltenem Striatum) beraubt wurde, so sind die Leistungsausfälle größer. Es zeigt sich ein äußerst bewegungsarmes, von spastischen Kontrakturen beherrschtes und nur durch einige niedere Reflexvorgänge belebtes Bild. Erhalten sind das Schreien, zeitweise auftretende rhythmische Kau- und Saugbewegungen, auch durch Berührung der Mundpartie auszulösen, ferner vegetative Funktionen, wie Atmung, Urinentleerung usw. Reflektorisch kam es zu Lidschluß bei Berührung der Hornhaut, Fluchtbewegungen bei intensiven Schmerzreizen unter Schreien und schmerzlichem Verziehen des Gesichtes und schließlich zu angedeuteten Abwehrbewegungen der oberen Extremitäten nach der Richtung des Schmerzreizes hin.

Hieraus ergibt sich wahrscheinlich, daß auch beim Menschen bei noch unterentwickeltem Großhirn die Stammhirnteile allein zu nicht unbeträchtlichen Leistungen fähig sind, während bei fortschreitendem Lebensalter ein Ausfall der einmal vom Großhirn übernommenen Leistungen immer weniger und unvollkommener von den isolierten niederen Zentren kompensiert werden kann. Allerdings handelt es sich hier nur um isolierte Vermögen, während die Leistungsanteile des Hirnstammes und der Stammganglien innerhalb des Gesamtverbandes des intakten Gehirns beim gesunden Menschen sicher wesentlich umfangreicher und komplizierter sind, als es bei Defekten zum Ausdruck kommt.

Beim Zustandekommen einer Willenshandlung (Gehen, Sitzen, Greifen, Grüßen, Sprechen, Schreiben usw.) sind physiologisch folgende Hauptleistungen erforderlich: 1. *Antriebsfunktion,* 2. *Gestaltvollzug* (Praxien), 3. *nachgeordnete Automatismen.* Letztere zerfallen in a) *erlernte Automatismen:* Gewöhnungen, Verkürzungen (vgl. S. 83), b) *statisch-tonische Leistungen:* striopallidäre, labyrinthäre Kleinhirnfunktionen mit Einschluß der komplizierten Steh- und Stellreflexe von MAGNUS (1924), c) *Reflexe.* Wenn wir den Begriff „Reflexe" benutzen, ist stets in Erinnerung zu behalten, daß diese nicht nach dem einfachen Bogenschema zu denken sind, sondern daß der Reizdurchgang stets weitere zentralnervöse Bezirke mobilisiert. Das wird durch die Synapsen, sofern sie nicht gehemmt sind, garantiert. Die Reflexe, in wachsender Kompliziertheit von den muskulären Eigenreflexen über die spinalen zu den Hirnstammreflexen aufsteigend, tragen schließlich die statisch-tonischen Leistungen. Zwischen Reflexen, erlernten Gewöhnungen und Verkürzungen bestehen nur genetische und graduelle, aber keine grundsätzlichen Unterschiede.

4. Kapitel

Aufbau der Psychomotorik und subkortikale Zentren

Formen von Automatismen

Wir sahen schon, wie sich aus öfters geübten Handlungen allmählich angewöhnte und verkürzte Automatismen bilden, die reflexartige Selbständigkeit bekommen, so daß für den mit Bewußtsein ausgeführten Willensakt nur das Geben des generellen Impulses übrigbleibt. Die Einzelakte der intendierten Handlung laufen dann mit geringer oder keiner Bewußtseinsbeteiligung, d.h. „tiefenpersönlich" gesteuert, ab. Die Mehrzahl unserer alltäglichen Willenshandlungen werden vorwiegend mit solchen Automatismen bzw. eingeschliffenen Gewöhnungen als Verkürzungsformeln bestritten. Nur ein kleiner Bruchteil der Handlungen hängt vom Bewußtsein ab. Darüber ist man sich gewöhnlich nicht im klaren.

Den „Gewöhnungen" und „Verkürzungsformeln" stehen die *„bedingten Reflexe"* nahe, wie sie von Pawlow (1926) studiert sind. Wir verstehen unter bedingten Reflexen solche Zuordnungen zwischen Reiz und Reaktion, die nicht wie die stammesgeschichtlich ererbten Reflexe ein für allemal feste, konstante Abläufe darstellen, sondern die im Verlaufe des Lebens sich dadurch gebildet haben, daß bestimmte Reize wiederholt durch räumlich-zeitliche Verknüpfung gekoppelt wurden. So ist z.B. die Speichelabsonderung bei Einführung der Nahrung in die Mundhöhle ein echter, ererbter, unbedingter Reflex. Daraus kann ein bedingter Reflex entstehen, wenn man gleichzeitig mit der Fütterung regelmäßig ein Lichtsignal oder einen Trompetenton von bestimmter Höhe gibt. Dadurch wird die Speichelsekretion nach einiger Zeit auch mit einem solchen Signal assoziativ gekoppelt und tritt nun als bedingter Reflex jedesmal bei dem Signal auch dann auf, wenn keine Fütterung gereicht wird. Ähnliches hat Heyer (1923) auch beim Menschen festgestellt, indem er in Hypnose verbal die Vorstellung bestimmter Speisen erweckte, wonach jeweils die der Speise entsprechende Art der Magensaftabsonderung auftrat. Solche Feststellungen sind auch ärztlich von besonderer Wichtigkeit, weil sie zeigen, wie sehr die seelischen Koppelungen die Verdauungstätigkeit und andere vegetativ nervöse, automatische Funktionen des Körpers bestimmen (vgl. S. 227f).

Das gilt erst recht für die Reflexe und die statisch-tonischen Leistungen. Die erlernten Automatismen haben ihre physiologische Entsprechung vorwiegend in der Großhirnrinde und ihren Bahnen. Bei der Ausführung der im Individualleben erworbenen Handlungsformen arbeiten als nachgeordnete Instanzen in mehrfach übereinander gestaffeltem Aufbau eine Reihe phylogenetisch fertiggestellter, ererbter Apparate mit.

Entwicklungsgeschichtliche Gesetze der Staffelung

Die entwicklungsgeschichtlich tiefste Stufe bilden die „aneuralen" Reflexe, die von keinem Nervensystem geleiteten Eigenreaktionen der lebenden Substanz auf Außenreize, z.B. die „Eigenreflexe" der Muskulatur. Darüber bauen sich dann im Verlauf der Phylogenese bzw. des Embryonallebens der Rückenmarksreflexbogen, darüber wieder die Reflexzentren des verlängerten Marks, des Hirnstamms, dann das große, alte Integrationszentrum des Mittelhirns und das jüngere des Zwischenhirns mit seinen Feldern für fertig bereitliegende Instinktformeln auf, bis endlich das Ganze von den Hirnrindenfunktionen zu-

sammengefaßt wird. Wir haben also ein ganzes System von übereinandergeschalteten komplizierten „Wirkungsbögen" bzw. Wirkungskreisen, welche die typischen Formen ermöglichen, auf Außenweltreize oder Innenreize motorisch zu reagieren.
Die aufsteigende Kompliziertheit der motorischen Zusammenordnungen, die die verschiedenen Gruppen des Zentralnervensystems leisten, hat besonders MAGNUS (1912) an höheren Tieren experimentell gezeigt. Nach Abtrennung des Rückenmarks vom Gehirn kann das Tier nicht stehen, sondern klappt zusammen. Bleibt aber das oberste Zervikalmark und die Medulla oblongata (d. h. der hinterste Teil des Hirnstamms) in Verbindung mit dem Rückenmark, so erhält sich das selbständige Stehen. Dabei tritt Enthirnungsstarre, d. h. tonische Spannung der der Schwerkraft entgegenwirkenden Muskeln, ein. Wird der Trennungsschnitt noch höher geführt, so daß das Mittelhirn in Verbindung mit dem Rückenmark bleibt, tritt keine Enthirnungsstarre auf, und das Tier hat nun die Fähigkeit, nicht nur zu stehen, sondern auch aus den verschiedensten Lagen sich mit vollkommener reflektorischer Sicherheit in seine normale Grundstellung zu begeben (Steh- und Stellreflexe, vgl. dazu die wichtigen Forschungen von GOLDSTEIN [1923] über „induzierte Tonusveränderungen", die verwandte Zusammenordnungen repräsentieren).
Beim Aufbau der Zentren finden sich folgende entwicklungsgeschichtliche Gesetzmäßigkeiten: 1. *Fortbestehen der gestaffelten niederen Zentren.* Die entwicklungsgeschichtlich niedrigen (älteren) Zentren bzw. Wirkungsbögen wurden mit allmählicher Ausbildung der höheren Zentren nicht einfach abgeschafft, sondern arbeiten als nachgeordnete Instanzen unter der Vorherrschaft der höheren (entwicklungsgeschichtlich jüngeren) im Gesamtverband weiter, doch so, daß man sie bei unversehrtem Nervensystem nicht mehr gesondert erkennen kann. Wir können als Grundgesetz formulieren: *Was war, wird nicht zerstört, sondern überformt* (s. auch „motorische Schablonen" S. 91).
2. *Funktionswanderung nach oben.* Die nachgeordneten Zentren behalten ihren ursprünglichen Funktionstypus nicht vollständig bei, sondern geben wesentliche Teile davon nach oben (oralwärts), an die neu sich darüber bauenden Zentren ab. So vermag z. B. der spinale Frosch, der operativ seiner Hirnfunktionen beraubt und ganz auf seine Rückenmarkszentren angewiesen ist, noch komplizierte und zweckmäßige Handlungen, wie z. B. den „Wischreflex", auszuführen, so daß man von einer „Rückenmarksseele" sprechen zu müssen geglaubt hat. Die Zusammenordnung verwickelter Funktionen ist beim Menschen schon durchweg vom Gehirn, vorwiegend der Großhirnrinde, übernommen und kann auch nach Leitungsunterbrechung nicht mehr vom Rückenmark geleistet werden, das beim Menschen als isolierter Reaktionskörper nur noch sehr primitiv und fragmentarisch funktioniert. Auch niedere Reflexe, wie z. B. die Fußsohlen- und Bauchdeckenreflexe, haben beim Menschen eine kortikale Großhirnkomponente erhalten.
3. *Emanzipation der niederen Zentren.* Wird ein höheres Zentrum leistungsschwach oder von den nachgeordneten Zentren abgetrennt (z. B. durch seelischen Schock, Infektion, Verletzung), so hört die Gesamtfunktion des Nervenapparates nicht auf, sondern die nachgeordnete Instanz verselbständigt sich und zeigt uns die verbliebenen Teile ihres alten Funktionstypus. Wir sehen am abgetrennten menschlichen Rückenmark tonisch-klonische Eigenreflexphänomene primitivster Art. Dieselbe Gesetzmäßigkeit wiederholt sich bis hinauf zu den höchsten, anatomisch nicht vollständig differenzierbaren kortikalen und subkortikalen Wirkungsbögen. So sehen wir etwa bei der Hysterie und der Katatonie im Zuge der Störungen seelischer Höchstleistungen des Zweckwillens entwicklungsgeschichtlich niedrigere psychomotorische Funktionsweisen an die Oberfläche kommen und die Führung übernehmen. Diese werden als „hypobulische Mechanismen", als Unterschicht der höheren Willensvorgänge (vgl. S. 114) bezeichnet. Ich habe dieses allgemeine neurobiologische Gesetz bezüglich der Hysterielehre (1974) so formuliert: „Wird innerhalb der psychomotorischen Ausdruckssphäre eine Oberinstanz leistungsschwach, so verselbständigt sich die nächste Unterinstanz nach ihren primitiven Eigengesetzen."

Welches sind nun die Einzelleistungen, die die nachgeordneten Zentren beim erwachsenen Menschen zur Ausführung eines Willensimpulses, zur Durchführung einer Gesamthandlung beisteuern? Schon der Rückenmarksreflexbogen steuert die Statik der Extremitäten und damit letztlich auch des Gesamtkörpers. So ist es der Sinn des Patellarsehnenreflexes, daß er eine rasche Belastung des Kniegelenks, eine plötzliche Dehnung der Oberschenkelstrecker unmittelbar mit einer Gegenkontraktion kompensiert und so plötzliche Gleichgewichtsänderungen verhindert. In dieser Weise sind in die Willenshandlung der Gehbewegung niedere Reflexmechanismen sinnvoll eingebaut.

Tonisch-statische Leistungen und Antrieb

In derselben, das Bewegungsganze regulierenden Art, nur auf viel höherer Stufe, vollziehen sich diejenigen Leistungen, die wir als *tonisch-statische* bezeichnet haben und die durch ein kompliziertes System subkortikaler Gehirnapparate getragen werden. Es handelt sich hier um die motorischen *Stammganglien* oder das striopallidäre System einerseits, das *Kleinhirn* und die labyrinthären (mit dem Innenohr zusammenhängenden) Bahnen und Kerne andererseits. Die anatomische Aufhellung der erstgenannten Systeme verdanken wir vor allem den grundlegenden Arbeiten von C. u. O. Vogt (1920). Die striopallidären Stammganglien wie das Kleinhirn stehen in ihrem entwicklungsgeschichtlichen Alter zwischen dem Rückenmark und der Großhirnrinde und sind auch räumlich an die Leitungsgrenze angeschaltet, die das Großhirn mit dem Rükkenmark verbindet. Sie umlagern rings den Hirnstamm und die darin verlaufende direkte motorische Leitungsbahn (Pyramidenbahn), die von den motorischen Feldern der Großhirnrinde zum Rückenmark führt. Sie wirken im anatomischen Bild wie Knollen, die der Hirnstamm seitlich aus sich herausgetrieben hat, das Kleinhirn als umgreifbares, selbständiges Gebilde, die Stammganglien dagegen von außen unsichtbar, sich tief in das Marklager des Großhirns hineindrängend.

Wir berühren die komplizierten Leistungen dieser Apparate nur insoweit, als sie direkt oder indirekt für die Psychologie von Belang sind. Unter *tonischen Funktionen* verstehen wir die fortlaufende Regulierung der Muskelspannung, die für den richtigen Ablauf einzelner Zweck- und Ausdrucksbewegungen ebenso unerläßlich ist wie für die Einnahme und Festhaltung der gesamten Körperhaltung und -stellung. Damit eng verwandt sind die *statischen Funktionen,* die in kompliziertem Zusammenspiel der Seh- und Muskelempfindungen und der Reize des Gleichgewichtsorgans im Innenohr (Labyrinth) die richtige Tonusabstimmung der Muskulatur unwillkürlich vermitteln und so die richtige Orientierung und das Gleichgewicht des Körpers im Raum, wie die präzise Einstellung von Gliedhaltungen und -bewegungen garantieren.

Bei groben anatomischen Läsionen der genannten Zentren ergeben sich jene Störungen im Körpergleichgewicht wie in der Muskelspannung und Körperhaltung, die wir einerseits bei den Kleinhirnerkrankungen, andererseits bei den Krankheiten des striopallidären Systems klinisch kennen. Von den letzteren sind zunächst die als *Parkinsonismus* bezeichneten Bilder mit ihrem Schüttelzittern, ihrer gespannten Muskulatur, ihrer enormen Bewegungsverarmung, ihrer hölzernen Erstarrung der Körperhaltung und des Antlitzes ausdruckspsychologisch wichtig. In leichterem Grad trifft man sie häufig als Charakteristika der Psychomotorik des höheren Greisenalters.

Gerade die Übergänge von groben klinischen Befunden zu habituellen Eigentümlichkeiten des *persönlichen Bewegungsstils* bei gesunden Personen sind für die Psychologie interessant. Man hat neuerdings geradezu von „extrapyramidaler Begabung“ gesprochen (extrapyramidal als Sammelausdruck für die genannten, außerhalb der Pyramidenbahn liegenden Zentren) und hat versucht, Typen des psychomotorischen Verhaltens herauszustellen, die teils an die *Lebensalter* (Homburger 1923),

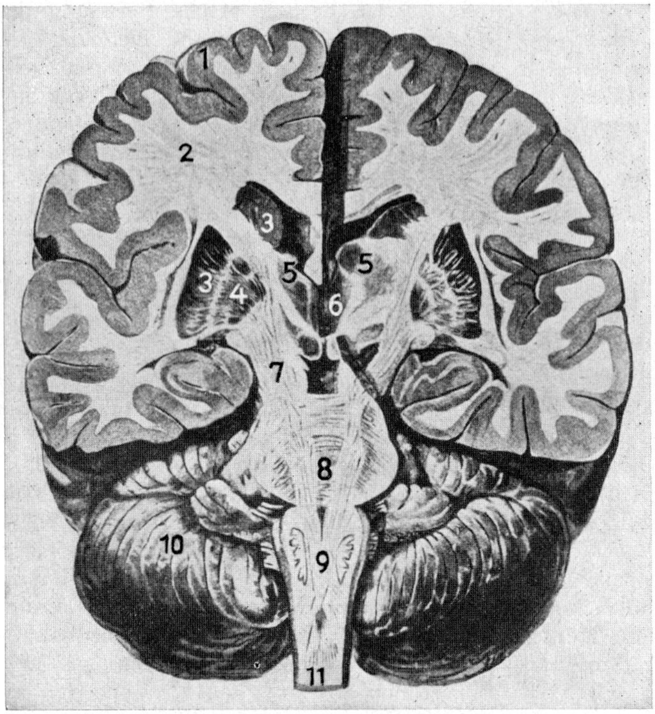

Abb. 2. Ungefähr senkrechter (in Richtung der Großhirnschenkel geführter) Querschnitt durch das Gehirn. Aufblick von vorn auf die Schnittfläche der hinteren Hirnhälfte

Hirnmantel { 1. Großhirnrinde, 2. Großhirnmark

Stammganglien { 3. Striatum, 4. Pallidum

Zwischenhirn { 5. Thalamus opticus (Sehhügel), 6. Höhlengrau des 3. Ventrikels

Hirnstamm { 7. Hirnschenkel, 8. Brücke, 9. Verlängertes Mark

10. Kleinhirn
11. Übergang zum Rückenmark

teils an die von mir differenzierten *Konstitutions- und Temperamentstypen* anknüpfen (W. ENKE 1930). Diese typischen Unterschiede der psychomotorischen Begabung äußern sich in gleichsinniger Weise bei den Zweck- wie bei den mimischen Ausdrucksbewegungen. Man stößt ebenso auf sie bei dem von HOMBURGER und mir beschrittenen Weg der subtilen Beobachtung und Beschreibung der Bewegung wie bei der Analyse und der experimentellen Bearbeitung der Handschrift (L. KLAGES 1956), wie bei der psychotechnischen Begabungsprüfung (OSERETZKY 1929). Mit der von STEINWACHS entwickelten, elektrisch registrierenden Schreibwaage wurden typische Spannungsverläufe herausgearbeitet (S. 161).

HOMBURGER teilt die Entwicklung der kindlichen Motorik in drei Phasen: Rigor, Täppigkeit, Grazie. Das erste Stadium des Säuglingsrigors ist durch die dem Parkinsonismus verwandte steife Gespanntheit der Muskulatur gekennzeichnet. Daraus entwickelt sich beim „Läufling" die Täppigkeit mit unsicherer Tonusverteilung, teilweiser Schlaffheit und Lockerheit der Bewegungen und unzweckmäßigem Hineinlegen der körperlichen Gesamtmasse in die Einzelbewegung. Das folgende Stadium der kindlichen Grazie ist durch Flüssigkeit und Weichheit der Bewegung, verbunden mit einem gewissen Bewegungsluxus, gekennzeichnet. Dieser fertig integrierte Bewegungstypus stürzt unter Umständen in der *Pubertät* katastrophenartig zusammen, um nie mehr wiederzukehren. Die Auflösung und Lockerung der bereits erworbenen Systemverknüpfungen geht mit teilweisen Rückschlägen auf frühere motorische Entwicklungsperioden einher. Es treten in der Pubertät, zusammen mit Unbeherrschtheit eines elementaren Bewegungsdranges, Mitbewegungen und choreaartige Innervationsstörungen auf. Das Bewegungsganze entharmonisiert sich bis zur Dysrhythmie, Dysdynamik, Dysmetrie, Ausdruckswildheit und Ungebärdigkeit. Die aus diesem Umsturz sich neu aufbauende Motorik des Mannesalters ist durch die Ökonomisierung und Rationalisierung der Bewegungen gekennzeichnet. Die Motorik des Greisenalters endlich zeigt neben Steifheit und Verlangsamung vor allem den Abbau der Kombinationsmotorik, d.h. die Unfähigkeit, mehrere getrennte Bewegungen gleichzeitig durchzuführen (z. B. Stehenbleiben beim Gespräch).

Wir betonen, daß es bezüglich der Typen psychomotorischer Veranlagung Gesunder noch keineswegs entschieden ist, auf welchen Teilen des Nervensystems diese individuellen Spielarten vorwiegend beruhen. Wahrscheinlich sind Komponenten kortikaler, extrapyramidaler und peripherer muskulärer Art im Spiel, deren Zusammenarbeit variiert.

Wir finden bei Störungen des striopallidären Systems hauptsächlich folgende Typen des psychomotorischen Verhaltens:

1. Das bereits geschilderte *Parkinson-Syndrom* der Paralysis agitans, Atherosklerose und Encephalitis lethargica („Hirngrippe"). Ausdruckspsychologisch wirkt es vor allem als Bewegungsverarmung und -versteifung (Rigor) und deutet sich in der normalen Motilität des Greisenalters und vielleicht auch in gewissen Gruppen individueller Veranlagung mit sehr verhaltener, spärlicher, steifer Psychomotilität an.

2. Die *choreatisch-athetotischen Syndrome*. Im Gegensatz zum vorwiegend akinetischen Parkinsonsyndrom stellen sie bei herabgesetzter Muskelspannung vorwiegend Hyperkinesen dar, d.h. sie sind durch einen mehr oder weniger starken Bewegungsluxus, eine Überproduktion von unwillkürlichen, schlecht geordneten Bewegungen gekennzeichnet, die auch die zweckvoll angestrebten Bewegungen störend durchkreuzen und karikieren. Dies gilt besonders für das choreatische Syndrom, das auch durch lebhafte, enthemmte, ausfahrende Reaktions- und Ausdrucksbewegungen charakterisiert ist. Bekanntlich wirkt dies beim Veitstanz der Kinder auf die Erzieher vielfach wie eine Steigerung der normalkindlichen „Faxen", Grimassen und spielerisch motorischen „Unarten". Wir sehen, daß es hier wieder Übergänge zu der normalen Zweck- und Ausdrucksmotorik gibt. Speziell die Säuglingsmotorik ist ganz durchsetzt mit choreiformen und athetoseähnlichen Mechanismen. Aber auch noch im Schulalter gibt es einen Typus gesunder „zappliger" Kinder, die nicht nur allgemein nervös sind, sondern deren Psychomotorik nichts anderes darstellt als eine harmlose Normalvariante, eine abgeschwächte Spielart des choreatischen Syndroms. Sie können auch in der Schule bei strengem Befehl höchstens Augenblicke ruhig sitzen, rutschen hin und her, baumeln mit den Füßen, verziehen grimassenartig das Gesicht, drehen und schleudern die unbeschäftigten Hände und Finger. Dabei sind sie seelisch äußerst anregbar, überbeweglich und von lebendigstem Affektausdruck, überhaupt sehr gemütslabil. Eine tiefgreifende Störung der Aufmerksamkeit ist fast gesetzmäßig mit diesem Typus verbunden. Die Kinder können sich im Unterricht nicht konzentrieren, werden von jedem vorbeifliegenden Vogel abgelenkt. Das ganze Syndrom kann man als *choreiforme Nervosität* bezeichnen. Es verschwindet meist in der Pubertät.

Neuere Forschungen von Bucy (1944) und von Hassler (1953) haben zur Klärung der Rolle der extrapyramidalen Zentren im sensomotorischen Gesamtablauf wesentlich beigetragen. Man muß sich vorstellen, daß die beständig von den Sinnesbahnen einströmenden zentripetalen Erregungen, deren zentrale große Schaltstation der Thalamus bildet, beim gesunden Menschen einen regulierten Abfluß auf der Seite der Motorik finden. Die Steuerung erfolgt normalerweise über eine komplizierte Einschaltung von Hemmungszentren über die prämotorischen Rindenfelder 4S und 8, besonders aber über den Konzern der extrapyramidalen Zentren mit den entscheidenden Schwerpunkten in Striatum, Pallidum, Nucleus ruber und Substantia nigra. Entstehen Defekte in einem dieser Hemmungskreise, so laufen die sensomotorischen Erregungen ungesteuert direkt auf die Pyramidenbahn ab und lassen primitiveren Eigenmechanismen nachgeordneter Zentren freien Lauf. Bei Läsionen in phylogenetisch älteren Kernen werden primitivere motorische Abläufe in Gang gesetzt, etwa in der Substantia nigra und im Pallidum die elementare Eigenrhythmik des Parkinsontremors. Bei Läsionen phylogenetisch jüngerer Zentren, wie des Striatums, kommen komplexere Integrate, wie z.B. die choreatisch-athetotischen und ballistischtorsionsdystonischen Störungen, zum Vorschein. Der Parkinsonrigor erklärt sich durch den beständigen Reizüberschuß von den motorischen Bahnen, der dann in der Peripherie (im motorischen Vorderhorn) Agonisten und Antagonisten gleichzeitig in Spannung versetzt. Man hat dementsprechend versucht, durch gezielte Teilverödungen im Thalamus, also auf der afferenten Seite des Erregungsvorgangs, den Reizüberschuß abzufangen.

Zu den Störungen der *Antriebsfunktion* liefern die geschädigten striopallidären Systeme einen wesentlichen Beitrag. Sie bestimmen die Willensausübung von der Bewegung und vom Erlebnis her und bedingen einen Teil der PARKINSONschen wie der choreatisch-athetotischen Symptomenkomplexe, allerdings im Einzelfall verschieden deutlich. Dies äußert sich einerseits als charakteristischer „Mangel an Antrieb", andererseits, speziell bei den choreatischen Syndromen, als überleichte Ansprechbarkeit auf sensorische und affektive Reize.

Die Beziehungen der schizophrenen Bewegungsstörungen der *Katatonie* zu den geschilderten Lokalsyndromen des striopallidären Systems oder zu anderen psychomotorischen Systemen sind nicht genügend geklärt. Eine Menge klinisch präzis erfaßter psychomotorischer Bilder sowohl akinetischer als auch hyperkinetischer und parakinetischer Art harren noch ihrer sicheren hirnphysiologischen Analyse, die Erstarrung, der Negativismus, die wächserne Biegsamkeit, die rhythmisch-stereotypen Vorgänge, die Echopraxien, die „Faxensyndrome" und „Grimassen", die verwickelten sprachmotorischen Vorgänge.

Übergangsformen zu hirnphysiologisch bekannten Syndromen, teils kortikaler, teils striopallidärer Art, sind vielleicht vorhanden. So sahen wir und andere z.B. einzelne katatone Stuporen, die sich in Körperhaltung, Maskenstarre des Gesichts (vereinzelt vielleicht Muskelrigor) bis zum „Salbengesicht" und zum Speichelfluß dem Bild des pallidären Parkinsonismus weitgehend annäherten. Umgekehrt sahen wir einen Fall von Encephalitis lethargica (Hirngrippe) bei einem jungen Mädchen mit folgendem dreigliedrigem Ablauftypus: 1. Furibunde akute Chorea mit schwerer Empfindlichkeit gegen äußere Reize. 2. Anschließend mehrmonatiger, katatonieähnlicher Stupor mit ruhigem, luzidem Bettliegen, Mutismus, Negativismus und zeitweiser Nahrungsverweigerung (Katalepsie höchstens angedeutet). Bei gelegentlichem abrupt spontanem Aus-dem-Bett-Springen war die Motorik selbst ganz ungestört. Von einer Katatonie unterschied sich der Zustand nicht psychomotorisch, dagegen durch eine freiere, fast kindlich schalkhafte Affektlage und das Fehlen abnormer Innenerlebnisse und dadurch bedingter seeelischer Spannung. 3. Lösung des Stupors und über ein leicht gehemmtes, geordnete Tätigkeit ermöglichendes Zwischenstadium Übergang in einen langsam zunehmenden Parkinsonismus mit Maskenstarre, gebundener Haltung, Rigor und seelischer Antriebsschwäche. Auch haben die katatonen Syndrome mit den striopallidären gemeinsam, daß sich bewußte psychomotorische Einstellungen mit als persönlichkeitsfremd empfundenen Automatismen mischen, wobei allerdings dort die psychischen, hier die organischen Mechanismen überwiegen.

Auf die hirnphysiologischen Beziehungen der *Schizophrenie* werfen die operativen Erfahrungen bei der *Leukotomie* einiges Licht. Hier stehen die frontothalamischen Bahnen im Mittelpunkt des Interesses (HASSLER 1967 u.a.). Weiter scheinen allerdings die Untersuchungen des Hirnstoffwechsels und die Erfahrungen mit den Hirnstamm dämpfenden *Neuroleptika* zu führen. Es geht hier um die grundsätzliche Frage, ob die Schizophrenie durch eine allgemeine oder lokalisierte Steigerung der zentralen Erregungszufuhr begünstigt wird, und ob es möglich ist, diese Reize durch die erwähnten Maßnahmen abzufangen.

5. Kapitel

Psychische Zentralfunktionen und neuro-endokrine Systeme

Als psychische Zentralfunktionen bezeichnen wir die Gruppe *Bewußtsein – Antrieb – Affektivität,* weil sie den engsten Persönlichkeitskern wesentlich bilden und so Ichbewußtsein, Persönlichkeit und Temperament begründen, aber auch deshalb, weil sie nicht nur bestimmte sensorische und motorische Einzelleistungen und deren Zusammenklang bewirken, sondern die ganze Psyche, jede Regung derselben bedingen, durchdringen und färben. Wenn ein hoher Grad von Bewußtsein erforderlich ist, um die Vorstellung „Ich" als virtuellen Mittelpunkt der Gesamtpersönlichkeit mit deutlichem Gegensatz zur Außenwelt zu bilden, so nuancieren die affektiven, im strikten Sinne subjektiven, ichbezüglichen Faktoren das, was eine sensorische oder motorische Leistung „für mich" bedeutet, und bestimmen ihren Persönlichkeitswert.

Bei der Steuerung von *Antrieb* und *Affekt* spielt der Haushalt der Überträgerstoffe im Gehirn, besonders der *biogenen Amine* eine wichtige Rolle (Birkmayer 1972). Auf sie wirken ihrerseits verschiedene *Psychopharmaka,* die wir synthetisch herstellen und mit denen wir reaktive Spannungszustände, psychotische Erregungen und Hemmungen, sowie Antriebsschwund bei Krankheiten der motorischen Stammganglien ausgleichen können.

Wir sehen auch gemeinsame Wurzeln von *Bewußtseinsfunktionen* und *Affektfunktionen.* Beide haben enge Beziehungen zum vegetativen Nervensystem. Die Schwankungen des Bewußtseins, z. B. zwischen Schlafen und Wachen, gehen mit tiefgreifenden Änderungen der vegetativen Regulationen (Atmung, Kreislauf, Stoffwechsel) einher. Mit der Affektivität schwanken besonders Puls, Hautdurchblutung und Atmung, was experimentell gemessen werden kann.

Dieses enge Zusammengehen von Affektivität und Bewußtsein tritt uns in der *Psychopathologie* besonders eindringlich entgegen. Wir wissen, daß heftige Gemütsbewegungen, wie Schreck-, Angst- und Panikerlebnisse, das Bewußtsein Gesunder stark verändern können, z. B. bei Kriegs- und Katastrophenerfahrungen. Am deutlichsten aber sehen wir bei Hysterischen mit ihrem labilen vegetativen Nervensystem, wie Bewußtseinstrübungen, Anfälle, Dämmerzustände, traumartige Verwirrtheiten starke Affektreaktionen (erotischer Zwiespalt, Angst, Zorn) begleiten. Auch bei kriminell Entarteten und besonders bei Epileptikern ist die Affektlabilität oft mit der Neigung zu Ausnahmezuständen des Bewußtseins gekoppelt. Bei letzteren geht der heftige Zornaffekt in den explosiven Dämmerzustand, den bewußtlosen Krampfanfall oder das triebhafte Weglaufen mit nachherigem Erinnerungsverlust über. Beim Gesunden bezeichnen Ausdrücke, wie „Freudentaumel", „Liebestrunkenheit", „blinde Wut", „besinnungslose Angst" die allenthalben hervortretende enge Beziehung beider Funktionskreise. Sind die Affekte unruhig, so stört es den Schlaf, und wo friedliche Abendstimmung herrscht, tritt der Schlaf ein.

Psychologisch allerdings laufen Affektivität und Antrieb parallel, während das Bewußtsein trotz seiner engen Koppelung mit ihnen sich in gewissen Grenzen *selbständig* konstituiert.

Antrieb

Der Begriff des „Antriebs" ist metaphysisch und spekulativ gewonnen. Das Prinzip der „Bewegung", die Energie, ist per definitionem ungegenständlich, also nicht „faßbar". Wir messen nicht Energien, sondern Veränderungen in Zeit und Raum oder im Bewußtsein. Doch läßt es sich der einfachen Verständigung wegen nicht umgehen, von der „Quote" zu sprechen, die den sensomotorischen und assoziativen Leistungen zufließt und bei den motorischen Leistungen als „Kraft“ und „Lebendigkeit“, bei den sensorischen Leistungen als „Zuwendung“, „Aufmerksamkeit“, bei den Denkleistungen als „Interesse“ die dynamischen Funktionen im prägnantesten Sinne, Tempo, Intensität und Verlaufsprofil aller seelischen Leistungen bestimmt. Der Antrieb ist demgemäß unbewußt, zum Unterschied vom Affekt, der einen elementaren Bewußtseinsinhalt bildet. Bewußt sind Aktivitätsbedürfnis und Leistungsgefühl. Wahrscheinlich gibt es auch hier wieder antagonistische Verhältnisse, so daß eine verlangsamte Leistung entweder durch Schwäche des positiven Antriebs oder durch vermehrte Bremsung zustande kommen kann. Man unterscheidet im psychiatrischen Sprachgebrauch „Hemmung“ und „Sperrung“, wobei *„Hemmung“* die gleichmäßige allgemeine Minderung oder Verlangsamung der motorischen, sensorischen und assoziativen Leistungen (z.B. bei der zirkulären Depression) bedeutet, *„Sperrung“* dagegen das besonders bei Schizophrenien und Neurosen beobachtete, gespannte abrupte Aussetzen des Sprechens und anderer Bewegungsleistungen. Sie dürfte häufig (krankhaft) psychologisch motiviert sein und tritt unberechenbar auf. Insgesamt teilen sich die Antriebsstörungen in *Anhormien* mit Schwäche und Verlangsamung der Leistungen (auf psychomotorischem Gebiet als akinetische Bilder der Bewegungsverarmung hervortretend), in *Hyperhormien* mit überstarken und beschleunigten Reaktionen (psychomotorisch „Hyperkinesen“) und in *Dyshormien,* d.h. unharmonische Äußerungen, wie man sie z.B. bei den katatonen Bildern oder bei der normalen „Verlegenheit“ findet.

Der Antrieb stammt nicht ausschließlich aus den Neuronensystemen, vielmehr ebenso aus *humoralen* Quellen. Hier sind neben den *Überträgerstoffen* des Zentralnervensystems (Monnier 1958) die *Hormone,* d.h. Antriebsstoffe, zu erwähnen, die von den Blutdrüsen ins Blut abgegeben werden und in engster Wechselwirkung mit dem vegetativen Nervensystem und dessen Hirnstammzentren die Leistungen der Hirnapparate beeinflussen (vgl. S. 56f). Das Gehirn, selbst ein halbflüssiges Organ, reagiert auf Veränderungen der im Körper kreisenden Säfte, gleichgültig, ob die chemischen Schwankungen Hormone oder von außen eingeführte Chemikalien betreffen, sofern diese nur – wie beim Alkohol oder den Psychopharmaka – die Blutgehirnschranken durchdringen. Die Abhängigkeit von den Hormondrüsen und dem vegetativen Nervensystem hat der Antrieb mit der Gesamtaffektivität gemein.

Der normale Antrieb unterliegt hinsichtlich Intensität und Raschheit zeitlichen Rhythmen, deren Verlauf sich je nach der individuellen Konstitution variieren kann. Braasch unterscheidet zwei Haupttypen: AET I erwacht morgens zügig bei geringem Weckreiz und ist sogleich voll aktiv (Wahrnehmung und intellektuelle Detailarbeit). Gegen Nachmittag sinkt die Kurve (eher Müdigkeit und Stimmungsnachlaß). AET II entfaltet den Antrieb in der Frühe nur langsam (zunächst unentschlossen und einfallsarm) und erreicht den Höhepunkt der Kurve zuweilen erst abends. Innerhalb des Jahres ist der Antrieb am besten im August bis September, am langsamsten von Januar bis März (Hildebrandt 1971).

Klinisch finden wir Antriebsstörungen hauptsächlich noch bei den Krankheiten des *striopallidären Systems* und in zweiter Linie bei den *Stirnhirnläsionen.* Beide Hirnabschnitte sind wahrscheinlich nicht die Orte, in denen der Antrieb entsteht, sondern in denen er geleitet und verteilt wird. Die Encephalitis lethargica mit ihrer vorwiegend striopallidären Symptomatik erzeugt neben dem besprochenen motorischen Syndrom (Parkinsonismus) und eng mit ihm verschlungen auch seelische Antriebsstörungen, wobei in einem Teil der Fälle mehr die motorischen, in einem anderen mehr die psychischen Symptome im Vordergrunde stehen. Der „Mangel an Antrieb“ zeigt sich in schwerer Form besonders bei vielen postenzephalitischen Parkinson-Kranken, und zwar auch bei solchen, die kaum durch die rein motorische Erschwerung behindert sind. Hauptmann hat darauf darauf hingewiesen, daß hier der „Mangel an Antrieb“ sich nicht auf die Psychomotorik beschränkt, sondern die Denktätigkeit, das intellektuelle Interesse regelmäßig hemmt. Es geht beim Denken „einfach nicht voran“; es „steht einfach still“; es besteht ein allgemeiner „Stumpfsinn", der sich bis in die Gedächtnis- bzw. Merkleistungen hinein auswirkt: „Mir ist alles gleich, darum bleibt nichts sitzen." HAUPTMANN hat ferner die allgemeine Affektstörung hervorgehoben, die zu den Antriebsstörungen gehört und die vor allem auf die elementaren Empfindungsreaktionen und das Triebleben hinabgreift: unangenehme Körperlagen, Schmerz, Hitze, Kälte, Durst, Hunger, Sexualvorstellungen bleiben ohne Eindruck. Der Patient merkt erst am Anblick seiner blauen Finger oder des Schwitzens die Kälte oder Hitze, die auf ihn einwirkt. Eine Reihe solcher sensibeltriebhaften Elementarstörungen zeigen übrigens auch Katatoniker.

Beim „Grippeparkinsonismus" sieht man auch auf psychomotorischem Gebiet erstaunliche Antriebsstörungen. Es werden nicht nur weniger Willensimpulse gegeben, sondern auch die von ihnen in Gang gebrachten und sonst beim Normalen fast ohne Zutun weiterlaufenden, eingeschliffenen Gewöhnungen und Automatismen bleiben mitten im Vollzug stehen.

So sieht man gelegentlich Patienten, die beim Waschen des Gesichts erst ein paar richtige Kreisbewegungen mit dem Schwamm ausführen und dann mitten im Gesicht anhalten. Geben sie wieder einen neuen Handlungsimpuls, so läuft der Automatismus eine kurze Strecke weiter. Oder beim Essen bleibt der Löffel mitten auf der Bahn zum Mund stehen. Das Ankleiden kommt immer von neuem ins Stocken usw. Aber auch das Bedürfnis, sich überhaupt zu bewegen, ist oft geschwunden. Der Patient liegt stundenlang auf dem Sofa, vielleicht in unbequemer Lage, ohne sich zu rühren, hat kein Bewegungsbedürfnis, auch keine Langeweile und denkt an nichts.

Die enge Verflechtung des Handlungsantriebs mit dem Zustand des motorischen Systems ergibt sich aus Äußerungen, z. B. einer Kranken von BONHÖFFER: sie habe nicht *gekonnt,* darum habe sie nicht *gewollt.* Dieser psychologische Aspekt ist von JACOB sehr sorgfältig ausgearbeitet worden (1955). Auch hier gibt es manche Analogiebeziehungen zum katatonen Formkreis.

Ob diese Antriebsstörungen allein im striopallidären System sitzen, ist nicht sicher. HAUPTMANN denkt wegen der sensibel-affektiven Elementarstörungen an den Thalamus. Jedenfalls muß man das Zwischenhirn mit Einschluß des Hypothalamus bzw. des Höhlengraus des 3. Ventrikels wegen seiner engen Beziehungen zum vegetativen Nervensystem bzw. der Affektivität hier berücksichtigen, zumal die Hirngrippe ja, neben den striären, vegetativ nervöse Störungen (verstärkte Talg- und Speichelabsonderung usw.) hinterläßt. Manchmal sehen wir sogar dyshormonal erscheinende Bilder (sexuelle Frühreife, Frühbehaarung, Verfettungen), die wahrscheinlich vom Zwischenhirn-Hypophysenapparat ausgelöst sind.

Die Wirkung des enzephalitischen Prozesses auf das jugendliche Gehirn ist anders als beim Erwachsenen. Beim Kind und Jugendlichen entsteht meist kein Antriebsmangel, sondern das Bild der Hyperhormie, der psychomotorischen Unruhe, einer hemmungslosen Impulsivität und Triebhaftigkeit mit Neigung zum Lügen, Stehlen und zu sexueller Schamlosigkeit, mit manchmal katzenartig gewandtem Klettern oder mit raubtierähnlichen Wutanfällen, wildem Beißen, Kratzen und Umsichschlagen. Die Intelligenz bleibt erhalten. Bei der Lokalisation des hier zugrunde liegenden Hirnprozesses wird man in erster Linie an den Hirnstamm als den „Sitz des primitiv Triebhaften" denken müssen, zumal ja auch andere Hirngrippesymptome von dieser Gegend abhängen. Von großer grundsätzlicher Bedeutung sind aber diese Syndrome deshalb, weil sie zeigen, daß durch Hirnprozesse nicht nur Störungen der intellektuellen Leistungen, sondern auch ein elektiver Zerfall der Moral ohne intellektuellen Defekt gesetzt werden können. Ein so betroffenes Kind sinkt auf die Stufe des „moralischen Schwachsinns", wie er bei anderen durch angeborene Anlagen entsteht. Auch hier darf man nicht den naiven Schluß ziehen, die Moral „sitze" im Hirnstamm, vielmehr sind ihre Bedingungen wohl ähnlich relativiert wie bei den Bewußtseinsfunktionen. Zum ontogenetischen *Aufbau der persönlichen Moral,* d. h. zur Aufnahme der traditionsgebundenen ethischen Erziehung, bedarf es 1. einer Kerngruppe ererbter, elementarer *Affekt-* und *Triebdispositionen,* vermutlich in der biologisch gewohnten Antagonie von Trieb und Triebhemmung. Diese Elementardispositionen können durch Anlagedefekte bzw. frühe enzephalitische Prozesse mit Bevorzugung des dienzephal-hypophysären Systems oder durch Anlagedefekte der endokrinen Drüsen gestört werden; 2. eines intakten Gehirns, insbesondere der Hirnrinde, für die feinen Gefühlsdifferenzierungen und -wertungen. Die subtilen moralischen Unterscheidungen sind unzertrennlich an höhere Intelligenzgrade geknüpft.

Das *Stirnhirn* ist stark an der Antriebsfunktion beteiligt. Die Stirnhirnakinese ist dadurch gekennzeichnet, daß sie weder mit Muskelspannungen, wie die striären und katatonen, noch mit krankhaften Vorstellungskorrelaten, wie die katatonen motorischen Erstarrungen, einhergeht, sondern daß sie das ruhige, reine Bild einfacher Bewegungsarmut bis zum weitgehenden Stillstand der Willensfunktionen, der Affektreaktionen und des mimischen Ausdrucks bietet. W. Klages (1967) hat sich besonders mit der Differenzierung zwischen *frontaler* und *dienzephaler Antriebsschwäche* befaßt. Demnach stehen bei der Stirnhirnstörung Aspontaneität und seelische Integrationsschwäche, bei der Zwischenhirnstörung das gleichmäßige, eventuell rhythmische Absinken aller psychischer Leistungen im Vordergrund.

Affektivität

Die jetzt zu besprechenden Phänomene bezeichnet man als „Affektivität" oder *Gefühlsleben* (Erleben). Innerhalb dieses Gesamtkomplexes nennt man (ohne streng begriffliche Abgrenzungsmöglichkeit) *Gefühle* die relativ einfachen, zielgerichteten Innenbewegungen; *Affekte* die kurzdauernden, als nicht gegenstandsbezogen gedachten, starken Gefühlsabläufe; *Stimmung* dagegen mehr den gleichmäßigen, diffusen Gesamtzustand des Gefühls über längere Zeitstrecken; *Temperament* endlich meint das für eine Individualität charakteristische Profil der Energetik und Affizierbarkeit, die vorzugsweisen Schwingungsbereiche und Ablaufsformen, in denen jene zu reagieren pflegt. Wundt (1909) teilt die einfachen *Gefühlszustände* auf Grund ihrer vegetativ-nervösen Begleitsymptome (Puls, Atmung) in die drei Hauptgegensatzpaare von Lust und Unlust, spannenden und lösenden, erregenden und beruhigenden Gefühlen.

Wir unterscheiden zwei Formtypen der Affektivität: die *Affizierung* bzw. bei einem Temperament die Affizierbarkeit* und den *Antrieb*. Mit *Affizierung* meinen wir *Art* und *Grad* der inneren Veränderung der Gefühls- und Stimmungslage (Lust oder Unlust, Freude oder Traurigkeit, Erregung, Gereiztheit oder Spannung), die ein äußerer Reiz erzeugt. Der *Antrieb* ist das hieraus fließende dynamische Resultat des Ablaufs der sensorischen, assoziativen und psychomotorischen Leistungen, wie Zuwendung, Interesse, Aufmerksamkeit bzw. Lebendigkeit, Ausdrucksstärke und Energie. Beide Seiten der Affektivität haben wir in ihren physiologischen Zusammenhängen schon eingehend besprochen, den Antrieb soeben und die Affizierung bei den affektverwandten Empfindungen und der Thalamusleistung. Es muß im Auge behalten werden, daß der Grad der Affizierbarkeit nicht nur von der Beschaffenheit der rezeptiven Apparate, sondern auch von den Ausdrucksvorgängen abhängt, sofern die Stärke oder Schwäche der im vegetativen Nervensystem und der Psychomotorik hervorgerufenen Reaktionen rückwirkend die Stärke der Affizierung beeinflußt. Wir dürfen also z. B. bei labilem vegetativem Nervensystem im allgemeinen auch eine starke Affizierbarkeit seines Trägers annehmen.

Die *Psychomotorik* offenbart wesentliche Aspekte des Antriebsstils und der Affektivität und zwar sowohl im Hinblick auf die augenblickliche Verfassung als auch auf beständige Reaktionsbereitschaften. Man mißt entweder Häufigkeit und Lokalisierung der groben Körperbewegungen oder aber die Schwankungen des Schreibdrucks (Feinmotorik s. Steinwachs 1951 und E. Kretschmer 1967) (S. 161). Auch die Schriftzüge bilden einen

* Hier in engerem Sinn als bei L. Klages (1951)

Niederschlag affektiver Vorgänge und können in diesem Sinne graphologisch analysiert werden. Beziehungen zu normalen und krankhaften Konstitutionstypen sind offenkundig. Die Messung der Psychomotorik als ein affektiv-motorischer Elementarzusammenhang gehört zu den unentbehrlichen Praktiken der Persönlichkeitsdiagnostik.

Schon leichte Gefühlsschwankungen, wie sie mit Aufmerksamkeitsvorgängen, mit gespannter oder erfüllter Erwartung, mit komplexhaftem Affekt beim Hören bestimmter Worte einhergehen, verraten sich in leichten Änderungen der Körperinnervationen und werden so experimentell erfaßbar, obgleich sie im gewöhnlichen Gespräch für den Beschauer nicht wahrnehmbar und auch ihrem Träger selbst nicht bewußt sind. Sie bedingen teils Änderungen von Puls, Blutdruck, Atmung, elektrischem Leitungswiderstand des Körpers (VERAGUTH 1909), teils sehr geringe Bewegungsausschläge von Kopf und Extremitäten. Man hat das Registrieren dieser affektiven Reaktionen für die Entlarvung psychologischer und psychopathologischer Tatbestände (Hysterie, Simulation, rätselhafte „Gedankenübertragungen", Mitwissertum von Verbrechen) (VERAGUTH, SOMMER 1898, LÖWENSTEIN 1923 u. a.) nutzbar gemacht. Auf dem gleichen Prinzip beruht der Assoziationsversuch nach JUNG (1941): Das affektive „Gewicht" verschiedener Motive kann dadurch gemessen werden, daß die Antwortreaktion auf entsprechende, vorgesagte Wörter verschieden lang dauert (W. KRETSCHMER 1954). Bei *Auftrittsfurcht* („Lampenfieber") steigt die Pulsfrequenz erheblich; der Gehalt an Plasmakatecholaminen und freien Fettsäuren im Blut erhöht sich ebenso wie die Serumtriglyzeride. Dies könnte mit einer Noradrenalinausschüttung, insgesamt mit der ergotropen Reaktionslage zusammenhängen. Zu einem Umschlag von ergotroper auf trophotrope Einstellung kommt es hingegen bei ungefährdetem Erleben physischer *Gewalt* (z. B. bei Filmen): Trotz erhöhter Adrenalinausschüttung und erhöhten Blutfettsäuren mindert sich der Herzschlag. Mit fortschreitender Gewöhnung treten parallel dem Atmungsablauf Sinusarrythmen des Herzens auf. Schließlich nimmt der Serum-Noradrenalinspiegel ab. Während die freien Fettsäuren steigen, sinken Triglyzeride und Cholesterin. Die langsame Pulsfrequenz bleibt (TAGGART 1973).

Bei Wohlbehagen und ruhiger Freude lockert sich die Muskulatur, die Haut wird stärker durchblutet (wärmer), Puls- und Atmungsfrequenz werden langsamer, wie man besonders mit dem autogenen Training (SCHULTZ 1973) experimentell nachweisen kann. Auf die Kontraste zwischen Lust (freudige Erregung) und Unlust (z. B. Schmerz) ist schon WUNDT (l. c.) eingegangen. Man sieht „bei eintretendem Spannungsgefühl eine deutliche, manchmal bis zu völligem Stillstand führende Respirationshemmung, der dann bei Lösung der Spannung eine plötzliche Verstärkung nachfolgt. Bei der Lust sind die Atmungen flacher, aber beschleunigt, bei der Unlust umgekehrt vertieft und verlangsamt". Bei der komplexen Beschaffenheit unserer Gefühle ist eine eindeutige Zuordnung bestimmter Gefühle zu bestimmten vegetativen Funktionsänderungen nicht durchzuführen. Je nach der individuellen Konstitution des vegetativen Nervensystems sind die Affektreaktionen der einzelnen Menschen auf dieselben äußeren Reize sicherlich verschieden. Derselbe Schreck bewirkt bei dem einen zitternde Exzitation, bei dem anderen krampfhafte Erstarrung, derselbe Ärger bei dem einen nervösen Durchfall, bei dem anderen spastische Obstipation. Dessenungeachtet ist der Versuch einer systematischen Ordnung von DELIUS (1966) als grobe Orientierung bemerkenswert.

Was die exakte Erfassung körperlicher Veränderungen bei seelischen Bewegungen angeht, so bieten uns heute die elektronischen Apparate feinere und vielseitigere Möglichkeiten der Registrierung als die älteren Techniken. Der Fortschritt liegt darin, daß nicht nur mechanische Differenzen, sondern auch solche der elektrischen Spannungsproduktion der Organe (Gehirn, Herz, Skelettmuskel) aufgezeichnet werden können. Der *Physiopolygraph* erlaubt es, viele Funktionen gleichzeitig zu beobachten (FAHRENBERG 1967).

Jedenfalls gehört die enge Koppelung zwischen Affektivität und vegetativem Nervensystem zum Wichtigsten der körperlich-seelischen Beziehungen überhaupt, speziell für die

Tabelle 1. *Einfluß der Psyche auf das Herzgefäßsystem* (nach WEBER 1910)

a) Veränderung der Blutfülle beim Menschen
(+ = Zunahme, — = Abnahme der Blutfülle)

	Gehirn	Äußere Kopfteile	Bauch-organe	Glieder und äußere Teile des Rumpfes
Bei Entstehung von Bewegungs-vorstellungen mit oder ohne Bewegung	+	—	—	+
Bei geistiger Arbeit	+ aktiv	—	+	—
Bei Schreck	+	—	+	—
Bei Lustgefühlen	+	+	—	+
Bei Unlustgefühlen	—	—	+	—
Beim Schlaf	+ passiv		—	+ passiv

b) Veränderungen des Pulses

Bei geistiger Arbeit	Bei Schreck und Unlust	Bei Spannung	Bei Lustgefühl und rein lust-betonten Affekten	Bei Unlust
Erst Verlang-samung, dann Beschleunigung	Verlangsamung	Verkleinerung	Verlangsamung und Vergrößerung	Beschleunigung und Vergrößerung

ärztliche Erkenntnis. Die Hysterie etwa gibt zahllose Beispiele davon. Aber auch viele anscheinend rein körperliche, z.B. interne oder gynäkologische Krankheiten haben sich bei schärferer Analyse als psychisch, über das vegetative Nervensystem beeinflußbar (PAWLOW 1953, BYKOW 1955, TSCHERNORUZKIJ 1954, PETROVA 1945/46, BERGMANN 1938 u.a.), ja in gewissen Fällen als vorwiegend psychoneurotisch bedingt entpuppt. Es sei hier nur an zahlreiche Herzkrankheiten, an das Asthma bronchiale, die Superazidität, das Magengeschwür, die Colitis ulcerosa, die spastische Obstipation, an manche Dermatosen erinnert, ferner an viele Menstruationsstörungen und Genitalschmerzen (H. HOFF 1964).

Zwischen psychischen und vegetativ-nervösen Funktionen gibt es vielfältige Zirkelwirkungen. Doch sind nicht alle neuropsychischen Störungen Neurosen. Am häufigsten dürften einfache *Irradiationen von Affekten* durch akute oder chronische Belastungen vorkommen. Ein Magengeschwür könnte z.B. bei einem habituell verspannten, dysphorischen und ehrgeizigen Menschen dadurch entstehen, daß die Verstimmungen während seiner Berufslaufbahn von Störungen der Magenfunktionen begleitet werden, was schließlich die organische Substanz schädigt. Die konstitutionsgebundene Reizempfindlichkeit kann hierbei eine Rolle spielen.

Eine andere Gruppe von Störungen innerer Organe könnte *bedingt reflektorisch* zustande kommen und zwar durch wiederholte Koppelung unangenehmer Erlebnisse mit körperlichen Abläufen. Schließlich können den negativen Situationen nur ähnliche Vorkommnisse körperliche Beschwerden auslösen. Dabei bedarf es nicht immer der Wiederholung. Ein empfindlicher und selbstunsicherer Mann z. B. war einmal versehentlich von einem Schuß getroffen worden. Noch Jahre später bekam er Herzklopfen und Atembeklemmung, wenn irgend jemand von einer blutigen Verletzung sprach.

Reflektorische und triebpsychologische Ursachen müssen im Einzelfall gegeneinander abgewogen werden. Es ist aber auch ein mehr oder weniger bewußt *willentlicher Zuschuß von Affekt* zur Organveränderung denkbar, ähnlich der „willkürlichen Reflexverstärkung" durch „Affektgewinnung" (S. 196). Es lassen sich leicht Situationen inszenieren, in denen ich „mich" aufrege. So entstehen manchmal Erbrechen und Asthmaanfälle. Derartiges gibt es in allen Abstufungen von naiven dramatischen Reaktionen bis zur feinsten, kaum merklichen Mitwirkung hyponoischer Tendenzen. Organische Funktionen können aber bei entsprechender Anlage auch unmittelbar absichtlich beeinflußt werden. So sagte eine erfahrene neurotische Dame. „Ich kann meine Extrasystolen jederzeit in Gang setzen." Nach dem gleichen Prinzip der „induktiven Tonussteuerung" (z. B. Autogenes Training oder Hypnose) lassen sich auch funktionelle Organbeschwerden beheben, sofern die reflektorische Umstellung genügt.

Anatomisch zerfällt das vegetative Nervensystem in die beiden vielfach antagonistisch wirkenden, ergotropen und trophotropen

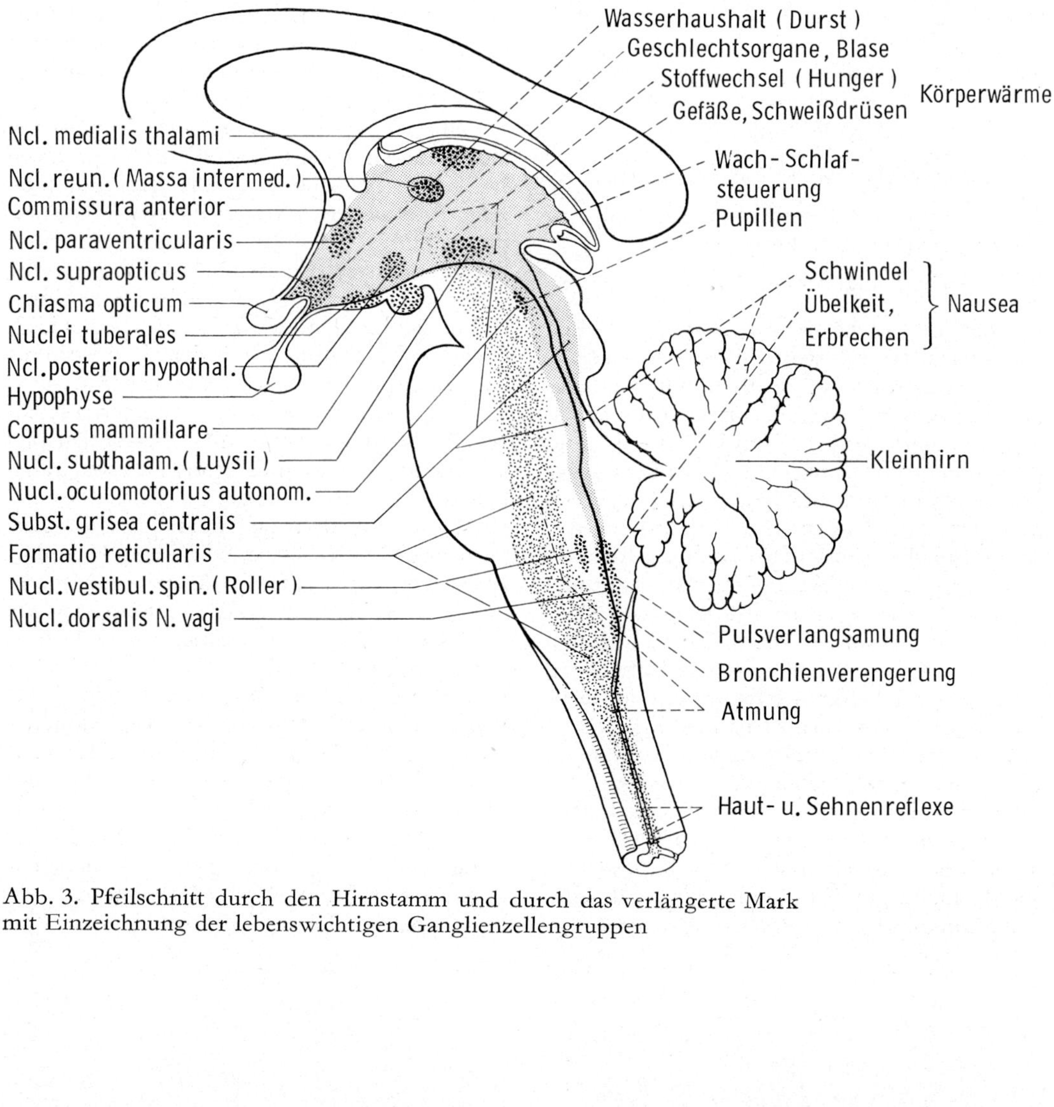

Abb. 3. Pfeilschnitt durch den Hirnstamm und durch das verlängerte Mark mit Einzeichnung der lebenswichtigen Ganglienzellengruppen

(sympathischen und parasympathischen) Systeme. Übergeordnete Zentren für seine Funktionen werden im Nachhirn und im Zwischenhirn angenommen.

Teile der *Formatio reticularis* (vom Rückenmark bis zum Diencephalon), des *Zwischenhirns* und des *Limbischen Systems* (s. u.) haben sich als für die Steuerung der Affekte und Triebe besonders wichtige Substrate erwiesen. Die Netzformation reguliert wahrscheinlich die Gesamtaktivität, stimmt also die Erregbarkeit sowohl des Großhirns wie des ganzen Sinnesapparates ab. Ihre Funktion wäre dann, auch im Hinblick auf die Affekte, quantitativ-energetisch. Das *Zwischenhirn* hingegen, vor allem in seinem basalen Teil, dem Hypothalamus, hätte die Aufgabe, bestimmte Affekte und Triebe qualitativ (Reizung oder Ausschaltung einzelner Abschnitte) zu regulieren. (Vgl. Hassler 1967). Die klinischen und experimentellen Ergebnisse, soweit sie Fragen der Affektivität betreffen, gruppieren sich hauptsächlich um folgende Punkte:

1. Die diathetische Affektskala (heiter-traurig).
2. Die Koppelung Fettsucht–Magersucht mit diesen Stimmungsfaktoren.
3. Die Wach–Schlaf-Steuerung.

Die heiteren Stimmungslagen gehen, ähnlich wie bei den manisch-depressiven Krankheiten, mit ausgesprochener Enthemmung (Rede- und Bewegungsdrang, Ideenflucht), die traurigen mit Hemmung (Torpidität, Denk- und Entschlußerschwerung) einher, wobei die gehobenen Stimmungen leicht in gereizte Zornmütigkeit umschlagen. Die Erfahrungen mit manieähnlicher Enthemmtheit durch Reizung des Hypothalamus bei operativen Eingriffen in seiner Nähe wurden besonders von Förster (1938) berichtet. Diese Zustände lassen sich wie im Experiment auslösen. Dabei wird die heitere Enthemmung mehr dem vorderen (oralen) Teil des Hypothalamus zugeschrieben, während bei Erkrankungen des hinteren Abschnitts mehr gehemmte Zustände mit Interesselosigkeit und Schlafsucht geschildert werden. Die weiteren räumlichen Bezüge innerhalb des Zwischenhirns und darüber hinaus (Thalamus, Limbisches System) sind sicher recht kompliziert. Der polare Aufbau der psychischen und körperlichen Systeme erschwert zudem sehr die Beurteilung einzelner Lokalisationen.

An die operativ-experimentellen Ergebnisse knüpfen sich dann die gleichgerichteten klinisch psychiatrischen Beobachtungen von Nonnenbruch u. Feuchtinger (1942) an: Es wechseln periodisch Fettsucht und Magersucht mit gleichzeitigen Stadien von depressiver und optimistischer Grundstimmung. Dabei ist die psychophysische Koppelung aber polar regulierbar, indem Fettsucht und Magersucht sowohl mit gehobener wie mit depressiver Stimmung einhergehen können. Im Einzelfall allerdings bleibt immer die einmal eingetretene Koppelung einer bestimmten Stimmung mit einer bestimmten Stoffwechselrichtung erhalten. Diese Beispiele von Krankheitszuständen werfen vielleicht Licht auf die normale Verbindung zwischen wechselndem Fettansatz und schwingender Stimmungslage beim pyknisch-zyklothymen Typus.

So eng wie die anatomisch-physiologischen Beziehungen der Affektivität zum vegetativen Nervensystem sind auch die Verbindungen zum System der *endokrinen Drüsen*. Als Paradigma hierfür gilt die enge Zusammenfügung der Hypophyse mit dem Zwischenhirn, die eine anatomisch-physiologische Funktionseinheit bilden. Und ähnlich sind z. B. Schilddrüse und Nebenniere mit dem Sympathikus zu sich gegenseitig ergänzenden nervös-hormonalen Funktionsringen zusammengeschaltet. Wir erklären heute dies Zusammenspiel als Ausdruck eines kreisförmig sich regelnden neuroendokrinen Systems.

Da der neuroendokrine Apparat sowohl Körperwachstum (Knochen, Fett, Haut, Haar und andere) wie auch Affektivität steuert, leuchtet es ein, daß wir vom Körperbau aus gewisse Schlüsse auf das Temperament eines Individuums ziehen können.

In jüngerer Zeit hat man dem sogenannten *limbischen System,* dem vermutlich phylogenetisch ältesten Teil der Großhirnrinde, wachsende Aufmerksamkeit geschenkt. Da der Limbus eine beträchtliche Fläche des Hirnstamms umhüllt, überrascht es nicht, daß er stellenweise eine vorrangige, ja vielleicht integrierende Rolle bei der Regulierung, insbesondere der Dämpfung von Affekten und

Trieben spielt. Nach Tierversuchen wären Septum pellucidum, Gürtelwindung und Ammonshorn dem sexuellen, Mandelkern (und frontotemporale Rinde) dem ernährenden und kämpfenden Verhalten (wütende Erregung oder abnorme Zahmheit) zugeordnet. (McLean 1958). Beim Menschen scheinen die Zusammenhänge ähnlich, aber nicht so eindeutig zu sein. Das Syndrom von Klüver u. Bucy (1938) nach Unterbrechung thalamischer Verbindungen konnte bei ihm vereinzelt und weniger ausgeprägt als beim Tier beobachtet werden (Nivellierung von Affekt und Antrieb, Benagen von Gegenständen, sexuelle Triebsteigerung, Merkschwäche). Bei einzelnen Läsionen des Limbus kam es zu emotionaler Dämpfung oder Reizbarkeit und Wut. Wurden die Bahnen der Schläfenlappen doppelseitig unterbrochen, so verringerten sich Antrieb und Affektreaktionen. Ähnliches gilt von Störungen der Gürtelwindung. Umgekehrt können bei Geschwülsten des Septum pellucidum Reizbarkeit und Wut auftreten.

Die Bedeutung des Limbus wird auch dadurch unterstrichen, daß gewisse Substanzen (besonders Diazepine), die Muskelerschlaffung und Affektresonanzdämpfung bewirken, wahrscheinlich hier angreifen. Das gleiche dürfte von dem erst seit kurzem eingeführten Kavain gelten (W. Kretschmer, 1970).

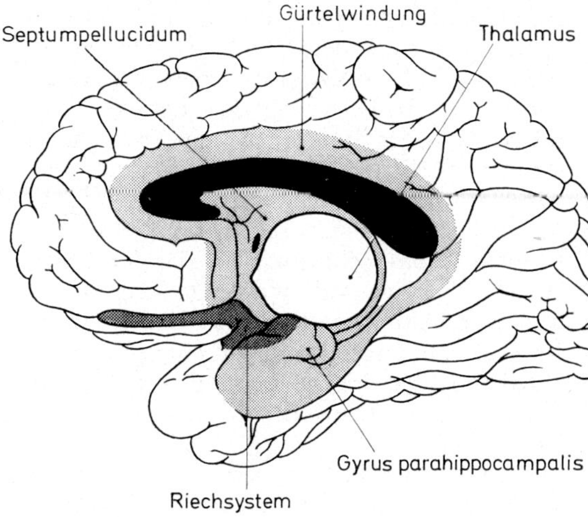

Abb. 4. Das limbische System

Eine verheiratete Frau in mittlerem Lebensalter klagte seit einigen Monaten über häufige, in unregelmäßigen Zeitabständen auftretende sexuelle Drangzustände. Normaler Verkehr führte zwar zum Orgasmus aber nicht zur Lösung der Spannung. Die Patientin reduzierte darum das Geschlechtsleben und widerstand dem Bedürfnis zu masturbieren. Die Zustände waren nichtsdestoweniger quälend und wurden (einschließlich des normal erzeugten Orgasmus) als der höheren Persönlichkeit fremd erlebt. Das Beispiel ist nicht nur hirnlokalisatorisch interessant, sondern wirft auch ein grundsätzlich klärendes Licht auf das Verhältnis zwischen menschlichem Selbstbewußtsein und organisch verursachter emotionaler Grundstörung. Wir vermuten zu Recht, daß die Patientin gemüthaft ungewöhnlich differenziert und durch persönliche Aktivität charakterlich gefestigt war und darum den spezifisch menschlichen Zwiespalt nicht nur voll erlebte, sondern auch weitgehend beherrschte. (W. Kretschmer unveröffentlicht.)

Die Bedeutung des *Wach-Schlaf-Rhythmus,* der beim Menschen Bewußtseinsstufen einschließt, für die Affektivität ist offenkundig. Je nach dem Ort auf der Zyklusskala ändert sich das Gefühl quantitativ (Ansprechbarkeit, Stärke) und qualitativ (Schärfe – Stumpfheit). Andererseits kennen wir auch gemeinsame Affekt- und Schlafstörungen bei vielen Gehirnkrankheiten.

Grundtriebe

Unter Trieben verstehen wir Erlebnisse des Hingezogenseins auf bestimmte Ziele, d.h. *Bedürfnisse.* Hier interessieren uns nur die *Elementartriebe,* deren Befriedigung lebensnotwendig oder zumindest sehr dringlich ist. Sie schließen die Affektivität zwar mit ein, bilden jedoch selbständige, differenzierte, höhere Erlebniskomplexe. Auch stehen sie z.T. in engem Zusammenhang mit gewissen Hirnabschnitten und können unter abnormen Umständen eventuell von dort her ausgelöst werden. (Z.B. sehen wir als Folge der kindlichen

Enzephalitis neben Stimmung und Antrieb auch Triebe verändert.) Diese Störungen betreffen einmal die *Sexualtriebe* nach Grad und Richtung (z.B. Umschlag nach der exhibitionistischen oder homosexuellen Seite) samt ihren körperlichen Korrelaten, dann im Sinne der Enthemmung die Gruppe *„Aggressionstriebe"* in ihren atavistischen, raubtierartigen Formen (motorische Formeln des Kratzens, Beißens, Schlagens als auch zugehörige Lust- und Wutaffekte), endlich auch den Antrieb. Im Enthemmungsfall entsteht eine triebhafte, anhaltende motorische Unruhe, die sich bei Reizung von außen reflexartig aggressiv entlädt.

Die aggressive Triebenthemmung kann für sich allein auftreten, aber auch, wie im Fall von BERINGER (1942), mit manieartiger Verschiebung der Stimmung einhergehen und mit dieser nach zirkulärer Art periodisch schwanken (vgl. S. 48).

Nach den sorgfältigen experimentellen Erhebungen von SPATZ (1942) und anderen scheint innerhalb des Zwischenhirns das Tuber cinereum ein spezielles Sexualzentrum zu bilden: Bei umschriebener hyperplastischer Mißbildung konnte bei einem 3½jährigen Knaben eine exzessive geschlechtliche Frühreife hinsichtlich Organgrößen, Skelettreife und geschlechtlicher Ausbildung festgestellt werden, die dem Lebensalter eines 15–16jährigen entsprach. Gegenüber dieser Reifungsförderung erschien bei umschriebener experimenteller Zerstörung des Tuber cinereum (Elektrokoagulation) an jungen Tieren bei ungestörtem Körpergrößenwachstum nicht nur ein Zurückbleiben von Keimdrüse, primären und sekundären Geschlechtscharakteren, sondern es fehlte auch der Geschlechtstrieb. Auch hier gingen zum Teil wieder Stoffwechselstörungen im Sinne von Fettsucht und Magersucht parallel.

Daß die benachbarte Hypophyse, speziell das Vorderlappenhormon, etwa vom 11./12. Lebensjahr an einen beherrschenden Einfluß auf die Sexualentwicklung hat, ist bekannt. Auch hier treffen wir wieder auf einen engen Wirkungsring zwischen einem drüsigen Organ und einem nervösen Zentrum, nämlich dem Hypothalamus. Je mehr die physiologische Forschung klargemacht hat, daß auch die Nervenwirkungen letzten Endes chemische Wirkungen von „Überträgerstoffen" sind, desto leichter wird uns dies verständlich.

Die überaus sorgfältigen tierexperimentellen Untersuchungen des Physiologen HESS (1962) mit Hilfe elektrischer Reizversuche am Zwischenhirn der Katze geben nicht nur wertvolle Bestätigungen und Ergänzungen zu den bereits geschilderten klinischen und hirnanatomischen Forschungen, sondern sie sind von grundsätzlicher Bedeutung für das Leib-Seele-Problem im ganzen, für die Art der Zusammenordnung psychomotorischer und vegetativer Funktionen und indirekt für eine Lehre von den Trieben. HESS hat gezeigt, daß sich eine Reihe von Reizstellen des Zwischenhirns landkartenartig aufzeichnen lassen, bald eng umschrieben, bald diffuser und gestreuter. Bei Reizung dieser Punkte werden aber nicht isolierte Einzelfunktionen produziert, sondern zusammengefaßte Leistungen. Besonders hervorzuheben sind die Koppelungen von vegetativen Symptomen mit dem subkortikalen motorischen System zu komplexen, zielgerichteten Handlungen, wobei gleichzeitig die vermutlichen Ausdrucksformen entsprechender Affekte mit enthalten sind.

So produziert z.B. die Katze, im Bereich der Columna fornicis gereizt, eine fertig integrierte Abwehrhaltung. Sie verhält sich genau so, als wäre sie von einem Hund bedroht. Sie faucht, schneuzt und knurrt: es sträuben sich die Rückenhaare, und der Schwanz wird buschig; die Pupillen erweitern sich; die Ohren werden zurückgelegt oder zum Abschrecken hin und her geschlagen; der Körper geht in eine konzentrierte Sprunghaltung. Bei Fortdauer oder Verstärkung des lokalisierten elektrischen Zwischenhirnreizes kommt es zum tätlichen Angriff: die Katze richtet sich auf eine in der Nähe stehende Person und springt sie an oder schlägt gut gezielt mit der Pfote nach ihr. Es treten alle äußeren Symptome des Affektes hervor, den man als „Wut" bezeichnet (Scheinwut). In ihrer „Aggressionsstimmung" sucht die Katze einen Gegner, den sie bekämpft.

Während im normalen Leben eine „Gestalt" (beispielsweise ein auftauchender Hund) die Aggressivhaltung induziert, geschieht dies hier durch einen lokalisierten elektrischen Gehirnreiz im Hypothalamus. Wichtig ist noch, daß, wie unter natürlichen Bedingungen, die Angriffshaltung in Fluchthaltung umschlagen kann. Gelegentlich sah man, wie beide dem Körperschutz dienenden Antriebe in Wettstreit kamen. Sehr auffällig ist in jedem Fall das sofortige Verschwinden des ganzen Syndroms bei Reizende. Unverzüglich benimmt sich die Katze normal.

In ähnlicher Weise können auch die *oralen Antriebe* von einem dicht dahinter gelegenen Fokus her in Gang gebracht werden. Bei Reizung folgt intensives Fressen und Trinken. Hatte das Tier vorher weder Milch noch Fleisch angenommen, so verschlingt oder trinkt es nun „gierig". Ja, es kann so weit kommen, daß es sogar an unverdaulichen Gegenständen kaut, z. B. an einer Pinzette, einem Schlüssel oder Holzstab. Man könnte daraus schließen, daß z. B. beim Diabetes insipidus des Menschen der abnorme Trinktrieb mit der Störung des Wasserhaushalts von vornherein gekoppelt ist. Ferner tritt ein reiner, nicht zielgerichteter *„Bewegungsdrang"* auf, der sich von weiter nach rückwärts gelegenen Reizstellen her auslösen läßt.

Für die Lehre von den Trieben nicht ohne Interesse sind ferner fertig integrierte Funktionsgruppen, die sich ebenfalls aus autonom-vegetativen und willkürlich psychomotorischen Komponenten mit den zugehörigen Begleitgefühlen verschmelzen und die ebenfalls ihre Reizstellen im Zwischenhirn haben. Hierher gehört der Defäkationsakt und Syndrome wie *Schnuppern, Lecken, Kaubewegungen,* die ihrerseits wieder Komponenten komplexer Verhaltensweisen sind.

Es scheint, daß sich aus den Reizversuchen von Hess eine Art Dominanzreihe der verschiedenen Instinktformeln ergibt: Bei Kol-

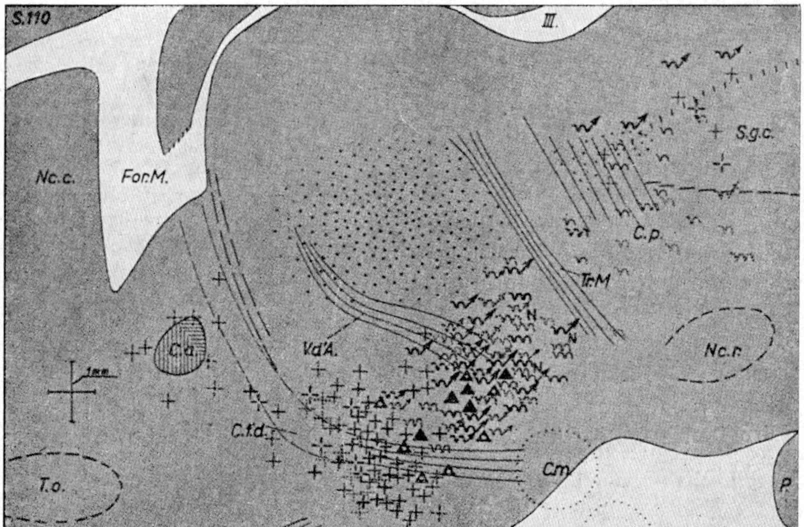

Abb. 5. *Einige Triebzentren im Zwischenhirn* der Katze im Sagittalschnitt, Areal der Wach-Schlaf-Steuerung aus einer anderen Sagittalebene aufprojiziert

Zeichenerklärungen: + Affektive Abwehrreaktion. △ *Freßtrieb, n* erhöhte Reaktionsbereitschaft, *m* Bewegungstrieb, *n* ↗ Bewegungstrieb mit Übergang in Flucht. Punktiertes Feld: Somnogene Zone. Die Abkürzungen bedeuten die anatomischen Bezeichnungen: For. M. = Foramen Monroi, Nc.c. = Nucleus caudatus usw. (Aus: Hess, W. R. [1947])

lisionen von hochkoordinierten, insbesondere instinktartigen Tendenzen erscheint öfters nicht eine Kombination, sondern ein ausschließendes Entweder-Oder. Was sich durchsetzt, hängt nicht von Reizschwelle oder Reizgröße, sondern wesentlich vom Selbsterhaltungswert der jeweiligen Leistung unter natürlichen Verhältnissen ab (A. E. MEYER 1959).

An der grundsätzlichen Übertragbarkeit der Tierversuche von HESS auf die menschliche Psychophysiologie und Pathologie ist kein Zweifel. Hier ist nicht die Frage, wieweit die Gehirnlokalisationen im Gang der Phylogenese des Zwischenhirns und der jüngeren Hirnteile durch gewebliche Umbildung und durch Funktionswanderung variieren. Daß aber die Verhältnisse grundsätzlich und im groben Aufbau beim Menschen dieselben sind wie beim höheren Säugetier, wird man behaupten dürfen. Denn bei zwischenhirnnahen Basalfrakturen und Enzephalitiden springen dem Kliniker dieselben Syndrome wie in den HESS-Tierversuchen in die Augen. Hier findet man neben tiefgreifenden Veränderungen der *Sexualtriebe* die Enthemmung der *Bewegungstriebe*, der *Aggressionstriebe*, der *oralen* und *analen* Triebe und tiefgreifende Alterationen der *Wach-Schlaf-Steuerung*, Durst.

Neuropsychische Irradiationen und Kaskadenwirkungen

Recht kompliziert sind die mehrfachen Umschaltungen psychoreaktiver Reize im Organismus. Dies möge ein klinischer Fall veranschaulichen:

Die 24 Jahre alte Toni war im 7. Monat auf die Welt gekommen und hatte bei der Geburt wenig über vier Pfund gewogen. Sie entwickelte sich regelrecht. In der Schule wurde sie wegen ihrer zurückhaltenden, scheuen und etwas prüden Art „die Spröde" und die „Beißzange" genannt. Nebenher arbeitete sie in der elterlichen Landwirtschaft und wurde stets von ihren Geschwistern geneckt und gehänselt. Alles wurde auf sie abgeladen („die Toni ist an allem schuld"). Wenn morgens die Geschwister zur Arbeit aufstanden, schimpften sie häufig absichtlich, um die Patientin, die im Wohnzimmer auf einem Sofa schlief, zu erschrecken. Toni hörte dann schon durch die Tür allerhand Schabernack und Lästereien, wohinein die Geschwister immer ein paar zotige Bemerkungen einstreuten. Gerade dies war aber der empfindlichste Punkt. Schon in der Schule waren ihr Redensarten mit erotischen Anspielungen wochenlang nachgegangen. Sie stand so wegen ihrer übertriebenen Zurückhaltung in der Schulklasse zunehmend allein.

Als Toni, 17 Jahre alt, im Wald spielte, näherte sich überraschend ein junger Mann, der mit ihr geschlechtlich zu verkehren versuchte. Mit einem Schlag verfiel sie in eine Panik mit Unruhe und Zerrissenheit. Die Menstruation, die mit zwölf Jahren begonnen hatte, hörte schlagartig auf und war bis jetzt nicht wiedergekommen. Toni wagte sich nicht nach Hause, sondern wollte umgehend ins Kloster gehen. Als die Eltern ihr diesen Wunsch entschieden versagten, magerte sie zunehmend ab, wurde immer hinfälliger, nahm kaum noch Speisen zu sich, neigte zu Hautausschlägen und verfiel so schnell, daß der Hausarzt die jetzt 21jährige dringend in die Medizinische Klinik einwies. Hier wog sie 38 kg, hatte „halonierte Augen, ein seborrhoisches Ekzem an der Stirn, brüchige Fingernägel". Es wurde zunächst an eine Sepsis gedacht, dann an einen arterio-mesenterialen Darmverschluß und schließlich an eine Anorexia nervosa. Nachdem Implantationen von Percorten, UKW-Bestrahlungen und Insulinbehandlungen keinen Erfolg gezeitigt hatten, wurde die Patientin mit der Empfehlung, eine Kur an der Nordsee durchzuführen, nach Hause geschickt. Der gynäkologische Befund sprach von einem „ausgesprochen hypoplastischen Uterus".

Die Durchblutungsstörungen an den Fingern hatten inzwischen so zugenommen, daß im Kreiskrankenhaus zwei Fingerendglieder amputiert werden mußten, um eine gangränöse Entzündung zu vermeiden.

Toni hielt sich die nächsten Jahre zu Hause auf und wurde im alten Stil von Eltern und Geschwistern als Schattenkind behandelt.

Nach drei Jahren schickte der Hausarzt Toni erneut in die Medizinische Klinik. Inzwischen waren die schweren Durchblutungsstörungen an den

Händen mit Eiterungen an allen Fingernägeln fortgeschritten, so daß diese entfernt werden mußten und zwei weitere Fingerendglieder amputiert wurden. Die Untersuchung ergab „keinerlei Anzeichen für eine pluriglanduläre Insuffizienz" (die Insulintoleranz war normal, die Eosinophilen fielen auf ACTH-Gabe in normaler Weise ab, die Ausscheidung von Oxysteroiden war unauffällig). Gynäkologisch fand sich ein „weitgehend entwickeltes äußeres Genitale bei auffallend starker Schambehaarung". Es war ein ausgesprochen *hypoplastischer, etwa kirschgroßer Uterus* in Streckstellung von harter Konsistenz zu fühlen. Nach erfolglosen Behandlungsversuchen mit Ronicol, Pankreon, Polybion wurde die Patientin in unsere Klinik überwiesen, nachdem noch andere Kliniken versucht hatten, das Beschwerdebild, insbesondere die Durchblutungsstörungen, anzugehen.

Bei der Aufnahme hatte die kleine asthenische Patientin eine Körpergröße von 157 cm und ein Gewicht um 40 kg. Der Allgemeinzustand war stark reduziert. Der neurologische und radiographische Befund war normal.

Zunächst war Toni bei uns sehr scheu, hielt sich stets im Hintergrund und sah jammervoll aus. Durch ihr bloßes Dasein forderte sie das Mitleid aller Mitpatientinnen heraus. Im Grunde hilfsbereit und arbeitswillig, zeigte sie keinerlei psychotische Kriterien. Sobald man ärztlich etwas Fühlung mit ihr hatte, kam erstmalig nach nunmehr sieben Jahren das immer verschwiegene Erlebnis des ersten und einzigen sexuellen Versuches hervor. Starke, quälende Selbstvorwürfe die jahrelang bei der von Haus aus zu Zwangsgedanken neigenden Patientin ganz versteckt gewesen waren, kamen ans Licht und konnten durchgesprochen werden. Im Rahmen des gezielt analytisch gehaltenen Gespräches bei guter affektiver Brücke blaßten die quälenden Gedanken immer mehr ab. Bei einer gleichzeitigen unterstützenden Behandlung mit unterschwelligen Insulindosen nahm das Gewicht langsam zu. Die konfessionell sehr tief gebundene Patientin holte nun auch noch die Beichte nach, zu der sie vor sieben Jahren den Mut nicht gehabt hatte.

Jetzt unter zunehmender körperlicher Stabilisierung zeigten sich erstmals auch klare Berufsziele. Es soll nach einem Jahr im Haushalt die Ausbildung als Kinderschwester begonnen werden.

In den letzten Wochen des Klinikaufenthaltes erfolgte schnelle und gute Erholung. Das sehr kindliche Gesamtverhalten spiegelt sich deutlich in der Dekoration des Nachttischs: Hier stehen neben verschiedensten Gräsern und Blumen, die sie sich draußen pflückte, zwei Püppchen, für die sie selbst kleine Höschen und Jäckchen strickte, und weiter drei oder vier kleine Stofftiere (Igel, Maus usw.). Toni ist sehr arbeitsam, häkelt und strickt viel und nimmt rührig an den Bastarbeiten bei der Beschäftigungstherapie teil. Im Saal ist sie geschätzt und beliebt und wird auch nicht mehr von anderen Patientinnen geneckt. Sie weiß selbst schlagfertig und situationsgerecht zu antworten. Sie wird bald in einem guten Haushalt als Hausgehilfin beginnen. Katamnese: Seit ¼ Jahr voll im Haushalt tätig. In jeder Hinsicht freundliches, gesundes Mädchen. Weitere Gewichtszunahme 6 Pfund. Hände ohne Verfärbung, völlig ausgeheilt.

Die beifolgende Tabelle faßt die Einzelheiten der Symptomatik in zeitlicher Reihenfolge zusammen:

Neurovegetative Daten

	Vor dem 18. Lebensjahr	Ab 18. Lebensjahr (psychisches Trauma)	Nach dem 24. Lebensjahr (nach der psychotherapeutischen Behandlung)
Gewicht (Körpergröße 157 cm)	Normaler Gewichtsanstieg im Laufe der Entwicklungsjahre bis 57 kg.	Steiles Absinken bis auf 34–35 kg im Alter von 20 Jahren.	Gewichtsanstieg auf jetzt 43,2 kg.
Orale Triebgruppe:			
Appetit	Normal, in gleicher Weise süße und saure Speisen	Schwere Störung der Appetenzen: Essen abgewehrt, mußte stets genötigt und beschimpft werden.	Noch leichte Ablehnung süßer Speisen, wie Griesbrei usw.; ißt jedoch wieder alles mit großem Appetit.

		Auffallende Sauerappetenz. „Nichts konnte sauer genug sein, immer noch Salz und Essig dazu getan. Für Heringe hätte ich mein Barvermögen hergeben können. Geheult, wenn ich Honigbrote sah.“	
Durst:	Normaler Flüssigkeitsverbrauch	„Konnte haufenweise Kaffee, Sprudel oder Tee trinken.“ Nachts teilweise deswegen aufgestanden.	Regelrechtes Flüssigkeitsbedürfnis.
Schlaf-Wach-Steuerung	Normaler Schlaf	Einschlafstörungen und frühes Aufwachen, am Tage müde und schläfrig.	Normaler Schlaf, 8 Stunden.
Menstruation:	Menarche mit 12 Jahren, regelrecht.	Schlagartiges Aufhören.	Noch amenorrhoisch, aber regelmäßig alle 4 Wochen Durchblutungsänderungen an den Fingern und erhöhte Reizbarkeit.
Vasomotorium:	o. B.	Schwere Akrozyanose mit Geschwürsbildung und Absterben der Finger (Amputationen)	Hände normal durchblutet; Akrozyanose nur noch alle 4 Wochen 3–4 Tage.
Behaarung:	Dichtes Kopfhaar („Trug immer ganz dicke Zöpfe“). Starke Achselbehaarung und Genitalbehaarung.	Haarausfall „jeden Morgen saß der Kamm voll“. Dünnerwerden und Trockenwerden der Haare. Es seien gelegentlich auch „Schnurrhaare an der Oberlippe“ aufgetreten.	Im wesentlichen unverändert, angeblich wieder etwas dichteres Haar. Starke Vellusstreifen an Wangen, lateral auf Hals übergreifend (wahrscheinlich schon immer).
Stimmungslage:	Schizoid, scheu, prüde.	Ständig eingeschnappt und gereizt. Keinerlei periodische Stimmungsschwankungen.	Ausgewogene Stimmungslage bis auf ein paar Tage erhöhter Reizbarkeit im Abstand von 4 Wochen.

Zeitliche Reihenfolge der Symptome:

1. Plötzliches Sistieren der Menses.
2. In den nächsten Wochen Umschlag der Süß-Sauer-Appetenz mit vermehrtem Flüssigkeitsbedarf und jahrelang progressivem Gewichtsabfall.
3. Etwa 1 Jahr später langsam progressive distale Vasomotorenstörung der Finger, in etwa 3 Jahren bis zur Gangrängefahr sich steigernd.

Wenn wir diese Lebens- und Krankheitsgeschichte als Modellfall für viele andere benützen, so ergibt sich im Hergang folgendes: Das Mädchen ist als Siebenmonatskind mit einer insuffizienten Konstitution zur Welt gekommen. Durch die Schulzeit hindurch äußert sich diese Insuffizienz zunächst nur auf der psychischen Seite in einer auffallenden Kontaktschwäche und in Konflikten, wobei eine Überempfindlichkeit gegenüber sexuellen Vorstellungen als instinktive Abwehrhaltung zu beachten ist. Beim Eintritt in die Pubertät kommt es dann zu schwer asynchronen Reifungsstörungen, indem bei normaler Entwicklung des äußeren Genitales der Uterus stark zurückbleibt. Bei dieser insuffizienten Sexualkonstitution ruft mit 17 Jahren der Versuch des ersten Sexualverkehrs eine geradezu explosive, schockartige Panikwirkung hervor, die nun – und dies ist das wichtige – sofort wieder ins Körperliche zurückschlägt und eine dauernde Amenorrhoe zur Folge hat. Die Wirkung breitet sich auf die oralen Triebe aus (schwere Störungen der Appetenzen und damit vital bedrohliche Stoffwechselstörungen). Der betonte Appetenzwandel „Süß-Sauer" und anklingender Diabetes insipidus sind ähnlich den Syndromen, wie wir sie nach Schädelbasisfrakturen finden und sind wohl als funktionales Gegenstück zu betrachten. Es irradiiert der pathologische Reiz weiter in die Vasomotorensteuerung, mit bis zur Amputation führenden spastischen Durchblutungsstörungen der Finger. Die Querverbindung zur Sexualfunktion wird in dem später nur noch in vierwöchigem Zyklus hervortretenden Phasenwechsel dieser Vasomotorenstörung deutlich.

Der Fall bekommt dadurch den Wert eines Experimentes, daß von der Medizinischen Klinik in Gemeinschaft mit anderen Instituten alle diagnostischen und therapeutischen Möglichkeiten von der körperlichen Seite her erschöpft wurden, ohne daß durch Jahr und Tag sich etwas besserte. Es paßte kein Schlüssel. Und erst durch die psychotherapeutische Aufdeckung des alten Sexualkomplexes aus dem 18. Lebensjahr, der nun mit starker Dynamik hervorbrach, lösten sich nicht nur die psychischen, sondern auch die körperlichen Störungen auf.

Ob hier eine vollständige und dauernde Heilung erzielt wurde, muß bei der insuffizienten Konstitution dahingestellt bleiben. Wissenschaftlich interessiert nur, daß durch ein gezieltes, auf die reifungsgestörte Sexualkonstitution treffendes psychisches Trauma tiefgreifende Organstörungen in Gang gesetzt wurden und daß dessen beherrschende Dynamik noch nach sieben Jahren klar nachzuweisen war, während die klinischen Syndrome gegenüber jedem körperlichen Behandlungsversuch refraktär blieben.

Wenn man etwas tiefer darüber nachdenkt, so handelt es sich hier nach Form und Ziel um eine von der Natur angelegte, sinnvolle Instinktabwehr einer für das Fortpflanzungsgeschäft noch nicht ausgereiften oder überhaupt nicht tauglichen Sexualkonstitution, eine Instinktabwehr, die hier nur quantitativ über das Ziel hinausschießt.

Man kann die Reizausbreitung von einer scheinbar beiläufigen affektiven Stoßwirkung aus am besten als *Kaskadenwirkung* bezeichnen, weil gewisse Ähnlichkeiten mit demselben Begriff in der Physik vorliegen. In unserem Fall besteht kein „causa aequat effectum" – sondern der einmalige Affektstoß löst fortlaufend eine Reihe tiefgreifender Umwälzungen im Gesamtorganismus aus, die wie *Kettenreaktionen* sich hintereinander entwickeln.

Die Puberaldystrophien werden häufig auch mit dem einseitigen Ausdruck „Pubertätsmagersucht" bezeichnet. In Wirklichkeit handelt es sich bei den klassischen Fällen um eine in der Pubertät einsetzende hartnäckige konstitutionelle Reifungsstockung auf der ganzen Linie, die sich auf der körperlichen Seite z. B. in persistierendem Vellus und in manchmal massiven Hypoplasien des Genitals verrät. Damit gehen im psychischen Befund parallel Störungen der Triebe, teils in Form einfacher Hemmung, teils in Irradiationen, die hier besonders zwischen der sexuellen und der oralen Triebgruppe, oft aber auch mit quälerischen Tendenzen spielen. Rationalisiert zeigt sich bei weiblichen Pubertierenden dann häufig die Pseudobegründung: „man wolle nichts essen, damit man keine weibliche Formen annehme". Das heißt in Wirklichkeit: die reifungsgestörten sexuellen und oralen Triebfaktoren irradiieren perversionsartig ineinander.

Daß sich diese Unstimmigkeiten der Triebschicht dann häufig in zwischenlaufenden Panikreaktionen und den daraus sich entwickelnden hysterischen Darstellungsweisen signalisieren, ist verständlich. Es würde eine erstaunliche kausale Bedürfnislosigkeit verraten, wenn man versuchte, dies rein nach psychoanalytischer Art aufzulösen, ohne die breiten somatischen und entwicklungskonstitutionellen Hintergründe zu beachten. Vielmehr sind die komplizierten Puberaldystrophien geradezu ein Modell für mehrdimensionale Diagnostik, für das synoptische Zusammendenken sämtlicher in einem so komplizierten Kausalgefüge steckenden Faktoren und somit überhaupt für eine Vertiefung unseres ärztlichen Denkens, sowohl nach der somatischen, wie nach der psychischen Seite hin.

Temperament und Endokrinium

Es ist nicht möglich, die „psychische Funktion" der einzelnen Hormondrüsen im normalen Leben festzustellen, obgleich das naive Denken immer wieder darauf zurückkommt. Vielmehr scheint das unauffällige Zusammenspiel *aller* Hormone dafür zu sorgen, daß Temperament und darauf ruhende Triebe innerhalb der wünschenswerten Grenzen schwingen können. Bekanntlich fühlen wir uns am wohlsten, wenn wir nichts von den „Nerven" und den sonstigen Organen merken. So erschließen wir die Aufgabe der einzelnen endokrinen Drüsen zunächst indirekt aus ihren Störungen und aus der begleitenden Verstimmung des „Konzertes". Auch das ist schwierig: Die Hormonausscheidung hängt auch vom Gehirn ab und ist psychisch beeinflußbar; jede Drüse steht in Wechselwirkung mit anderen, hemmt oder stimuliert andere; je nach Menge des zirkulierenden Hormons und dem Verhältnis zum Gesamtsystem kann ein Hormon anregend oder dämpfend wirken. Mäßige Zufuhr von Hormonen wird vom Organismus unmerklich abgefangen, und nur große Mengen stoßen das Gleichgewicht um. Methodisch geht man so vor, daß man die seelischen Begleiterscheinungen bei Überfunktion einer Blutdrüse bzw. Überdosierung eines Hormones oder bei Unterfunktion bzw. bei künstlichem Ersatz des mangelden Hormons beobachtet.

Allgemein läßt sich sagen, daß Hormonstörungen die *Temperamentsgrundlagen* beeinflussen. *Antrieb, Stimmung* und *Empfindlichkeit* ändern sich quantitativ in polar entgegengesetzten Richtungen: Bewegungszuschuß – Langsamkeit, Schwerfälligkeit; Euphorie – Dysphorie; Reizbarkeit, Angst – Stumpfheit. Diese Abweichungen gehen in höher integrierte *Triebhaltungen* ein: Heißhunger – Appetitmangel; gesteigerter oder geschwächter Durst; vermehrtes Kälte- oder Wärmebedürfnis; seltener vermehrtes oder vermindertes Schlafbedürfnis; Neigung, in gewohnten Raumbezirken (Bett, Wohnung) zu bleiben oder planlos fortzulaufen; Minderung oder Steigerung des Geschlechtstriebes, selten perverse Tönungen im Sinne des Kinlich-Spielerischen oder des Sadistisch-Aggressiven; mehr oder weniger Lust oder Unlust, sich mit anderen zu messen (Selbstbehauptungstrieb).

Mehrere dieser Gebiete können gemeinsam betroffen sein. Die Störungen halten an oder kommen überraschend, episodisch. M. Bleuler (1954) hat sie unter dem Namen „endokrines Psychosyndrom" zusammengefaßt. Die erkrankten Individuen sollen *sonderlingshaft* oder *infantil* wirken.

Es gibt aber neben diesen allgemeinen Veränderungen auch *spezifische Schwerpunkte,* selbst wenn diese nicht so ausgeprägt und eindeutig sind, wie man früher gemeint hat. Das gilt besonders für Schilddrüse, Pankreasinsel, Geschlechtsdrüsen, Hypophysenhinterlappen und die Insuffizienz des Hypophysenvorderlappens. *Schilddrüse:* Bei *Übersekretion* ist der *ergotrope Apparat* (s. d.) stimuliert. Es kommt zu gespannter Erregtheit, Überempfindlichkeit gegenüber psychischen und physikalischen Reizen, Verstimmbarkeit, Konzentrationserschwerung, Bewegungsunruhe, erhöhter Ermüdbarkeit. Auch hysteroide Symptome und zwanghaftes Erleben können auftreten. Steigert sich die Hyperthyreose zur Psychose, so dominieren Erregung und Angst. Umgekehrt kommt es bei *Hormonmangel* zu Gleichgültigkeit, Abstumpfung des Gefühlslebens, Inaktivität, Langsamkeit (Torpidität). Leichte Thyreotoxikosen werden oft als nervöse oder psychogene Störungen verkannt!

Inselhormon (Insulin): Bei *Überschuß* entsteht eine Hypoglykämie. Der Zuckermangel bedingt Müdigkeit und Zähigkeit der seelischen Abläufe, auch zeitweise Reizbarkeit und affektive Unbeherrschtheit. Auch dieses Bild kann mit einer habituellen Nervosität oder einer Neurose verwechselt werden. Umgekehrt gibt es *nicht organisch* determinierte Hypoglykämien, die auf Psychotherapie reagieren.

Gonaden: Die Keimdrüsen bestimmen nicht allein den Sexualtrieb und die Funktionen der Sexualorgane, sondern sind auch ein wichtiges Glied eines Kreises sich gegenseitig beeinflussender endokriner und nervöser Komponenten. In den geschlechtsgebundenen Erlebnissen und Äußerungen kommen wesentliche Bestandteile der Gesamtaffektivität und der individuellen Temperamentslage zum Ausdruck. Mit der *Geschlechtsreifung* (Pubertät) geht ein Antriebszuwachs (der seelische „Schwung", Impulsivität), eine Schwäche der Steuerung von Affekten (Labilität, Lachkrämpfe, Verlegenheit), erhöhte Sensibilität und Neigung zu Dyshormien (Eckigkeit, Schlaksigkeit) einher, während sich das Nachlassen der Hormonproduktion bei Frau und Mann im *Klimakterium* oft in Affektlabilität oder gar Leistungsminderung ausdrückt. Einsetzen und Erlöschen der Keimdrüsentätigkeit scheinen also kritische Phasen für Temperament und Triebleben zu bestimmen. Der Anteil der neurohormonalen Systeme läßt sich schwer einschätzen, weil der erste Zeitabschnitt bei den Jugendlichen und der zweite bei den Frauen auch mit gewichtigen sozialen Umstellungsaufgaben verknüpft ist. Bei entsprechender Anlage entstehen hier schwere Krisen, die sich teils im Rahmen des Psychopathischen halten, teils in Psychosen auslaufen. Bleibende Reifungshemmungen, besonders bei Frauen, scheinen auch wesentliche Gefahrenpunkte für eine Dekompensation in den Wechseljahren zu bilden. Daß die Östrogenphase des *Menstrualzyklus* der Frau mit erhöhtem Antrieb und besonders besserer Reaktionsbereitschaft, die Gestagenphase jedoch mit mehr Passivität einhergehe, wird zwar immer wieder behauptet, gilt aber nicht für alle Individuen. Wir dürfen jedoch annehmen, daß endokrine Umstellungen (auch im Prämenstruum) grundsätzlich zu Affektlabilität disponieren. So kennen wir auch in der *Schwangerschaft* Stimmungslabilität, besondere Speiseappetenzen, und andere zum endokrinen Psychosyndrom gehörige Schwankungen.

Krankhafte Steigerung der Sexualhormone (besonders der Androgene) kann den Trieb verstärken und umgekehrt. Galaktotropes Gonadotropin kann beim Mann eine (abnorme) Zunahme des Fürsorgetriebes (aktive Brutpflege) hervorrufen (BLICKENSTORFER 1949). Doch sind alle vermuteten oder auch beobachteten Wirkungen der Sexualhormone unregelmäßig, z. T. sogar widersprüchig. Negativ wissen wir, daß die Frühkastration bei Stieren, Hengsten, Katern allgemein das Temperament abstumpft. Sie werden ruhiger, friedlicher, phlegmatischer. Auch beim Menschen zeigen männliche Frühkastraten ein deutlich verändertes Temperament, keine sexuelle Ausreifung, Infantilismus. Bei den erwachsenen Kastrierten finden wir meist eine erhebliche Dämpfung des Geschlechtstriebs und der Potentia coeundi, doch nicht unbedingt die Auslöschung der sexuellen Gefühle. In den oft beschriebenen Charakterveränderungen: Unstetigkeit, Launenhaftigkeit, oder Mangel an Bindungsfähigkeit, Passivität, erkennen wir leicht die Temperamentselemente. Dies alles ist aber nicht zwangsläufig! Auch bei der *Frau* führt die Kastration oft zur Dämpfung des Geschlechtsempfindens. In der Mehrzahl werden klimakterische Beschwerden angegeben, seltener größere Mütterlichkeit (M. BLEULER l. c.). Bei den *Eunuchoiden* handelt es sich um einen unproportionierten Hochwuchs, bei dessen Entstehung ein Mangel an Androgenen mitgewirkt haben könnte. Solange wir die Höhe der Androgenproduktion in der Pubertät und später nicht kennen, bleibt das

Bild unerklärt. FISCHER (1920) beschreibt die Gruppe als einspännig, still, zurückgezogen, verschlossen, schüchtern, abweisend, auch widerspenstig und asozial. Autismus und Antriebsmangel stehen also im Vordergrund. Nach eigener Erfahrung gibt es hier passiv Asoziale mit autistischer Färbung (z.B. Landstreicher), aber auch Beziehungen zum schizoiden bzw. schizophrenen und zum epileptischen Formkreis.

Hypophysenhinterlappen: Den Diabetes insipidus begleitet starker Durst. Daneben werden auch Reizbarkeit oder Apathie, Minderung der Libido, Schlafsucht und Appetitstörungen beschrieben. Die vererbte Durststeigerung setzt sich innerhalb der Persönlichkeit selbständig durch.

Hypophysenvorderlappen: Bei fortschreitendem Schwund der Drüse und entsprechender Insuffizienz (*Simmonds*sche Kachexie, SHEEHAN-Syndrom, multiple Blutdrüsensklerose FALTA) sieht man vornehmlich Müdigkeit, Gleichgültigkeit, Aktivitätsverlust und Erlöschen der Triebhaftigkeit.

Bei der *Akromegalie* (Wucherung des Vorderlappens, Wuchshormonsteigerung) ändert sich das Temperament recht unspezifisch: langdauernde Verstimmungen, plötzlich kurzdauernde triebhafte Impulse (Bewegung, Schlafen, Heißhunger, Durst) und Stimmungsumschwünge (gereizt, weinerlich, moros). Auf die Dauer dominieren gedämpfte Sexualität, Langsamkeit, Schwerfälligkeit, Aktivitätsmangel. Zu Beginn erlebt der Kranke vielleicht Depersonalisationen (Unwirklichkeitsgefühl). Das *Akromegaloid* ist physiologisch nicht erklärt. Doch liegt es nahe, eine kompensierte Steigerung des Wuchshormones anzunehmen. Es gibt langdauernde Verstimmungen, heiter verantwortungslos oder dysphorisch. Triebenthemmung kann sich in akuten Ausnahmezuständen (w. o.) äußern. Die Charaktervarianten streuen in positiver oder negativ psychopathischer Richtung (M. BLEULER l. c.).

Nebennierenrinde

Cushing (durch Hypophysenvorderlappen induzierte Überproduktion): Wechselnde Verstimmungen, vermehrter oder verminderter Antrieb. Geschlechtstrieb oft verringert, impulsive Triebphasen; episodische Psychosen (Erregung, Angst oder Apathie, Verwirrung, Täuschungen); Amnesien.

Addison (einfache Überproduktion): Antriebsarmut, Müdigkeit, evtl. Verwahrlosung, aber auch Spannung, Erregung, Euphorie; gedämpfte Sexualität; Temperamentsschwankungen und Triebverstärkungen; Amnesie häufig.

Bewußtsein

Für den Menschen ist das Bewußtsein die ursprüngliche Realität, während die Gehirnstrukturen und -prozesse eine abgeleitete Wirklichkeit darstellen. Das Verhältnis zwischen beiden Gegebenheiten läßt sich lediglich umschreiben. Wie es nur sinnvoll ist, vom Gehirn als ständig funktionierender und nicht als einer festen Struktur zu sprechen, so existiert auch das Bewußtsein nur kraft dessen, was in ihm geschieht, dessen wir uns bewußt sind. Bewußtsein ist offenbar nur möglich, wenn das Gehirn einen gewissen Differenzierungsgrad erreicht hat, ohne daß wir den Zusammenhang positiv bestimmen könnten. Hohe Komplexität einer Maschine genügt aber nicht, um Bewußtsein zu garantieren. JAMES' Annahme, daß Bewußtsein erst bei einem Nervensystem erwartet werden kann, welches zu groß ist, um sich selbst zu steuern, bleibt unverbindlich, solange man diese Offenheit nicht zu definieren vermag. Wäre das Gehirn nur ein Informationsdepot, eine Rechenmaschine, ein Regelungssystem, das allen Bedürfnissen genügt, so wäre das Bewußtsein überflüssig. Offenbar brauchen wir aber das übergeordnete Prinzip des Bewußtseins, um als menschliche Subjekte wahrzunehmen, zu denken und zu handeln.

Negativ können wir sagen, daß Bewußtsein aussetzen muß, wenn ein allgemeiner Durchblutungsmangel des Gehirns im besonderen die mediobasalen Bereiche des Dienzephalons,

Mesenzephalons oder Metenzephalons ergreift. Positiv hat sich gezeigt, daß die linke Gehirnhälfte, sofern sie (bei 98% der Menschen) „dominant" ist, die Voraussetzung für bewußtes Lernen und Handeln bildet. Man erkannte dies nach der Durchtrennung der Faserverbindung zwischen den beiden Hemisphären zwecks Behandlung schwerer Epilepsien. So war die Möglichkeit gegeben, optisch-motorische Lernaufgaben zu stellen, bei denen jeweils nur eine Gehirnhälfte mitwirkte. Zeigte man einen Gegenstand über die linke Seite der Netzhaut beider Augen und leitete den sensorischen Reiz so der rechten Gehirnhälfte zu, so fand ihn die Versuchsperson nach Aufforderung aus anderen Objekten heraus, konnte sich aber weder an den Auftrag, noch an die Ausführung erinnern. Rechts zerebral verarbeitete Sätze wurden nicht verstanden. Bei umgekehrter experimenteller Anordnung wurden alle Aufgaben mühelos gelöst (ECCLES 1970). Daß die normalerweise an das entsprechende Zentrum der linken Hemisphäre gebundene *Sprache* Voraussetzung des Bewußtseins wäre, ist jedoch falsch. Wir sind uns auch nichtsprachlicher Inhalte (z.B. bildhafter und gefühlhafter) bewußt. Nur scheint die Sprache das Erfassen logischer, kausaler und finaler Zusammenhänge, im besonderen ihrer Sequenz, zu erleichtern oder gar erst zu ermöglichen. Allerdings setzt Sprache Bewußtsein voraus.

Bewußtsein ist das allein wesentliche Kriterium der psychischen Funktionen gegenüber den organischen. Wenn wir von Bewußtseinsfunktionen sprechen, so meinen wir die verschiedenen Differenzierungsgrade und Umfänge, die das Bewußtsein einnimmt und die teils unmerklich, teils aber auch mit ruckartiger Umstellung ineinander übergehen, wie z.B. beim Wachen und Schlafen und bei ihren feineren Zwischenstufen. An Bewußtseinsstörungen erwähnen wir den Dämmerzustand mit Einschluß der Delirien von seinen leichtesten spielerischen Graden (GANSER-Zustand) bis zu den tiefen epileptischen Zuständen, ferner die eigentliche Bewußtlosigkeit von der leichten vasomotorischen Ohnmacht bis zum schweren, lebensbedrohenden Koma. Die letztere Gruppe unterscheidet sich dadurch von der ersteren, daß bei der Bewußtlosigkeit spezifische Innenerlebnisse nicht vorkommen, während bei den Dämmerzuständen und Delirien bunte und heftige Gemütsbewegungen, traumhaft und inselförmig vom Wacherleben abgesetzt, beobachtet werden können.

Wir sahen schon, daß bei den höheren Tieren der Wechsel von Wachen und Schlaf, als der normale Grundtypus der Bewußtseinsfunktion, nicht an das Großhirn gebunden ist und somit als eine *Hirnstammfunktion* betrachtet werden muß. Die engen Beziehungen des Bewußtseins zur Affektivität und zum vegetativen Nervensystem machen es wahrscheinlich, daß die entsprechenden Zentren auch anatomisch in der Gegend der führenden vegetativ nervösen Schaltstellen im Zwischenhirn und Nachhirn liegen, die für Vasomotilität, Schweißsekretion, Wärmeregulation, Blaseninnervation und Stoffwechsel verantwortlich sind. Für eine Lokalisation der *„Schlaf-Wach-Steuerung"* in dieser Gegend sprechen auch gewisse klinische Erfahrungen, z.B. bei Hirngeschwülsten, wo bei Vorwachsen und Druck gegen diesen Teil der Hirnstammgegend neben vegetativen Störungen auch rasch hereinbrechende, tiefe Bewußtseinsänderungen zu beobachten sind. Eine der prägnantesten Schlafstörungen, die Umkehrung von Wach- und Schlafzeiten (Typus inversus), macht die Encephalitis lethargica („Hirngrippe"), die auch sonst exquisite Hirnstammstörungen einerseits im striopallidären System, andererseits in den vegetativen Zentren (Salbengesicht, Speichelfluß) verursacht. Es ist wahrscheinlich, daß Läsionen des Höhlengraus im rückwärtigen Teil des 3. Ventrikels und im Anfang des Aquädukts eine Rolle spielen. Plötzliche Druckerhöhung im 3. Ventrikel mit Kompression der Wände führt zur Bewußtseinstrübung. Nicht zu vergessen ist die wichtige Rolle gelöster Stoffe, die teils von außen eingeführt (Alkohol, Beruhigungsmittel, Schlafmittel, Weckmittel), teils von Mikroben produziert die Bewußtseinsfunktionen aufs tiefste beeinflussen.

Während zur Erklärung der einfachen Bewußtlosigkeiten, des traumlosen Schlafes wie des pathologischen Komas, die vegetativen Zentren des Zwischenhirns herangezogen werden, vermuten wir für die differenzierten psychischen Inhalte des Traumes, des Delirs und des Dämmerzustandes die Mitwirkung der Hirnrinde in einer gegenüber dem Wachbewußtsein modifizierten Form. Diese Modifikation könnte in einer Abschwächung der Rindenfunktion bestehen. Doch ist sie so kompliziert und gesetzmäßig, daß ich auch mit neuen Schaltungen oder mit anderen Schichten der Rinde rechne.

Wir können also nur sagen, daß den verschiedenen Bewußtseinsstufen wahrscheinlich verschiedene Schaltsysteme entsprechen, indem die tieferen Bewußtlosigkeiten als reine Hirnstammfunktion unter Fortführung der lebenswichtigen vegetativen Leistungen, aber ohne Mitwirkung der Hirnrinde aufzufassen sind, während die verschiedenen Bewußtseinsstufen bis zum hellsten Tagdenken eine verschieden umfangreiche Einbeziehung einzelner oder aller Rindensysteme bedingen. Bildlich ausgedrückt könnte man von der Einschaltung verschiedener Stromkreise sprechen.

Es ist aussichtslos, darüber zu streiten, ob es ein *unbewußtes Seelenleben* gibt. Häufig bewegen wir uns kaum oder nicht bewußt. Auch die Funktionen der inneren Organe spüren wir wenig. Die Stoffwechselvorgänge erleben wir überhaupt nicht. Unbewußte körperliche Abläufe sind eine Banalität. Doch eine unbewußte Seele wäre ein Widerspruch in sich! Allerdings, unbewußte Leibesbewegungen und Phantasien (z. B. Träume) können so aussehen, als wären sie von einem bewußten Subjekt konsequent und sinnvoll hervorgebracht. Das menschliche Subjekt müßte also eine Nachtseite haben, müßte auch unbewußt existieren, allerdings in einer Weise, die man weder physisch noch psychologisch bestimmen kann. Wer „das Unbewußte" sagt, mechanisiert oder mythifiziert diesen Aspekt. Es spielt keine Rolle, ob wir das Unbewußte wie in der Psychoanalyse als Abfallkasten des Tagesbewußtseins betrachten oder als etwas Eigenständiges, als Quelle angeborener Verhaltens- und Erlebnisweisen und schöpferischer Einfälle. Was hier aus dem Hintergrund koordiniert, ist wissenschaftlich gesehen etwas von Erscheinungen (Handlungen und bewußten Innenvorgängen) Abstrahiertes, ein Denkmodell, wie wir es in den Naturwissenschaften fortgesetzt konstruieren müssen. Es „existiert" nicht, sondern wird als ein Prinzip abgeleitet. Wir treiben also ständig Metaphysik und können nur darüber streiten, ob wir uns das eingestehen sollen oder nicht. Die Seele als Bestimmung des Bewußtseins ist ein Phänomen, das „Unbewußte" ein hypothetisches Prinzip.

Aufmerksamkeit, Konzentration

In der Hinwendung zum Gegenstand, in der Zuwendung zum anderen Menschen sammelt sich das Subjekt, um Eindrücke aufzunehmen oder konsequent Intentionen zu verfolgen, zu denken oder zu handeln. Dies setzt ausreichenden Antrieb, geordnete Affekte und eine transzendente subjektive Tendenz voraus, die wir nicht näher bestimmen können. Die intakten Gehirnstrukturen sind eine wesentliche Bedingung der Konzentration, wie umgekehrt bei Gehirnverletzungen verschiedener Art der Mensch sich schlechter konzentriert. Auch bei allen seelischen Abweichungen ist die Aufmerksamkeit gestört, sei sie nun zu schwach (Somnolenz, gehemmte Depression, schizophrener Autismus) oder zu unruhig wechselnd (zerebralorganische, schizophrene, manische Erregung). In allen Fällen wird das Ziel der Zuwendung unvollkommen erreicht oder verstanden.

Je nach dem *Konstitutionstyp* gibt es verschiedene Arten der Verteilung der Aufmerksamkeit und damit auch der Auffassung der Wirklichkeit: gleitend, fluktuierend, ganzheitlich, synthetisch (Zyklothymer) oder fest, fixierend, einzelheitgerichtet, analytisch (Schizothymer). Man vergleiche hierzu S. 160, (Pfahler 1954, Ehrenstein 1954).

Die Konzentration wird nicht ohne körperlichen Aufwand durchgehalten und ermüdet nach geraumer Zeit. Dies drückt sich u. a. im Blutkreislauf aus. So führt komplexeres Rechnen zu anhaltender Steigerung des arteriellen Druckes. Bei kurzfristiger Belastung steigen der systolische und geringer der diastolische Druck, besonders bei akustischer Wahrnehmung. Nach dem Einsatz geht der Druck innerhalb von 30 bis 60 Sek. zum Ausgangswert zurück. Bei älteren Leuten sind Druckveränderungen häufiger, die Erholungszeiten länger (KRYZANOVSKAJA 1969).

Denken

Das Denken, d. h. das systematische Verknüpfen von Bewußtseinsinhalten ist eine zielgerichtete *Tätigkeit des Subjekts* und so eine spezifisch menschliche Leistung. Demgegenüber nennen wir lockere Phantasien seelische „Vorgänge", auch wenn u. U. ein hypothetisches „unbewußtes System" die Regie führen sollte. Zwar wird das Denken fortwährend von „Einfällen" gespeist, doch ist es als solches ein Akt. Insoweit der Mensch jeweils von etwas abhängt, ist auch sein Denken determiniert. Wenn ich denke, bin ich frei und zugleich genötigt. Bei jeder seelischen Störung wächst die Unfreiheit; das Denken wird deformiert und verliert von seinem *Wirklichkeitsbezug* und von seiner *strukturellen Konsequenz*. Darum ist die Prüfung der Denkweise für den Arzt so wichtig.

Die Wirklichkeit kann nur *dialektisch* zureichend erfaßt werden, d. h. von der Annahme aus, daß jede Gegebenheit zwei Tatsachenaspekte hat. Wir fragen also: Was fehlt in dem mir vorliegenden Denksystem? Oder: Was besagt die andere, von mir abgelehnte Denkform positiv? Geschieht dies nicht, so ist das Denken einseitig, fragmentarisch, prätentiös. Dialektik bildet also die Grundlage der Wissenschaft – und das zu einer Zeit, in welcher weltanschaulicher Fanatismus und daraus abgeleitete Gewalttätigkeit weithin herrscht! Das reicht von den psychotherapeutischen Schulen bis zu den staatlichen Ideologien! Dialektik wird also nicht nur von den seelisch Gestörten, die es ja nicht anders können, sondern meist auch von den Gesunden aufs Schärfste zurückgewiesen. Gewiß, die Wirklichkeit sehen belastet schwer und setzt große persönliche Kraft voraus!

Auch das *Denken* hat zwei Seiten, z. B. eine analytische und eine synthetische oder eine rationale (logisch, kausal usw.) und eine irrationale (gefühlhafte, bedeutungsabhängige). Jede besitzt ihre Vor- und Nachteile, ihre spezifische Funktion (Vergl. S. 170).

Das rationale Denken hat bestimmte *Strukturgesetze*, z. B. die *logische Rangordnung*, die unter dem Einfluß der Affekte beim Gesunden und beim Kranken umgestoßen wird.

Nehmen wir an, es hielte jemand einen Vortrag über „Krankheiten beim Menschen", so würde, schematisch gesprochen, der Zusammenhang seines Vorstellungsablaufs sich ungefähr folgendermaßen gestalten: Unter den Krankheiten würde er nacheinander die internistischen, die chirurgischen, die gynäkologischen, die Augenkrankheiten usw. besprechen. Während er zunächst über die innern Leiden redete, würden als Untergruppen die Infektionskrankheiten, die Herzkrankheiten, die Magenkrankheiten vor dem Hörer vorbeiziehen, unter den Infektionskrankheiten wiederum Scharlach, Masern, Pocken usw. Sein Gedankenaufbau würde also folgendem Schema entsprechen:

Schema I

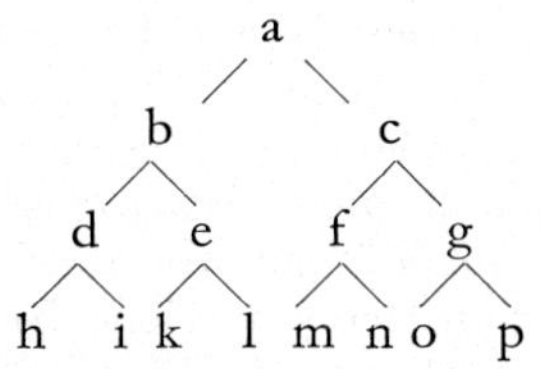

Ließen wir nun denselben Mann frei assoziieren, immer beliebig das Nächste, was ihm einfiele, indem wir dasselbe Stichwort „Krankheiten beim Menschen" zum Ausgangspunkt nähmen, so würde er vielleicht folgende Reihe produzieren:

„Krankheiten beim Menschen – Tiere – Kalbfleisch – Birne – Gartenhaus – Wohnung – Ziegel – Spiegel."

Hier würde der Gedankenablauf folgendem Schema entsprechen:

Schema II

a – b – c – d – e – f.

Vergleichen wir Schema II mit Schema I, so besteht der Unterschied darin, daß beim ersten Typus die Vorstellung a „(Krankheiten der Menschen") auf den Ablauf der folgenden Vorstellungen dauernd wirkt. Allerdings bleibt sie nicht im Blickpunkt des Denkfeldes, in dem sie sich nur zu Anfang befand. Die Vorstellung a wird zum sphärischen Element und hält sich so als „determinierendes Zentrum" weiter im dunklen Hintergrunde des Bewußtseins. Von dort wirkt sie *konstellierend* auf die folgenden Vorstellungen. D.h. der sphärische Dunstkreis der Obervorstellung a erfüllt dauernd die Peripherie des inneren Blickfeldes und erstickt im Idealfall das Aufsteigen nicht zugehöriger Bilder, während er zugehörigen Bildern bzw. Begriffen das Vordringen in den Mittelpunkt des Bewußtseins erleichtert. „Zugehörig" sind bei solchen streng geordneten Gedankengängen nur Bildelemente des Oberbegriffs, die dieser schon *in nuce* in sich enthält *(Subsumation)*. Eine größere Untervorstellung wirkt ihrerseits wieder konstellierend auf das Auftauchen der in sie eingeschlossenen Bilder. Sie wird zur Obervorstellung für diese, so daß dann zuletzt der Satz unter der Obervorstellung des Abschnitts, dieser unter der Obervorstellung des Kapitels und dieses wieder unter dem Gesamttitel der Abhandlung steht. Man könnte auch sagen: In einem streng geordneten Gedankengang herrscht jeweils nur die Sphäre der jeweiligen Obervorstellung. D.h. daß aus dem großen Begriffskonvolut, das etwa der Ausdruck „Krankheiten des Menschen" umspannt, die sphärischen Glomerate Schritt für Schritt in geordnete, deutliche Gruppen umgewandelt und durch den Blickpunkt des Bewußtseins geführt werden. Die Wörter, die viele Einzelbegriffe zusammenfassen, nennen wir *Abstrakta,* das Denken, das die übergeordneten in die untergeordneten, insbesondere die abstrakteren in die konkreteren Begriffe zerlegt *(Analyse)* oder einzelne Begriffe zu Allgemeinbegriffen zusammenbaut *(Synthese),* nennen wir *logisches oder apperzeptives* (urteilendes) *Denken* (LEIBNIZ, WUNDT). Das apperzeptive Erkennen und Denken geht im Gegensatz zu allen Erlebnistypen mit dem Bewußtsein der *Aktivität* des Subjekts einher. Es werden die zum Bereich der Obervorstellung gehörigen Bilder vor anderen bevorzugt, und ich habe dabei das Bewußtsein, daß ich nicht wie im Traum oder beim freien Assoziieren *passiver Zuschauer* bei Bildern bin, die in mir aufsteigen, sondern handelnde Person, die diese aus dem Hintergrund des Bewußtseins oder aus den von außen kommenden Sinneseindrücken geformten Vorstellungen ausliest und verknüpft oder abweist. Diese aktive Selektion und Gestaltung gewisser seelischer Inhalte nennen wir *Aufmerksamkeit.* Die Funktion der Aufmerksamkeit entspricht auf dem Gebiet der Abbildungsvorgänge den bewußten höheren Zweckwillensvorgängen im Bereich des Ausdrucks und ist mit diesen durch das gemeinsame Erlebnis aufs innigste verwandt.

Das apperzeptive Denken ist also subjektiv definiert das aktive, aufmerksame Denken, objektiv das folgerichtige oder von Obervorstellungen überklammerte Denken. Mit seiner scharfen Bestimmung der Begriffe und seinen genauen logischen Über- und Unterordnungen konnte es sich nicht ohne die Sprache entwickeln, auch wenn umgekehrt das Denken nicht ausschließlich an die Sprache gebunden ist. Das abstrakte Wort ist sein Träger und der Satz sein Repräsentant.

Versuchen wir vom Einzelbild ausgehend, immer höhere Obervorstellungen zu bilden. Ich stelle mir ein bestimmtes Einzeltier, z.B. meinen Hund vor. Er steigt als plastisches optisches Bild genau sichtbar in meinem inneren Blickfeld auf. Ich kann diese Vorstellung jeden Augenblick anschaulich in mir realisieren, ohne daß ich eine wörtliche Bezeichnung dafür brauche. Dies ist auch noch bei der ersten Obervorstellung „der Dachshund" der Fall. Die weitere Obervorstellung „der Hund" ist für den Übergang vom konkreten zum abstrakten Denken sehr charakteristisch: hier ist es nicht mehr möglich, ein reales inneres Anschauungsbild in sich aufsteigen zu lassen. Es kann dies in Form eines psychologischen Abstiegs geschehen, indem als Repräsentant der ganzen Art „Hund" nun ein bestimmtes Einzelexemplar, z.B. mein Dachshund, in konkreter Deutlichkeit erscheint. Vermeiden wir aber diese Verführung, so erleben wir bei der Vorstellung Hund etwas sehr Blasses, kaum eben Faßbares in unserem Erlebnisfeld, etwas, was Ähnlichkeit mit Traumbildern haben und als *Vorstellungswiderstreit* bezeichnet werden kann. Es schwimmen uns dann nämlich Bildelemente aller möglichen Hunderassen, z. B. Bein- und Kopfformen, in einem unklaren Wogen durcheinander, das wie im Traume jeden Augenblick die Beleuchtung wechselt, so daß bald Form- bald Farbelemente der einen oder der anderen Hunderasse deutlicher heraustreten, um sich alsbald wieder zu verwischen. Das Greifbarste an dem ganzen Vorstellungsakt ist aber bereits nicht mehr das optische Realbild, sondern sein Symbol, das Wort, das ich entweder ausspreche oder als inneres Klangbild in mir aufsteigen lasse. Noch eklatanter wird diese Verschiebung des Schwerpunktes zugunsten des Wortes bei der nächsten Obervorstellung: das „Tier", wo auch keine blasse Verbildlichung zustande kommen will. Sagen wir vollends „Lebewesen" oder gar als umfassendste Obervorstellung „das Wesen", so haben wir dabei das deutliche Bewußtsein, daß nunmehr der Vorstellungsraum leer bleibt. Wir sehen aus diesem Experiment: Die weitesten Obervorstellungen sind zugleich die blassesten Abstraktionen. Die abstrakte Vorstellung hat vom Realbild in mehr oder minder hohem Grad Einzelzüge „abgezogen" und damit seine Gegenständlichkeit vermindert. Ihr Körper ist allein das klingende Wort, ohne dessen festen Halt das Abstraktum überhaupt nichts psychisch Vollziehbares sein und als ein Nichts in der Luft zerfließen würde. Wir sehen daraus auch: Die Bildagglutination ist die folgerichtige Durchgangsstufe zur Abstraktion, so wie auch die Sprachentwicklung zum Teil aus Agglutination von Lautzeichen unter sich und dieser Lautkomplexe mit den Realbildern der Seh-, Tast- und Klangsphäre verstanden werden könnte. Jedenfalls sehen wir, wie durch diese immer komplexere Zusammenfassung von Bildern das fast nur noch vom Wort getragene abstrakte Denken als eine neue Oberschicht über dem Denken in konkreten Realbildern entsteht. Der Weg einer zunehmenden Abstraktion von einzelnen sinnlichen Vorstellungsgestalten zu ganz unsinnlichen Oberbegriffen gilt gewiß nur für die logisch subsumierende Systematisierung der Gegenstandswelt (deskriptive Naturwissenschaftslehre). Hingegen sind bei metaphysischen, logischen und mathematischen Systemen alle Begriffe *gleich* ungegenständlich.

Wir sind uns klar darüber, daß die Bildagglutination nur eine Seite am abstrahierenden Denken bildet, eine Durchgangsstufe, die phänomenal im logischen Wachdenken gar nicht durchweg greifbar wird, während das entspannte und vollends das Traumdenken alsbald die sinnlichen Bilder zu den Abstrakten hinzukommen läßt. Wir lernen ja die Abstrakta durch die Vorbilder der Erwachsenen in Verbindung mit einer elementaren Denkordnungstendenz, in welcher u. a. das *Gesetz der formelhaften Verkürzung* wirkt. Deshalb ist ein gut Teil unseres Wachdenkens, phänomenal betrachtet, unanschaulich.

Das abstrakte Denken ist also nicht restlos aus den Anschauungsbildern der Außenwelt abzuleiten. Wir sprachen schon öfters von den spezifischen *Eigentendenzen* unseres seelischen Organismus, z. B. bei den rhythmischen und geometrischen Stilisierungen. Auch für die höheren unanschaulichen, logischen Operationen müssen primäre Anlagen vorhanden sein. Durch Lernen läßt sich nur das entfalten, was im Organismus verankert ist. Natürlich gibt es im Denken des Primitiven (bzw. des Kindes) noch keine Denkkategorien im Sinne von ARISTOTELES und KANT. Aber allgemeine Erkenntnistendenzen müssen schon früh dagewesen sein, aus denen sich später die Prinzipien der Philosophen zu festen Linien auskristallisierten. Man wird als *psychische Kategorien** vor allem die *Beziehungen,* die das Subjekt zwischen den Bildern schafft, bezeichnen: also die feste *räumliche* und *zeitliche* Ordnung der Dinge, das *Zusammensehen* verschiedener Teilansichten zu einem einheitlichen, stets im selben Sinne gemeinten *„Gegenstand"* und das Sich-selbst-in-Beziehung-Setzen zu diesem Gegenstand, was man als *„intentionalen Akt"* (BRENTANO 1911, HUSSERL) bezeichnet, ins-

*) Der Ausdruck „Kategorien" wird häufig in einem engeren Sinn gebraucht, in dem die Ordnungen nach Raum und Zeit als „Anschauungsformen" davon ausgenommen werden. Ein zwingender Grund für diese scharfe Scheidung liegt nicht vor (KANT: Kritik der reinen Vernunft).

besondere die scharfe Sonderung zwischen Ich und Außenwelt, zwischen *Subjekt und Objekt,* die die inneren seelischen Bilder unmittelbar als Eigenprodukte des Ich, die anderen ebenso unmittelbar als Nicht-Ich, als Gegenstände einer realen Außenwelt erleben läßt. Über diesen elementaren Ordnungen bauen sich dann die höheren auf: das *Vergleichen* zweier Bilder, ihre gegenseitige *Über-* und *Unterordnung,* das *kausale* Suchen nach Ursache und Wirkung und das *teleologische* Prinzip (Zweck). Das sind nur einige der wichtigsten Kategorien, nach denen das Chaos der Bildelemente im Wachdenken gerichtet wird.

ZWEITER TEIL

Seelische Apparate und ihr Aufbau

6. Kapitel

Gliederung und Entwicklungsgesetze der Seele

Die entwicklungsgeschichtliche Betrachtungsweise hat das naturwissenschaftliche Denken so gefördert und ordnen geholfen, daß wir versuchen müssen, sie von den Gegenständen des Erlebens auf das Erleben selbst, die Psyche, zu übertragen. Überall, wo wir mit anatomischen Befunden allein nicht gruppieren können, bildet die Entwicklungsgeschichte zunächst das beste Fundament für die Erforschung der Aufbaubestandteile des Innenlebens und des Verhaltens. Hier stehen uns ontogenetisch die Psychologie, kollektiv die Völkerpsychologie und phylogenetisch mit Einschränkung die Psychologie der Tiere zur Verfügung. Die Erkenntnisse, welche wir aus diesen Gebieten gewinnen, sind allerdings von recht ungleichem Wert.

Beim Studium der seelischen Abbildungsvorgänge liefert die Völkerpsychologie die reichsten und am meisten authentischen Quellen, während die kindliche Psyche sich von Anfang an nicht nur aus sich selbst heraus entwickelt, sondern gerade die wichtigsten Instrumente der Abbildung, die Sprache und die bildnerische Darstellung als fertige Komplexe in der Umgebung wahrnimmt. Bei den höheren Tieren können wir die Art, wie sie die Außenwelt in sich abbilden, nur vermuten. Die Ausdrucksvorgänge (Bewegungen) hingegen liegen vor Augen. Wichtig sind auch die bildnerischen und sprachlichen Abbildungsweisen sowie die Phantasien (Träume u.ä.) beim erwachsenen Gesunden und beim seelisch Kranken. Wir werden also die verschiedenen Erkenntnisquellen zu vergleichen und zu ergänzen haben. Die seelischen Abbildungen finden ihren zusammenfassenden Ausdruck im Weltbild, d.h. in der Gesamtanschauung, die der Mensch von seiner Umgebung und seinem Verhältnis zu ihr besitzt.

Zunächst untersuchen wir einige Elemente sogenannter primitiver Kulturen. Der Ausdruck „primitiv“ kann allerdings irreführen, sofern man sich etwas besonders Einfaches darunter vorstellt. Tatsächlich ist schon die Form der hierarchischen und familiären Gliederung eines Stammes recht kompliziert, ebenso das Netz sozialer Vorschriften und Verbote sowie das streng geordnete Ehe- und Familienrecht. Die Menschheitsgeschichte folgt also nicht einem glatten Schema vom Einfachen zum Komplizierten.

Anmerkung des Herausgebers:

In den nachfolgenden Abschnitten „Formen der Abbildung“ herrschen weithin Gedanken, die in der Zeit um den ersten Weltkrieg lebhaft diskutiert wurden. Der Tatsachenstoff blieb inzwischen unverändert aktuell. Nur der Rahmen der rationalen Ordnung hat sich verschoben, weshalb einige ergänzende und erläuternde Betrachtungen am Platze sind.

Im Hintergrund steht die Idee der *Entwicklung* und unmittelbar mit ihr verknüpft die des *Fortschritts*. Der Entwicklungsgedanke besagt, daß der Mensch in der Geschichte gesetzmäßig aufeinander aufbauende, unterschiedliche Stufen durchlaufen habe, und daß man viele sonst unerklärliche Erscheinungen am Organismus und im Seelenleben als Reste früherer Phasen erklären könne. Zeitliche und materielle Kontinuität, die den Menschen mit vergangenen Epochen, der Prähistorie und schließlich der Tierwelt verbinden, lassen den Evolutionszusammenhang als unumgängliche Theorie erscheinen (Storch 1924). Doch beginnen mit dieser Hypothese erst die eigentlichen Probleme. Wir dürfen nur annehmen, *daß* wir geworden sind. Das Wie gibt viele Rätsel auf und läßt verschiedene Deutungen zu. Nach der naiven Entwicklungstheorie, wie sie um den ersten Weltkrieg entstand und auch heute noch oft geglaubt wird, hat der Mensch deshalb gewisse Organeigentümlichkeiten, reflektorische Reaktionen und Elementarerlebnisse, weil sie von seinen primitiven humanen und schließlich tierischen Vorfahren ausgebildet und an ihn weitergegeben wurden. Andererseits habe sich der homo sapiens nach „oben" entwickelt, indem er über ein gleichsam tierhaftes *magisches Stadium* zu einem mythischen und zuletzt einem *rationalen* fortgeschritten sei. Damit habe auch seine *Freiheit* immer höhere Grade erreicht. Er sei unabhängiger geworden. Diese Vorstellung vom Aufstieg war gewiß schmeichelhaft und gab der Entwicklungsforschung einen starken Auftrieb. Doch hat eben diese Forschung das meiste in Frage gestellt. Wir wissen nicht, *wie* wir mit den Tieren verwandt sind, können nicht entscheiden, ob das Tierische in uns ein alter Rest oder ein reduziertes Menschliches ist. Der Mensch wandert in seiner Gemeinschafts- und Individualgeschichte nicht von der Magie zum Mythos und vom Mythos zum Logos, sondern tritt immer mit *allen* seinen Dimensionen in die Welt und lebt so in ihr. Die „prälogische" Phase des Neugeborenen ist ebenso prämagisch und prämythisch. Und mit der magisch-mythischen Erlebnis- und Denkweise des vierjährigen Kindes oder „primitiver" Populationen gehen eindeutige rational-objektive Weltbezüge einher. Das gleiche gilt vom Schizophrenen oder Hysterischen, sofern nicht höchste Grade von Erregung oder Regungslosigkeit erreicht werden. Wenn es hier eine wissenswerte Frage gibt, dann nur die nach dem gegenseitigen Verhältnis spezifisch menschlicher Fähigkeiten, nach ihrer hierarchischen Zuordnung, nach ihrer nützlichen Koordination, nach den Bedingungen ihres Akzentwechsels. Unter welchen Voraussetzungen denkt das Kleinkind vorwiegend mechanisch-kausal und der zivilisierte Erwachsene vorwiegend magisch-bedeutungshaft – fragen wir dialektisch richtig! So allein ernten wir brauchbare Erträge. Demgegenüber vermeinen die Fortschrittsgläubigen, schon nahe dem Gipfel rationaler Beherrschung der Existenzsicherung und Lustgarantie zu sein und überlassen die magische und mythische Kategorie mitleidig den Kindern, Primitiven und Geisteskranken. Völkerkundler und Psychiater sehen die Lage anders. Sie wissen, daß nicht die rationale, sondern die magisch-mythische Fähigkeit Interesse, Lebensfreude und Glück garantieren und daß ihre Unkenntnis und mangelnde Pflege die Gefahr von Mißbehagen, Krankheit und gefährlicher Eruption vergrößern. Sie kennen das typische Ereignis unseres Jahrhunderts, daß z. B. in mathematischem, philosophischem oder historischem Denken sehr erfahrene Individuen plötzlich ohne Umstände einen holzköpfigen politischen Bandenführer als Befreier begrüßen oder den Kurpfuscher besuchen. So liegt also das irrationale Bedürfnis nahe, die vermeintliche Freiheit fern. Denn von den Naturgewalten unabhängig zu sein ist doch ein Kinderspiel gegenüber der Beherrschung egoistischer und destruktiver Impulse, die allein den Namen „Freiheit" verdient. Die Aufgabe, das Instrument des Verstandes dafür einzusetzen, daß die Bedürfnisse im Bereich des Möglichen und Zuträglichen wirken, ist daneben anspruchsvoll genug.

Unser Problem wird auch dadurch erschwert, daß die Aktivität der Menschheit sich *keinesfalls gradlinig vom Einfachen zum Komplizierten,* vom Gegenständlichen zum Abstrakten, vom Groben zum Feinen entwickelt hat. Schon in der aufsteigenden Tierreihe sehen wir sehr komplizierte „niedere" und primitive „höhere" Organismen. Affen sind gegenüber dem Menschen teils differenzierter, teils weniger differenziert. In der Geschichte des Menschen – soweit wir hier etwas über seelische Fähigkeiten aussagen können – verbinden sich magische, mythische und rational-objektive Modi der Welterfassung in wechselnden Proportionen. Auch in der heutigen Menschheit finden wir jede erdenkliche dauerhafte oder alternierende Kombination der Stärke dieser Grunddimensionen. Worin liegt nun aber die Entwicklung? Die Antwort ist nicht so einfach wie man weithin meint. Wenn wir ironisch feststellen, daß sich die „modernen" Menschen von den archaischen nur dadurch unterscheiden, daß sie sich die magisch-mythischen Wurzeln ihres Denkens und Handelns nicht eingestehen wollen, so reicht dies nicht tief genug. Wir dürfen mit Vorsicht sagen, daß die Tendenz, im Bedarfsfall das Leben dem Verstand unterzuordnen, und damit der Grad der Abstraktionsfähigkeit und des begrifflichen Differenzierungsvermögens zugenommen hat. Doch das sind nur Möglichkeiten, die stets aufs neue ergriffen werden müssen und nicht einmal die ganze Persönlichkeit betreffen. Man muß sogleich darauf achten, wo sich etwa

Gefühl und zwischenmenschliche Beziehungen entdifferenziert haben. Man kann behaupten, die *Bewußtseinspotenz* habe sich entwickelt. Alle Zeugnisse sprechen dafür, daß die Schwerpunkte der magischen, mythischen und rationalen Aktivität, aber auch das Verhältnis zwischen einfacher und differenzierter, grober und feiner Struktur sich in Phylo- und Ontogenese in Wellenbewegungen ablösen und die Gesamtentwicklung im Bild der Spirale veranschaulicht werden könnte. Wir müssen uns aber der Lückenhaftigkeit dieses Modells bewußt bleiben. Das biologische und kulturmorphologische Problem der Dekadenz oder des Erlöschens bestimmter Entwicklungsrichtungen treten komplizierend hinzu.

Das Beispiel der *Sprachentwicklung* möge diese Gesichtspunkte noch besser erläutern. Die Hauptgruppen der isolierenden, agglutinierenden und flektierenden Sprachen bilden keine gradlinige historische Entwicklungsreihe vom Einfachen zum Komplexen oder vom Sinnlichen zum Abstrakten. Die flektierenden indoeuropäischen Sprachen z. B. werden um so komplizierter, je weiter wir sie zurückverfolgen. Und die einzelne Wortbilder isolierende chinesische Sprache erlaubt hohe Abstraktion und feine grammatische Ordnung. Das Denken der sogenannten Primitiven kann sich auf ein weniger differenziertes Vokabular und Bezugsgefüge stützen, unterscheidet sich aber nicht grundsätzlich vom unseren (vgl. Maistriaux 1969). Gewisse Gesetze stufenmäßiger Abfolge von Sprachformen mögen existieren oder existiert haben und werden uns auch von der Sprachentwicklung der Kinder her nahegelegt. Sie sind aber nicht eindeutig genug zu fassen, um irgendein theoretisches System der Sprachentstehung allgemein oder für einzelne Kulturen zu begründen. In den drei Hauptgruppen der Sprachen sehen wir am besten typische Ausprägungen des menschlichen Geistes, deren Eigenart wir beschreiben, die wir aber nicht ohne weiteres aufeinander genetisch zurückführen (vgl. Révész 1946 und Skalička 1957). Für andere Kulturschöpfungen, z. B. bildnerische und musikalische Stilformen, gilt wahrscheinlich ähnliches.

Wir haben nun zu prüfen, welche Konsequenzen sich aus den Befunden für die *medizinische Entwicklungspsychologie* ergeben. Wenn sich verschiedene Prinzipien der Vorstellung (bzw. Abbildung) der Lebenswirklichkeit durch verschiedene Geschichtsepochen, Lebensalter und Erdräume hindurch, ja von Situation zu Situation, in wechselnder Reihenfolge und Stärke präsentieren, so genügt die Evolution als Erklärungsmodell nicht. Wir dürfen nicht in jeder ungewohnten seelischen Erscheinung ein Auftauchen früherer ontogenetischer oder phylogenetischer Stufen erblicken, denn wir erkennen schwer, ob oder inwieweit ein „Rückschritt" (oder Fortschritt) vollzogen wurde. Der Ausdruck „Regression" ist, wie alle psychoanalytischen Termini, mit größter Zurückhaltung anzuwenden. Selbst Jung hat verkannt, daß die Archetypen als apriorische Prinzipien nicht zugleich den Niederschlag der menschlichen Stammesgeschichte ausmachen können. Von seelischer „Tiefe" zu reden, ist erlaubt, sofern wir mit diesem Anschauungsbild vom Bewußtsein entfernte oder schwer erreichbare Potenzen meinen. Aber das Tiefe ist nicht eo ipso das „Ältere".

Bei dieser Sachlage ist es klüger, nicht jeden Befund sogleich von etwas vermutlich Früherem abzuleiten, sondern *Phänomene,* die eine Beziehung zueinander zu haben scheinen, zunächst einmal zu vergleichen. Vergleich bedeutet freilich, zwischen zwei Erscheinungen das Gemeinsame *und* das Verschiedene beschreiben, und nicht nur das eine oder das andere, wie es monoman zumeist geschieht. Wenn wir also z. B. den einfachen Reflex eines Säuglings oder Erlebnisse und Verhaltensweisen eines modernen Erwachsenen auf neuropathologische, tierische, kindliche oder seelisch krankhafte Äußerungen beziehen, haben wir neben den Ähnlichkeiten auch auf die grundsätzlichen Unterschiede zu achten, z. B. darauf, daß das „gleiche" Prinzip jeweils anders ins Subjekt eingefügt ist und darum eine andere Funktion besitzt. Auf diese Weise wird der Entwicklungsgedanke auf das eingeschränkt, was er leisten kann, und es bleibt Platz für andere Gesichtspunkte. Wenn gesagt wird, „der Mensch verhält sich so und so, weil es seine Vorfahren, die Affen auch taten", so ist das kein wissenschaftliches Argument, sondern eine Anekdote. Erst der dialektischen Verarbeitung der Befunde gelingt es, das Spezifi-

sche und das Allgemeine ins rechte Verhältnis zu bringen.
Vergessen wir nicht, daß es zwei Wege des Denkens gibt, Phänomene abzuleiten: aus einer *Entwicklung* oder aus *Prinzipien*. Die Entwicklung ist deshalb so beliebt, weil man mit ihr die kausale Determination alles Gewordenen begründen zu können glaubt. Demgegenüber hat jedoch das Zurückführen der Phänomene auf letzte Prinzipien nicht an Bedeutung verloren, insofern *Werdensprozeß* und *Gestalt* zwei gleichwertige Erscheinungen bilden, die sich ergänzen, die man aber nicht voneinander ableiten kann. Gehen wir von den Phänomenen aus, stoßen wir zuerst auf Prinzipien, z. B. des Vorstellens und Verhaltens. Sie in ihrer Bedeutung und Funktion kennenzulernen, zu erforschen, unter welchen Bedingungen sie auftreten oder zurückweichen, wie sie zusammenwirken und wie man sie beeinflussen kann, das ist die unmittelbare, wichtige Aufgabe für Psychologie und Psychopathologie. Woher sie historisch stammen, ist zwar nicht nebensächlich, aber von zweitrangigem Belang. So legen wir also den Schwerpunkt auf die Gliederung der Seele, die Untersuchung von *Typen der Weltbeziehung* – in der Biologie wie in der Kulturwissenschaft.

Formen der Abbildung

Die seelischen Abbildungsvorgänge in anderen Menschen sind uns niemals direkt, sondern nur in ihren psychomotorischen Äußerungen, vor allem in Sprache, Schrift und bildender Kunst, zugänglich. Die ersten Anfänge der Sprache als des objektivsten und vollständigsten Dokuments des Gesamtseelenlebens und seiner Art, die Außenwelt abzuspiegeln, liegen im dunkeln. Empirisch treffen wir eine relativ einfach gestaltete Sprache z. B. bei den Sudannegern. Diese agglutinierenden Sprachen bestehen aus einsilbigen Wörtern, von denen jedes seine selbständige Bedeutung hat. Jedes drückt ein Bild, eine bildhafte Vorstellung aus, ganz gleichgültig, ob ein Gegenstand, eine Handlung oder eine Eigenschaft gemeint ist. Schlagen und der Schlag ist z. B. dasselbe Wort. In solchen Sprachen fehlen nicht nur abstraktere Wörter, sondern auch ein höherer grammatikalischer Aufbau im Sinne der Über- und Unterordnung der Begriffe, der Bindewörter und Partikel, der Kasus, Modi und Tempora. Die Beziehung zwischen den einzelnen Begriffen wird durch die zeitliche Reihenfolge der Wörter oder durch Einfügung bildhafter Zwischenwörter ausgedrückt.
Welcher Aufwand von Einzelbildern erforderlich ist, um einen uns noch gar nicht abstrakt anmutenden Gedanken in das primitive Denken zu übersetzen, zeigt folgendes Beispiel. Der Gedanke: „Der Buschmann wurde zuerst von dem Weißen freundlich aufgenommen, damit er seine Schafe weide; dann mißhandelte der Weiße den Buschmann; als dieser ihm entlief, nahm sich der Weiße einen anderen Buschmann, dem es ähnlich erging“, lautet in einer Buschmannsprache ungefähr folgendermaßen:
„Buschmann – da – gehen, hier – laufen – zu Weißen, Weißer – geben – Tabak, Buschmann – gehen – rauchen, gehen – füllen – Tabak – Sack, Weißer – geben – Fleisch – Buschmann, Buschmann – gehen – essen – Fleisch, aufstehen – gehen – heim, gehen – lustig, gehen – setzen, weiden – Schafe – Weißer, Weißer – gehen – schlagen – Buschmann, Buschmann – schreien – sehr – Schmerz, Buschmann – gehen – laufen – weg – Weißen, Weißer – laufen – nach – Buschmann, Buschmann – da – anderer, dieser – weiden – Schafe, Buschmann – ganz – fort“ (Wundt 1913).
Wir bemerken, welche Fülle von Einzelbildern in einem Ausdruck unserer Sprache, wie „freundlich aufnehmen“, komprimiert sind. Im Denken Primitiver sind sie noch wenig in abstrakten Kategorien geordnet und verkürzt, sondern unmittelbar als Sinneswahrnehmungen im Gedächtnis aufbewahrt, rollen unverändert wie lange Bildstreifen vor uns ab. Das anschauliche Einzelbild beherrscht die Szene, während die *Beziehung* zwischen den

Einzelbildern noch kaum angedeutet ist. Die logischen Bindungen sind noch dünn und locker.

Als primitivste Ausgangsstufe aller seelischen Abbildungsvorgänge könnten wir theoretisch die *asyntaktische Bildserie* annehmen, wenn nicht die Tendenz zur Ordnung nach logischen Kategorien, ähnlich wie die rhythmischen und stilisierenden Prinzipien, als primäre, nicht von außen angenommene seelische Eigentendenz aufgefaßt werden müßten. Tatsächlich finden wir die Stufe gleichgeordneter Bilder nirgends rein vor, sondern überall begrifflich differenziert, wie es gerade die sogenannten isolierenden Sprachen zeigen. Wie bildete sich die Sprache und in ihr das menschliche Denken? „Nicht sprossend und wachsend, sondern agglomerierend, agglutinierend", wie WUNDT meint. Die Sprachforscher haben sich früher gern vorgestellt, daß das einsilbige Bildwort allmählich, wie eine Wurzel die Sprossen, Vorsilben und Endungen aus sich herausgetrieben habe, die es seine Bedeutung modifizierend, flektierbar und syntaktisch verfügbar machten. Diese Anschauung wird von WUNDT abgelehnt. Wenn ein Togoneger durch Einführung neuer Gegenstände neue Begriffe gelernt hat, bildet er etwa folgende Worte: Griffel = „Stein – ritzen – etwas"; Küche = „Platz – kochen – etwas"; Nagel = „Eisen – Kopf – breit". Der neue Begriff entsteht also durch einfache Agglutination schon vorhandener Bildworte. So wird z. B. auch der Genitiv „das Haus des Königs" durch ein zwischengefügtes selbständiges Wort ausgedrückt: „Haus – eigen – König". Man kann sich leicht vorstellen, wie in der Sprachentwicklung solche Zwischenworte allmählich ihren selbständigen Sinn verlieren und zu blassen Partikeln werden, die nicht mehr Bild sind, sondern nur noch Beziehung ausdrükken, oder daß, wie in den neugebildeten Wortglomeraten, allmählich durch abschleifenden Gebrauch und Lautwandel der Bildsinn der Einzelsilbe schwindet und nur noch mehrsilbige leere Klangformen oder flektierbare Endsilben übrigbleiben, wie das in europäischen Kultursprachen der Fall ist. Das abstrakte Denken, welches zu jeder höheren Kulturentwicklung gehört, ruht zum Teil auf der formelhaften Verkürzung von Bildserien. Unanschauliche Ideen und abstrakte Begriffe sind kein selbständiges geistiges Reich für sich, über oder neben der sinnlichen Vorstellung. Sondern in jedem Abstraktum stecken Anschauungsbilder. Wir können den Bildsinn der Abstrakte „Begriff" oder „Gegenstand", das „Greifen" und „Gegenüberstehen", deutlich herausfühlen. Und unter entsprechenden Bedingungen kann der abstrakte Gedanke in seine Einzelbilder asyntaktisch zerfallen, wie wir beim Traum und der Schizophrenie sehen werden. Daß allerdings mit diesen Bildreduktionen das Wesen des abstrakten begrifflichen Denkens nicht erschöpft ist, werden wir später sehen.

Bildagglutination

Für die Erkenntnis seelischer Entwicklungsstufen ist es von großer Bedeutung, daß das *Gesetz der Bildagglutination,* wie wir es nennen wollen, sich durch weiteste Gebiete „primitiven" Denkens, vor allem durch die Mythologie und bildende Kunst hindurch verfolgen läßt. In der ägyptischen und indischen bis tief hinein in die griechische und mittelalterliche Mythologie und Plastik wimmelt es von solchen Agglutinationen oder zusammengeballten Bildern, von Sphinxen, Zentauren, Faunen, Engeln und Greifen (Abb. 6–9). Gewisse Bereiche der nordischen und romanischen Ornamentik sind beherrscht von der Fülle ineinanderquellender Mischgestalten, von wuchernden „Fratzen", die uns heute wie ein phantastischer Traum anmuten. Die Formen von Mensch und Tier, von Löwe und Adler, von Tier und Pflanze schlingen sich aufs innigste durcheinander, oder sie werden in den Körpern eines Fabelwesens einheitlich zusammenkomponiert. Wir bezeichnen diese Art der bildhaften Vorstellung als archaisch und können sie in der Menschheitsgeschichte weit zurückverfolgen, während sie mit der rationalen Differenzierung einer Kultur, auch in der religiösen Symbolik, zusehends zugunsten der aus ihr herauswachsenden metaphysischen Abstraktion verschwindet. Im gesunden Tagdenken moderner Kulturvölker werden sie kaum noch irgendwo erzeugt, höchstens in vorübergehenden philosophischen, religiösen

Abb. 6. Gigant auf einem archaischen Vasenbild (Zeus' Kampf mit dem Giganten)

Abb. 7. Ägyptische Göttergestalten mit Schlangen- und Froschkopf, nach LEPSIUS

Abb. 8. Magisches Tier vom oberen Mississippi, nach SCHOOLCRAFT

Abb. 9. Indianische Doppelformen aus Mensch und Tier, nach SCHOOLCRAFT

Abb. 10. Ornamente der Bakairi, nach K. VON DEN STEINEN (1897). A. Frauenschürzen (Uluri), B. Fledermäuse, C. Schlangen, D. Bienen. Hineinsehen von Bildern in einfache geometrische Ornamente

und künstlerischen Neubildungen, die nur noch kleinere Gruppen von Anhängern, aber nicht mehr das ganze Volk ergreifen. Sonst finden wir sie vielleicht als erstarrte Restmotive oder als spielerische Nachahmung archaischer Formen.

Die Resultate des Agglutinationsvorgangs bezeichnet man auch als *Verdichtung* (FREUD 1900). Die elementarste Form der Verdichtung ist wohl das Anpassen von Tiergestalten und Gegenständen an einfache geometrische Linien und Figuren. Diese Fähigkeit ist bei Naturvölkern stärker entwickelt als bei anderen und findet eine gewisse Entsprechung z. B. in dem Hineinsehen von Gesichtern und Fratzen in Tapetenmuster bei Kindern und Erwachsenen unseres Kulturkreises. So stellt ein zentralbrasilianischer Indianer Fledermäuse als eine Serie flacher Dreiecke oder Schlangen als Zickzackbänder dar (Abb. 10).

In primitiver Haltung tritt dann allenthalben die Neigung hervor, Menschen- und Tierformen zu einheitlichen Gestalten zu verbinden, nicht spielerisch, sondern mit dem Bewußtsein, daß so die Eigenschaften der verdichteten Bildbestandteile sich magisch kumulieren, bzw. daß die so dargestellten Wesen zauberhafte, übermenschliche Fähigkeiten besitzen. Das Verhältnis zu solchen Phantasiewesen ist nicht unbedingt Religion. Aber gewisse religiöse Gestalten könnten sich aus ihnen entwickelt haben (Abb. 7). W. WUNDT meint, daß sich der Gott der älteren Mythologien aus einer Verdichtung von Held und Naturdämon gebildet habe. Vatervorstellungen sind in diese Verdichtung mit eingegangen, wie der Sprachgebrauch vieler Religionen deutlich zeigt.

Die Fähigkeit zur Verdichtung ist bei Naturvölkern so außerordentlich, daß wir uns in manche ihrer Vorstellungen nicht leicht einfühlen können. So, wenn für die Huicholindianer in Mexiko der Hirsch, eine bestimmte Kaktuspflanze und der Morgenstern zu einem identischen Wesen wurden (PREUSS 1914). Die aus dem Körper fliehende Seele wurde bei nordwestamerikanischen Eingeborenen durch eine auf einem vogelähnlichen Schiff sitzende menschliche Gestalt, aus deren Mund eine Schlange hervorkommt, bildlich dargestellt. Wir nennen eine solche Darstellung ein *Sym-*

bol, indem wir dabei unseren fertigen abstrakten Seelenbegriff vor Augen haben und ihn rückläufig in das Bild hineinprojizieren, was für uns schon eine künstliche, analysierende Denkarbeit bedeutet. Wir müssen uns aber darüber klar sein, daß der Primitive diese Abstraktion „Seele" in seinem Bewußtsein nicht besitzt, daß er folglich von seinem Bildwerk auch nicht sagen kann: es *bedeutet* die Seele, sondern es *ist* die Seele. In seinem Bewußtsein ist nichts als die Bildverdichtung mit starkem Gefühlston. Diese ist nicht ein Symbol *für* die Seele, sondern der Embryo der Seelenvorstellung selbst. Die gefühlsbetonte Bildverdichtung ersetzt das Abstraktum Seele. Man bezeichnet dies auch als *komplexes Denken* (*Preuss* l. c.), sofern unscharf ineinander überfließende und zu Konglomeraten sich zusammenballende Bildkomplexe hier die scharf abgegrenzten und abstrakten Begriffe vertreten. Wenn wir also die Denkgebilde primitiver Völker Symbole nennen, so dürfen wir nicht das Bild in den abstrakten Begriff übersetzen, sondern müssen es als *Vorstadium eines Begriffs* erleben.

Ein der Verdichtung sehr eng verwandter Vorgang ist der Mechanismus der *Verschiebung* (FREUD 1899). Bei der Verschiebung sind nicht wie bei der Verdichtung sämtliche Bilder eines Komplexes gleichzeitig im Blickfeld des Bewußtseins, sondern ein Bild vertritt andere wesensverwandte Motive. So ersetzt z.B. in der Mythologie mancher primitiver Indianerstämme der Morgenstern den gesamten Nachthimmel. Auf diese Weise wandert natürlich auch der affektive Akzent des Gesamtkomplexes auf die ihn im Bewußtsein allein noch repräsentierende Einzelvorstellung, so daß wir gelegentlich eine banale Kleinigkeit, einen abgefallenen Splitter eines Gesamtbildes mit einem unerklärlich starken Affektwert beladen finden, der nur verständlich wird, wenn wir die inneren Verwandtschaften aufgedeckt haben. Hierzu gehört auch, daß der Teil eines Gegenstandes oder einer Person zum vollwertigen Vertreter des Ganzen werden kann: Haare, Fingernägel, ja selbst der Schatten und das Spiegelbild („pars pro toto" BILZ 1940). Wer ein solches Stückchen entwendet, bemächtigt sich damit unter Umständen der ganzen Persönlichkeit. „Bildzauber" bzw. „Analogiezauber" entspringen unmittelbar diesen Vorstellungen.

PECHUËL-LÖSCHE (1907) berichtet ein schönes Beispiel von den Bafioti von Loango: „Mir wurde ein hübscher Halsschmuck verehrt: das außerordentlich lange Schwanzhaar eines Elefanten, woran durch feine Flechtarbeit die Kralle eines Leoparden und eines Adlers, der Zahn eines Seefisches und eines Krokodils befestigt waren. Haar und Krallen sollten mich auf der Jagd schützen, in Wald und im Gras scharfsichtig, stark, behende machen, die Zähne sollten mich in allen Gefahren des Wassers behüten." Solchen Bräuchen liegt eine Verschiebung zugrunde, indem ein kleiner Teil zum Repräsentanten des ganzen Tieres wird und der Besitzer des Halsschmucks empfängt sämtliche Eigenschaften aller darin vertretenen Tiere. Unter allen Volksschichten der Kulturvölker haben sich im Gebrauch von Amuletten, Zaubermitteln und ähnlichem diese Vorstellungen erhalten.

Stilisierung

Man würde sich täuschen, wenn man glaubte, an den Anfängen der bildenden Kunst stünde die naive, naturgetreue Abbildung der Außenwelt. Zwar finden wir z.B. in den Höhlenzeichnungen der Buschmänner und der europäischen Steinzeitmenschen ziemlich realistische Darstellungen von Tieren und Kampfszenen. Doch fällt uns schon dort wie auch bei den heutigen primitiven Völkern eine unverkennbar starke Tendenz zur Stilisierung auf.

Diese enthält verschiedene selbständige Teiltendenzen, nämlich:

1. zur Heraushebung des Wesentlichen,
2. zur Formvereinfachung,
3. zur Formwiederholung,
   a) als bilaterale Symmetrie,
   b) als ornamentale Vervielfältigung.

Unter Stilisierung verstehen wir, kurz gesagt, gewisse *Eigentendenzen* des aufnehmenden seelischen Apparates die aus der *Außenwelt* aufgenommenen Bilder umzuformen, so daß dann die endgültige Abbildung eine Kompromißform zwischen beiden darstellt.

Die Neigung zur *Heraushebung des Wesentlichen* finden wir in den recht realistischen Zeichnungen der Naturvölker und in den analogen frühkindlichen Zeichnungen. Wirkliche Größenunterschiede der Figuren werden karikierend übertrieben, grobe Unterscheidungsmerkmale, wie der Schnurrbart, stark herausgehoben, eindrucksvolle Elemente, wie das Herz und der Nabel, ausdrücklich eingezeichnet, obgleich sie am Modell nicht zu sehen sind.

Diese Heraushebung des Wesentlichen beim Abbildungsvorgang stellt eine Teilerscheinung der *Katathymie,* d.h. der Umformungstendenz dar, der die psychischen Inhalte durch den Einfluß des Affekts unterworfen sind. Denn das, was wir „wesentlich" nennen, ist immer ein irgendwie affektiv stärker Ansprechendes. Mit dem Fortschreiten der Kunstentwicklung bleibt die Stilisierung noch lange auf das stärkste erhalten, doch tritt sie, statt an äußerlich eindrucksvollen Details zu haften, mehr und mehr in den Dienst des gesteigerten Affektausdruckes, das Bildwerk gerät unter die Herrschaft eines einheitlichen Hauptaffektes, z.B. der Strenge, der Erhabenheit, der Feierlichkeit, wie wir an der ägyptischen, der frühgriechischen und der romanischen Kunst sehen.

Auch *Formvereinfachung* wird in diesen späteren Entwicklungsstadien wesentlich vom betonten Gefühlsausdruck bestimmt. Von vornherein ist sie aber als selbständige Komponente des Abbildungsvorgangs angelegt und schon auf den frühesten Stufen für sich allein erkennbar. Hier zeigt sich nämlich ein entschiedenes Wohlgefallen an den einfachsten Formgebungen, vor allem an regelmäßigen geometrischen Gebilden, gleichzeitig aber eine Freude daran, komplizierte empirische Formen, z.B. von Tieren und Menschen, geometrisch zu vereinfachen, ihnen gradlinige oder regelmäßige, gerundete Umrißlinien zu geben, ja die Kontur möglichst den Grundformen: Dreieck, Kreis, Rhombus oder deren Zusammensetzung anzunähern. Diese Gestaltungstendenz ist von der umgekehrten des Hineinsehens von Tierformen in schon vorhandene geometrische Gebilde nicht scharf zu trennen.

Wir müssen annehmen, daß dieser Hang zur Formvereinfachung eine primäre Eigentendenz des seelischen Apparates darstellt. Denn in der makroskopischen, noch nicht menschlich bearbeiteten Außenwelt sind die unregelmäßigen, komplizierten Umrißformen an den lebenden Organismen wie in der Landschaft so beherrschend und geometrische Begrenzungen (Mond, Meereshorizont) in der Minderzahl. Diese Spärlichkeit des Geometrischen in der Außenwelt steht zu seiner Häufigkeit und Gesetzmäßigkeit in der primitiven Kunst in einem solchen Verhältnis, daß wir nicht annehmen können, es wäre von außen her in die zeichnerische Bearbeitung von Mensch und Tier hineingetragen. Manches von diesen Formvereinfachungen ist natürlich technisch-motorisch bedingt, indem bestimmte Abbildungsverfahren, wie Flecht- und Schnitzarbeit, sie direkt erzwingen oder indem geringe Geschicklichkeit der Instrumentenführung einen möglichst einfachen Umriß entstehen läßt. Dazu kommt das Wegfallen von Details durch die Unvollständigkeit der Erinnerung. Diese Momente reichen aber bei weiten nicht aus, um die primitiven Stilisierungen durchwegs zu erklären. Noch weniger verstehen wir dadurch das ästhetische Wohlgefallen, das auch beim erwachsenen Kulturmenschen durch die reine geometrische Form unter gewissen Bedingungen ganz unmittelbar ausgelöst wird, oder gar die Tatsache, daß der zur realistischen Nachbildung vollkommen ausgebildete, kultivierte Künstler unter bestimmten Bedingungen in die strenge geometrische Stilisierung zurückfällt.

Die *Formwiederholung* steht speziell durch das gemeinsame Bindeglied der Klangwiederholung mit den rhythmischen Tendenzen in naher Beziehung. Die Freude an monotonen Form- und Klangwiederholungen ist ein Spezifikum des frühkindlichen und des primitiven Seelenlebens, das in der späteren Entwicklung starke Einschränkungen erfährt, übrigens schon bei einfacher Ermüdung des Erwachsenen wieder stärker zutage tritt. Auf optischem Gebiet äußert es sich entweder nur in dem Streben nach bilateraler Symmetrie einer Einzelfigur oder in vielfachem ornamentalem Aneinanderreihen desselben geometrischen oder geometrisch vereinfachten Bildmotives.

Bei der Formvereinfachung und Formwiederholung dürfte es sich um primäre und sehr alte Eigentendenzen des seelischen Apparates handeln.

Mit Hilfe dieser starken Stilisierungsprinzipien und zahlreicher anderer Faktoren, z. B. der psychomotorischen Formabschleifung oft geübter Funktionen, ist aus der primitiven Bildkunst ein brauchbares Mitteilungsinstrument und auf dem Weg über die Bilderschrift zuletzt die *Schrift* als einer der wichtigsten Träger des höheren Seelenlebens geworden.

Auf der höheren, abstrakteren Stufe des Seelenlebens begegnen wir den Stilisierungsprinzipien, der vereinfachten, regelmäßigen Form wieder als *Schematismus,* einer Tendenz, die im Aufbau des philosophischen und mathematischen Denkens eine wesentliche Rolle spielt.

Bildprojektion

Unter Bildprojektion verstehen wir die Verteilung der Bilder auf die beiden Hauptbereiche Ich und Außenwelt. Beim Menschen der Hochkultur ist diese Verteilung ziemlich scharf gegliedert. Die dem Ich angehörigen psychi-

Abb. 11. Ornamente der Bakairi auf einer Kürbisschale, nach M. Schmidt (1905)

a) Vogel, b) Mensch, c) Fisch

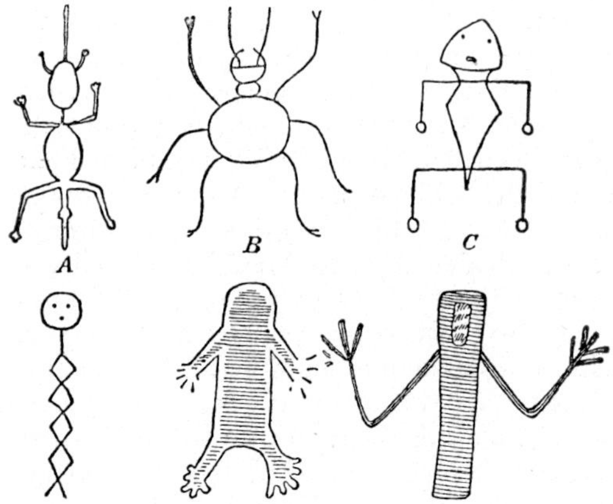

Abb. 12. Prähistorische amerikanische Steinzeichnungen (Wundt 1912)

Abb. 11 u. 12. Primitive Stilisierung, geometrische Formvereinfachung, bilaterale Symmetrie, Formwiederholung (W. Wundt)

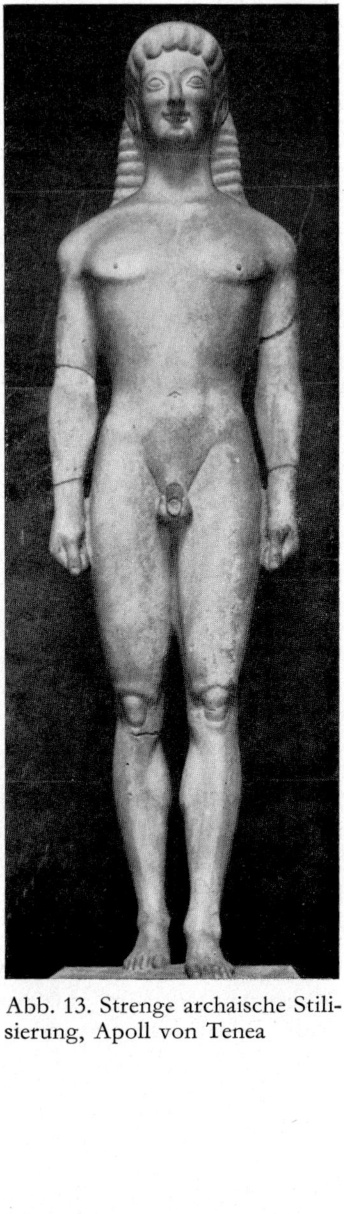

Abb. 13. Strenge archaische Stilisierung, Apoll von Tenea

schen Inhalte bezeichnen wir als *subjektiv,* die der Außenwelt als *objektiv.* Damit hängt aufs engste die Unterscheidung zwischen *Vorstellung* und *Wahrnehmung* zusammen, indem wir als Vorstellung diejenigen Bilder bezeichnen, die wir „im Kopfe haben“ (Ichlokalisation), als Wahrnehmung, die sich ihrerseits aus einzelnen *Sinnesempfindungen* aufbaut, solche Bilder, die mit dem zwingenden Bewußtsein verknüpft sind, daß sie uns „von außen“ zuströmen (Lokalisation in der Außenwelt). Die Vorstellungen fußen auf den Erinnerungsbildern, die uns die Wahrnehmungen hinterlassen, oder sind selbst Erinnerungsbilder. Sie sind viel blasser und viel allgemeiner gehalten als die Wahrnehmungen. Allerdings ist die Verteilung der Bilder zwischen der Ich-Gruppe und Außenwelt-Gruppe und damit die Einreihung auftauchender Bilder in die beiden Bildkategorien der „Vorstellungen“ und der „Wahrnehmungen“ nur unter den Bedingungen ungestörter, kritischer Beobachtung scharf und sicher. Die *Traumbilder* schwanken unscharf an der Grenze zwischen beiden. Die *illusionären Verkennungen,* ja schon die gewöhnliche *Abrundung der Sinneseindrücke* zum kompletten „Gegenstand“ beruhen auf Projektion von Vorstellungselementen in die Wahrnehmungen hinein. Bei abnormen Seelenzuständen können wir häufig Schritt für Schritt verfolgen, wie eine Vorstellung immer intensiver und lebhafter wird, auf der Grenze zwischen Vorstellung und Wahrnehmung zu fluktuieren beginnt und endlich bei noch lebhafterer Intensität zur Scheinwahrnehmung (Halluzination) wird und damit in die Außenwelt projiziert ist.

Für den Kranken ist eine solche projizierte Vorstellung real. Sie hat den Charakter unumstößlicher Wirklichkeit. Daran sehen wir, wie das *Realitätsurteil* mit der erkannten Bildprojektion reziprok zusammenhängt. Den im Ich, im „eigenen Kopf“, im „Vorstellungsraum“ lokalisierten „subjektiven“ Bildern gegenüber behalten wir uns das Realitätsurteil vor und halten diese „Vorstellungen“ nur dann für objektiv wirklich, wenn sie durch häufigen Vergleich mit „Wahrnehmungen“, also mit Bildern der Außenweltgruppe, korrigiert und bestätigt werden. Die in der Außenwelt, im „Wahrnehmungsraum“ lokalisierten „objektiven“ Bilder dagegen werden ohne weiteres mit dem Bewußtsein der Wirklichkeit, mit positivem Realitätsurteil verbunden. Die Ausnahme von dieser Regel haben wir früher besprochen.

Bei „primitiven“ Menschen sehen wir die Kritik der Bildprojektion unvollkommen entwickelt und unsichere Bereiche „Ich“ und „Außenwelt“, „Vorstellung“ und „Wahrnehmung“ sind nicht recht getrennt und gehen in breiten, fluktuierenden Randzonen ineinander über. Auch beim Kind begegnen wir ja dieser ungenauen Trennung zwischen „Phantasie“ und „Wirklichkeit“. Die *magischen Vorstellungen* der Naturvölker, ihre Ansichten über den Zauber, beruhen zu einem guten Teil auf mangelhafter Erkenntnis ihrer Bildprojektionen. Der Gedanke kann soviel sein wie die Tat, das Wort soviel wie der Gegenstand, die subjektive Nachahmung soviel wie der wirkliche Vorgang. Man glaubt, daß Gedanken und Worte den Gegenstand herbeirufen und Zeremonien den Außenvorgang beeinflussen können, wie wir davon überzeugt sind, daß eine Vorstellung die andere assoziativ herbeiruft und beeinflußt. Daraus entspringt Zauber und Verbot. Wenn der „Primitive“ in unaufhörlichen, monotonen Wiederholungen singend das Heraufziehen der Wolken beschreibt, wenn er künstliche Wolken aus Baumwolle herstellt, so glaubt er, daß alsdann die wirklichen Wolken und mit ihnen der ersehnte Regen herbeigezogen werden. Der beim Abschießen des Pfeils gemurmelte Wunschspruch gibt dem Pfeil wirkliche Treffsicherheit, und wenn er auf die Holzpuppe seines Feindes schießt, wird der weit entfernte Feind Schaden erleiden. Dem Primitiven verwischen sich, sobald er unter der Wirkung katathymer Mechanismen steht, die Unterschiede zwischen Innenbild und Außenbild. Er meint, daß beim Aussprechen des Namens eines Toten der Tote selbst erscheinen wird; und das geschieht zuweilen, weil der Primitive ebenso wie das Kind infolge geringer Kritik seiner Projektionen und der größeren Bildhaftigkeit seiner Vorstellungen leicht halluziniert. Trotz des starken Erlebnisses einer Entsprechung zwischen Symbol und gegenständlicher Wirklichkeit werden beide jedoch nicht verwechselt! Dies wäre – wie beim Zivilisierten – abnorm bzw. krankhaft.

Empfindung, Bild und Gegenstand

Wir müssen nun noch einen Augenblick auf die Entstehung der Bilder selbst und ihre Ordnung untereinander eingehen. Was unsere Sinnesorgane vermitteln, sind keine Bilder, sondern nur Empfindungen. Sie sind das Rohmaterial zu Bildern. Wenn wir ein chinesisches Schriftblatt in die Hand nehmen, so sehen wir zunächst nichts als ein Chaos von Schwarz und Weiß. Können wir aber Chinesisch, so formt sich alles auf den ersten Blick in sinnvolle Schriftzeichen und Wortbilder. *Wir verstehen also unter Bild die gestaltete bedeutungsvolle Zusammenfassung von Sinneseindrücken.* Das semantische Bewußtsein entsteht mit der Erinnerung, so wie beim Schriftbild „Baum" sofort das Erinnerungsbild eines Baumes auftaucht, das mit ihm regelmäßig verbunden zu werden pflegt. Diese Synthese der Sinneseindrücke zum Bild, die wahrscheinlich unter Mitwirkung im Gehirn vorhandener Prägungsspuren (Engramme) entsteht, ist an Zentren der Großhirnrinde gebunden, so z. B. die Synthese der Wortklangbilder an das WERNICKE-Zentrum in der ersten Schläfenwindung. (Vgl. S. 21 und 25.) Die Zusammenfassung der Sinnesreize zum Bild kann theoretisch als die zweite Stufe seelischer Synthese, die auf die erste elementare Stufe der Synthese von Empfindungen (Farben, Klänge usw.) folgt, aufgefaßt werden. Was ist nun ein Gegenstand im Vergleich zu einem Bild? Wenn wir träumen, haben wir Bilder, aber keine „Gegenstände". Nichts steht uns fest „gegenüber". Wir haben lebhafte Bilder, aber sie fließen ineinander, schwanken hin und her. Wir meinen also mit „Gegenstand" das Gegenüberstehen eines Bildes. *Gegenstand ist ein Bild von scharf umgrenzter Form und räumlich-zeitlicher Einordnung.* Sinnesempfindung, Bild und Gegenstand sind als drei fortschreitende Entwicklungsstufen der Ordnung des seelischen Rohmaterials zu verstehen. In der Tat sehen wir, daß im Erleben und Denken des Primitiven wie des Kindes die Zeit, Vergangenheit und Zukunft und damit auch das Bedürfnis nach Zeitmessung und Zeiteinteilung, gering ist. Beide sind mehr Augenblicksmenschen, womit ihr Beherrschtsein von katathymen Mechanismen und ihr geringes Interesse an wissenschaftlicher Registrierung fortlaufender Beobachtungsserien aufs engste zusammenhängt. Vor allem aber ist *die Bildgestaltung mehr sinnlich und weniger gegenständlich* betont. Daß sie fast nur anschauliche, natürliche und abstrahierte Elemente enthält, haben wir schon gesehen. Weil unser zivilisiertes Denken gegenständlicher, zugleich aber unanschaulicher (z. B. Mathematik) geworden ist, können wir uns in die primitiven Bildagglutinationen schwer einfühlen. Diese entstehen nur, wo die Einzelbilder durch die freie Wirkung der Affekte fließend ineinander übergehen und locker gegeneinander verschiebbar sind. Es kostet uns zunächst eine gewisse Anstrengung, den Hirsch, den Kaktus und den Morgenstern in eine Idee zusammenzuballen, weil in unserem karthesischen Bewußtsein jedes einzelne dieser Bilder in festen Umrissen und festen Raumbeziehungen als „Gegenstand" vor unserem inneren Auge steht.

Affektivität

Katathymie

Wir sagten, daß der primitiv funktionierende seelische Apparat die *Beziehungen* zwischen den aufgenommenen Bildern wenig scharf und wenig differenziert zu strukturieren pflegt. Das Verhältnis der „Dinge" zueinander formt sich durch die starken Affekte, die auf die Bilder einwirken, besonders dort, wo die Not des Lebens oder die Macht der Triebe heftige Gemütsbewegungen hervorruft. Das Geschlechtsleben, Krieg und Kampf, das sehnsüchtige Warten auf Regen und Jagdbeute, vor allem aber Krankheit, Todesangst und Tod – das sind die Punkte, an denen das *magische Denken* einsetzt. Daneben breitet sich das Denken über die Gesamtheit der Erscheinung aus. Das magische Denken ist also die elementare Form, in der die Einzeldinge in ein Netz von Beziehungen gebracht, in der die

Einzelbilder zu einem geschlossenen, syntaktischen Weltbild vereinigt werden. Von diesem Grund aus entwickeln sich die festen Denkformen der Logik und der „Kategorien" der Zweckmäßigkeit und der Ursachen, die religiöse Gottesidee wie die naturwissenschaftliche Kausalität. Das magische Denken entspringt nur zum Teil der genauen Beobachtung des häufigen Zusammentreffens zweier Erscheinungen, viel eher der unmittelbaren Wirkung von Affekten und Bedeutungserfahrungen. Die Resultate tragen daher den Stempel der Ängste und Wünsche, aus denen sie entstanden sind, noch frei an der Stirn: sie sind katathyme Bildungen. Unter *Katathymie* (H. W. MAIER 1912) verstehen wir die Umbildung der seelischen Inhalte unter der Wirkung des Affektes. Das primitive Weltbild ist in viel stärkerem Grad katathym als das rationale. Verknüpft das wissenschaftliche Denken die Dinge ursächlich nach dem Prinzip der Häufigkeit eines zeitnahen Zusammentreffens von Erscheinungen, so wirkt das katathyme, magische Denken nach dem Prinzip der Affektgemeinschaft. Es donnert, und kurz nachher fällt ein Mensch tot um. Beide Ereignisse sind durch den sie begleitenden Schreck verbunden. Das genügt für die katathyme Überzeugung, daß der Donner den Todesfall bewirkte. Das naturwissenschaftliche Denken dagegen ist statistisch. Es fragt: Wie oft kommen Donner und Todesfall zusammen vor? Mit der Seltenheit des Zusammenfallens zweier Phänomene widerlegt es und mit der Häufigkeit der Koexistenz zweier anderer beweist es den Ursachenzusammenhang.

Affektprojektion

Das *Tabu,* ein polynesisches Wort, ist in der Völkerpsychologie zum Terminus für einen weitverbreiteten Komplex von Verhaltensweisen primitiver Völker geworden. Das Wort Tabu schließt die allgemeinen Wortbedeutungen heilig und unrein ein, und zwar mit dem Beiklang des Mächtigen und Hilfreichen, aber auch des Unheimlichen, Gefährlichen, Verbotenen. Tabu sind besonders Häuptlinge und Priester, sodann Krieg und Jagd, Pubertät, Menstruation, Geburt und Neugeborene, Krankheit, Tod und Tote; kurz gesagt, die mächtigsten, geehrtesten und gefürchtetsten Personen, Handlungen und Ereignisse, die am lebenswichtigsten sind und am meisten von Furcht und Hoffnung begleitet werden, endlich Zustände und Lebensphasen, die einschneidende Veränderungen mit sich bringen und von Wunsch, Angst oder Abscheu getragen sind. Es geht also um die Dinge, welche die stärksten affektiven Akzente haben.

Hier zeigt sich am schönsten der Unterschied zwischen den zwei Erlebnisweisen. Wir würden sagen: „Ich habe heilige Scheu vor den Königen und Priestern; ich habe Angst und Grauen beim Anblick einer Leiche." Der Primitive aber sagt: „Der Priester ist tabu; in der Leiche sitzt das Tabu." Also: wir verlegen die Affekte ins Ich, in uns selbst, der Primitive dagegen projiziert sie in die Außenwelt. Er lokalisiert sie draußen, so wie er seine Gesichts- und Gehörseindrücke außer sich selbst lokalisiert. Dieser Vorgang der Affektprojektion ist für das Verständnis des primitiven Weltbildes von entscheidender Wichtigkeit.

Personen und Dinge, die tabu sind, hat man mit elektrisch geladenen Gegenständen verglichen. In ihnen sitzt eine ehrfurchtgebietende Kraft, welche sich durch Berührung mitteilt, eine Berührung, die Heil oder Tod bringt.

Das Tabu ist nur ein besonders wichtiger Bestandteil des magischen Weltbildes. Denn in jeden äußeren Gegenstand, der stärkere Gefühle, lebhafteres Interesse erregt, kann ein Affekt hineinprojiziert werden, ohne daß damit spezielle Tabuverbote und Zeremonien verbunden sein müßten. Im primitiven Erleben legt der Mensch seelische Impulse in die Dinge hinein und glaubt oft, daß sie wirkten, wie wenn sie seelisch gelenkt wären. Äußerstenfalls entsteht das Erlebnis der Welt als eines Gefüges von Kräften oder gar Dämonen, was man als Allbeseelung oder *Animismus* bezeichnet hat und was die Grundlage jeder Religion bildet.

Tiere und tote Gegenstände fühlen und handeln wie Menschen, sie wirken Gutes oder Böses, man kann sie erzürnen oder versöhnen. Werkzeuge wie Hacke und Schmiedehammer werden zum Sitz belebter Kräfte und eventuell zum Gegenstand göttlicher Verehrung. Auch in Teilen des eigenen Körpers wirken verschiedene Geister oder Seelen. Bei den Yoruba sind in jedem Individuum drei Geister; einer wohnt im Kopf, einer im Magen, einer in der großen Zehe. Der erste wird Olori = Herr des Kopfes genannt, was zugleich Fähigkeit, Talent bedeutet. Etwas Blut der ihm geopferten Hühner wird auf die Stirn geschmiert. Er verschafft Glück. Der zweite im Magen verursacht unter anderem das Hungergefühl. Der dritte Geist in der großen Zehe erhält nur Opfer, wenn man eine Reise antreten will. Dann salbt man die große Zehe mit einer Mischung aus Hühnerblut und Palmöl. – Bei den Karo-Batak auf Sumatra werden manchmal sieben Seelen im einzelnen Individuum angenommen, die Schutzgeister, Haupttätigkeiten und Charaktereigenschaften repräsentieren.

Die primitive Vorstellung von der Beziehung zwischen den Dingen ist also einmal *projizierend* (eigene Affekttendenzen in die Dinge verlegt), *substanziierend,* indem die Beziehungen zwischen den Bildern selbst vielfach als Bilder gedacht werden, wie wir das bei der Sprache schon gesehen haben und *personifizierend,* weil alle aufeinander bezogenen Dinge als lebendige Individualitäten erscheinen. So wird bei gewissen brasilianischen Indianern ein kurzer Stab in der Nasenscheidewand getragen, weil sie Krankheit für einen festen Körper halten, der durch die Nase wie ein Pfeil in gerader Richtung in den Körper geht. Wenn eine Krankheit nun an den Stab stößt, kann sie nicht eindringen und fällt zu Boden. Die Schneeblindheit z. B. wird durch kleine Insekten erklärt, die ins Auge hineingeflogen sind. Man sieht also: nichts von einer einheitlich geschlossenen Seele, einem Ich, das aktiv mit dem Bewußtsein seiner besonderen Bedeutung und seinem Willen zu der meist unbeseelten Außenwelt Stellung nimmt. Sondern das Ich ist eine Substanz unter Substanzen, die alle gleich anthropomorph beseelt sind, in Teilpersonifikationen zerfallend, ein passives Spiel dieser Mächte und ohne scharfe Begrenzung nach der Außenwelt und den Gegenständen hin.

Es ist nicht unsere Aufgabe, allen Wurzeln der abendländischen Seelenvorstellung nachzugehen. Sie ist zweifellos ein höchst komplexes Verdichtungsprodukt. Einerseits nimmt es seinen Ausgang von der Tatsache des Todes, vom Körper des Toten („Körperseele"), von Traumhalluzinationen und Erinnerungsbildern, die den Verstorbenen als Lebendigen vor Augen treten lassen. Andererseits leitet es sich von den oben geschilderten Personifikationen von Körperbestandteilen und Funktionen her, wobei besonders *Schatten, Blut* und *Hauch* als Vertreter des Lebens („Hauch- und Schattenseele") sowie die Haupttätigkeiten, Kräfte und Charaktereigenschaften des Individuums in die Gesamtabstraktion „Seele" mit eingegangen sind. So entsteht die Seele als eine Art Person in der Person, als eine Art inneres Ich, für das das äußere Ich, der Körper, nur Werkzeug und Behausung darstellt, die er unter bestimmten Bedingungen verlassen kann. Unsere dualistische Seelenvorstellung ist an diesem Punkt noch fast ebenso naiv, Funktionen personifizierend, wie die des Coraindianers, in dessen Kopf und Herz „der Gedanke", muatsira, sitzt, der für ihn ein reales handelndes Subjekt ist und ihm seine Handlungen eingibt. In der Seelenvorstellung hat sich die personifizierende Denkweise am stärksten erhalten, weil sie vom Selbsterhaltungstrieb, von der katathymen Idee des Fortlebens nach dem Tode breitesten affektiven Zufluß bekommt, aber auch weil sich der Mensch in seiner Selbstbesinnung als Person erfahren *muß*. Hinsichtlich der Umwelt steckt die personifizierende, anthropomorphe Dämonenidee zwar abgeblaßt, aber noch deutlich erkennbar in dem ungereinigten naturwissenschaftlichen Kraftbegriff, der in der Aufeinanderfolge der Erscheinungen die Wirkung von Kräften in den Dingen erblickt. Man denke auch an die philosophischen Konsequenzen der Leib-Seele-Theorie (S. 8f).

Ambivalenz und Ambitendenz

Das Tabu umfaßt, wie wir gesehen haben, die beiden gegensätzlichen Gefühlstöne des Heiligen und des Unreinen. Die Tatsache, daß ein Gegenstand zugleich positiv und negativ gefühlsbetont ist, bezeichnen wir mit BLEULER (1969) als *Ambivalenz*. Primitive Vorstellungsinhalte und Gefühle sind komplex, unklar ineinander schwimmend. Sie sind viel weniger differenziert und viel weniger scharf umgrenzt als die rational bestimmten. Ein einziges Wort, wie Tabu, schlägt beim Primitiven einen einheitlichen Gefühlsakkord an, der sich beim Analysieren in die getrennten Einzeltöne des Heiligen, Verehrungswürdigen, Erhabenen, Unheimlichen, Gefährlichen, (Verabscheuten, Unreinen) aufspaltet. Solche großen *Gefühlskomplexe mit doppeldeutigen Akzenten* entstehen offenbar jeglicher Transzendenz gegenüber, sind ein apriorisches Phänomen und gelten darum für die ganze Menschheit. Dies hat für den engen religiösen Bereich R. OTTO unter dem Begriff des „Numinosen" (1936), JUNG für die Psychologie mit der Erscheinung der archetypischen Ambivalenz nachzuweisen versucht. Darum finden wir das „Tabu" in allen Hochreligionen und verzerrt bei Geisteskrankheiten. Das Tabu ist der primitivste Moralkodex des Menschen, von dunklen, starken, aber spezifisch geordneten Gefühlstönen getragen und einer durchdachten Zwecküberlegung nicht bedürftig. Aus einem bestimmten Tabuverhalten entwickelt sich im Lauf der Zeit bei manchen Völkern ein Netz von komplizierten Geboten und Verboten, Zeremonien und Reinigungsvorschriften, das das ganze Leben durchspinnt, einen unentrinnbaren Gefühlszwang unterhält, auf Schritt und Tritt so umgarnt und die Bewegung beschränkt, daß es als die ärgste Strafe gelten kann, Priesterkönig zu werden, und man äußerstenfalls sich der Würde durch Flucht zu entziehen sucht (Dekadenz des Tabu).

Auch FREUD (1922) hat gesehen, daß immer Ambivalenzen an der Wurzel primitiver Tabuverbote und der daraus letzten Endes entwickelten menschlichen Moral stehen. Moralgebote entstehen demnach dort, wo eine gefühlsmäßige Abneigung gegen eine Handlung mit dem Trieb, sie doch zu tun im Widerstreit liegt. Manche Träger des Tabu werden sicher derart ambivalent erlebt, so Häuptling und Priester. Viele Menschen erleben solche mit besonderer Machtfülle umgebene Personen, wie den Vater, den Vorgesetzten, den König ausgesprochen ambivalent, indem sich bewundernde Verehrung und haßgefärbte Auflehnung bzw. Ressentiment mischen. Die Ambivalenz der zugrunde liegenden Affekte verrät sich auch in der Wirkung des höfischen Tabuzeremoniells, das den betroffenen Herrscher zugleich ehrt und schikaniert. Solche Affektgegenspannungen geben besonders starke Gefühlstöne und veranlassen daher besonders leicht Affektprojektionen und einen daraus gesponnenen Moralkodex. Soweit FREUDS Gedankengang, der zwar diskutable okkasionelle Aspekte bringt, jedoch auf zwei fatalen rationalistischen Irrtümern aufbaut. 1. Das „Tabu" könne durch *Verstand* und *Gewöhnung* entlarvt und unwirksam gemacht werden; 2. Diese Entmachtung sei für die Menschheit *günstig*. Die Erfahrung lehrt etwas anderes. Der Verstand kann den *Gefühlston* des „Tabus" nur bedingt fortschaffen, und die Gewöhnung, d.h. Abstumpfung *entwertet* den „überwundenen" Tabubereich. An dessen Stelle tritt sofort ein neuer, ambivalenter Wert, der dem Reservoir der menschlichen Grundideen entnommen wird. Wir sehen heute allerwärts wie das angeblich „enttabuierte" Geschlecht politischen und sozialethischen Ideen sowie dem Geld (das ist die „Heilige Dreieinigkeit" der Industriegesellschaft) den Platz räumt und diese als „Tabu" eine recht autoritative und intolerante Herrschaft ausüben. Gewiß gibt es Situationen, wo mit Verstand und Gewöhnung eine Faszination gelöst werden muß, um unfruchtbare Lebenshaltungen aufzuheben und höhere Freiheitsgrade zu erreichen. Aber hier sollte ja das entartete Tabu durch ein echtes, die falsche Furcht durch die Ehrfurcht ersetzt werden. Andernfalls würde der Mensch zum bestenfalls äußerlich angepaßten, innerlich aber wertunempfindlichen Wesen degradiert. Nur wer weiß, welchen Antrieb und Reichtum das Leben dem „Tabu" und seinen Ambivalenzen als apriorischen Phänomenen verdankt, kann angemessen über die Reduktion eines Tabu reden. Leider hat FREUD, wie auch mit andern seiner Ideen, den Weg der Plattheit des Denkens geebnet, so daß heute selbst Leute von geistigem Rang ohne Befangenheit dem „Tabu" eine banale Bedeutung beilegen. Sie halten es für die *Eigenschaft* eines Themas, über das man sich *fürchtet* zu sprechen, obgleich der Verstand seine Neutralität nachweist, oder einer Handlung, die man sich scheut auszuführen, obgleich sie der

Verstand für risikofrei erklärt. Tiefer kann die Diskussion über ein zentrales menschliches Faktum nicht mehr sinken! Jedenfalls bleibt die Frage offen, warum die Zone des Sexualtriebes in den Mittelpunkt der europäischen Ethik gerückt ist und geradezu das Paradigma doppelt getönter Affekte beziehungsweise des Widerstreits zwischen Trieb und Vernunft bildet. Eine historische Antwort genügt keinesfalls.

Unmittelbar zur Ambivalenz gehört das Phänomen der *Ambitendenz* (Doppelstrebigkeit). Lorenz (1965) beschreibt Fische, denen gleichzeitig ein Freßreiz und ein Fluchtreiz gesetzt wurde. Daraufhin setzten sie in einem die Schwanzflosse im Vorwärtsgang, die Brustflossen im Rückwärtsgang ein, verharrten also erregt auf der Stelle.

Noch drastischer ist die berühmte Zwiespältigkeit des Hundes (Pawlow u. Petrova 1926), die experimentell durch simultane „Erregung“ und „Hemmung“ erzeugt wurde. Das Tier war dressiert, auf die optische Wahrnehmung eines Kreises positiv, auf die einer Ellipse negativ zu reagieren. Näherte man die Form der Ellipse von Versuch zu Versuch dem Kreis an, so konnte der Hund schließlich beide Figuren nicht mehr unterscheiden. Anstatt im einen oder andern Sinn adäquat zu reagieren, verfiel er in eine eigenartige Erregung, in der er teils klagend, teils aggressiv wirkte. Anscheinend waren positive und negative Tendenzen in Widerstreit geraten, konnten aber die subjektive Intention nicht aufheben. Bei diesem Beispiel drängt sich uns der Gedanke an die zwiespältige Situation eines Menschen auf, der gegenüber einer schroffen Alternative nicht ja und nicht nein sagen kann und in einen hysterischen Zustand gerät.

Bewegungsvorgänge

Ob die Tiere eine Seele haben, d.h. ob ihre objektiv zu beobachtenden Bewegungen von subjektiven Bewußtseinsvorgängen in ihnen begleitet sind, wissen wir nicht. Man kann es weder beweisen noch widerlegen. Auch das Seelenleben unserer Mitmenschen ist uns ja nicht direkt, sondern nur durch Analogieschluß zugänglich, indem wir ihren Körperbewegungen dieselben subjektiven Bewußtseinsvorgänge unterlegen, von denen jene bei uns begleitet sind. Die Bewußtseinsvorgänge direkt beobachten können wir immer nur bei uns selbst. Jennings (1910) sagt mit Recht: Wenn die Amöbe so groß wäre wie ein Walfisch und mit Freßbewegungen auf uns zukäme, so würden wir ihr zweifellos psychische Leistungen zuschreiben und würden praktisch gut daran tun. Auch bei den Pflanzen kann man durch zeitraffende Filmaufnahmen zeigen, daß es nur einer Beschleunigung des Tempos bedarf, um uns ihre Bewegungen als beseelt erscheinen zu lassen. Unser Urteil über die Beseelung fremder Bewegungsvorgänge ist subjektiv bestimmt und hängt vom zeitlichen und formalen Verlauf ab. Es erscheint also zweckmäßig, wenn wir zunächst von der Bewußtseinsfrage absehen und nur die Bewegungsformen von den primitivsten Lebensäußerungen des einzelligen tierischen Protoplasmas bis zu den verwickelten psychomotorischen Vorgängen des Affekt- und Willensausdrucks beim Menschen in ihrer objektiv zugänglichen äußeren Erscheinung miteinander vergleichen. Am Ende der Reihe, d.h. bei den Ausdrucksvorgängen der höheren Säugetiere, der Kinder und der Erwachsenen kommt die Erschließung von begleitenden Bewußtseinsinhalten mit steigender Wahrscheinlichkeit hinzu.

Vegetative Bewegungsformen und Rhythmus

Die elementarste Bewegungsform des tierischen Protoplasmas ist eine einfache, lokale Zusammenziehung und Ausdehnung (z.B. Amöbenbewegung). Schon bei den Protozoen und niedersten Metazoen, z.B. den Infusorien und den Würmern sehen wir einfache, gleichförmige Bewegungen sich zu fortlaufenden Serien regelmäßiger Wiederholungen, etwa Flimmerbewegungen, Geißelbewegungen, wurmförmigen Bewegungen zusammenordnen. All das können wir als *rhythmische Bewegungstypen* zusammenfassen.

Im Organismus der höheren Tiere und des Menschen sehen wir diese primitiven Bewegungsformen häufig in solchen Zellverbänden erhalten, die relativ unabhängig von den psychischen Impulsen arbeiten, die also im Rahmen des höheren Gesamtverbandes ein relativ selbständiges protozoisch-metazoisches Eigenleben führen. Die Fähigkeit zur Kontraktion auf direkten organischen Reiz (z.B. elektrischen Strom) ist der Muskulatur der höheren Tiere erhalten geblieben. Die Bewegung der weißen Blutkörperchen ist der der Amöbe, die des Flimmerepithels der der Wimpertiere, die der Spermatozoen der der Geißeltiere, die Darmperistaltik dem Wurmtypus nahe verwandt. Ebenfalls ist das Herzgefäßsystem ein ziemlich autonomer, dem Einfluß der höheren Willensvorgänge entzogener Zellverband und der Herzschlag der reinste Typus einer rhythmischen Bewegungsform. Endlich dürfen wir auch an der quergestreiften Muskulatur diejenigen motorischen Phänomene als primitiv ansehen, die vom Willen unabhängig zustande kommen, so vor allem die rein rhythmischen Zitterbewegungen. Die große Gruppe all dieser, vielfach phylogenetisch uralten, *primären Selbstbewegungen im höheren Organismus bezeichnen wir als vegetative Bewegungsformen.*

Es ist übrigens interessant, daß die Neigung zu rhythmischen Bewegungen sich von der Sphäre der vegetativen Organe bis zum seelisch gesteuerten animalischen Bewegungsapparat der Säugetiere, Kinder und Erwachsenen verfolgen läßt und mit fortschreitender Differenzierung der Zivilisation zugunsten komplizierter arhythmischer Bewegungen verblaßt, ohne auf der ausgereiftesten geistigen Entwicklungsstufe zu verschwinden. Von vielen Beispielen erwähnen wir nur die uhrwerkmäßige Kreisbewegung der Raubtiere im Käfig und die analogen rhythmischen Idiotenbewegungen, die im Leben aller Völker so wichtige Rolle des Tanzes, endlich bei Kindern die Neigung zu langem rhythmischem Hinundherwälzen (besonders vor dem Einschlafen), zu Bewegungsstereotypien (Hüpfen, Trommeln) und zur Verbigeration, d.h. zum monotonen Wiederholen von Tönen, Silben und Worten.

In der Entwicklung der mit dem Psychomotorium aufs engste verkoppelten *Musik* läßt sich der Einfluß der rhythmischen Gefühle und Bewegungsimpulse am schönsten verfolgen. Bei den sogenannten primitiven Völkern ist der Rhythmus nicht nur stärker betont, sondern im allgemeinen auch feiner differenziert als in der neuzeitlichen Kunstmusik des europäischen Kulturkreises. Auch die Obermelodien sind oft sehr nuancenreich gegliedert. Nur der Unerfahrene empfindet diese Musik als einförmig oder unerträglich, auch wenn die Wiederholung des Gleichen ein konstruktives Teilprinzip bildet. Vergleichen wir ein Notenbild der mittelalterlich abendländischen Kunstmusik mit einem heutigen, so sehen wir, daß es nur bedingt zu einer größeren Kompliziertheit oder zu einer Abkehr vom Rhythmus gekommen ist.

Die einfachsten rhythmischen Tendenzen, zwar durch Zweckbetätigung meist zurückgedrängt oder durch komplizierten Gefühlsausdruck verschleiert, liegen trotzdem in der Unterschicht unseres Psychomotoriums bereit, so wie der einfache Dreiviertelbaß stets unter der Walzermelodie schwingt. Immer erweckt uns der einfache Rhythmus, genau wie die optische Symmetrie, ein primäres Lustgefühl, das, in tiefsten phylogenetischen Tiefen verankert, nicht weiter zurückführbar ist. Immer streben auch die arhythmischen höheren Zweckbewegungen (Gang, technische Arbeitsleistung) mit zunehmender Gewöhnung ins Rhythmische zurück. Gern treten elementare Rhythmusbewegungen an die Oberfläche, wo die höheren seelischen Regulative durch krankhafte Einwirkungen mattgesetzt sind.

Probierbewegungen, formelhafte Verkürzung und motorische Reflexe

Die Tendenz zur Bewegung wohnt allen tierischen Lebewesen inne. Schon die Protozoen zeigen lebhafte, anhaltende Spontanbewegungen. Ihr Grad reguliert sich nach dem Stand der Stoffwechselvorgänge im Inneren des Organismus, vor allem nach Ermüdung und

Erholung, Sättigung und Hunger. Wir können natürlich Spontanbewegungen und Reaktionsbewegungen nicht scharf unterscheiden. Erst aus den letzteren, der Wechselwirkung zwischen Individuum und Umwelt, entwickelt sich die kompliziertere Psychomotilität, die Psychologie der Ausdrucksvorgänge.

Ein in lebhafter Spontanbewegung im Wasser schwimmendes Infusorium wird von Stellen mit günstigen Lebensbedingungen, z. B. Nahrung, Licht, Sauerstoff, angezogen (positive Reaktion), von ungünstigen Zonen abgestoßen (negative oder Fluchtreaktion). Man war vielfach der Ansicht, diese Orientierung erfolge durch einfachste physikalisch-chemische Gesetzmäßigkeiten, nämlich durch lokale Reizwirkung auf das nächstliegende Stück des Tierleibes, wodurch Änderungen im Zustande des Protoplasmas, Kontraktionen, Formänderungen u. dgl. hervorgerufen würden, die dann bei bilateral gebauten Tieren automatisch, nach Art der einseitigen Ruderverstärkung oder -abschwächung eines Kahnes, eine Änderung in der Bewegungsrichtung des ganzen Tieres zur Folge hätten. Es würde sich dann um primäre Reflexvorgänge handeln, d. h. um eine Selbststeuerung, indem auf einen bestimmten Reiz nur mit einer einzigen, gesetzmäßigen Bewegung geantwortet werden kann.

Diese *Tropismentheorie* oder Lokalreiztheorie hat sich bei weitem nicht in dem Maße bewahrheitet, daß darauf ein allgemeines Verständnis der Entwicklung der höheren Reaktions- und Ausdrucksvorgänge aufgebaut werden könnte. Sorgfältige Versuche haben vielmehr folgendes ergeben (JENNINGS 1910): Ein kleines Tier, das sich einer ihm neuen, ungünstigen Zone nähert, reagiert zunächst mit *„Probierbewegungen“*, d. h. der bedrohliche Reiz entfesselt in ihm eine Überproduktion von ungeregelter Aktivität, indem es öfters sämtliche ihm zur Verfügung stehenden Bewegungsarten und Bewegungsrichtungen rasch hintereinander einsetzt. Ist nun darunter irgendeine, die es dem Gefahrbereich entzieht, so hören sogleich die Reizwirkungen und damit auch die Probierbewegungen auf, und das Tier schwimmt oder läuft automatisch in der nun eingeschlagenen Richtung weiter. Diesen Reaktionstypus finden wir aber auch weiter aufwärts bei den höheren Tieren, z. B. bei einem Vogel oder einer Maus, die unter bedrohlichen Umständen in einem Zimmer eingesperrt sind.

Wirkt nun öfters derselbe Reiz auf das Tier ein, so ändert sich sein Verhalten. Reizt man z. B. das festsitzende Infusorium der Gattung Stentor mit in Wasser eingebrachten Karminkörnchen, so gibt es zunächst keine Reaktion, sondern fährt ruhig fort, das Wasser mit seinen Wimpern in sich hineinzustrudeln (A). Wiederholt man die Reizung, so krümmt es sich von der Karminwolke weg auf die Seite (B). Nach mehrfach wiederholter Reizung geht diese Reaktion B in die Reaktion C, nämlich eine Umkehrung der Zilienbewegung, über, die die hereingeströmten Karminkörper hinauswirft, und bei fortdauernder Reizung endlich in die Reaktion D, eine Kontraktion des ganzen Körpers in die schützende Röhre hinein. Nach vielen Wiederholungen des Karminversuchs zeigt sich, daß das Tier nicht mehr die ganze Skala seines Bewegungsapparates nacheinander durchläuft, sondern daß es auf die Berührung mit Karmin sofort mit einer plötzlichen Kontraktion (D) antwortet. An Stelle der Bewegungsformel

$$A - B - C - D$$

ist die verkürzte Formel

$$A - D$$

getreten. Es bleibt offen, ob das Tier nach wie vor auf den bestimmten Reiz hin die ganze Reihe physiologischer Zustände A–B–C–D wiederholt, aber in so verkürztem Tempo, daß die Zwischenglieder nicht mehr in Erscheinung treten.

Dieses *Gesetz der formelhaften Verkürzung oft wiederholter Akte* ist ein wichtiges biologisches Grundgesetz, das die ganze Tierreihe durchläuft und auf dem beim Menschen nicht nur die Neuerlernung jeder einfachen Tätigkeit wie Gehen, Schwimmen und handwerkliche Geschicklichkeit, sondern auch die Ausbildung der wichtigsten Instrumente höherer seelischer Äußerung beruht: Schrift, Sprache, Mienen und Gebärden. Kurz alles, was den Menschen mit dem Menschen psychisch in Verbindung setzt, besteht aus solchen äußerst komprimierten, stereotyp gewordenen Verkürzungsformeln. Am exaktesten ist das an der Entwicklung mancher Schriften aus Serien von Bildzeichen zu verfolgen. Bei alledem werden wir uns stets daran erinnern, daß man Lebensvorgänge nie als rein partiell und mechanisch, vielmehr als ganzheitlich und zielgerichtet denken muß.

Auch in der Individualentwicklung der Menschen vom Säuglingsalter an baut sich das motorische Verhalten in den vier folgenden Phasen auf:

1. Überproduktion von Bewegungen.
2. Selektion der überproduzierten Bewegungen durch Fortsetzung der reizaufhebenden Bewegung.
3. Formelhafte Verkürzung des Selektionsvorganges.
4. Einschleifung der Verkürzungsformel, d.h. bei fortschreitender Wiederholung immer festere Fixierung der einmal gewählten Reaktion.

Auf diese Weise entstehen aus den *Selektivbewegungen* allmählich die *Gewöhnungen* und zuletzt die *Reflexbewegungen,* d.h. die völlig stereotypierten Reaktionen auf einen gegebenen Reiz.

Das psychomotorische Verhalten eines Erwachsenen entfaltet sich in der Regel in den Phasen 3 und 4 in der Weise, daß die große Mehrzahl aller erforderten Akte mit werdenden oder fertigen Reflexen (Automatismen), d.h. mit halb oder ganz eingeschliffenen Verkürzungsformeln, bestritten werden, während nur neuen und besonders komplizierten Situationen gegenüber noch Selektivreaktionen verwandt werden.

Von großer Wichtigkeit ist die entwicklungsgeschichtliche Tatsache, daß bei den höchsten Lebewesen die *Selektivreaktionen immer mehr von außen nach innen verlegt* werden. Sie spielen sich weniger in der peripheren Motilität als im Bewußtsein ab. Der neue Reiz, sofern er innerhalb der erlernten Reaktionsschemata wirken kann, verursacht meist nicht mehr übermäßige Bewegungen, sondern Denkprozesse, die von Nervenveränderungen begleitet sein mögen und als deren Endresultat die zweckmäßige Bewegung abläuft. Dies läßt sich gewiß nur beim Menschen zeigen, bei den höchstentwickelten Tieren, z.B. Affen, allenfalls im Ansatz vermuten. Doch gibt es als Vorstufe und Grundlage dieser differenziertesten Bewegungsentlastung im menschlichen Bereich eine erstaunliche Sicherheit primärer Adaptation bei neuen Handlungsaufgaben, wobei das Bewußtsein nicht plant, sondern nur allgemein intendierend mitwirkt (Christian 1956, Derwort 1948). Auch alle Tiere (unter Umständen recht niederer Rangstufe) zeigen jenseits der Notwendigkeit, durch Bewegungsüberschuß zu probieren, in ihrer sofortigen, präzisen Anpassung an wechselnde Reizverhältnisse jene nach innen verlagerte „motorische Intelligenz“. Das Probieren erfolgt also kaum noch durch angezielte Bewegungen, sondern unmittelbar im angeschmiegten Gestaltkreis von Wahrnehmung und Akt (v. Weizsäcker 1950) und von Bewegungskeimen (Bewegungsideen) aus.

Mit diesen Selektivakten sind beim Menschen *Bewußtseinsvorgänge* verbunden. Wir nennen sie *Willensvorgänge.* Ein solcher Willensvorgang, zunächst als komplexes Produkt aus Bildelementen (Zielvorstellung) und Affektströmungen (Lust- und Unlustgefühlen) zusammenfließend, gewinnt seine Eigenart als besonders zu beschreibendes seelisches Gebilde, eben als *Bewegungskeim,* d.h. aus seiner direkten oder indirekten Tendenz zur psychomotorischen Leistung zur Zweckbewegung, zum Schreiben oder Sprechen. Das Typische an dem bewußten, *vollausgebildeten Willensakt,* der also nicht mit Gewöhnung oder Reflex übereinstimmt, ist, daß er als Selektiv- oder Wahlvorgang im *innerlichen* sukzessiven Durchprobieren mehrerer psychomotorischer Intentionskeime gestaltet wird.

Willensausdruck und Affektausdruck

Wir haben bis jetzt die Entwicklung der Bewegungsakte mit und ohne Bewußtseinsvorgänge verfolgt. Nun erst können wir uns der Betrachtung der mit den Bewegungen verbundenen seelischen Vorgänge zuwenden. Was wir bis jetzt von außen sahen, besehen wir nun von innen und fragen nach dem unmittelbaren Erleben des Bewegungen ausführenden Individuums.

Die spontanen Vegetativbewegungen (Herzschlag) und die ihnen nahestehenden Reaktionsbewegungen mit sympathischer oder rein spinaler Reizleitung (z.B. Pupillen- und Patellarsehnenreflex) verlaufen ganz ohne begleitende Bewußtseinsvorgänge; oder sie werden im Vollzug der Bewegungen wahrgenommen, ohne daß der motorische Vorgang vom Subjekt als Akt erlebt worden wäre. Wir sagen nicht: „Ich schlage mit meinem Herzen", sondern: „Mein Herz schlägt, und ich nehme das wahr."

Ganz ähnlich ist der psychische Tatbestand bei den aus Selektivbewegungen verkürzten Reflexen und Gewöhnungen mit zerebraler Innervation. In dem Moment, wo mein Fuß ausgleitet, greift meine Hand blitzartig nach dem nächsten festen Gegenstand. Wir können auch bei Beschreibung dieser Reflexbewegung gelegentlich die Schilderung (analog wie beim Herzschlag) hören: „Meine Hand griff nach einem Halt"; häufiger allerdings schon die schillernde Formulierung: „Ich griff unwillkürlich nach einem Halt", wobei das „ich" eine gewisse seelische Mitbeteiligung involviert, während das „unwillkürlich" einen deutlicher differenzierten Bewußtseinsakt ausschließt. So gibt es jede Übergangsstufe von den elementarsten Motilitätsvorgängen ohne das mindeste Bewußtseinskorrelat über die psychischen Reflexe und Gewöhnungen mit andeutungsweisem und unsicherem Ich-Charakter bis zu den eigentlichen Willenshandlungen mit eindeutig positiver und klar bewußter Beteiligung am Bewegungsakt.

Besteht also das Wesen des Willensaktes von der objektiven Seite her gesehen in der Selektion, so besteht es subjektiv in dem Erlebnis der Mitbeteiligung am Zustandekommen der Bewegung. Während beim niederen Reflex die Bewegung unmittelbar durch den Schlag auf die Sehne, also durch ein nichtpsychisches, mechanisches Moment ausgelöst wird, entsteht sie beim Willensakt durch den „Entschluß", d.h. durch einen innerlichen Akt, der die Bahn zur Innervation „entschließt", „aufschließt", frei macht. Auf dem unmittelbaren Erleben der Selektion, auf dem Bewußtsein, zwischen verschiedenen Reaktionsmöglichkeiten auszuwählen, beruht das Bewußtsein der Willensfreiheit oder freien Willensbestimmung. Diese Willensfreiheit besteht phänomenal, als unmittelbares subjektives Erlebnis ebenso wirklich, wie sie sich für eine objektivierende Kausalbetrachtung der allgemeinen Gesetzmäßigkeit einordnet. Dieselbe Vorstellung, die im subjektiven Erleben als das beste Motiv erscheint, imponiert im Rahmen der naturwissenschaftlichen Kausalbetrachtung als der stärkste biologische Reiz bzw. die schwerwiegendste und darum gesetzmäßig sich durchsetzende Ursache. Die beim Willensakt auftauchende Zielvorstellung ist für die Kausalbetrachtung ebenso die *Ursache* einer bestimmten Bewegung, wie sie im subjektiven Erleben als ihr *Zweck* erscheint.

Nun begegnen wir in der höheren Psychomotilität neben den Willensakten einer Gruppe, die wir als *Affektausdrucksbewegungen* bezeichnen. Wir können sie unschwer als Reflexe, insbesondere als angeborene, ursprünglich zweckmäßige Handlungen, erkennen. Das Ballen der Faust im Zorn verrät noch deutlich seinen ursprünglichen Sinn als Angriffsbewegung gegen einen drohenden Gegner. Darwin (1910) hat nach sorgfältigen Untersuchungen an Menschen und Tieren eine phylogenetische Theorie der Affektausdrucksformen aufgestellt, worin er sie als atavistische Rudimente ursprünglich zweckvoller Bewegungen anspricht. So soll das höhnische Heben der Oberlippe ursprünglich den Sinn einer Entblößung des drohenden Eckzahnes, das Weinen den der Fortspülung eines reizenden Fremdkörpers gehabt haben, während die Gänsehaut in der Angst noch einen schwachen Versuch darstelle, die Haare zu sträuben, um dadurch den Gegner abzuschrecken. Andere Affektausdrucksbewegungen entsprechen nach Darwin dem Prinzip des Kontrastes, indem gegensätzliche Affekte zur gegensätzlichen Innervation tendieren, wie etwa der Hund feindselige Gesinnung durch gestraffte Muskeln und gerade aufgerichteten Gang, freundlich-schmeichelnde Gefühle dagegen durch Muskelentspannung und kriechende, gebogene, windende Haltung ausdrückt, wobei der erste Typus die Zweckform, der zweite den Kontrast dazu bildet. Diese phylogenetischen Erklärungen mögen einleuchten, sind aber nicht zu beweisen. Ich lasse es dahingestellt, ob sie das Problem des Ausdrucks richtig und erschöpfend lösen.

Eine dritte Gruppe von Affektwirkungen, besonders auf die vegetativen Funktionen (Puls, Durchblutung, Peristaltik des Magen-Darm-Kanals, Spannung im weiblichen Genitalbereich), hat wohl eine primitivere Entstehung, indem starke Affekte die nervöse Energie übermäßig mobilisieren, die ohne spezifische Richtung stimulierend oder lähmend auf alle beweglichen Organe ausstrahlt (siehe Psychosomatik).

Wichtig ist die Tatsache, daß in primitiver seelischer Verfassung *Willensausdruck und Affektausdruck* mangelhaft getrennt sind, ebenso die ihnen zugrunde liegenden Bewußtseinsvorgänge. Kompliziertere Motivhandlungen (S. 168), wie sie aus Wahlakten entspringen, spielen bei Tieren und kleinen Kindern eine geringe Rolle. Sie reagieren meist unmittelbarer auf den Sinneseindruck als der erwachsene Mensch: sofort beim Anblick der Speise drängen sie nach ihr, bei einer Provokation wehren sie sich sofort oder weichen aus. Der Wahrnehmungsreiz zieht unmittelbar den motorischen Ausschlag nach sich. Diese Reaktionen sind alternativ, entweder einfach positiv oder einfach negativ: entweder blindes Sträuben oder absoluter Gehorsam, stiere Angst oder haltlos begehrliche Faszination, einfaches Ja oder Nein, ohne die feingestuften Zwischentöne, Hemmungen und indirekten Bezüge, die die elementare Affektivität durch den Einfluß motivischer Überlegungen prägen. Entsprechend fehlt ihr auch die Dämpfung, und sie erscheint oft als „zügellos", übermäßig stark und übermäßig anhaltend.

Trieb, Instinkt, Intelligenz

Es sind vorwiegend unmittelbar lebenswichtige Anlässe, aus denen heraus sich die Affektivität der *Tiere* erregt, bestimmte Schwerpunkte, um die sie sich *gruppieren:* Nahrungsaufnahme, Geschlechtsleben, Rangordnung, Selbstschutz. Ihnen dienen die Instinkte als Schemata situativer Bewegungen.

Ein diesbezüglicher Reiz trifft ein, erweckt einen starken, diffusen *Affekt,* der sich in *motorischen Reaktionen* entlädt. Diese lassen sich, wie wir gesehen haben, mit den menschlichen Affektausdrucksformen der Freude, der Begierde, der Angst und des Hasses vergleichen und sind zumal zweckvoll, d. h. sie führen zu Annäherungs-, Abschreckungs-, Angriffs- oder Fluchtakten gegenüber dem affekterregenden Gegenstand. Solche Reaktionsformen, die Affektausdruck und Zweckausdruck (d. h. tendenziöse aber unreflektierte Zielrichtung auf ein Objekt) vereinigt darstellen, nennen wir *Triebreaktionen.* Bei den Affektausbrüchen *kleiner Kinder* sehen wir mit ungeschminkter Deutlichkeit das Ziel, das mit ihnen erreicht werden will. Dem *Erwachsenen,* bei dem sich die Mechanismen des Affektausdruckes und des Willensausdruckes stark voneinander sondern können, fällt es schwerer, Zwecktendenzen in Affektausdrucksformen eingehen zu lassen. Entweder er reagiert auf eine Situation reflektorisch mit unwillkürlichen Affektausdrucksbewegungen, oder er versucht, willkürlich affektgetragene Zweckbewegungen zu erzeugen. Dann wirken sie meist „gemacht", „theatralisch", d. h. wir fühlen die Inkongruenz zwischen bewußt intendierter Bewegungsidee (Willensausdruck), automatischer Bewegungskoordination (Zweckausdruck) und Gefühlsströmung (Affektausdruck), die nicht mehr glatt ineinander aufgehen.

Die Wörter „Trieb" und „Instinkt" werden vielfach gleichbedeutend benutzt und lassen sich auch begrifflich nicht voneinander trennen. „Trieb" (Bedürfnisvorstellung mit Begleitgefühl) bezeichnet den Affektvorgang, „Instinkt" (angeborene Fähigkeit, in Situationen unreflektiert sinn- und zweckvoll tätig zu sein) die spezielle festgeprägte Handlungsformel, in der jener sich auswirkt. Nicht erst zu erlernende Bewegungsformeln bzw. halbreflektorische und reflektorische Abläufe gibt es beim Menschen im Vollzug des eigentlichen Sexualaktes, wahrscheinlich auch als Teileinschläge in Einzelheiten des Werbungs- und Liebesspiels. Formelhaft-reflektorisch sind ferner die engeren motorischen Vorgänge der Nahrungsaufnahme und gewisse Verhaltensweisen bei schwerer Lebensbedrohung im Sinne der Schreck- und Paniksyndrome: Totstell- oder Immobilisationsreflex (hypnoid-stuporöse Reaktion) und Bewegungssturm. Das sind wohlgemerkt hochintegrierte Reflexe aber keine Instinkthandlungen!

Beim *Tier* von „Trieb" zu reden begründet eine transzendente, unbeweisbare Hypothese, die sich aber, wie so mancher Anthropomorphismus in der Tierpsychologie, terminologisch und heuristisch bewähren kann. Beim „Instinkt" hingegen handelt es sich um eine in der Naturwissenschaft übliche Abstraktion von gesetzmäßigen Phänomenen, hier von bestimmten Bewegungskomplexen. Umgekehrt sind beim *Menschen* die Triebe aus der Introspektion heraus unmittelbar evident und selbstverständlich, während die Instinkte eine nicht verifizierbare, wenn auch unumgängliche Annahme bilden. Als Drittes haben wir die *Intelligenz* zu berücksichtigen. Sie läßt sich in doppeltem Sinne verstehen. Die Fähigkeit, Erscheinungen zu reflektieren, d. h. sie in ihren sachlichen, gefühlhaften und logischen Aspekten zu verstehen, abzuwägen und entsprechend zu handhaben, kommt nur dem Menschen zu. Zusammenhänge und Unterschiede in der Erscheinungswelt zu erfassen und sinnvoll zu bewältigen, vermögen in hohem Maße auch die Tiere.

Am besten wird man sich den Unterschied zwischen einer Instinkthandlung und einer Intelligenzhandlung (bzw. überlegten Zweckhandlung) mit den Begriffen von ALVERDES (1925) klarmachen: Die Handlungen der Tiere setzen sich zusammen aus Konstanten (K) und Variablen (V), wobei unter Konstante der durch Vererbung übertragene formelhaft starre Teil der Handlung, das „fertige Erbgut von Verhaltungsweisen" (BÜHLER 1960) zu verstehen ist, unter Variablen dagegen der Teil einer Handlung, der von dem Lebewesen selbständig den wechselnden Milieubedingungen angepaßt wird. K und V sind keine absoluten Gegensätze, sondern die Endpunkte einer Reihe von Übergängen. So sind auch in die starren Instinktmechanismen, etwa den Nestbau der Vögel, variable, der Situation angepaßte Komponenten (z. B. Wahl des Nistplatzes und Verwendung der Materialien) eingefügt. *Die Handlungen, in denen die Konstante überwiegt, bezeichnet man als Instinkthandlungen, die, in denen die Variable überwiegt, als Intelligenzhandlungen im engeren Sinn.* Beim Menschen sind die Triebhandlungen bedingt konstant (weil in großem Umfang erlernt und variiert), die Intelligenzhandlungen bedingt variabel (weil wahrscheinlich in angeborene Reaktionsschemata eingebettet). Nur wenn die Gehirnleistung krankhaft reduziert ist, können wir vielleicht von einer reinen (allerdings verstümmelten) Triebhandlung, lediglich in ungestörten, affektarmen Situationen und bei ungeteiltem geistigem Einsatz von einer nahezu reinen Intelligenzhandlung reden. Das sind wohlgemerkt die Grenzfälle.

Es springt in die Augen, daß beim Menschen die Intelligenzhandlungen gegenüber den engeren Instinkthandlungen viel wichtiger sind als bei den Tieren. Fast alles muß er von der Geburt an lernen und üben. Nur wenige elementare Bewegungsformeln, wie das Saugen und Kopfdrehen des Neugeborenen, sind ohne Erfahrung reflektorisch gegeben. Allerdings darf man nicht vergessen, daß auch die in der Ausführung variabelsten menschlichen Handlungen an ihrer Wurzel wohl eine instinktive Quelle haben. Die allgemeine Tendenz ist erbmäßig fest angelegt, die spezielle Ausführung variiert affekt- und intellektmäßig. So ist der von der rationalistischen Philosophie, speziell von ROUSSEAU stammende und z. B. in die psychoanalytische Theorie eingegangene absolute Gegensatz von „Natur" und „Kultur" nicht richtig gesehen. Auch komplizierte Kultureinrichtungen, wie Moralsysteme, Staat und Religion, Ehe sind nicht willkürlich ersonnene Kunstprodukte von Gesetzgebern, Priestern, Kasten, sondern bei allen Völkern aus einer komplexen Entwicklung herausgewachsen, stark affektiv verankert und kaum rational begründet. Nicht nur lebenswichtige Akte, wie etwa die sexuellen, sind instinktiv verankert, sondern auch die Triebhemmungen, im besonderen die soziale Anpassung. Im Wechselspiel beider, eventuell in Verbindung mit den klimatisch-landschaftlichen Erfordernissen entwickeln sich weitgehend irrational (und darum kaum erklärbar) die ethischen Regulative, die dann vielleicht sekundär mit dem Verstand gerechtfertigt werden.

Es ist unmöglich, die durch *Tradition* fest und formelhaft gewordenen Verhaltensweisen von den vererbten, als den Instinkten im engeren Sinne abzutrennen. Diese Traditionsrahmen erlernter und gelehrter sozialer Ordnungen und Riten (z. B. Rangverhältnisse, Eros,

Kulte) stehen an Festigkeit und Formelhaftigkeit den Instinkten der Tiere nicht viel nach. Andererseits unterscheiden sich die sozialen Vorstellungen und Verhaltensstile (z. B. Autoritätsbetonung und Inzestschranke) von Volk zu Volk, selbst unter den gleichen klimatisch-landschaftlichen Bedingungen, derart stark, daß die angeborenen Trieb- und Instinktschemata sehr rudimentär sein müssen. Die menschliche Natur erlaubt die Erfüllung der Gebote der Zweckmäßigkeit innerhalb eines sehr weiten Rahmens. Immerhin scheinen gewisse einfache Bewegungsformen wie aufrechter Gang, Ausdruck von Freude und Sympathie (Lächeln), Weinen, Werbung, Unterwerfung, Drohung, Angriff, Flucht- und Schreckbewegungen als elementare, allgemeinmenschliche Reaktionstypen gelten zu können (Bilz 1940, 1969). Auf der Erlebnisseite kommt hinzu das Entzücken, welches das Kindchengesichtschema auslöst.

Beide, die Instinkt- wie die Intelligenzhandlungen des Tieres, sind zunächst auf biologische Zweckmäßigkeit gerichtet. Dabei ist die *Zweckmäßigkeit* der Instinkthandlungen *summarisch-schematisch,* die der Intelligenzhandlungen *speziell-situativ,* d. h. den Einzelverhältnissen angepaßt. Der Vorteil der Intelligenzhandlung liegt in der besseren Angepaßtheit an wechselnde Szenen, ihr Nachteil in ihrer mühsamen Erlernung und der Schwerfälligkeit ihres jedesmaligen Einsatzes. Der Vorteil der Instinkthandlung besteht in ihrer sofortigen Gebrauchsfähigkeit, der blitzartigen Schnelligkeit und automatenhaften Sicherheit ihrer Schaltung. Der schwere Nachteil liegt in ihrer Starrheit, die bei neuen Situationen gerade das Gegenteil von dem bewirken kann, was sie eigentlich bezweckt, und dadurch dem Individuum oft schadet. Es gibt davon groteske Beispiele, etwa die Libelle, die wie eine Maschine ihren eigenen Hinterleib auffrißt, wenn man ihn dem Mund nahebringt, oder die Radspinne (Volkelt 1914), die ihre Beute nur in der gewohnten Situation, d. h. im Netz, zu ergreifen vermag und bei anderer Darbietung neben einer Fliege verhungert. Beim Menschen kann man in den Schreck- und Paniksyndromen und bei vielen instinktnahen hysterischen Mechanismen die Vor-und Nachteile beider Verhaltensweisen gut vergleichen.

In der Tierbiologie unterscheidet man folgende Komponenten (Reaktionsbereitschaft und damit korrespondierendes Ereignis): 1. ein angeborenes Appetenzziel, 2. einen angeborenen Auslösemechanismus des Verhaltens, 3. die augenblickliche Gestimmtheit (Bereitschaft), 4. eine Instinkthandlung. Je länger die Pause seit dem letzten Vollzug, desto niedriger wird u. U. der Schwellenwert der Auslösung. Wenn ein Handlungsansatz nicht zum Zug kommt, so gerät der Organismus in Unruhe und es entsteht ohne auslösendes Objekt ein Bewegungsleerlauf.

In der Humanbiologie finden sich zum letzteren eindrucksvolle Parallelen. Manche Frauen zum Beispiel klagen dem Arzt ein vom Unterleib bis zum Herzen aufsteigendes, mit quälender körperlicher Unruhe verbundenes Angstgefühl, das in heftiges Herzklopfen und Zitterparoxysmen der oberen Extremitäten und auch Schlundspasmen ausmünden kann. Es handelt sich hier regelmäßig um Frauen, die bei vorhandenem Trieb unter ungünstigen Eheverhältnissen keine sexuelle Befriedigung erreichten. Nach meiner Auffassung handelt es sich bei dieser Form nicht um psychische Komplexwirkungen, sondern um elementare energetische Umlenkungen, die in die vegetativen und psychomotorischen Apparate einstrahlen. Der Gesamtorganismus kann also durch gestaute Einzeltriebe mobilisiert werden.

Verhalten

Die *Verhaltensforschung bei Tieren* (Lorenz 1968, von Holst 1960, Tinbergen 1952 u. a.) hat das tiefere Eindringen in die Instinktgesetze wesentlich gefördert. Ihre Ergebnisse sind auf die Menschen nicht unmittelbar übertragbar. Einiges daraus erhellt aber manche merkwürdigen Gebiete der Soziologie, Kriminologie und Neurosenlehre schlaglichtartig. D. h. es werden manche hintergründigen Trieb- und Instinktradikale schärfer herausgehoben, die in komplizierten menschlichen Handlungen stecken könnten. Für die forensische Begutachtung sind ihre Kenntnisse dem Arzt oft unentbehrlich.

Schlüsselreize (Signalreize, Auslöser). Tiere reagieren vielfach „blind" auf bestimmte Teile der Außensituation. Selbst innerhalb eines Sinnesgebietes ist immer nur ein Teil der überhaupt aufgenommenen Reize wirksam. In der Regel beantwortet eine Instinkthandlung nur wenig Reize. Alles, was die Umgebung sonst bietet, ist fast oder ganz gleichgültig. Dies wird in Attrappenversuchen nachgewiesen. Bietet man einem männlichen Rotkehlchen innerhalb seines Reviers 2 Attrappen an, von denen die eine ein natürlich präpariertes Rotkehlchen ohne Brustrot, die andere lediglich ein auf einem Zweig befestigtes Büschel roter Federn darstellt, so wird das zweite viel heftiger bekämpft, als das erste (LACK 1943). Hier ist also lediglich das Rot der Signalreiz, nicht die Gesamtgestalt des Tieres. Es gibt viele Beispiele dieser Art bei Fischen, Vögeln und Insekten, wobei bald Gerüche, bald spezielle Bewegungsformen, bald Teile des Flugbildes, bald spezielle Gehörreize ausschließlich die Instinktreaktion (Paarung, Aggression, Brutpflege) auslösen.

Anklänge an solche Signalreizmechanismen sind auch vielfach beim Menschen zu entdekken, auch wenn die erworbenen Auslösemechanismen ganz im Vordergrund stehen. So überträgt sich z. B. die *erotische Anziehung* (und Abstoßung) weniger durch gezielte Worte, als durch kleine Signale von Bewegungsspiel, Mienen und Gebärden. Man wundert sich oft über die Leichtigkeit, mit der homosexuell Veranlagte einander aus einer Menschenmenge herausfinden. Ähnliches gilt für die normale erotische Anknüpfung. In der Filmindustrie und Reklame hat man ein methodisches Geschäft daraus gemacht. Der Zynismus, der aus dem Begriff „Sexbombe" spricht, taxiert nicht nur die Körperform, sondern noch mehr die Signalreize der Haltung und des Ausdrucksspiels. Nicht aus schönen Worten oder angelernten Umgangsformen, sondern aus dem instinktsicheren Geben und Abnehmen von Signalreizen erklären sich die Erfolge des sogenannten „Don Juan". Triebunsichere, insbesondere Reifungsgestörte, treffen, auch wenn sie alle Bücher „vom guten Ton" gelesen haben, stets daneben, weil sie erotische Signale mißverstehen oder nicht auf sie zu antworten wagen. Unter dem Begriff der „Instinktlosigkeit gegenüber erotischen Signalen" habe ich (1966a) diese Phänomene an bezeichnenden Einzelfällen analysiert. Auch auf dem Gebiete des Besitz- und Genußstrebens spielen die Signalmechanismen eine große Rolle. Die wichtigste Aufgabe der Geschäftswerbung besteht darin, auf primitiven Trieben aufbauend, Auslösemechanismen einzuüben, um so den Kauf zu automatisieren. Aber auch Pädagogik und Psychotherapie können der Schlüsselreize nicht entraten, um den jeweiligen Erfolg einzulernen und zu befestigen.

Auch auf dem Gebiet der *Aggressionstriebe* haben die Schlüsselreize weittragende Bedeutung. Es ist bekannt, daß erfolgreiche Demagogen es, entgegen aller rationalen Erwartung, ablehnen, den sprachlichen Ausdruck ihrer Volksreden zu variieren –, sondern immer dieselben Worte mit derselben Affektbetonung in die Menge schleudern. Schlagworte sind Schlüsselreiz, d. h. hier, sie bedingen erworbene Automatismen. Es wäre nicht schwer, aus dem Vokabular von Parteifanatikern beliebiger Richtung Beispiele dafür auszuwählen, daß es nicht mehr auf Inhalt und Sinn des gemeinten empirischen Gesamtkomplexes ankommt, sondern nur noch auf den signalhaft wirkenden Wortklang. Man kann im extremen Fall beobachten, daß von zwei Wörtern, die sachlich etwa dasselbe bedeuten, das eine mit Beifallsstürmen, das andere mit aggressiven Wutausbrüchen beantwortet wird. Signalwörter werden sogar für ihren Gegensinn eingesetzt, etwa „Freiheit" als Sturmzeichen der Massenaufwiegelung, um den Ausbruch fanatischer, blutiger Aggression mit Ausgang in brutale Unterdrückung zu entfachen. Auch hier ist das instinktsichere Geben und Abnehmen von Signalreizen (viel drastischerer Art als in der Erotik und anderswo) für den aggressiven Erfolg entscheidend, wobei akustische (Trommelwirbel, Rhythmisierung) und optische (Fahnenfarben, Uniformen) Elementarreize die triebhafte Zündung entscheidend unterstützen.

Übersprung. Es wurde beobachtet, daß Tiere Bewegungen zeigen, die dem gerade ausgelösten Instinktverhalten offensichtlich nicht angehören. So können kämpfende Haushähne plötzlich am Boden picken. Stare putzen mitten im Kampf in übertreibenden Bewegungen das Gefieder. Silbermöwen unterbrechen plötzlich den schweren Kampf, um Nistmaterial abzurupfen. Der Funke springt vom primär erregten Triebwerk in ein anderes über. Diese Übersprungshandlungen entstehen bei überstarker Erregung, die an der direkten Entladung verhindert ist, besonders wenn zwei gleichzeitig stark aktivierte Triebe miteinander in Gegenspannung kommen, oder wenn bei starkem (etwa sexuellem) Trieb die Außensituation den Handlungsvollzug nicht auszulösen vermag. In allen Übersprungssituationen machen die Tiere einen übererregten, „nervösen" Eindruck. Neutral formuliert ist der „Übersprung" eine *Erregungsentlastung*.

Wie ich vermute (1953 a), brechen die den Übersprungshandlungen analogen Triebentladungen beim Menschen z. B. in inselförmig abgesetzten Ausnahmezuständen durch, was bei Verbrechen und abnormen Reaktionen eine Rolle spielt. Allerdings sind die Erscheinungen und Zusammenhänge beim Menschen vielschichtig, indem neben einfachen akuten Übersprungshandlungen auch seit langem hintergründig gestaute Triebe sich dynamisch summieren und an unerwarteter Stelle irrational, wie in einem physikalischen Experiment, durchbrechen. Es kann beim Menschen auch zu chronischen, gleichsam unterirdischen *Arrosionen* der Gesamtpersönlichkeit kommen, wobei dann scheinbar raffiniert durchdachte, über Wochen und Monate sich hinziehende Handlungsketten entstehen, die aber im biographischen Zusammenhang als durchaus sinnlos erscheinen. (Vergleiche Kapitel „Triebe".) Die *Übersprungs- und Arrosionsphänomene* fassen wir unter dem gemeinsamen Oberbegriff der *Triebirradiationen* zusammen.

Prägung (in zeitbegrenzten sensiblen Perioden). Die Frage, ob und unter welchen Voraussetzungen erbbedingte Triebe durch äußere Reize abgelenkt werden können, ist für die Humanbiologie von hohem Interesse. LORENZ (1967) hat dies „Prägung" genannt. Entfernt man z. B. junge Graugänse unterm Ausschlüpfen von den Eltern, so folgen sie dem Menschen, den sie zuerst sehen, nicht aber einer Graugans, auch nicht den eigenen Eltern. Daß sich solche prägsamen Perioden nicht nur in der frühesten Kindheit, sondern auch mit Eintritt in die Pubertät finden, hat TINBERGEN (1952) an Eskimohunden gezeigt. Die Jungtiere haben keinen Instinkt für die Reviergrenzen ihrer Gruppe. Sie laufen überall herum und lernen trotz häufiger negativer Erfahrung nichts dazu. Sobald sie aber geschlechtsreif werden, merken sie ihre Niederlagen schnell. Jede Grenzüberschreitung hört auf. Binnen einer Woche nach der ersten Begattung verteidigen sie erstmals ihre eigenen Reviere und vermeiden fremde. – In der Humanbiologie haben wir nach klinischen Erfahrungen Grund zur Annahme, daß ebenfalls nicht nur die frühe Kindheit, sondern auch die Pubertät prägungssensible Phasen der Triebentwicklung darstellen. Andererseits sollten vorschnelle Kausalkonstruktionen zwischen frühkindlichem Erlebnis und späterer Verhaltensentwicklung vermieden werden. Häufig ist das Verhältnis umgekehrt, so daß der bereits vorhandene genuine Trieb die Erlebnisse verursacht oder wenigstens formt.

Eine interessante Hypothese hat WOLFENSBERGER-HÄSSIG (1969) entwickelt, der beim Menschen zwei, vielleicht hirnphysiologisch getragene triebhafte Grundinteressen annimmt, das *Sachinteresse* und das *Lebensinteresse*. Während der Umgang mit der Umwelt völlig neu gelernt werden müsse, baue die „Verarbeitung humanweltlicher Informationen" bereits auf dem angeborenen „soziopsychischen System" auf. Letzteres fehle beim „frühkindlichen Autismus", durch welchen das Individuum nur an der Objektwelt teilnehme, während die Einfühlung in Lebewesen und somit auch der echte menschliche Bezug fehle. Beim Gesunden würden die soziale „Instinktpsyche" und die objektgerichtete „Lernpsyche" seit frühestem Lebensalter entfaltet und geprägt, was entsprechende pädagogische Erfordernisse einschließe. – Selbst wenn sich dieser Gedankengang nicht bestätigen lassen sollte, so wäre er doch als differenzierender Gesichtspunkt von großem Wert.

Auf dem Wege, mit möglichst vielen, einfachen und vergleichbaren Variablen die Gesetze des Verhaltens zu erfassen, hat PLOOG (1969) fünf Prinzipien erarbeitet, die für Mensch und Tier zugleich gelten, die den Hintergrund aller ganzheitlichen Lebensäußerungen bilden und die sich beim jeweiligen gesunden wie beim kranken Individuum in charakteristischer Weise abwandeln. „1. Die stammesgeschicht-

lichen (evolutiven) Grundlagen des Verhaltens, 2. die hierarchische Organisation des Verhaltens und des zentralen Nervensystems (Stimmungshierarchie), 3. die Kumulierung aktionsspezifischer Energie für Instinkthandlungen, 4. Homöostase und Periodizität in Organismen, 5. biologische Signalsysteme."
Dies heißt, daß beim seelisch gestörten Menschen 1. „animalische" Verhaltensformen auftauchen können, 2. untergeordnete und begrenzte Tendenzen eine führende, allgemein wirksame Rolle erlangen, 3. für solche Antriebe abnorm viel Energie eingesetzt wird, 4. diese Energieäußerungen unter Umständen periodisch gesteuert werden, wobei die Homöostase meist nur in Gefahr gerät, und 5. das Reagieren auf Signale sich quantitativ und qualitativ ändert.
Nach Meinung des Verfassers findet der Leser in diesem Buch für alle fünf Möglichkeiten anschauliche Beispiele.

Motorische Schablonen

Die *„motorischen"* bzw. *„psychomotorischen Schablonen"* wurden von mir als Oberbegriffe für alle *genormten* Bewegungsabläufe eingeführt (1953 b), gleichgültig, ob sie in normalen oder pathologischen Zusammenhängen auftreten. Sie sagen zunächst nichts über die Entstehung und die biologischen Zusammenhänge aus und umfassen phylogenetisch vorgebildete Reflex- und Instinktformeln und ihre Bruchstücke, ebenso wie die ontogenetisch sich entwickelnden erlernten Automatismen in Gang, Haltung und Gebärde, desgleichen die hirnphysiologisch gestaffelten Bewegungsintegrationen, wie sie Magnus und de Kleyn (1912), Jackson (1921) und viele andere Autoren beschrieben haben, und schließlich die in der Neurologie und Psychiatrie bekannten pathologischen Mechanismen. Die „reine" Psychiatrie gibt uns nicht nur Einblicke in die geistige Welt, sondern auch die interessantesten neurologischen Fragestellungen.
Alle vermuteten Schablonen müssen zunächst als rein motorisches Phänomen sorgfältig gesammelt und beschrieben werden, gleich ob sie beim Gesunden stets vorkommen und unter krankhaften Bedingungen verschwinden – oder ob sie beim Gesunden verdeckt sind und sich beim Kranken enthemmen. Erst nachdem man alles sorgfältig zusammengetragen hat, kann man darangehen, tierische Instinkte und verschiedene menschliche Bewegungs- und Verhaltensschablonen usw. zu vergleichen und ihre phylogenetischen, ontogenetischen und hirnphysiologischen Grundlagen hypothetisch zu formulieren.
Landläufige Lehrbücher bringen z.B. Ausdrücke, wie „steif", „läppisch", „bizarr", „manieriert" usw. Sie schildern in unwissenschaftlichen populären Ausdrücken den Eindruck, den bestimmte psychomotorische Phänomene auf den Beschauer machen. Es müssen aber die Bewegungen in ihren Abläufen genau wie neurologische Darstellungen beschrieben werden, und zwar als reine Strukturformeln, unabhängig von Inhalt oder Ausdruck:

1. Die *Tonuslagen* und ihre Übergänge, wie sie etwa in dem Ausdruck „schlaksig" gemeint sind.
2. Die *Integrationsgrade* des motorischen Gesamt, wie sie z.B. mit Ausdrücken wie „fahrig" oder „unbeholfen" bezeichnet werden. Bei starken Desintegrationsgraden kommt es häufig nicht mehr zu geschlossenen Ausdrucksformeln und Leistungen, oder diese werden durch Querimpulse gestört, die man zur Chorea in Analogie setzen kann (Kahlbaum 1884).

Psychomotorische Bilder also, etwa nach Art der *Hebephrenie* oder *Katatonie,* bewegen sich häufig in isolierbaren und beschreibbaren motorischen Schablonen. Es handelt sich entweder um vollausgebildete motorische Automatismen oder um Bruchstücke von solchen. Die psychomotorischen Formeln lassen sich öfters getrennt von den psychopathologischen Inhalten betrachten und haben mit diesen manchmal keine oder nur lose Zusammenhänge. Die Affekte des Patienten fließen, statt in die gewöhnlichen mimischen Formeln, in diese pathologischen motorischen Schablonen ein und erscheinen verzerrt. Es gibt auch einfache psychomotorische Leerläufe, wie z. B. das häufige paramimische Stirnrunzeln, die keinen Inhalt repräsentieren und darum keinen Ausdruckswert besitzen.

Bei *Schizophrenien* z.B. können hinter derselben motorischen Schablone verschiedene

Inhalte stecken:

a) magische Erlebnisse,

b) oberflächliche, an der Grenze des Beabsichtigten stehende Abwehr- oder Anspruchshaltungen *(Fassadenpsychosen)*.

Wenn wir all diese Vorgänge teils neurologisch, teils psychopathologisch analysiert haben, werden wir uns nicht mehr gut mit Ausdrucksbegriffen, wie z.B. „läppisch" begnügen können.

Als Beispiele von *normalen Automatismen,* die in krankhaften *Situationen* verschwinden, lassen sich z.B. *Adversivreflexe* beschreiben, durch die sich jeder Mensch zwangsläufig zuwendet, wenn er einem Gesprächspartner oder einem Plenum von Personen begegnet (fehlt bei autistischen Schizophrenien, schweren Depressionen, Schwachsinn, Parkinson). Dasselbe gilt von dem gesetzmäßigen initialen Affektstupor *(Immobilisationsreflex),* der eintritt, wenn ein kleines Kind unter fremde Menschen kommt. Er ist auch bei sensiblen Erwachsenen geläufig und fehlt bei allen Enthemmungen und stärkeren Erregungen. Adversivreflexe wie Immobilisationsreflexe haben ihre Entsprechung beim Tier in freier Wildbahn. Ihr Fehlen wäre in bestimmten Situationen lebensgefährlich. Die sofortige Zuwendung dient dem Kontakt mit Gegner und Partner, die Unbeweglichkeit der scharfen Beobachtung der Umgebung, der Unsichtbarkeit gegenüber dem Feind, der Begattung des Weibchens u.a.

Tiefliegende Automatismen, die nach der Säuglingszeit *nur in der Krankheit zum Vorschein* kommen, sind z.B. Saugreflex, Greifreflex und Mechanismen der von MAGNUS und DE KLEYN (l.c.) beschriebenen Art. Interessant ist es, die gesetzmäßige Abfolge solcher motorischen Schablonen, etwa in der Rückbildungsskala komatöser Zustände, zu verfolgen (BENTE u. WIESER 1953). BIRKMAYER, FRÜHMANN u. STROTZKA (1955) haben in Fortführung unserer Arbeiten präzise Beobachtungen beim Erwachen vom Elektroschock geschildert. WIESER (1955) hat sich an Hand zerebralorganischer Fälle in die motorischen Schablonen vertieft, die bei Abbau oraler Leistungen erscheinen. Er beschreibt: Suchautomatien, orale Greifformen, „Bulldoggreflex" (tonischer Beißreflex mit verlängertem Festhalten des ergriffenen Gegenstandes), Saug-, Kau- und Schluckreflexe.

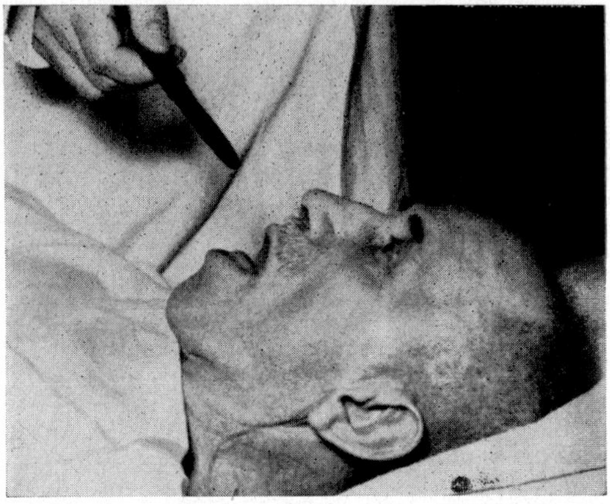

Abb. 14. Motorische Schablonen. Optisch ausgelöste und zugleich optisch gesteuerte Sperreaktion bei einem zerebralorganischen Endzustand

Selbst recht komplexe Bewegungsfiguren, wie etwa Kletterbewegungen, können bei tiefgreifendem zerebralem Abbau frei an die Oberfläche kommen, wie dies PILLERI (1960) bei einem Endstadium von Hirnschwund (ALZHEIMER) beschrieben hat: „Deutliche Kletterbewegungen, wobei die Hände langsam wie an einer Kletterstange auf- und abgingen". Sie seien denen beim menschlichen Säugling und neugeborenen Affen homolog gewesen.

In den alltäglichen Willens- und Bewegungsakten der Gesunden stecken eine große Menge von Automatismen, zu denen der bewußte Wille keine Ausführungsbestimmungen, sondern nur die generelle Zündung gibt. Ihr Anteil am Gesamtvollzug psychomotorischer Akte wird in der Regel weit unterschätzt. Doch bedingt die krankhafte motorische Stereotypie den höchsten Grad an *Freiheitsverlust* des Verhaltens (PLOOG 1957).

Seele als äußerer und innerer Tatbestand

In meinen Forschungen habe ich immer wieder Wert darauf gelegt, zunächst die motorischen Reaktionen als nicht verstehbare *formale Strukturen* genau und subtil zu beschreiben, d.h. abstrahiert von den Bewußtseinsinhalten, die hinter ihnen stehen und von dem allgemeinen „Eindruck", den sie uns machen. Insoweit berührt sich unsere Arbeitsweise mit den Thesen des amerikanischen „Behaviorismus", den wertvollen Untersuchungen von Pawlow (1926) über die „bedingten Reflexe" sowie mit der zoologischen und psychiatrischen Verhaltensforschung (Ploog 1969).
Die psychologische Forschung würde in hohem Grad verarmen, wenn man diese Arbeitsweise als die allein gültige dogmatisierte, wie es einige extreme Vertreter der Verhaltenspsychologie fordern. Das Studium der verständlichen, einfühlbaren *innerseelischen Vorgänge* bzw. der Bewußtseinsinhalte und ihre Analyse ist ein Spezifikum der *psychologischen Forschung,* es folgt anderen Gesetzen als die *Physiologie,* ist aber nicht minder wissenschaftlich und auch nicht weniger erfolgreich. Beide, in ihrer Eigenart erkannt und mit den adäquaten Methoden untersucht, haben gleichen Wert. Allerdings müssen die innerlichen Phänomene mit Sorgfalt und Objekttreue aufgenommen und dürfen nicht durch vorgefaßte Theorien und prätentiöse Kunstwörter verzerrt werden. Außen- und Innenaspekt bilden zwei sich notwendig ergänzende Modi der Lebenserscheinungen und damit der Wirklichkeit. Sie sind *beide* gleichermaßen „real".

7. Kapitel

Hyponoische Mechanismen

Können wir im Seelenleben des erwachsenen Zivilisierten Ausprägungen seiner früheren Entwicklungsstufen entdecken? Weist sein Seelenleben die Jahresringe seiner Phylogenese auf? Das Gehirn zeigt klaren entwicklungsgeschichtlichen Aufbau. Wenn wir aber im folgenden von seelischen „Schichten" (Rothacker 1966) sprechen, so ist das zunächst nur eine bildliche Ausdrucksweise, unabhängig davon, ob ihnen entwicklungsgeschichtlich übereinandergelagerte Gehirnapparate entsprechen oder ob sie nur verschiedene Funktionstypen oder Schaltungen desselben Gehirnapparates bedeuten. Eins ist so gut möglich wie das andere. Nur dies ist festzuhalten: Wenn wir von „seelischen Apparaten" sprechen, so meinen wir damit die psychische Entsprechung (Funktionsbild) eines uns bekannten körperlichen Systems, welches das Ich mit der Außenwelt in Beziehung setzt, die Sinnesreize aufnimmt, verarbeitet und Bewegungen abgibt. Dieser Organismus vermittelt als ununterbrochenes Funktionskontinuum Eindruck und Ausdruck. Das subjektive seelische Funktionssystem entspricht den Vorgängen im sensorisch-motorischen Gesamtapparat und formt das Erlebnis der Abbildungs- und Ausdrucksvorgänge.
Wir finden unterhalb der rational geordneten seelischen Abbildungsvorgänge aller Menschen besondere Funktionstypen, die uns, verstreut auf sehr verschiedenartigen Beobachtungsgebieten, mit einheitlichen Wesenszügen entgegentreten: vor allem im Traum, in der Hypnose, im hysterischen Dämmerzustand und in den schizophrenen Erlebnisstörungen. Weil diese Erfahrungstypen relative Analogien zu phylogenetischen und ontogenetischen Entwicklungsstufen bieten, gehören sie wahrscheinlich zur seelischen Grundstufe und ihr Funktionieren darf als „hyponoische Mechanismen" bezeichnet werden.

Traum

Als *Traum* bezeichnen wir die seelischen Bildvorgänge im Schlaf, also in einem Zustand stark veränderter psychophysischer Abläufe. Das Seelenleben ist, ebenso wie die Muskulatur, entspannt. Die Konzentration des Gedankenablaufes auf bestimmte Leitvorstellungen, wie sie tagsüber mit einer gewissen angestrengten Aufmerksamkeit und dem Bewußtsein der Aktivität aufrechterhalten wurde, lockert sich im Schlaf. Der Träumer fühlt sich vorwiegend passiv gegenüber den Bildern, die scheinbar ohne Ziel, lose, ungeordnet und sinnlos vorübertreiben. Ob sie in ihm selbst oder in der Außenwelt lokalisiert sind, d. h. ob sie als subjektive Vorstellungen oder als objektive Geschehnisse empfunden werden, ist häufig nicht deutlich. Da die Sinnespforten im Schlafe fast geschlossen sind, wird das Material für die Traumbilder meist aus Engrammen, aus Erinnerungsspuren früherer Erlebnisse, besonders vom Vortag, aber auch vermischt mit alten Erinnerungen, selbst aus früher Kindheit, bestritten. Dazwischen fallen dann einzelne phantastisch weiterverarbeitete Neuempfindungen, insbesondere Körpersensationen und Bruchstücke von Gehörseindrücken.

Man kann den Traum ebenso als *Spiel des Ausgleichs* elementarer seelischer Kräfte, wie als *schöpferischen* oder *tendenziösen* Ausdruck des Subjekts interpretieren. Für beides gibt es Argumente: Wir finden sinnlose und sinnhafte Elemente. Der Traum ist kein „sensorisches" Ereignis, weil Augen und afferente Sehbahnen ausfallen. Jedenfalls ist er per definitionem kein physischer Vorgang, sondern eine besondere Form des Erlebens, d. h. ein subjektives Phänomen. Die meisten, typischen Träume kommen in der REM-Phase des Schlafes (s. S. 125) vor, genauer gesagt: man erinnert sich am besten an sie, wenn man rechtzeitig geweckt wird, während vom Tiefschlaf eher Tagesreste oder banale Motive in spärlichem Umfang im Gedächtnis bleiben. Hirnelektrische Kontrollen in Verbindung mit Weckexperimenten lassen vermuten, daß das Traumgeschehen zeitlich die gleiche Ausdehnung beansprucht, wie entsprechende objektive Ereignisse, daß also nicht auf Sekunden gerafft wird. Es soll jeweils 8 bis 30 Minuten umfassen. Wenn die *paradoxe Schlafphase* nötig ist, wie es scheint, so könnte auch das Träumen nötig sein. Dies läßt sich aber, wie bei allen spontanen subjektiven Erscheinungen, verschieden und nicht verbindlich begründen. Jedenfalls wird unter dem Gesichtspunkt primitiver affektiver Gesetzmäßigkeit die psychoanalytische These, Träume würden nur von Wünschen und Befürchtungen, also psychologisch determiniert, entbehrlich. Entweder der Organismus sucht nur einen *physischen* Rhythmus – dann bedarf es keiner Träume –, oder Phantasien sind *psychologisch* wichtig für das Subjekt, und es gestaltet sie spielerisch und sinnvoll. Die eine Möglichkeit schließt die andere nicht aus!

Wie erforschen wir den psychologischen Aufbau der Träume? Der sicherste Weg der Erfahrung ist der, daß wir den Traum sowie die Gedanken und Bilder, die uns beim Übergang vom Schlaf zum Wachen unmittelbar, assoziativ aus dem Traum herauswachsen, sogleich genau aufschreiben. Die letzteren sind für die Traumdeutung das Wesentliche. Denn sie geben uns in manchen Fällen die verschiedenen Beziehungsfäden zwischen Traumdenken und Wachdenken fast vollständig und als evidentes Erlebnis in die Hand. Manche Träume stehen allerdings so deutlich mit den wachen Bewußtseinsinhalten des Träumers im Zusammenhang, daß wir sie auch ohne das Übergangsprotokoll des Halbschlafes – wenigstens in ihren oberflächlichen Beziehungen – mit großer Wahrscheinlichkeit deuten können.

Als erstes Paradigma wählen wir einen Traum Bismarcks, den er in seinen „Gedanken und Erinnerungen" (Brief an Kaiser Wilhelm) mitteilt:

„Euer Majestät Mitteilung ermutigt mich zur Erzählung eines Traumes, den ich im Frühjahr 1863 in den schweren Konfliktstagen hatte, aus denen ein menschliches Auge keinen gangbaren Ausweg sah. Mir träumte, und ich erzählte es sofort am Morgen meiner Frau und anderen Zeugen, daß ich auf einem schmalen Alpenpfade ritt, rechts Abgrund, links Felsen; der Pfad wurde schmäler, so daß das Pferd sich weigerte, und Umkehr und Absitzen wegen Mangel an Platz unmöglich; da schlug ich mit meiner Gerte in der linken Hand gegen die glatte Felswand und rief Gott an; die Gerte wurde unendlich lang, die Felswand stürzte wie eine Kulisse und eröffnete einen Weg mit dem Blick auf Hügel und breiten Waldland wie in Böhmen, preußische Truppen mit Fahnen und in mir noch im Traum der Gedanke, wie ich das schleunig Euer Majestät melden kann. Dieser Traum erfüllte sich und ich erwachte froh und gestärkt aus ihm."

In diesem besonders einfachen und durchsichtigen Traum finden wir nirgends abstrakte Gedankengänge, sondern sinnliche Bilder aneinandergereiht. Der Ritt ist zwar nicht in seinem Anlaß, wohl aber in seinem Ziel motiviert (Geschicklichkeitsaufgabe). Auch das äußere Hindernis könnte im Leben auftreten. Aber nun erfolgt der magische Einbruch. Die raumzeitliche Ordnung schwankt und gebiert eine neue, in sich abgestimmte Szene. Eben noch einsame Alpenlandschaft, Bergpfad und Fels. Plötzlich ist der Fels eine leichte Kulisse, die man umwerfen kann, und dahinter erscheint eine andere Gegend, belebt von Truppen. Der Träumer selbst wird vorübergehend zum gottbeschwörenden und gottdurchströmten Magier, um dann wieder seine authentische Lebensrolle zu übernehmen. Was zwischen den drei szenischen Abschnitten fehlt, ist nicht die logische Verknüpfung (die in einer darstellenden Bildserie keinen Platz hätte) sondern der sachliche Zusammenhang und die unmittelbare, kausale Konsequenz der Handlung, welche durch magische Verwandlungen ersetzt werden.
Ein weiterer Gesichtspunkt erhellt den Hintergrund: Die asyntaktische Bildserie ist zwar äußerlich betrachtet sinnlos, aber durchaus verständlich, wenn wir sie im Zusammenhang mit dem damaligen Wachdenken BISMARCKS und seiner Lebenssituation *symbolisch* verstehen. Faßt BISMARCK seinen inneren Zustand in den politischen Kämpfen im Jahre 1863 zusammen, so würde er sagen: „Ich bin ganz vereinsamt auf hochgestelltem, gefährlichem Posten. Mein Sturz droht jeden Augenblick. Ich kann nicht mehr zurück. Vorwärtszukommen gegen die harten, allgemeinen Widerstände ist unmöglich. Allein Gott kann noch ein Wunder tun. Nur ein Krieg zwischen Preußen und Österreich vermag zu helfen."
Dieser Gedankengang ist in dem Traum Punkt für Punkt entwickelt, aber nicht in abstrakten Ausdrücken und folgerichtig verbundenen Sätzen, sondern jede Allgemeinvorstellung ist ins bildhaft Sinnliche übersetzt. Sie werden sozusagen wieder lebendig und bekommen ihren ursprünglichen, wörtlichen Sinn wieder. Der „hochgestellte Staatsmann" steht auf einer wirklichen Berghöhe, ein wirklicher Abgrund ist für den „Ministersturz" bereit. Der „harte Widerstand" ist etwas Hartes, was „wider ihn steht", nämlich die vor ihm aufsteigende Felswand. Erleuchtender Einfall und Durchsetzungskraft verdichten sich zu einem magischen Gotteswunder, das wie auf der Bühne sichtbar wird. Der „Krieg zwischen Preußen und Österreich" zeigt sich als farbiges Landschaftsbild mit marschierenden Truppen.
Die Bildserien stellen also *Symbole* dar, Anschauliches steht für Unsichtbares. Das Wort Symbol ist hier mit umgekehrter Blickrichtung zu gebrauchen als es für die „Primitiven" gilt. Deren Symbole sind prospektiv gerichtet, Vorstufen oder Matrizen unanschaulicher Allgemeinbegriffe. Die großen religiösen und sozialen Symbole der Zivilisierten erfüllen ebenfalls diese Funktion, während die Alltagssymbole (eigentlich *Allegorien*) als Rückübersetzung fertig vorhandener Abstrakta in eine naivere Bildersprache zu verstehen sind. Doch ist es *sehr problematisch,* die Traumsymbolik mit FREUD als Ausdruck der „Regression" zu denken, als Rückkehr von einer höheren zu einer einfacheren Synthese, vom Abstrakten zum Konkreten, von der Architektonik des Satzes zum asyntaktisch abrollenden Bildstreifen (vgl. S. 113).
Am Traum BISMARCKS wollen wir noch einige andere Mechanismen zeigen. Weil aber die eigenen Gedankenverbindungen des Träumers fehlen, können wir nur gemäß den an zahlreichen anderen Träumen gewonnenen Gesetzmäßigkeiten deuten. Die Szene mit dem Schlag gegen die Felswand mit augenblicklicher göttlicher Hilfe erinnert auffallend an eine alttestamentliche Erzählung, wo Moses den Kindern ISRAEL Wasser aus dem Felsen schlägt. Bei der ausgesprochen religiösen und bibelgläubigen Gesinnung BISMARCKS ist es möglich, daß sich ihm zuweilen der Vergleich

seiner politischen Lage mit der Stellung Moses' aufdrängte, der die undankbaren Volksgenossen durch die Wüste führt. – Die spezielle Szenerie des Traumes: Alpenlandschaft und böhmische Landschaft könnte an Gegenden anknüpfen, wo Bismarck seinen Urlaub zuzubringen pflegte. Der Vergleich der politischen Situation mit der von Reiter und Pferd war bekanntlich eine Lieblingswendung des Staatsmannes.

Die Beispiele zeigen uns, daß der Träumer seine Motive dem eigenen Lebensbereich und der Erinnerung daran entnimmt und daß der Deuter diesen individuellen Raum kennen und sich in ihn einfühlen muß.

Als tiefste Schicht bildhaften Ausdrucks finden wir allgemeinmenschliche, urtümliche Motive, die typische Grundsituationen des Lebens zusammenfassen und in welchen sich der Träumer zum gegebenen Zeitpunkt wiederfindet. Sie stellen seine vermeintliche oder tatsächliche Rolle als letzten persönlichen Wert dar. Im Fall unseres Traumes finden wir vier solche Typen in eine Figur verdichtet: den Reiter (Beherrscher der eigenen Triebe und der der Volksmassen), den Magier (der das scheinbar starr Gesetzmäßige zu wandeln vermag), den Propheten (der den gesellschaftlichen Weg zeigt) und den Kriegshelden. Das Anspruchsvolle einer solchen Selbstdeutung wird man einem Mann vom Format Bismarcks nicht verdenken.

Auf diese Weise läßt sich nicht nur die Gesamtsituation des Traumes, sondern jeder kleine Zug jedes Einzelbildes in eine einleuchtende, sinnvolle Beziehung zur Person Bismarcks bringen, zu dem, was ihn im damaligen Zeitpunkt am stärksten beschäftigen und beherrschen mußte. Es handelt sich dann um typische Bildagglutinationen, die sich unter gemeinsamem Affekt und Sinn zusammenballen. Ob wir überall die richtige Deutung getroffen haben, bleibt dahingestellt. Jedenfalls ist festzuhalten, daß es im ganzen Seelenleben und so auch im Traum nur Gesetzmäßiges geben kann, das bis in die kleinste Kleinigkeit hinein determiniert ist. Die sexuelle Deutung des Bismarckschen Traums durch Psychoanalytiker hat seinerzeit verständlicherweise schallendes Gelächter und Kopfschütteln hervorgerufen. Wir ziehen daraus die Lehre, daß der Deuter die Dringlichkeitsskala der Probleme des Träumers richtig einschätzen muß und diesem nicht seine eigenen Triebinteressen aufzwingen darf. Überhaupt gibt die Trauminterpretation nicht nur ein psychologisches Bild des Patienten, sondern spiegelt auch den Bildungsstand des Arztes, d. h. den Umfang seiner Gesichtspunkte.

Neben der Asyntaxis, der Relativität von Zeit und Raum und der bildhaften Sinnlichkeit gehört die *Bildagglutination* zu den wichtigsten Gesetzmäßigkeiten des Traumdenkens. An massenhafte *Verdichtungen* wird sich jeder Träumer erinnern. Wir sehen eine Person, die zugleich Herr A und Herr B ist, bald mehr die Züge des einen, bald mehr die des anderen hat; bald ist der Betreffende ich selbst, bald einer, mit dem ich rede; die Szenerie ist zwar der Hörsaal, in dem ich gestern sprach, und doch zugleich ein Landschaftsbild meiner Kinderheimat. Und so ins Unendliche weiter, wobei uns das Zusammenschmelzen ganz heterogener und völlig formunähnlicher Bilder lebhaft an das Denken des Indianers erinnert, der Hirsch, Kaktus und Morgenstern mit einem Sinn verbindet.

Ich habe einen Ausflug ins Donautal über rauhe, steinige Felsen gemacht. Am Abend meiner Rückkunft empfängt mich meine Hausbesitzerin mit ungebührlichen Mietforderungen. In der Nacht träumte ich, daß ich der Vermieterin harte Steine von den Donaufelsen bringen muß. Die beiden ärgerlichen, aber unter demselben Affekt stehenden Dinge sind hier in ein Bild verdichtet, wo die Steine das herzubringende Geld darstellen. – Ein anderer Arzt träumt, er muß einen bestimmten Tumorkranken im Kolleg vorstellen. Während man ihm den Schädel aufklappt, ist er plötzlich Frau Dr. N. Diese hat in Wirklichkeit eine alte, bogenförmige Stirnnarbe. Letzteres ist das deutliche Bindeglied zwischen den zwei verdichteten, sonst ganz unähnlichen Personen. – Ein dritter erzählt, daß er im Traum in einem sumpfigen Teich schwamm, zugleich in eigener Gestalt und als Aal und als Frosch. War er mehr er selbst, so hatte er beim Schwimmen zwischen den schlüpfrigen Fischen Ekelgefühl, das alsbald verschwand, wenn er wieder mehr Aal war. – In einem anderen Traum trat ein gutes Ochsenfleisch und eine schön sich lesende, neue Abhandlung (beides vom Vortag) als gleichsinnig auf.

Unsere Beispiele zeigen uns schon, daß die Bildagglutinationen im Traum einen außerordentlich schillernden, flüchtigen Charakter haben, daß die Einzelbilder sich mit leichtester Beweglichkeit zusammenfinden, wieder lösen und von neuem zusammenballen. Deshalb läßt sich zwischen Verdichtung und *Verschiebung* im Traum keine genaue Grenze ziehen. Von einem Bildkonglomerat sind bald mehrere Elemente gleichzeitig im Bewußtsein, bald ist nur eines Repräsentant einer größeren Gruppe. Der Traum enthält nämlich oft *Deckfiguren.*

Es träumt jemand, er sitze mit einer Runde von alten Freunden, wie in seiner Studentenzeit, in einem Garten zusammen. Die Hauptfigur, die den Trinkspruch ausbringt, ist Student A, den er früher nicht recht leiden mochte. Er hat selbst im Traum ein dumpfes Gefühl, daß das nicht sein kann, daß hier etwas nicht stimmt. Noch im Schlaf, aber bei etwas sich hellendem Bewußtsein, schießt plötzlich mit lebhafter Überzeugung der Gedanke auf: Das ist ja gar nicht A, das muß doch B sein. B ist einer seiner besten Freunde, der mit A in einigen Zügen Ähnlichkeit hat.

Dies ist eine typische Verschiebung, wo zwei Bilder agglutiniert sind, von denen aber bei einer bestimmten Schlaftiefe nur das eine im Bewußtsein ist, und zwar dasjenige, das in der Gesamtszene keinen Sinn gibt. Während bei sich aufhellendem Bewußtsein hinter dieser Deckfigur erst das eigentliche, offenkundig sinnvolle und in die Situation gehörige Bild greifbar wird.

Es ist nun eigentümlich, daß im Traum solche Verschiebungen, solche Entstellungen der Szene durch Deckfiguren nicht beliebig auftreten, sondern, wie in unserem Beispiel, gern an der entscheidenden Stelle, wo der affektive Akzent des Gesamtbildes liegt. Dies erweckt dann den Eindruck des Tendenziösen. Wie manchmal junge Burschen aus einem öffentlichen Maueranschlag die Stelle herauskratzen, die ihnen widersteht, so ist ein Traumbild zuweilen gerade dort verwischt, wo starke Gefühlstöne, besonders ambivalente oder peinliche anklingen, die wir uns auch bei Tag nicht recht zugeben wollen.

Dies führt uns zur beherrschenden Rolle, die *affektive Strömungen* beim Zustandekommen der Bildagglutinationen des Traumes spielen. Dafür noch ein Beispiel eines Arztes:

Er hatte in den letzten Wochen wiederholt an Sitzungen teilnehmen müssen, die ein Lehrer N. mit ermüdender Wichtigkeit und Breite leitete. Der Arzt hatte ihn etwas energisch auf das Wesentliche hingedrängt, worüber sich dann der Lehrer beim Chefarzt brieflich beklagte. Danach folgender Traum: Der Arzt hatte dem Lehrer einen längeren Brief geschrieben, worin es gegen den Schluß hin in sonderbar geschmackloser und scharfer Form hieß, der Schreiber müsse in der Krankenhausstation junge Pärchen von Amts wegen für die Hochzeit unterrichten und habe also keinen Augenblick Zeit, zu den langweiligen Sitzungen des Lehrers N. zu kommen. Dieser Brief wurde dem beschämten Träumer vom Chefarzt übergeben. Die zu beanstandenden Stellen waren rot angestrichen. Auch die Gestalt des Lehrers wurde sichtbar. Bei etwas zunehmendem Bewußtsein verwandelte sich diese zum Teil in die eines Försters M., dessen Frau der Träumer gestern in Anwesenheit des Gatten wegen ihrer taktlosen Reden ein paar scharfe Worte gesagt hatte. Dies machte ihm nachher Bedenken. Dabei im Traum das eigentümlich sichere Bewußtsein: es handelt sich ja eigentlich nicht um Herrn N., sondern um Herrn M. Die beiden sind sich in Gestalt und Gesicht ziemlich ähnlich. Im Traum steigerte sich dies, so daß beide Figuren in eine einzige verschwanden. Dahinter klangen bei sich weiter aufhellendem Bewußtsein noch die wissenschaftlichen Arbeiten eines Autors an, der einiges Gute zwischen viel Unsinn geschrieben hatte.

In diesem Traum haben wir vorwiegend zwei Erinnerungsbilder: Bild A, die Sitzungsszene mit dem Lehrer und dessen Beschwerdebrief – und Bild B, den Wortwechsel mit dem Förster und seiner beschränkten Frau. Beide Szenen hatten sich bei starkem Affekt ganz ähnlich abgespielt: berechtigter Ärger über Zeitverlust durch unnötiges Geschwätz, der sich schließlich durch einige energische Worte Luft gemacht hatte, aber beidemal das nachwirkende innere Gefühl hinterließ, etwas zu schroff gewesen zu sein. Also: es ist eine Affektspannung aufgetreten, die zur Zeit des Traumes noch besteht. Die unter dieser gemeinsamen Affektströmung stehenden beiden Bilder A und B werden agglutiniert, ergeben eine typische Verdichtung, die durch die Formähnlichkeit der beiden Hauptpersonen erleichtert wird. Auch der Traum Bismarcks ist aus affektbetonten, hochwichtigen Elementen zusammengebaut. Bei der oben erwähnten Verdichtung zwischen dem gesteigerten Mietgeld und den Donaufelsen ist das Vehikel des gemeinsamen Affektes leicht erkennbar, ebenso bei der Abhandlung und dem Ochsenfleisch. Beispiele dieser Art könnte man zu Dutzenden bringen. Bei dem Lehrertraum ist übrigens die Übersetzung ins sinnlich Bildhafte schön zu sehen. Der abstrakte Selbstvorwurf: mein Verhalten ist nicht richtig gewesen, erscheint im Traum als Bild eines Briefes mit rot korrigierten Stellen, wobei auch das Briefmotiv wieder durch einen tatsächlich, aber in umgekehrter Richtung geschriebenen Brief assoziativ determiniert ist.

Außer diesen Verdichtungen und Verschiebungen unter Affektwirkung, also von *katathymer* Entstehung, finden wir auch andere, wo die Bildagglutination nur durch die *formalen Assoziationsbezüge,* durch äußere Ähnlichkeit, zeitliche Zusammengehörigkeit u. ä. bedingt erscheint, wobei wir allerdings eine tiefer liegende, aber nicht mehr analysierbare Affektwirkung nicht sicher ausschließen können.

Wollen wir uns also vom Seelenzustand im Traum ein anschauliches Gleichnis machen, so können wir ihn uns wie ein tiefes, stehendes Wasser hinter Schleusen bei geschlossenen Zuflüssen und Abflüssen vorstellen. Frei im Wasser treiben einzelne Bilder und Bildbruchstücke, die unter den leisen, tiefen Affektströmungen vom Grund her kreuz und quer schwimmen, sich manchmal zusammenballen und wieder voneinander lösen. Im Tagbewußtsein sind die Schleusen gezogen, und alles schwimmt in einem energischen Zug und wird in starker, gerader Strömung nach dem Ziel des Mühlrades geleitet.

Um die Menge und das komplizierte Ineinandergreifen der Bildelemente und Affektströmungen im Traum zu zeigen, gebe ich noch den Traum eines akademischen Kollegen wieder:

„Mir träumte kürzlich: Die Frau eines Kollegen hielt eine Vorlesung und blieb dabei stecken. Sie erklärte, sie könne jetzt nicht weiter fortfahren und werde dies auch in der nächsten Stunde nicht tun können.

Dem Traum liegen die folgenden Erlebnisse zugrunde: Tags zuvor hatte ich an einem akademischen Leichenbegängnis teilgenommen. Mitten in der Stadt begegnete die Frau eben jenes Kollegen dem Trauerzug. Ich empfand, es werde für sie peinlich sein, gerade an dem Leichenzug vorbeigehen zu müssen und so ihre Nichtbeteiligung jedermann zu verraten. In dem Unangenehmen der Situation lag für mich eine Verknüpfung mit dem Steckenbleiben im Kolleg.

Aber ich war es ja eigentlich selbst, der in dieser Weise in der Vorlesung hängenblieb. Ich empfand im Traum deutlich das Quälende eines Mangels an frischem Zustrom der Gedanken. Klar stand mir eine einst mißglückte Stegreifrede vor Augen. Und doch war ich es eigentlich wieder nicht, dem dieses Mißgeschick im Kolleg zustieß. Das peinliche Gefühl des Steckenbleibens hatte ich selbst, aber jene Kollegenfrau brachte es in ihren Handlungen zum Ausdruck. Es lag eine merkwürdige Zerteilung der Persönlichkeit vor.

Am vorangegangenen Abend war ein junger Arzt bei uns zu Gast, der eben sein Staatsexamen vollendet hatte. Er gab seiner Freude darüber Ausdruck, daß er jetzt wieder an die Lektüre von Ibsen usw. komme, wozu ihm bei seiner vorausgegangenen Facharbeit Zeit und Gedankenfreiheit gefehlt habe. Im Blick auf die eigene anstrengende Berufsarbeit dachte ich daran, wie bedauerlich es sei, die Beschäftigung mit der schönen Literatur so sehr vernachlässigen zu müssen. Ich erwiderte mir jedoch in Gedanken: Wenn man geistig beweglich ist, läßt sich ein solcher Mangel trotz der geringen verfügbaren Zeit ausgleichen. Dieser Mangel an geistiger Beweglichkeit war aber auch der im Traum erlebte Grund für das Steckenbleiben im Kolleg.

Jene „Beweglichkeit" fehlt nun der Frau des Kollegen, die im Traum die Vorlesung hielt, keineswegs. Im Gegenteil. Sie ist eine ausnehmend frische, ideenreiche, lebhafte Dame. Sie würde ganz gewiß im Kolleg nicht steckenbleiben und ebensowenig neben strenger Facharbeit Sinn und Kraft für Lektüre verlieren. So hatte der Traum Negation und Position vertauscht.

Diese Traumanalyse ist in ihren wesentlichen Zügen unmittelbar im Anschluß an den Traum im Halbschlaf unwillkürlich vollzogen worden. Ich empfand dabei aufs angenehmste die Leichtigkeit, mit der ich den assoziativen Bahnen im Vergleich mit rückblickenden Wachanalysen zu folgen vermochte."

Wir bitten nun den Leser, sich selbst noch einmal das verwickelte Spiel von katathymen Strömungen zwischen heterogenen Bildelementen und die assoziative und affektive Verknüpfung in diesem Traum nachzuzeichnen. Alle wesentlichen Traummechanismen finden wir hier: umfangreiche Verdichtung, die Deckfigur an der peinlichen Hauptstelle des Traumes, die Symbolisierung abstrakter Gedankengänge durch sinnliche Bilder, und starke aktuelle Affektströmungen als die treibenden Kräfte der ganzen Bildmaschinerie. Wir bekommen einen Begriff, wie das „Webermeisterstück" unseres Traumdenkens und, fügen wir gleich hinzu, unseres Denkens überhaupt in seinen untersten Elementen angelegt und hundertfältig verschlungen ist, so daß jeder Punkt innerhalb des Gewebes nicht nur nach einer, sondern nach vielen Seiten hin verknüpft, gesetzmäßig mehrfach determiniert oder, wie FREUD sagt, „überdeterminiert" ist.

Man beachte auch, wie die Asyntaxis der Bildserie zustande kommt. Wir sehen das Wegfallen des sachlichen Beziehungsgerüstes zwischen den Bildern und grundlegende Kategorien, die unser Wachdenken fest gebahnt in strengstem Zwange halten. So die Beziehung *„Subjekt – Objekt"*. Der Träumer ist zugleich Zuhörer und Redner, Zeuge und handelnde Person in der peinlichen Kollegszene. Daß wir so einen Vorgang im selben Atemzug handelnd und leidend erleben, ohne uns des Widerspruches bewußt zu werden, ist eine häufige Traumerfahrung.

Damit hängst aufs engste zusammen, daß die beiden Hauptkomplexe unseres psychischen Erlebens: *„Ich"* und *„Außenwelt"* sich so ineinander auflösen, daß wir sie nicht mehr voneinander trennen. Was im Traum im einen Moment „Ich" ist, kann im nächsten Moment, ja selbst gleichzeitig damit „Nicht-Ich" sein. So spricht auch unser Gewährsmann von einer *„Zerteilung der Persönlichkeit"*, indem der peinliche Affekt des Steckenbleibens im „Ich", die zugehörigen Gesten und Worte aber im „Nicht-Ich", d. h. in der Kollegenfrau, vollzogen wurden. Die Persönlichkeit spaltet sich, so wie bei dem Indianer, der seiner großen Zehe Salbopfer bringt. Stücke der eigenen Persönlichkeit können als handelnde Personen in die Außenwelt projiziert werden, so wie im vorliegenden Traum die Professorsfrau nichts anderes ist als die Inkarnation eines Teiles der Träumerpersönlichkeit selbst, nämlich seines peinlichen Affektes gegenüber seiner mangelnden geistigen Beweglichkeit.

Am häufigsten vollziehen sich solche Wandlungen der Persönlichkeit in Form der *Identifikation,* die einen Spezialfall der Verdichtung darstellt. Unter Identifikation verstehen wir die teilweise oder völlige Verdichtung der eigenen Persönlichkeit mit Personen oder Dingen der Außenwelt. Der Träumer kann sich selbst als ganz oder teilweise mit Personen identisch empfinden, die mit ihm Ähnlichkeit haben, vor allem mit solchen, zu denen er affektive Bindungen hat, die Züge besitzen, welche er an sich selbst haßt oder liebt. Dies ist nicht so, wenn man sich im Wachen mit jemand vergleicht, wobei die Verschiedenheit zwischen beiden Persönlichkeiten, die Grenze zwischen ihnen klar im Bewußtsein ist. Bei der Identifikation wird die Deckung beider Bilder, ihr Einssein, unmittelbar erlebt. Auf solchen Bindungen nach Ähnlichkeit, Kontrast und gemeinsamem Affekt beruht im letzten Traum die teilweise Identifikation des Kollegen mit der Professorsfrau. Die gemeinsame Affektströmung ist es auch, die für BISMARCK die eigene Persönlichkeit mit der des Moses verschmelzen läßt. Noch schwerer dem Tagdenken begreiflich sind die selteneren Identifikationen mit leblosen Gegenständen oder mit Tieren, wie in dem Traum mit den Aalen und Fröschen. – Man kann die Wandlung des Ich-Komplexes psychologisch verschieden fassen, je nachdem Teile des Ich in die Außenwelt projiziert oder umgekehrt Stücke der Außenwelt in die eigene Persönlichkeit aufgenommen (introjiziert) werden. Bei den stark fluktuierenden Traumvorgängen läßt sich dies meist nicht genau unterscheiden, während z. B. in der Schizophrenie beide Möglichkeiten mit größter Deutlichkeit erlebt werden.

Neben der Auflockerung des Ich-Komplexes und der Subjekt-Objekt-Relation spielt die Relativierung der Kategorien *„Raum und Zeit"* für die Umordnung der Traumbilder die größte Rolle. Auch diese Kategorien halten wir im Wachdenken in streng gebundener Ordnung. Im Traum dagegen herrscht das *zeitlose Augenblickserleben* ohne Vergangenheit und Zukunft vor. Frühe Kindheitserinnerungen gehen mit gestrigen Neuerlebnissen leicht eine einheitliche seelische Verbindung ein. Sie erscheinen im Traum ebenso als Gegenwart wie die Zukunftswünsche, deren Erfüllung er im Bilde vorspiegelt. Ebenso fallen die Schranken *räumlicher Ordnung,* indem weit entfernte Menschen und Dinge in einer Szene vereinigt werden.

Endlich ist auch die Kategorie der *sachlichen Kausalität* fast aufgehoben. An ihre Stelle tritt die rein *katathyme* Bildverknüpfung bzw. *magische Kausalität.* Wir fragen im tiefen Traume nicht: Ist das möglich; ist so etwas schon einmal vorgekommen? Auch die heterogensten Bilder verknüpfen sich sofort und sind vom positiven Realitätsurteil begleitet, sobald sie unter demselben Affekt stehen.

So kommen Verbindungen zustande, die ganz dem primitiven *magischen Denken* entsprechen. Wir schlagen, wie BISMARCK, mit der Zaubergerte: alsbald stürzt die Felswand und öffnet uns den Blick auf unsere erfüllten Wünsche.

Die Gesetze der Traumvorgänge eröffnen uns tiefen Einblick in die Funktion unserer Abbildungsapparate. Einmal zeigen sie uns die Struktur unseres Seelenlebens, indem sie wesentliche Funktionsprinzipien der Psyche widerspiegeln, so vor allem die *Asyntaxie,* die *Bildagglutinationen* und die *katathymen Verknüpfungen.* Je nach der mehr künstlerisch-religiösen oder der mehr sachlich-zweckmäßigen Lebenshaltung wird auch die Traumwelt eingeschätzt. Deshalb hatten die Völker des Altertums ein viel näheres Verhältnis zu ihren Träumen, die sie als dem Tagdenken gleich, ja manchmal höher als dieses werteten, während der heutige Laie gern geneigt ist, sie als „Schäume", als wertlosen Abfall unserer Denkarbeit zu betrachten, weil er nichts mit ihnen anzufangen weiß. Für den psychologisch geschulten Arzt aber sind die Träume seiner Patienten ein unentbehrliches Material, durch dessen Analyse er zuweilen auch dort in tiefe seelische Zusammenhänge neurotischer und psychotischer Störungen einzudringen vermag, wo das direkte Gespräch zu keinem Ergebnis führt (W. WINKLER 1954, VON SIEBENTHAL 1953).

Die Sphäre des Bewußtseins

Der Begriff *Bewußtsein* enthält etwas seelisch Quantitatives, nämlich die größere oder geringere Deutlichkeit des Erlebens. „Voll bewußt" nennen wir ein sehr klares, deutliches, „schwachbewußt" ein undeutliches, verschwommenes Erleben. Wir drücken diesen Tatbestand mit Vorliebe auch bildlich aus, indem wir von „hell" und „dunkel" bewußten Dingen reden. Am besten können wir uns die Bewußtseinsgrade mit dem Modell des Sehfeldes klarmachen. In der Mitte der „Blickpunkt des Bewußtseins", eine kleine Zone völliger Helligkeit, deutlichster Präsenz und rundum das viel größere „Blickfeld des Bewußtseins", das sich in Zonen abnehmender Deutlichkeit um den Blickpunkt lagert und an seinen Rändern fließend ohne scharfe Grenze ins Nichts, ins schlechthin Unbewußte, Außerbewußte verliert. Die Peripherie des Bewußtseinsfeldes bezeichnen wir als *„die Sphäre"*. Unter sphärischen Seelenvorgängen verstehen wir die *dunklen, verschwommenen Prozesse am Rande des Bewußtseinsfeldes.*

Den von SCHILDER (1920) in etwas engerer Bedeutung in die Psychopathologie eingeführten Ausdruck „Sphäre" benutzen wir hier durchweg an Stelle des sogenannten „Unbewußten", eines Terminus, der durch begriffliche Nachlässigkeit zu unaufhörlichen Mißverständnissen und Kontroversen führt, obgleich man sich über die zugehörigen empirischen Tatbestände meist einig ist. Was schlechthin nicht zum Bewußtsein kommt, also überhaupt nicht erlebt wird, können wir auch nicht mehr seelisch nennen, weil „Seele" mit unmittelbarem Erleben identisch ist. Ein „unbewußtes Seelenleben" ist ein begrifflicher Widerspruch in sich. Ein Vorgang kann nur „minderbewußt", sphärisch sein, dann ist er noch etwas Seelisches – oder „außerbewußt", dann ist er z. B. ein körperlicher Gehirnvorgang, jedenfalls nichts Seelisches mehr.

Die Träume lassen uns viel von dem ahnen, was sich auch in unserem Tagdenken in der „Sphäre", am Rande unseres Bewußtseins abspielt, d. h. in jenen unklaren, wogenden Regionen, denen alles Denken überhaupt, vor allem aber das *intuitive, produktive und künstle-*

rische Denken entquillt. Die Traumvorgänge zeigen uns die Stufe des unfertigen Erkennens, das dem fertigen, abstrakten und syntaktisch in die festen, sachlichen und logischen Kategorien gesammelten Denken vorausgeht, das ihm die unentbehrlichen Elemente liefert.

Die schöpferischen, genialen Menschen, besonders Künstler und Dichter, haben die Entstehungsweise ihrer produktiven Leistungen selbst so ausdrücklich mit dem Traum in Analogie gebracht, daß wir dies als eine feststehende Tatsache betrachten dürfen. Neue Leistungen entwickeln sich gern im seelischen Halbdunkel, bei herabgesetztem Bewußtsein, bei abgeblendeter äußerer Aufmerksamkeit, im Zustand der „Zerstreutheit" mit hypnoseartiger Überkonzentration auf einen engen Punkt, in einem Raum und Zeit vergessenden, der Logik und dem Willen entrückten, durchaus passiven Erleben von häufig sinnlich-bildhaftem Charakter. Man könnte ähnliches bei heuristischen Ansätzen von Forschern und Erfindern sagen, wie etwa bei der Entstehung des Denkmodells des Benzolrings (Kekulé). In der traumnahen Produktionsphase erscheint bei künstlerischen Menschen die Tendenz nach Rhythmus und Stilisierung. Schon im Entstehen bekommen die auftauchenden Bilder regelmäßige, symmetrische Formen, den Takt des Versmaßes oder der Musik. Man darf die Sphäre jedoch nicht nur *intellektuell* auffassen, als das Randfeld unscharf erkannter Vorstellungen. Sie ist mindestens ebenso wichtig als Quelle der das ganze Innenleben einhüllenden und fundierenden *Gefühle*. Jede Wahrnehmung, jede Vorstellung, jeder Denkakt weckt Affekte oder Stimmungen. Diese sphärischen, evtl. eindeutig gewordenen Gefühle sind oft so unabhängig und selbständig, daß wir ihre Motive nicht finden. Sie können aber als richtende Kräfte Ideen und Ziele hervorbringen. Was einem *Gedicht* den Stimmungsgehalt gibt, das sind nicht so sehr die ausgesprochenen, logisch konstruierten Worte, denn diese sind oft ganz dieselben, die man in der kunstlosen Prosa gebraucht und die sonst „prosaisch" wirken. Die Stimmung macht vielmehr das Unausgesprochene *hinter* den Worten, was an schwimmenden, geballten Bildern und Gefühlstönen dunkel und undeutlich empfunden im Dichter anklang, oder was im Hörer wieder anklingt, wenn das Wort ausgesprochen wird. „Stimmungsvoll" sind solche Verse, die viel Sphäre haben, d. h. wo der feste semantische Kern des gesprochenen Wortes umwittert ist von einem Dunstkreis der starken Affekte der Bildagglutinate, in deren Strömungen sie liegen. Ein solches Wort muß wie der Stab des Dirigenten einen ganzen Akkord von Bildanklängen und dunklen Gefühlen aus der „Sphäre", d. h. der Peripherie des Bewußtseins beschwören. Deshalb sind es oft auch die halbgeformten, gestammelten, kaum verständlichen Wendungen eines Gedichtes, die am meisten Sphäre haben. Bei alten Volksliedern können wir manchmal sehen, wie der sachliche Faden überhaupt abreißt, so daß der Wortlaut des Gedichtes nur noch aus Bildagglutinationen besteht, die zum Teil aus verschiedenen, fragmentarischen Ursprungsliedern sich zusammengeballt haben und die trotzdem oder vielmehr gerade durch die Verwischung des äußeren Zusammenhanges so enorm gefühlsstark und symbolisch auf die Sphäre unseres Bewußtseins wirken. Das alte Volkslied bevorzugt überhaupt das Symbolische, die Bezeichnung von Abstraktem, wie Liebe, Tod und dergleichen durch Bildelemente so sehr, daß manche Wendungen, wie brennendes Feuer, Rosengarten, weiße Lilien, Blumenbrechen, ganz fest und formelhaft geworden sind. Schizophrene verwenden manchmal ähnliche formelhafte Bildübertragungen.

An *humoristischen Pointen* läßt sich, weil sie meist auf einer Kontrastwirkung beruhen, das Sphärische besonders gut erkennen, wie etwa in dem Vers von Wilhelm Busch:

> „Im Hochgebirg vor einer Höhle
> Saß der Asket,
> Nur noch ein Rest von Leib und Seele
> Infolge äußerster Diät."

Hier stimmt der oberflächliche Wortsinn des sprachlich formulierten Textes gut zusammen, sofern das, was man ärztlich „strenge Diät" nennt, in der Tat genau dem entspricht, was der Einsiedler einhält. Das Unausgesprochene, der sphärische Hintergrund der Worte, der in den drei ersten Zeilen ein mittelalterlich-theologischer, in der Schlußzeile aber plötzlich ein modern-medizinischer ist, harmoniert je-

doch nicht. Dieses Aufeinanderplatzen kontrastierender Wortbedeutungen empfinden wir sofort, und zwar wiederum sphärisch, im Hintergrund unseres Bewußtseins, meist ohne uns über die Ursache der humoristischen Wirkung im klaren zu sein.
Oder man überlege sich einmal, welche Fülle von dunklen, symbolisch durcheinanderschwimmenden Bildandeutungen, Farben und ungeformten geballten Gefühlsmassen sich in dem Liedanfang EICHENDORFFS zusammendrängen:

„Aus der Heimat hinter den Blitzen rot,
Da kommen die Wolken her...“

Ziehen und Wandern, zuckende Leidenschaft, unübersteigbare Scheidewand, Schwüle, Drohung, Todesbangen, Durchblick in helle, ferne Landschaft, das alles und die neue Verschmelzung wirken. Also nicht das einzelne Wort ist wichtig, sondern das, was hinter ihm anklingt. Die Sphäre dieses Gedichtes besteht aus komplexen Bildagglutinationen mit katathymer Verschmelzung und Symbolcharakter
So ist es in dem Vers:

„Am schwarzen Kamin,
Da sitzet mein Lieber,
Und geh ich vorüber,
Die Bälge dann sausen,
Die Flammen aufbrausen
Und lodern um ihn.“

Dunkle, verschlossen brütende Kraft, plötzich aufflammende, wild erotische Leidenschaft in dem Schmiedgesellen, und in dem Mädchen die idealisierende Verklärung seines Bildes. Diese beiden kontrastierenden Bild- und Affektgruppen, in eins verschmolzen, geben dem Lied seinen tiefen, sphärischen Hintergrund und damit seine starke, faszinierende Stimmungskraft. Aus dem hellbewußten Vordergrund, d. h. aus dem Wortlaut selbst, läßt sich diese Wirkung nicht erklären, denn er enthält nichts als die schlichte Beschreibung einer kleinen, banalen Alltagsszene.

Was wir hier an einigen Gedichten erläutern, das gilt natürlich von jedem gewöhnlichen Gedanken, der in uns auftaucht und von jedem Wort, das wir tagsüber aussprechen. Das Wesentliche an ihrer Wirkung auf uns selbst und auf andere liegt oft viel weniger in ihrer bewußt gemeinten sprachlichen Formulierung als in ihrer Sphäre, in dem *Dunstkreis von ungeformtem seelischem Bild- und Affektmaterial,* was, nur dunkel an der Peripherie des Bewußtseins mitanklingend, sie umgibt. Gedanken und Worte, die wenig Sphäre haben, fallen tot zu Boden, auch wenn sie noch so schön formuliert sind. Keimkräftig sind nur die katathyme Agglutination und das ungeformte und halbgeformt flüssige seelische Leben. Das sachlich und logisch folgerichtige Fertigfabrikat ist fest und klar, aber in sich nicht mehr lebendig. Deshalb ist allzu große psychische Helle, allzu starke rationale Bewußtheit öfters tödlich für die produktiven geistigen Leistungen, die am besten im sphärischen Halbdunkel gedeihen.

Hypnose und hysterischer Dämmerzustand

Beide psychischen Phänomene haben als *„Ausnahmezustände“* mit dem Schlaf gemeinsam, daß sie als umschriebene seelische Phasen inselförmig abgegrenzt den Fluß des gewöhnlichen Seelenlebens unterbrechen. Die Hypnose bezeichnet man auch als „Teilschlaf“. Ist im Schlaf das Seelenleben von der Außenwelt rings fast abgeschlossen, so ist es in der Hypnose nur eng abgeblendet: Ein kleines Fenster bleibt offen, nämlich nach dem Hypnotiseur zu, der allein mit der Psyche des Hypnotisierten noch „Rapport“ hat, ihr Befehle geben und Antwort von ihr bekommen kann. Auf die Suggestivphänomene in der Hypnose werden wir bei den hypobulischen Mechanismen näher eingehen. Hier interessieren uns nur die hypnotischen Bildvorgänge, die sich in ihren Grundgesetzen von denen des Traumes nicht wesentlich unterscheiden. Lenken wir z. B. die Aufmerksamkeit des

Hypnotisierten bei geschlossenen Augen auf die Erscheinungen*, die in seinem Gesichtsfeld, also in der optischen Sinnessphäre vorgehen, so erscheinen ihm oft mit fortschreitend vertiefter Hypnose zuerst ungeformte Farben- und Hell-Dunkel-Materialien, Flekken, Schleier, Linien, Halbschatten, Gitter, Ringe, ähnlich den bekannten optischen Nachbildern. Diesem kurzen, relativ amorphen Stadium folgt dann das Stadium des „visualisierten Denkens", das wir beim Traum schon besprochen haben, d.h. anschaulicher Bildserien: Der seelische Apparat läuft auch hier wieder mit der niedrigeren Schaltung, wo er nur die sinnlichen Bildgruppen und nicht mehr die abstrakten Höchstsynthesen liefert. Was der Hypnotisierte sonst nur denkt, das erlebt er jetzt bildhaft. Episoden aus seiner Vergangenheit werden aktuell in geordneten, verständlichen, der Erinnerung entsprechenden Szenen durcherlebt. Die Vorstellungen rollen filmartig vor ihm ab. Das Erleben ist, wie im Traum, passiv; der Träumer behält das Gefühl des Beschauers. Die Bilder werden meist ins Sehfeld verlegt, zugleich aber als Produkte des Ich empfunden. Das Verhältnis zwischen Ich und Außenwelt ist also auch hier unsicher. In einigen Fällen schließen sich die Bilder erst aus Fragmenten zusammen: „Hier ein Kopf, da ein Stück eines Tisches, dort eine Fensterscheibe, alles wahllos im Raum verteilt, bis es sich zu einem deutlichen Bild zusammenfindet." Meist ist es aber so, daß das noch ziemlich geordnete *Bildstreifenerleben* (vgl. S. 103) des zweiten Stadiums mit dem Tieferwerden der Hypnose noch weiter zerfällt und sich zu oft ganz fremdartigen, phantastischen Form- und Farberscheinungen zusammenballt, die keinen direkt verständlichen Charakter mehr haben. Unschwer erkennen wir in ihnen die *katathymen Bildagglutinationen* der Primitiv- und Traumpsychologie wieder: „Ich liege im Wasser, kann aber heraussehen ... über mir liegt ein scheußlicher, magerer Körper ... ich weiß, wie ich liege, aber mein Körper hat sich um 90 Grad gedreht ... es ist ein tiefes Loch in meiner Brust ... aus dem Loch kommt ein langer Hals, wie ein Gänsehals, mit einem faustgroßen, kleinen Kopf ... der Rumpf mit dem Lochkopf dreht sich aus meinem Körper heraus ... ich habe Angst." Diese Bilder werden dann nach Art von Halluzinationen mit „Leibhaftigkeitscharakter" in die Außenwelt projiziert.

Bei einzelnen Personen mit neuropathischer Struktur laufen leicht schon im entspannten passiven Denken solche Bilder filmartig ab. Als Beispiel gebe ich ein nach dem Beschreiben eines meiner Patienten laufend aufgenommenes Protokoll von „Bilderschau":

Patient legt sich hin, sieht auf die Lampe. Der zuletzt gesehene Gegenstand geht in die Bilderreihe ein.

„So eine Art Schreibtischsessel ohne Beine, der obere Teil dreht sich langsam um eine Achse. Sehe so Knospen wie Mohnfrüchte, zwei grüne, eine weiße mit rötlichem Streifen. Geht über in eine geschwungene Linie, die zu einer langen Schleife werden wollte. Das begann, ging über in die Form eines silbernen Suppenlöffels von besonderer Form, hing etwas nach unten, war etwas ausgebaucht nach unten. Sehe so eine flache Schale, und jetzt ist sie kleiner geworden. Teil eines Leuchters auf einer Achse, darauf helles Bronzemetall. Jetzt ist da noch etwas drauf wie ein Hut, wie ein Zylinder hoch, mit Falten. So etwas gibt es – allerhand Beiwerk kann ich nicht erfassen. Das war eben so etwas Hakenmäßiges, so eine Art Hand, etwas später liefen da ein paar schlanke Haken mit. Es ist alles sehr schwer erfaßbar.

So eine Sache, ein Baum, der schief in den Raum ragt, auf dem Baum liegt quer auf dem Rücken ein Mensch; der liegt darauf, so komisch steif gemacht. Jetzt etwas Sichelförmiges mit rotem Griff, gelb und violett.

Mit geschlossenen Augen: nur die benennbaren Gegenstände herausgegriffen. Großes, schloßartiges Gebäude mit langen Fensterreihen, hochstehend, Vorderansicht. Dann davor, während das Haus verschwindet, ein sehr großer, schöner Lebensbaum, wie er auf Friedhöfen steht. Eine Art Laterne wie ein Beleuchtungskörper.

Auf ganz schwarzem Grund in einem Oval eine dicht gedrängte Gruppe von antiken Gebäuden in glänzend gelblichen und rötlichen Tönen, wie Feuerschein leuchtend.

Ein tonnenförmiges Gebilde wie ein Krug ohne Henkel.

Ein prachtvoller, ganz schwarzer Adler mit weit gebreiteten Flügeln, auf einer goldenen Kugel stehend.

*) Im folgenden sind öfters Begriffe und Beobachtungen von J.H. Schultz (1921) verwendet.

Ein Untier, Mittelding zwischen Vogel und Drachen, mit großem, gewölbtem Schnabel und mit großen, runden Augen, das auf mich zuhackt.
Brille mit dunkelvioletten Gläsern und gelbem Gestell.
Eine Art Säule und eine Hand, wird größer, wird eine riesige schwarze Lackhand. Jetzt sehe ich Radfahren, vor mir eine Brücke. Eine Art Notenständer kommt auf mich zu, mit drei Beinen. So ein Riesenkäfer krabbelt eine Fläche hinauf. So eine Stellage, hochgekantet wie der Unterteil einer Chaise. Diese bekommt verschiedene Formen. Daraus wird ein Federbusch. Plötzlich ein Schattenriß. Eine anatomische Darstellung eines Menschen.
Vor mir tänzelt ein Mädchen. Lacht. Tändelt mit dem Röckchen. Die Frisur ist vorne glatt, hinten hinaufgehend.
Eine Reihe von Häusern einer Dorfstraße.
Bewegt sich ein Bild plötzlich um eine Achse oder fängt es irgendwie an zu pendeln, so ist mir das irgendwie unangenehm. Es liegt so etwas *Feindliches, Höhnisches* drin, wenn sich so etwas bewegt, und man kann es auch in seiner klaren Schönheit nicht mehr so betrachten. Ich sehe von oben auf eine Art Kommode, da dreht sie sich schon ohne mein Zutun und ohne daß ich es hindern kann. Das ist unangenehm. Bild: eine etwas rötlichgelbe, etwa achtkantige Glasschüssel. Plötzlich ist der Boden raus, es entsteht ein Loch, und es greift ein Arm von innen hindurch. Das Bild als solches, ohne daß ich es sonderlich beachte, hat eine stark *entspannende* Wirkung, wie mir solche Bilder auch sonst kurz vor dem Einschlafen sehr angenehm waren. Richte ich nun meine Aufmerksamkeit auf das Bild, so kann zwar die Freude über die prächtigen Farben sehr groß sein. Doch ist die entspannende Wirkung weniger groß, und ich könnte mir denken, daß diese Betrachtungen auf die Dauer anstrengen. Anstrengend aber ist die Sache immer etwas, wenn ich die Sache benennen soll, zumal wenn es sich um einen *ständigen Fluß von sich verändernden Gestalten* handelt. Im übrigen habe ich den Eindruck, daß das *begriffliche Klischee,* mit dem ich jeweils auf ein Bild zugehe, einen formierenden Einfluß auf das Material ausübt, es gewissermaßen dem im Begriff gemeinten ähnlicher macht, während es ohne diese *begriffliche Einwirkung* ganz anders weiterfließen würde. Oft knüpft das erste Bild an den unmittelbar vorhergehenden visuellen Eindruck an."

Es ist nicht unsere Aufgabe, hier all die verschiedenartigen Zustandsbilder zu beschreiben, die man als *hysterischen Dämmerzustand* zu bezeichnen pflegt. Seine wichtigsten Repräsentanten haben die ausgiebigsten Analogien mit den Traum- und Hypnosephänomenen, ja sind vielfach psychologisch formal und motivisch geradezu mit ihnen identisch. Auch jene stellen umgrenzte, inselförmige Phasen mit herabgesetztem Bewußtsein dar. Auch in ihnen ist die Aufnahme neuer Sinneseindrücke der Rapport mit der realen Umgebung teilweise gesperrt und ausgeschaltet. Die Reproduktion von Engrammen früherer Erlebnisse überwiegt. Ein nervös labiler Mensch hat z. B. ein Erlebnis, das sein gemütliches Gleichgewicht heftig erschüttert; Auflösung einer Verlobung, sexuelle Untreue, Vergewaltigung, heftige Familienszene, akute Schrecksituation, Lebensgefahr und dergleichen. Im direkten Anschluß an eine solche Szene oder auch erst nach einer gewissen Zeit verfällt er in einen Dämmerzustand, der Minuten, Stunden oder Tage dauert, und plötzlich wieder dem normalen Bewußtsein Platz macht, ein Vorgang, der sich dann oft wiederholen kann. Was den hysterischen Dämmerzustand vom Traum des Gesunden unterscheidet, ist vor allem zweierlei: Entsprechend seiner Veranlassung durch besonders starke, akute Affekte ist auch der psychische Ablauf durchschnittlich viel *stärker affektgeladen,* viel heftiger und dramatischer: Schwerste Angst, Verzweiflung, Zorn, erotische Verzückung werden mit dramatischem Pathos erlebt. Sodann ist die *Psychomotilität* nicht wie im gewöhnlichen Traum gesperrt, sondern frei entfaltet, ja gesteigert ansprechbar. Die Ausdrucksmechanismen spielen im Hysteriegebiet eine wichtige, zum Teil beherrschende Rolle. So stellt der Dämmerzustand unter Umständen nichts anderes dar als ein lebendes Bild, eine dramatische Szene, in der die Ausgangserlebnisse und -reaktionen sozusagen theatralisch, mit äußerst karikiertem Affektausdruck jedesmal wieder gespielt werden.

Ein Soldat im hysterischen Dämmerzustand reißt pantomimisch das Gewehr an die Wange, zielt, schießt, deutet in die Ferne, sticht mit dem Bajonett, haut mit beiden Händen zu. Auf dem Gesicht spiegelt sich der entsprechend wechselnde, sehr erregte Gefühlsausdruck. Gegen Ende wird das Spiel noch mit einzelnen Ausrufen begleitet: „Alter Freund! Grad ist er hinter die Eiche herum! Himmelherrgott! Jetzt springt er! Getroffen!" usw.

Oder die Bauersfrau, die von ihrem betrunkenen Mann mißhandelt und sexuell genötigt und von ihrem geliebten Bruder im Streit aus dem Haus geworfen wurde, sieht im Dämmerzustand einen Mann durchs Fenster kommen, der sich auf sie legt und sie am Halse würgt. Sie schreit und zittert vor Angst und hört auf dem Gang die groben Stimmen des Bruders und seiner Frau: „Man erwischt sie!" „Sie darf nimmer rein." „Wenn du heimkommst, kann man dich noch im Wald abfassen!" Wenn der Arzt die Tür aufmacht, strecken beide den Kopf mit herein, deutlich und leibhaftig. Er hat einen braunen Anzug, sie einen blauen Rock. Die Patientin hört, wie der Arzt zu ihnen sagt: „Jetzt wißt ihr ja, wo sie schläft, jetzt dürft ihr nur kommen." Sie wollen sie grausam mißhandeln. Oft sieht sie das zornige Gesicht des Bruders leibhaftig vor sich, so wie er sie bei der letzten Unterredung anblickte. Unter ihrem Bett muß einer liegen, sie wagt nicht hinunterzusehen. Vor ihren Pantoffeln fährt sie entsetzt wie vor lebenden Wesen zurück, verkriecht sich unter die Decke oder geht heftig auf die Leute los.

Übrigens können nicht nur Schreck- und Angst-, sondern auch Wunschsituationen durchlebt werden, erotische Szenen, Beglükkung der kinderlosen Mutter durch ein eigenes Kind. Manche hysterischen Anfälle ähneln in ihrem motorischen Bild Koitusbewegungen. Die sogenannte „Kreisbogenhaltung" im Anfall damit in Zusammenhang zu bringen, wie es viele Psychoanalytiker taten, ist sinnlos.

Die Abbildungsvorgänge entsprechen ganz dem Traum- und Hypnosetypus. Erinnerungen und Gedanken werden in sinnliche Bilder übersetzt und mit Gegenwartscharakter erlebt. Diese Vorstellungen rollen entweder in geordneten Bildstreifen, szenisch, in ihren natürlichen raumzeitlichen Zusammenhängen ab, oder sie werden mit zunehmender Benommenheit zu katathymen Bildagglutinationen verdichtet, wobei dann Symbolisierungen, Verschiebungen, Deckfiguren erscheinen, desgleichen phantastische Inhalte: Figuren werden in die Wandbemalung hineingesehen; Katzen, die Vögeln nachjagen. Ein Gesicht ohne Körper erscheint über dem Kasten; eine Frau, die einen blutroten Rock verkehrt über dem Kopfe trägt; der Geliebte kommt in Gestalt eines zottigen schwarzen Ungeheuers durch die Tür; in der Luft eine greuliche Fratze, ein verzerrtes Gesicht, wie die Sonne gestaltet, aus deren Strahlen hagere Fangarme mit kleinen Händen herauswachsen, usw. Kurz, alles Dinge, wie sie genauso in tiefen Angstträumen auftreten, hier nur häufiger in die Außenwelt projiziert, als Halluzinationen

Abb. 15. Erklärung der Patientin: „Das Tier ist grau, ist ein Bock, ein Tier, Satyr; bezeichnet die Gesinnung des Menschen, von dem es ein Teil ist. Es hat zwei Köpfe, einen Pfarrer- und einen Nichtpfarrerkopf" (zwei Jugendgeliebte der Patientin unter sich und mit dem aus dem Unterleib herauswachsenden Bock als Männlichkeitssymbol verdichtet. Die Schlange in der Hand ist vielleicht Phallussymbol).

Abb. 16. Erklärung der Patientin: „Ein Mensch der das Schwein (die Sexualbegierde) zähmen will, selber aber noch ein halbes Tier ist."

mit vollem Leibhaftigkeitscharakter wahrgenommen. Wie vom normalen Traum zum Angsttraum des Nervösen mit Abwehrbewegungen, Stöhnen und schlaftrunkenem Umherwandeln, so gibt es alle Übergangsstufen von dem aus dem nächtlichen Traum herauswachsenden Dämmerzustand bis zur umschriebenen hysterischen Krise am hellen Tag. Häufig stimmen die psychischen Erlebnisse im Traum und im Tagdämmerzustand überein. Andererseits gibt es von dem hier geschilderten Typus des hysterischen Dämmerzustandes alle Übergänge bis zu den oberflächlichen, fast ohne Bewußtseinsveränderung vor sich gehenden, fast simulierten Zweckerfindungen des Gansertypus (Scheindemenz, Konfabulationen).

Abb. 17. Erklärung der Patientin: „Der Teufel als fliegender Drache. Aus den Körperteilen von sieben verschiedenen Tieren zusammengesetzt: die Zunge ist eine Schlange, die Augen von einem Pferd oder Esel, der Kopf von einem Stier, die Ohren von einem Ziegenbock, die Hörner von einem Schafbock, der Schwanz von einem Fisch, der Leib vom Drachen selber."

Abb. 15–17. *Halluzinationen bei Entartungshysterie* (von der Patientin in hypnoidem Zustand aufgezeichnet). *Verdichtung und Symbolbildung* (Bertschinger 1912)

Schizophrene Stilprinzipien

Im *schizophrenen Erleben und Denken* finden wir manchmal die Abbildungsvorgänge so weit verändert, daß nicht nur einzelne Mechanismen, sondern weite Zusammenhänge des primitiven Weltbildes die Oberhand gewinnen können, wobei allerdings große Komplexe vertrauter Kulturmotive stehenbleiben und mit den primitiven Mechanismen komplizierte Interferenzen bilden (E. Bleuler 1969; Jung 1907; W. Kretschmer 1954, 1957; Storch 1922; Schilder 1918; Winkler 1957). Es gibt wohl keinen der hauptsächlichen, primitiven Affekt- und Bildmechanismen, den wir nicht bei Schizophrenen ausgiebig wiederfänden. Ja viele der benutzten Ausdrücke, wie Verdichtung, Verschiebung, Katathymie, Ambivalenz, stammen ursprünglich nicht aus der Völkerpsychologie, sondern aus der Neurosen- und Schizophrenielehre. In Fällen von Schizophrenie wird das Denken fast vollkommen katathym, bis zum Verschwinden jeder Wirklichkeitsanpassung, jeder kausalen Häufigkeitsverknüpfung der Bilder. Ein „autistischer" Kranker hebt sich wie eine Insel aus dem an ihm vorbeiströmenden Treiben der realitätstreuen Menschen heraus, in sich selbst versunken, wie ein Träumer sein phantastisches Bauwerk und alles, was seine Wünsche und Befürchtungen, seine affektiven Strebungen an Bildern in ihm zusammentreiben, in sich betrachtend. An Stelle des *kausalen* tritt das *zauberhafte Denken*. Wie im Märchen ist sofort alles möglich, sofort alles realisiert, was Affekt und Wunsch entspricht. Der Kranke ist Sokrates, Professor, Prinz, Millionär, alles was er sich je in seinem Leben gewünscht hat. Das Ich zerfällt in selbständige Teilstücke. Die Randzonen zwischen Ich und Außenwelt werden sehr breit und fluktuierend, fast bis zur Auflösung beider Komplexe. Die Kritik der Bildprojektion und damit das Realitätsurteil werden dadurch ganz unsicher.

Es gibt Schizophrene, bei denen die Krankheit die hyponoischen Schichten in großer

Breite bloßlegt. Es sei hier ein Stück aus dem wörtlichen Protokoll wiedergegeben, das von einer jungen ländlichen Schizophrenen meiner Klinik stammt.

Die Patientin spricht von einem Filmband, das den ganzen Tag liefe. Darüber befragt, sagt sie: „Die lassen das Filmband immer ablaufen und dann nehmen sie meine Gestalt rein und irgendeine Pinzette und beschweren meine Gestalt mit einem Magneten. Und dann bin ich genau so und dann nehmen die Männer alles, was sie wollen, dann geben sie mir Morphiumspritzen, Spiritus und alles Mögliche." (Spüren Sie, was man mit der Gestalt macht?) „Wenn ich Spritzen bekomme, spüre ich das. Meine Gestalt, die man aus dem Filmband rausmacht, bekommt die Spritzen. Wenn das Filmband abrollt, liege ich oben drauf, mit irgendeinem Magneten. – Seit die Fürsten wissen, daß ich vom Kronprinzen abstamme, lassen sie es ablaufen, machen sie ein weißes Tuch hin; dann vernichten sie mich, machen sie alles Mögliche mit mir. Auf jeden Fall wollen sie mich nicht drin haben in dem Stand der Fürsten. Der Königin Elisabeth ihr Mann und deren Bruder waren bestimmt für den Kronprinzen und dem war es nicht recht, daß ich rübergehe, weil ich eine wilde Prinzessin bin."

(Was machen sie mit Ihrer Gestalt?) „Alles Mögliche, die größte Schande, die spritzen überall ein. Ich bin immer gar nicht mehr ganz beieinander. Ich habe gar kein Leben in mir. – Sie säbeln mit Messern an mir herum; die Bauern, die Fabrikanten, der Bosch und der Daimler-Benz, der Flammer sind angeschlossen. Die machen an meinem Körper, was sie wollen, vergewaltigen mich auch. Sie schneiden Finger ab und alles ab, eine Nachbarin tut das stücklesweise, zentimeterweise, die geben einem Spritzen nacheinander. Ich habe kein Leben in mir; jetzt komme ich immer weiter runter. Seitdem sie es mit dem Filmband machen, habe ich kein Leben mehr. Die haben mir den Hoheitsstrang angemessen von Monrepos (Ludwigsburg). Da sind Samenkörner drin, ein Stück Gold und alles reingewunschen. Das Filmband lauft dauernd, die sehen mich, die sehen auch Sie. Ich habe in letzter Zeit schon so viel mitgemacht. Die haben einen Rebstock, da rollt alles ab, was ich sage; wenn ich jemand denke, dann sieht man die Person."

Hier sind zunächst in klassischer Weise die Prinzipien dargestellt, die man in der Völkerpsychologie als „Analogiezauber" (Bildzauber) bezeichnet. Der Primitive wehrt sich ängstlich dagegen, daß er photographiert oder sein Spiegelbild aufgefangen wird. Er weiß, daß man seinem Abbild Böses zufügen könnte und daß dies sich auf ihn selbst übertrüge. Genauso erlebt die Patientin, wie man ihre Gestalt auf das Filmband aufnimmt und wieder herausnimmt, und ihr Bild in jeder Weise mißhandelt und vergewaltigt. Dadurch wird ihr selbst die Lebenskraft entzogen, sie kommt immer weiter herunter, es ist kein Leben mehr in ihr. Demgegenüber erscheint dann wohl kompensatorisch, ein charakteristischer primitiver Amulettzauber in positivem, erhöhendem Sinn: es wird der „Hoheitsstrang angemessen, da sind Samenkörner drin, ein Stück Gold und alles reingewunschen".

Hinter diesen zauberischen Vorgängen erscheinen als treibende Kräfte in polaren Gegensatzpaaren das gute und das böse Prinzip, die katathymen Selbsterhöhungstendenzen (‚Prinzessin') und die ambivalenten Sexualziele, die angsterregenden finsteren Gegenspieler mit grotesken Grausamkeiten an ihrem Bild.

Die Dinge, die wir hier in vollausgestalteten, archaischen Bildsymbolen sehen, wiederholen sich als Grundmotive gesetzmäßig im Erleben der Schizophrenen, besonders die *katathyme Polarisierung* zwischen „Gut und Böse", „Göttlich und Teuflisch" und die *„Magischen Fernwirkungen"*, das Erlebnis, aus der Ferne beeinflußt zu werden und selbst in die Ferne wirken zu können (elektrische oder hypnotische Wirkungen, Gedankenlesen, Gedankenmachen usw.).

In den Schilderungen intelligenter Schizophrener tritt der Schichtcharakter ihres Erlebens deutlich hervor. Es ist nicht so, wie der ungeschickte Ausdruck „Wahnvorstellungen" andeutet, daß die hyponoischen Erlebnisse an die Stelle der gewöhnlichen Realitätserfahrungen treten und diese ersetzen. Vielmehr existieren beide *nebeneinander* mit verschiedenartigem Leibhaftigkeitsgrad, qualitativ verschiedenem Realitätswert und verschiedenem affektivem Akzent. Eine intelligente Schizophrene mit vielgestaltigen, bewegten Visionen bezeichnet das Verhältnis beider Welten mit dem Ausdruck: „Das Reale und das Surreale". Die Visionen werden als „in das Gefüge (der wirklichen Welt) nebelhaft eindringend" also mit verschiedenem Leibhaftigkeitsgrad erlebt: „clair – obscur": Sie schalten nicht die Wirklichkeit aus, sind aber trotz ihrer Nebelhaftigkeit das „die Wirklichkeit Übersteigende", „das Wirkliche Entwertende". „Von dem Traumbild war ich mehr erfaßt." Es hat den „Tiefengehalt des persönlichen Anrufs". Die Parallelen zum *künstlerischen* wie zum *religiösen* Erleben sind hier überaus deutlich.

Einen anderen Typus dieses zweigleisigen schizophrenen Erlebens und Darstellens habe ich als *Fassadenpsychosen* bezeichnet. Hier wirkt die Außenerscheinung der Psychose besonders laut, lärmig und narrenhaft verspielt. Trotz seiner Schwere ist der Erregungszustand ziemlich oberflächlich, bei geschicktem Dialog durchbrechbar und anscheinend von dem Bedürfnis getragen, sich vor der häßlichen Wirklichkeit zu flüchten und im Schutz der brüskierenden „Narrenfreiheit" den stärkeren Gesunden überlegen zu sein (ähnlich der Selbstwertneurose von ADLER). Dahinter spürt aber der Patient und auch der kundige Arzt im äußersten Fall das Andrängen einer angstvollen hyponoischen Dynamik, magischer Fernwirkungen u.ä. Auch die Ausdrucksmotorik zeigt mehr oder weniger deutlich anklingende hypobulische Schablonen. Hier handelt es sich also wohl um Interferenzerscheinungen zwischen der gespürten Bedrohung durch die krankhaft aufgewühlte Tiefenschicht und dem neuroseartigen Verteidigungs- und Selbstbehauptungsstreben des integrierten Anteils der Persönlichkeit.

Der Schizophrene kann sich selbst in zwei Persönlichkeiten erleben: Die eine Form schreibt er dem wirklichen J. Huber zu, die andere seiner neuen Persönlichkeit, die in Charenton geboren ist und Midhat Pascha heißt. Auch Personifikationen einzelner Körperteile kann man beobachten. Projektionen von Elementen der eigenen Persönlichkeit in die Umwelt und Aufnahme von Außenweltsbestandteilen in sich selbst kommen vor, doch nicht träumerisch, sondern bei Tagbewußtsein und in räumlicher Szenerie. Zuweilen wird die Welt beseelt. Die Affekte des Kranken sind so stark, daß er nicht nur innerlich von ihnen gequält wird, sondern sie auch in die Umwelt projiziert, von wo sie bedrohlich auf ihn zurückstrahlen. Im Sinn der magischen Erlebnisweise ist der Subjekt-Objekt-Komplex in ein strömendes Kräftegefüge aufgelöst. Dementsprechend können das Sprechen einer Person oder auch nur deren leibliches Erscheinen (also beziehungshafte gegenständliche Vorgänge) als elektrischer Strom, als „Einpflanzung" von Gedanken, ja als Manipulationen am eigenen Körper empfunden werden.

Insbesondere sind *Verdichtungen* zwischen verschiedenen Persönlichkeiten und Begriffen an der Tagesordnung. Eine Patientin sieht den Arzt als Arzt, zugleich aber als ihren früheren Geliebten, außerdem als eine dritte Person, vielleicht ihren Vater oder einen freundlichen älteren Nachbarn. Sie erlebt sich selbst in dem Handeln anderer und fühlt das Handeln und die Gefühle anderer in sich. Verdichtungen sehen wir z. B. in manchen Wortneubildungen wie „Dampfsegel", was ein aus Dampfschiff und Segelschiff konzentrierter Begriff ist (im Traum erleben wir ähnliche Wortneubildungen), oder „trauram", aus traurig und grausam zusammengeflossen (E. BLEULER 1969). Eine Patientin hatte im Kriege während der Abwesenheit ihres Gatten Beziehungen zu anderen Männern gehabt, die nun den Inhalt ihrer schizophrenen Psychose bilden. Der eine hieß Gerlach, der andere war sein Freund Gammertinger. In der Psychose hört sie den Gerlach mit der Stimme Gammertingers sprechen. Eine *Verschiebung* ist es, wenn eine Patientin ihre Stellung als „Stütze" der Hausfrau im Ekel verlassen hat und nun eine unbezwingliche Abneigung gegen alles bekommt, was einer Stütze, einem Stock ähnlich sieht. Eine andere zeigt Ekel und Angst vor hörnchenförmigen Suppeneinlagen, weil sie einmal von einem Stier erschreckt wurde, dessen Genitalien und Hörner ihr besonders Eindruck machten. Man könnte hier auch sagen: Das Hörnchen ist das Symbol für den Stier. Nur gilt für die Symbole der Schizophrenen, daß nicht der fertige, abstrakte Begriff neben seinem bildhaften Gleichnis im Bewußtsein steht wie beim Gesunden. Dieser würde sagen: das Horn ist das Symbol der Männlichkeit, wobei das Konkretum Horn das Abstraktum Männlichkeit bedeutet. Die schizophrenen Symbole aber sind Produkte unfertigen Erkennens. Sie sind bildhafte Vorstadien von Begriffen, die selbst nicht mehr gebildet werden. Sämtliche Bildsynthesen, die sich in der Sphäre des Gesunden, d. h. an der dunklen Peripherie des Bewußtseins hinter dem Abstraktum, vollziehen, rücken beim schizophrenen Erleben *an Stelle* des Abstraktums in den hellen Mittelpunkt des geistigen Blickfeldes. Ein Schizophrener sieht wirklich Feuer und wird spürbar gebrannt, wo ein Gesunder sagt: Ich habe Liebesgefühle und Liebesgedanken. Brennen und Feuer gehören, wie schon ihre Rolle als stereotypes Liebessymbol im Volkslied dartut, beim Normalen zur *Sphäre* der Liebesvorstellung, d.h. zu den Bildkomplexen, die dunkel anklingen, wenn man „Liebe" sagt. Bei einem Schizophrenen aber fehlt das Abstraktum Liebe, und der Bildkomplex „Feuer" ist an seiner Stelle aus der Sphäre in den Mittelpunkt des Bewußtseins gerückt. Weil er etwas Wirkliches, nämlich die tatsächlich gefühlte Liebe, vertritt, wird er auch mit dem positiven Realitätsurteil versehen, halluzinatorisch erlebt. Allerdings finden wir einzelne Schizophrene, die ihre Symbole auch deuten, d.h. die neben dem katathymen Bildkonglomerat* auch über das fertige Abstraktum verfügen. Solche Patienten erleichtern uns die verbindliche Bestimmung symbolischer Bedeutungen von Phantasien Kranker und Gesunder.

Ein von mir behandelter, begabter junger Schizophrener, hat während eines leichten Krankheitsschubs als Zwischenstadium zwischen dem nüchternen Normaldenken und den Höhepunkten erotisch-religiöser Verzückung und mystischer Ekstase, wo die Bilder überhaupt verschwinden und alles Gefühl wird, „ein großes Strömen und Überquellen mit immer neuen Entquellungen". Zwischen diesen Polen hat er wochenlange Stadien, die er als „Bilderschau" bezeichnet. Er sieht dabei massenhaft Bilder, die aus abstrakten Vorstellungen „herausquellen" oder in reale Objekte hineingesehen werden (stets rein passiv erlebt): oft „wie altnordische Ornamente oder romanische Skulpturen", Fratzengestalten oder sinnvolle, filmartige Bildgruppen, Ritter- und Landsknechtsszenen, mit denen er ein wirkliches, altes Schloß bevölkert, das er im Tal liegen sieht. Am interessantesten sind die Bilder, die ihm unmittelbar aus abstrakten Gedanken hervorgehen. Er liest z.B. ein philosophisches Buch von Kant. Das Abstrakte verbildlicht sich dabei immerfort. Bei Kants Beweisführung zur Frage der Unendlichkeit des Raumes erlebt er folgendes: „Es drängen sich die Bilder: Türme, Kreise hinter Kreisen, ein Zylinder, der sich schief in das Gesamtbild hineinschiebt. Alles sich bewegend und wachsend, der Kreis bekommt Tiefe und wird dadurch zum Zylinder, die Türme wachsen immer höher, alles ganz unwillkürlich, wie expressionistische Gemälde oder ein Traum."

*) Reiss (l.c.) hat die Komplexe der Schizophrenen mit den „Instinktkreisen" der Tiere verglichen.

An solchen Beispielen können wir beobachten, wie der abstrakte Gedanke „Unendlichkeit des Raumes" im Entstehen, sozusagen vor den Augen des Erlebenden, sich mit Bildern, d.h. mit asyntaktischen, schief durcheinandergelagerten Bildkonglomeraten ausfüllt, die in dem Aufschießen der Türme, dem Ausdehnen der Kreise hinter Kreisen und dem zylindrischen Tiefwerden derselben die Unendlichkeit des Raumes in der Höhen- und Tiefendimension dynamisch symbolisieren.

Ein einziges solches Beispiel genügt, um die Genese des malerischen *Expressionismus** zu klären. Denken wir uns die innere „Bilderschau" unseres Patienten als Gemälde aufgehängt und daruntergeschrieben „Die Unendlichkeit des Raumes", so haben wir genau den Typus, nach dem die Expressionisten ihre inneren Gefühle und Ideen malerisch zum Ausdruck bringen.

Stilisierung bzw. Schematisierung: Wie umgekehrt stilisierende Tendenzen erlebt werden, schildert unser vorhin erwähnter schizophrener Patient mit den Worten: „Ich stelle mir alle realen, anschaulichen Formen gerne in geometrischer Stilisierung, als Dreieck, Viereck und Kreis vor. Alles in ein Schema bringen, der realen Wirklichkeit entkleiden! Reales aufzunehmen, ohne Selbständiges von mir hinzuzugeben, ist mir fast unmöglich. Es kommt sofort ein subjektives Element herein." (vgl. Abb. 18).

Übrigens finden wir diese Tendenz zur nackten Stilisierung, d.h. zum kahlen, von Realformen kaum erweiterten Schema bei den Schizophrenen und schizoiden Philosophen auch auf der apperzeptiven Oberstufe ihres Denkens wieder. Das Denken wird auch hier wieder auf „wirklichkeitsarme Bindungen" (Schilder) reduziert. Konstruktive, gerad-

*) Die Zusammenhänge zwischen Schizophrenie, Expressionismus und primitivem Seelenleben sind dargestellt bei Schilder (1918), Prinzhorn (1968), Winkler (1949).

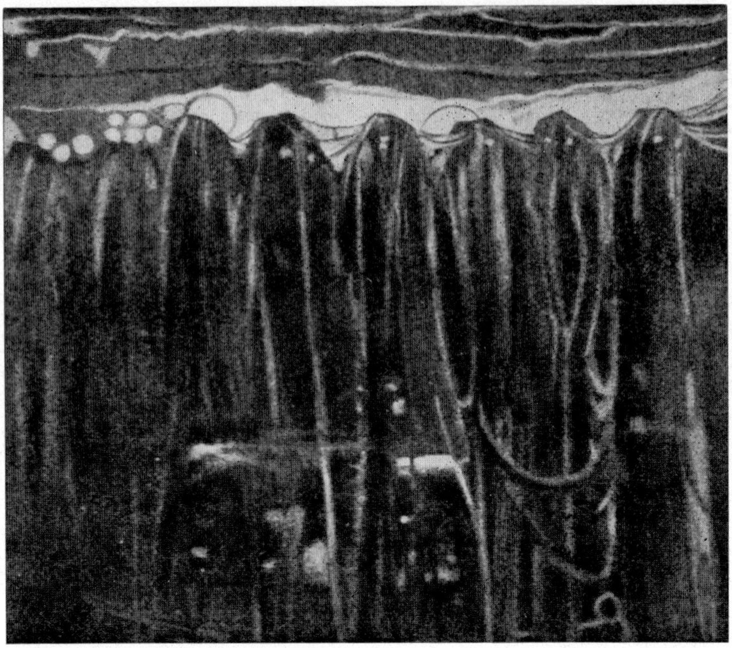

Abb. 18. Katharina Schäffner: „Seufzer“ (Zeichnung). Verdichtung zweier melancholischer Bildreihen:

a) schwarzvermummter Trauerzug mit langen, schleppenden Gewandfalten, b) Teich mit Binsen und geheimnisvollen Lichtreflexen vor dunklem Wald und Abendhimmel. – Aus derselben Linienführung kann beides herausgesehen werden. – *Stimmungssymbolik, Verdichtung* mit starken rhythmischen *Stilisierungstendenzen* (monotone Formwiederholung, Neigung zur Gradlinigkeit und zur regelmäßigen Wellenkurve).

(Aus Der Kunstwart 1908)

linige Gedankengebäude durchschneiden quer alle Mannigfaltigkeit der gegenständlichen Welt, und das Resultat solcher Abstraktionen wird dann schließlich in ein auch optisch-symmetrisch geschriebenes bzw. gedrucktes Schema gebracht.

Wir haben also *zwei Formen subjektiver Transformation* zu unterscheiden. Bei der ersten Form zerfällt ein Allgemeinbegriff in Bilder verschiedener Abstraktionsgrade, die ihn veranschaulichen. So bei bildenden Künstlern, Dichtern und imaginativen Denkern (z.B. SVEDENBORG). Oder gegenständliche Vorstellungen schrumpfen in verschiedenen Ausprägungsstufen zu ungegenständlichen Figuren, Beziehungsschemata zusammen. Dies geschieht bei bildenden Künstlern, beim klassischen Philosophen, beim abstrahierenden Lyriker. Der echte Musikkomponist hingegen benutzt beide Formen der Subjektivierung. Was beim Schizophrenen und schizoiden Psychopathen besonders deutlich hervor- und auseinandertritt, ist also nichts anderes als die Polarität menschlicher Vorstellungsverarbeitung überhaupt.

Freies Assoziieren, Einfall und Ideenflucht

Als Vorstufe des hyponoischen Erkennens können wir denjenigen Seelenvorgang auffassen, der im Stadium des *freien Assoziierens* beim Wachen eintritt. Wir bringen die Versuchsperson – evtl. mit Hilfe des Autogenen Trainings – in einen möglichst *passiven* Zustand, indem wir sie in einem ruhigen Zimmer mit entspannter Muskulatur und geschlossenen Augen bequem auf einem Ruhebett liegen lassen und sie auffordern, ohne ein bestimmtes Ziel und ohne aktive Aufmerksamkeit sich zuschauend den Bildern hinzugeben, die „in ihr steigen“. Von dieser Methode wird zu diagnostischen und therapeutischen Zwecken ausgiebig Gebrauch gemacht. Denselben Erlebnistypus können wir beim Ausruhen in

Ermüdung, besonders im Halbschlummer, vor dem Einschlafen und gegen das Aufwachen hin, in leichterem Grad auch in der zwanglosen gesellschaftlichen Konversation, überhaupt in jedem entspannten Seelenzustand an uns beobachten.

Lassen wir uns vom Patienten fortlaufend seine Bilder und Einfälle erzählen, so erhalten wir z. B. folgendes Protokoll:

„... In meinen Träumen bin ich meistens geflogen – ein Wettfliegen – wie eine Art Schwimmen – mit den Händen in der Luft – ich mußte mit den Händen nach unten drücken. – *Jetzt* kommt mir ein beunruhigender Gedanke: daß ich mich sträuben müßte gegen die Behandlung – daß mir nichts einfiele, ähnlich wie bei Professor N. – Heute hatte ich einige Hemmungen in Kleinigkeiten – in der Bibliothek konnte ich die Bände nicht wegstellen. – Dann der Saal – Gesamteindruck vom Gebäude, daß die Straßen angenehm sommerlich sind – daß ich einen Spaziergang nach L. gemacht habe – daß die Wiesen so erfreulich aussehen – erfrischende Luft, fast wie in den Alpen. – Eben aus einem Brief: daß mein ältester Sohn sich recht problematisch benimmt – er hat zwei Eier heimlich aufgegessen ...“

Wir geben noch ein kurzes Beispiel von *geordnetem Bildstreifenerleben;* Protokoll zitiert aus SCHULTZ (1958).

1. Meine Eltern, meine Schwester und ich fahren in einer Droschke durch Charlottenburg. Es war Ostern, meine Schwester und ich haben eine Kaninchenattrappe von ziemlicher Größe bekommen. Wir freuen uns beide nicht so sehr wegen der Geschenke, als weil wir annehmen, die vorübergehenden Menschen dächten, wir hätten lebende Tiere im Arm, was sie natürlich gar nicht tun.
2. Ebenfalls in Berlin bei einem Onkel, der mich in seine Weste Zehnpfennigstücke werfen läßt, wofür er Schokolade aus dem Ärmel fallen läßt.
3. Während meiner Diphtheritis. Es ist Weihnachten. Meine Mutter hebt mich aus dem Bett und läßt mich einmal mit dem Fuß eine Luftschaukel in Schwung setzen.

Ich habe am Bett einen kleinen Verkaufsladen, aus dem ich der grauen Schwester ein aus Stein gemachtes Brot verkaufe.

4. Bin ich im Unterricht bei dem verstorbenen Lehrer Sch., der mir eine Sage erzählen will über das Kreuz auf dem Dach eines Klosters und vom Klingeln unterbrochen wird.
5. In Berlin. Mein Vater geht mit mir, ohne Wissen meiner Mutter, zu Haby, wo mir meine Locken abgeschnitten werden, was meine Mutter später sehr ärgert ... usw.

Dieses Bruchstück unterscheidet sich nur gradweise von dem voranstehenden. In jenem ersten drängen sich noch mehr abstrakte Denkelemente und Ansätze zu Obervorstellungen dazwischen, während der gesamte Gedankenablauf konkret bildhaft und freiassoziativ zu werden beginnt. Hier in unserem zweiten Protokoll reiht sich fast nur noch Bild an Bild, ein Zug plastisch-anschaulicher, alter Kindheitserinnerungen in ganz lockerer, assoziativer Verknüpfung. Die Bilder selbst sind nicht phantastisch dissoziiert, sondern geben jedes eine in sich geordnete kleine Szene von realem Zusammenhange. Die Erzählung hat hier bis auf wenige Stellen durchweg *Gegenwartscharakter.*

Vergleichen wir diese Art zu denken mit der geschlossenen Gedankenführung etwa eines Vortrages oder eines wissenschaftlichen Aufsatzes, so bemerken wir vor allem den *Wegfall einer Obervorstellung,* einer „determinierenden Tendenz“, die gleichsam wie ein Thema oder eine Überschrift über dem Ganzen stünden und auf die alle einzelnen Teile Bezug hätten. Es ist interessant zu sehen, wie im *schizophrenen Denken* (und analog bei manchen Schizoiden) beide Ordnungsprinzipien, das *sphärisch-agglutinierende* und das *logisch-kategoriale* oft deutlich auseinandertreten. So bekommen wir einerseits symbolische, durch und durch *mystisch-irrationale,* andererseits ganz trocken exakte, streng logisch *systematische* Weltanschauungsformen, die sich insbesondere in Denkgebäuden (beim Geisteskranken ebenso wie bei großen Philosophen) oft merkwürdig überschneiden und kombinieren. Demgegenüber ist der *Denktypus der Zyklothymiker,* von der realistisch-humoristischen Gruppe der Gesunden bis zum hypomanischen Denken *anschaulich-gegenständlich,* ein Mitteltypus, der von symbolischen Abstraktionen ebenso frei ist wie von überstraffer logischer Gliederung. Die Bilder sind im zyklothymen Denken fest gegenständlich, aber nur schwach logisch geordnet. Ihre Verknüpfung erfolgt vorwiegend nach anschaulich-sinnlichen Kontiguitäten in Form der zeitlich fortlaufenden Erzählung, der räumlich zusammenhängenden Beschreibung – auf die manische Ideenflucht zu, dann evtl. auch nach dem sinnlichen Klangcharakter.

Vergleichen wir nun den Gedankenablauf in unserem Schema II (S. 62) mit dem apperzeptiven Denken, so sehen wir, daß die Obervorstellung weggefallen ist, d.h. die Vorstellung a („Krankheiten des Menschen") wirkt nicht mehr konstellierend auf die nachfolgende Vorstellungsreihe. Vielmehr entfernt sich die Reihe schon vom dritten Glied ab so weit von der Ausgangsvorstellung, daß sie dazu keinen direkten Bezug mehr hat. Und doch ist sie keineswegs ohne Zusammenhang. Es fehlt die Überschrift, eine bindende Klammer um das Ganze, eine gemeinsame Idee, die die ganze Reihe zu einem einheitlichen Gebilde zusammenfaßt. Jede Vorstellung ist mit der vorhergehenden und folgenden irgendwie verknüpft, nicht aber mit dem Gesamtkomplex. Es gibt nicht übergeordnete und untergeordnete Glieder in dieser Kette. Jede Vorstellung ist gleichviel wert wie die andere und verbindet sich mit der folgenden ohne Rücksicht auf die vorausgehende.

Diesen Denktypus bezeichnen wir als *freies Assoziieren* oder *einfallsmäßiges Denken.* – Der Ausdruck *„Assoziation" bedeutet nichts weiter als die Verknüpfung von seelischen Inhalten.* Diese richtet sich entweder äußerlich nach der *Kontiguität,* dem räumlich-zeitlichen Beieinander (z.B. Birne – Gartenhaus oder Wohnung – Ziegel), nach der *Ähnlichkeit* von Wortklang, Bild oder Inhalt (z.B. Ziegel – Spiegel oder Menschen – Tiere) oder aber innerlich nach dem gemeinsamen Stimmungswert. Man bezeichnet diese Verknüpfungsprinzipien auch als die *Assoziationsgesetze.* Ebenso werden auch die äußeren Sinneseindrücke zu beliebigen Ausgangspunkten für das freiassoziative Denken. Das apperzeptive Denken sperrt vom hellen Bewußtsein aus die Vorstellungen und Wahrnehmungen, welche nicht zum Oberbegriff Bezug haben. Der scharf nachdenkende Mensch „merkt nicht mehr, was um ihn vorgeht". Sobald im freiassoziativen Denken diese Zensur wegfällt, resultiert eine *erhöhte Ablenkbarkeit des Denkens durch äußere Sinneseindrücke und innerlich entstehende Affekte.*

Es ist nun keineswegs so, daß wir entweder *nur* apperzeptiv dächten oder *nur* einfallsmäßig. Vielmehr bilden diese beiden Typen die äußersten Pole, zwischen denen unser Tagdenken sich bewegt. Dem rein apperzeptiven Typus nähern wir uns nur bei konzentriertester intellektueller Tätigkeit, z.B. bei Vorträgen oder Abfassung wissenschaftlicher Aufsätze, dem freiassoziativen Typus nur in den Zuständen völliger seelischer Entspannung und Ziellosigkeit. Unser gewöhnlicher Denkablauf im alltäglichen Amt und Privatgespräch aber geht so vor sich, daß er immer wieder eine Strecke weit durch Obervorstellungen zusammengehalten bleibt, um dann von ihnen abzureißen, ein Stück in freiassoziativen Kontiguitäts- oder Affektassoziationen zwanglos weiterzutreiben oder wieder unter die Herrschaft einer neuen Obervorstellung zu geraten, wobei er sich je nach Veranlagung und augenblicklicher Konzentration bald mehr der apperzeptiven, bald mehr der freiassoziativen Form annähern kann.

Wir müssen überhaupt voraussetzen, daß das apperzeptive Denken nie für sich allein, sondern immer nur als Oberbau über dem ständig fortarbeitenden, freiassoziativen Gedankentriebwerk besteht. Immerfort strömen unten die freiassoziativen Verbindungen. Die Obervorstellung aber hängt wie ein Magnet darüber und zieht die ihr verwandten Elemente herauf in die Helle des Bewußtseins, während die anderen sich wieder im dunklen sphärischen Untergrund verlieren.

Wir zeigten oben, daß das apperzeptive Denken, je umfassender seine Oberbegriffe sind, desto ungegenständlicher werden muß. Umgekehrt beobachten wir, daß das freiassoziative Denken zur konkreten Bildhaftigkeit zurückstrebt. Je mehr wir uns in passiver Ruhelage entspannen, desto mehr nähert sich das freie Assoziieren dem Traum- und Hypnosetypus. Die satzmäßige Verknüpfung beginnt sich aufzulösen, die wörtliche Formulierung der Gedanken macht zusehends den Realbildern, dem unmittelbaren Anschauen innerlich aufsteigender, lebendiger Figuren und Szenen Platz. Zugleich lockert sich dann auch die zeitliche Umrahmung. Erinnerungen und Zukunftswünsche werden in der Gegenwart durchlebt. Hier ist die äußerste Grenze des Wachdenkens. Bei weiterem Fortschreiten wird das Bewußtsein immer unklarer und dämmriger. Nunmehr beginnt sich nach der zeitlichen auch die räumliche Kohärenz der inneren Bilder zu lösen. Zwischen die szenisch geordneten Gruppen schieben sich immer reichlicher phantastische Elemente, eventuell *asyntaktische katathyme Bildagglutinationen* ein. Damit ist der tiefe Traumzustand erreicht, der quasi sinnlichen Bildcharakter hat, wobei allerdings einzelne Bruchstücke des abstrakten Denkens zwischen dem anschaulichen Material flottieren können.

Wir lassen also den tieferen Traum- und Hypnosezustand ungefähr dort beginnen, wo asyntaktische Agglutinationen auftreten. Oberhalb dieser Grenze finden wir das *Bildstreifenerleben,* das filmartige Abrollen sich ablösender Bildgruppen, von denen jede einzelne in sich geordneten szenischen Charakter hat, also wirklich erlebte oder real mögliche Bilder verknüpft. Diesen Gedankenablauftypus finden wir auch im oberflächlichen Traum und in oberflächlicher Hypnose.

Man muß aber wissen, daß bei manchen, meist dem schizophrenen Formkreis nahestehenden Menschen schon in leichter Entspannung die Gedanken sich phantastisch dissoziieren und zum Teil gleich in katathyme Agglutinationen zerfallen. Solche Menschen bezeichnet man als *Tagträumer.* Sind sie sehr begabt, so können sich, eventuell durch Rauschgifte verstärkt, wertvolle künstlerische Phantasieprodukte auskristallisieren; man denke an E. A. Poe, E. T. A. Hoffmann oder Mörike. Auch bei gewöhnlichen Menschen sind Tagträume für den Arzt ein ebenso wertvolles Material zur Analyse ihrer tieferen psychologischen Strömungen wie die entsprechenden Produkte des Schlafs.

Zu unserer Gruppe abnormer Vorstellungsabläufe gehört endlich die *manische Ideenflucht.* Ein Kranker antwortet auf die Frage: Wie geht's? z. B. folgendermaßen (Liepmann 1904):

„Es geht, wie's steht. In welchem Regiment haben Sie gestanden? Herr Oberst ist zu Hause. In meinem Hause, in meiner Klause! Haben Sie Dr. Klaus gesehen? Kennen Sie Koch, kennen Sie Virchow? Sie haben wohl Pest oder Cholera? Ach, die schöne Uhrkette, wie spät ist es? ..."

Fast nirgends können wir so klassische, reine Beispiele für das freie Assoziieren gewinnen wie bei ideenflüchtigen Manischen. Keine Spur einer Obervorstellung, dagegen ist jeder Gedanke mit dem nächsten erkennbar verknüpft nach dem Prinzip der einfach äußerlichen Assoziation. Auch die Ablenkbarkeit durch äußere Sinneseindrücke (Uhrkette) kommt in unserem Beispiel schön heraus.

Die manische Ideenflucht (ebenso die künstlich hergestellte im Wortassoziationsversuch des psychologischen Laboratoriums) unterscheidet sich, bei sonst völliger Übereinstimmung, hauptsächlich in zwei Punkten vom entspannten Denken des Gesunden: Einmal werden beim Manischen viel mehr Bilder in derselben Zeit durch den Blickpunkt des Bewußtseins getrieben (Gefühl des Gedankendrängens) als im Halbschlafdenken, wo immer nur einzelne hellere Bilder mit vielen, kaum dunkel sphärisch angedeuteten Bildern abwechseln. Im Zusammenhang damit und mit der sprachmotorischen Erregung kommt es beim Manischen viel weniger zu fertig ausgeführten, anschaulichen Phantasieszenen. Auch sein Denken ist zwar ausgesprochen sinnlich konkret und abstraktionsarm, aber in seiner Geschwindigkeit bedient es sich meist des nächstliegenden, banalsten und gewöhnlichsten Sinnesmaterials, des Wortklangbildes. Daher finden wir im manischen Denken die reine Klangassoziationen (Haus – Klause – Klaus) stark überwuchernd. Es ist klar, daß hierbei die Worte eine ganz andere begriffliche Bedeutung haben als für das apperzeptive Denken. Sie treten ja nicht als abstrakte Symbole für etwas Inhaltliches, sondern als unmittelbare akustische Realbilder in Erscheinung.

8. Kapitel

Hypobulische Mechanismen

Im Gebiet der Bewegungen bzw. der Ausdrucksvorgänge erkennen wir deutliche Staffelungen. Doch können wir die einzelnen Schichten nicht so klar voneinander differenzieren wie bei den Bildsynthesen.
Fassen wir zunächst wieder Schreckreaktionen, Hysterie und Schizophrenie ins Auge, so finden wir gemeinsam mit den Symptomenkomplexen ursprünglicher Bildgestaltungen auch eigenartige Formen der Psychomotilität, die sich als primitive Ausdrucksstufen bezeichnen lassen (S. 36).

Rhythmische Bewegungen

So treten im *katatonischen Syndrom* der Schizophrenie *automatisch-rhythmische* Bewegungsformen als Stereotypie, Verbigeration usw. sehr ausgiebig in Erscheinung. Der Kranke kann stundenlang in regelmäßigen Intervallen denselben Ton, denselben Satz wiederholen, auf einem Beine hüpfen, wischen, reiben oder im Kreis gehen, sich die Haut blutig scheuern und ähnliches. Subjektiv stehen diese Ereignisse auf der Grenze des Wollens, des Getriebenwerdens und der seelischen Nichtbeteiligung im Sinne des passiven Zuschauens bei selbständigen Bewegungen. Andeutungen von Stereotypie und besonders ausgeprägte Verbigerationen (rhythmische Wortwiederholungen) treten auch in gewissen hysterischen Dämmerzuständen und akuten Schrecksyndromen hervor. Beim entspannten Wachdenken in Ermüdung und Langeweile entstehen zuweilen typische, monotone Bewegungen, wie Schaukeln auf dem Stuhl, Trommeln, Daumendrehen, einförmig wiederholte Fließblattzeichnungen, welche letztere außerdem die primitiven Stilisierungstendenzen zum Geometrischen, zur Symmetrie und zur Formwiederholung schön erkennen lassen (vgl. S. 73). Auch hierbei ist das Erleben vorwiegend passiv. Die Hand führt „unwillkürlich", mit schwachem Willensanstoß den Bleistift. Ähnlich sagt man beim Tanz gern: „Der Fuß *hebt sich.*"

Bewegungssturm, Panik und hysterischer Anfall

Dürfen wir das reichlichere Hervortreten von rhythmischen Bewegungsformen wohl meist als ein Symptom dafür betrachten, daß die Vernunft zugunsten elementarer Automatismen zurücktritt, so gilt dies noch weiter. In den niederen Tierreihen erfolgt die Einstellung zu massiven, neuen Außenreizen durch eine Überproduktion von Bewegungen. Erst auf höheren Entwicklungsstufen wird das „Probieren" von außen nach innen verlegt, aus der Zone der Bewegungen in die der Bewegungsentwürfe, so daß nach einem unsichtbaren psychischen Selektivakt der Reiz am zweckmäßigsten beantwortet wird.
Auch wenn auf den erwachsenen Kulturmenschen überstarke Reize plötzlich hereinbrechen, wird die rationale Oberschicht alsbald gelähmt und mattgesetzt und ein primitiveres Reaktionsintegrat übernimmt die Führung der gesamten Motilität. Ein Sturm übermäßiger impulsiver Äußerungen, die man zuweilen als Probierbewegungen deuten kann, tritt an die Stelle der ruhigen, d. h. bewegungslosen Überlegung. Es entstehen so vor allem die akuten

kollektiven Schreck- und Angstsyndrome der *Panik* bei plötzlichen Katastrophen, bei Erdbeben, im Krieg, bei Grubenkatastrophen und Theaterbränden. Solche panisch erregten Menschen bewegen sich unter anderem wie ein Infusorienschwarm bei erhitztem Wasser, stürmisch, planlos, sie rennen blind durcheinander, wimmeln, schreien, drängen und schieben sich. Entzieht eine der heftigen Bewegungen das Individuum der Reizquelle, z. B. den einstürzenden Häusern, so setzt es die befreiende Richtung unter allmählicher Beruhigung und Wiederaufkommen der Zwecküberlegung fort. Aber nicht nur die der Fortbewegung dienenden, zur Flucht geeigneten Akte werden von solchem akutem Schrecken mobil gemacht, sondern auch der ganze Apparat der Muskelreflexe und Vegetativfunktionen: Rhythmusbewegungen wie Zittern, klonische Krämpfe und ticförmiges Zucken. Am Herzgefäßsystem, am Verdauungsapparat und an allen sekretorischen Organen kommt es zur Funktionssteigerung. Dies alles wird nicht intellektuell geplant, sondern von der „Tiefenperson" gesteuert.

Ähnliche Bewegungsstürme wie bei der Panik beobachten wir unter anderen starken, massenpsychologischen Affektwirkungen wie Zorn, Begeisterung oder unter der Suggestion politisch fanatisierender Redner und in der religiösen *Ekstase*. Sie können auch hier bis zu Krämpfen, Tänzen und „Zungenreden" gesteigert sein. Wie die Geschichte lehrt, waren sie bei „primitiven" Völkern leichter auszulösen als heute. Auch die irrational besonders ansprechbaren Kinder, Frauen und Schwachsinnigen neigen eher zu panischen und hysterischen Reaktionen als ausgereifte Männer.

Mit dem Formkreis der Panik und Ekstase sind die hysterischen Erscheinungen aufs engste verwandt und durch breite Übergänge verbunden. Was beim gefestigten, gesunden Menschen nur noch unter den äußersten Affektstößen sich einstellt, tritt bei gewissen, nervös-labil veranlagten Naturen schon unter geringen Reizen auf, so daß in den extremen Fällen hysterischer Entartung schon die kleinsten Alltagsaffekte, ein Wortwechsel mit den Geschwistern, eine kleine Kränkung, der Wunsch, eine eindrucksvolle Szene zu machen, hinreichen, um die hypobulischen Mechanismen voll in Erscheinung treten zu lassen. In solchen Fällen wird die Oberschicht des rational gesteuerten Zweckwillens schon vom kleinsten Affektfunken angeschlagen und gelähmt, wodurch die mächtige hypobulische Unterschicht die Oberhand erhält.

Das schönste Beispiel eines Bewegungssturmes ist wohl der hysterische Anfall, der neben reichlichen rhythmischen Elementen (Zitter- und Krampfbewegungen) ein Übermaß heftigster Abwehr- oder Verzückungsbewegungen bei starkem Mitschwingen der vegetativen und reflektorischen Apparate enthält. Der Anfall sowie die anderen hysterischen Produktionen scheinen etwas Teleologisches einzuschließen. Wie der Bewegungssturm des Insekts am Fenster, so ist auch der hysterische Anfall eine angelegte, allerdings wohl mehr psychische als mechanische Zweck- und Abwehrreaktion. Der Hysterische befindet sich in irgendeiner unangenehmen Situation, aus der er mit seinen Wünschen und Befürchtungen hinausstrebt. Eine Frau ist unglücklich verheiratet. Das Zusammensein mit ihrem Mann wird ihr unerträglich. Ist sie seelisch vollwertig entwickelt, so sagt sie sich ruhig: Entweder wir lassen uns scheiden, oder wir müssen uns versöhnen, oder wir werden kühl nebeneinanderleben, ohne uns weiter zu ärgern. Von diesen drei Möglichkeiten wird sie diejenige auswählen, die ihr als die zweckmäßigste erscheint, und wird sie dann zielbewußt ausführen. Dies ist der Typus einer zweckklaren Willenshandlung mit motivischer Überlegung und Wahl, als deren Endresultat erst eine einzige motorische Reihe von Reden und Handlungen erscheint, die nicht mehr Kraft und Bewegung verbraucht, als auf dem geradesten Wege erforderlich ist.

Ist dieselbe Frau nun aber labil und seelisch nicht voll ausgereift, so wird sie ihre Lage und die Auswege nicht klar durchdenken, sondern sich bis zu einem undifferenziert dumpfen, aber sehr starken allgemeinen Gefühl des Unerträglichen, einem triebhaften Fortstreben um jeden Preis steigern. Und dieser gespannte Zustand wird sich ohne motivische Zwischenüberlegung direkt in einen Sturm motorischer Entladungen umsetzen, genau wie beim Infusor, bei der Maus oder dem eingesperrten

Vogel, oder wie das gescheuchte Huhn in enger Umzäunung gackert, flattert, zappelt, bis es endlich an die Zaunlücke kommt, durch die es entwischen kann. Die Anfälle dienen dazu, den Ehemann zu erschrecken, ihn von sich abzuhalten, ihn in Furcht und Mitleid zu versetzen, bis er die Gattin ins Sanatorium bringt. Sie hat dort, was sie bedarf. Sie hat sich ihres Mannes entledigt, ist von zarter Pflege und Rücksicht umgeben, die sie so lange entbehrt hat, findet sympathische Herren, die ebenso unglücklich sind wie sie und mit denen sie sich trösten kann. Zur Strafe muß ihr Mann außerdem alles bezahlen.

In der Tierwelt finden wir außer dem Anfall primitive Schutz- und Abwehrmechanismen, wie *Hinken, Sichtotstellen* und dergleichen als Reflexe. Der *Stupor,* das motorische Erstarren mit oder ohne taktile Empfindlichkeit, gehört zum festen Bestand der katatonischen und hysterischen Bilder (E. Kretschmer 1974).

Negativismus und Suggestion

Es ist bezeichnend, daß wir in den hypobulischen Äußerungen der Hysterischen und Katatonischen die *Willensfunktion* auf dasselbe elementare Kontrastpaar reduziert finden, das dem Verhalten der Kinder und der höheren Tiere so häufig das Gepräge gibt. Nicht ruhiges Verhandeln, Überlegen, Ausgleichen der Motive auf eine mittlere Linie – sondern ganz ungedämpfte, abrupte Ausschläge grob alternativer Art: entweder sklavisches Ja oder blindes Nein. Diese sind weiterhin übermäßig stark und zäh, nicht durch klare Motive, sondern durch starke, dumpfe, allgemeine Gefühlstendenzen beherrscht und lassen sich deshalb auch weniger durch vernünftiges Zusprechen als durch elementare Reizwirkungen, durch Schmerz, Pfiff, Kommando und dergleichen beeinflussen. Endlich ist bei ihnen, wie wir das auf den niedrigeren phylogenetischen Stufen überhaupt gesehen haben, *Willensausdruck und Affektausdruck* noch undifferenziert, so daß die reflektorischen und vegetativen Apparate in ganzem Umfang unmittelbar ansprechen, was bei den hochdifferenzierten Zweckwillensfunktionen bekanntlich kaum der Fall ist. Bei dieser Verschmelzung von Affekt und Äußerungsbereitschaft können mit Leichtigkeit Bewegungsstürme und vegetative Reaktionen ausgelöst werden (vgl. S. 44f).

Die hypobulische Reaktionstendenz zerfällt in blindes Widerstreben *(negativistische Phänomene)* und blindes Gehorchen *(Suggestivphänomene)*. Das alternative Hin- und Herspringen des Willensausschlages zwischen Ja und Nein bezeichnet man bei den Kindern, den Hysterischen und den Katatonischen als *Launenhaftigkeit.* „Laune" bedeutet hier Abhängigkeit von der *„Sphäre" der Intentionen.*

Es ist jedermann bekannt, wie Kinder in bestimmtem Lebensalter oft auf kleine Störungen hin in eine Art krampfhaftes Verhalten geraten. Sie widerstreben plötzlich aufs heftigste, sperren sich eigensinnig mit Aufwand all ihrer Muskeln und ihres Stimmapparates, und halten diese Einstellung mit großer Zähigkeit weiter fest, wenn die Ursache schon verschwunden und die Reaktion somit sinnlos geworden ist. Das nennen wir *Negativismus.* Gütliches motivisches Zureden ist dabei oft ohne Wirkung. Die Reaktion verliert sich entweder mit der Zeit von selbst, oder sie schnappt ganz plötzlich und ohne motivierbaren Übergang ins Gegenteil um. Wir zeigen dem Kind eine schöne Speise: eben noch stampfend und schreiend, hat es alles vergessen und kommt lachend daher. Oder ein scharfer Pfiff, eine plötzliche Ohrfeige lassen es augenblicklich verstummen. Dieses Nichtreagieren auf Verstehbares und Ansprechen auf elementare seelische Reize ist für die hypobulischen Reaktionen charakteristisch. Der Negativismus der Hysterischen wirkt auch auf den Laien „kindisch" und ist dem kindlichen Verhalten ähnlich. In der Katatonie treten die negativistischen Phänomene manchmal so rein hervor, daß der Kranke mit der Sicherheit eines Automaten stets das Gegenteil der gegebenen Aufforderungen tut und jedes Anfassen seines Körpers mit starken Muskelgegenspannungen erwidert.

Praktisch noch bedeutsamer als die negativistischen sind die *Suggestivphänomene*. Besonders wichtig aber ist es festzuhalten, daß beide Erscheinungskreise sozusagen auf einem Baum wachsen, in eine psychologische Schicht hineingehören, sich wie ein umgekehrtes Spiegelbild entsprechen. So schildern Angehörige nicht selten junge Hysterische, die sich in der Klinik durch eine geradezu schrankenlose suggestive Biegsamkeit auszeichnen, als besonders eigensinnig, „bockig" und widerstrebend. Und wir sehen in therapeutischen Sitzungen, wie blinde Befehlsautomatie und blinder Negativismus beständig ineinander umschlagen.

Unter Suggestion verstehen wir den Vorgang der Erzeugung von Empfindungen, Vorstellungen und Willensantrieben auf dem unmittelbaren Weg des Sinneskontaktes zwischen Menschen ohne Kontrolle des urteilenden Denkens beim Empfänger. Man kann auch definieren: Suggestion ist die unbewußt wirkende Beeinflussung einer fremden Person (zum Unterschied von der Überzeugung). Wie das ordnende apperzeptive Denken ständig durch Einfälle aufgelockert wird, so spielen in der Beeinflussung von Mensch zu Mensch neben und hinter der Überzeugung durch Gründe suggestive Momente eine ständig verformende Rolle. Wir sehen täglich, daß der eine Mensch mit der besten Sachlichkeit und Logik seiner Ausführungen nur ganz schwache und der andere mit den fadenscheinigsten Gründen erstaunlich große Wirkungen erzielt. In der ärztlichen Praxis ist dies ebenso offenkundig wie in der Politik. Ja, es gibt kein Lebensgebiet, wo die Suggestion nicht zu den wichtigsten Faktoren menschlicher Beziehung gehörte. In großen Versammlungen kumulieren sich die Suggestivwirkungen ganz außerordentlich, so daß der Einzelne durch das allseitige Auf-ihn-Hereinströmen von Einflüssen zuletzt nicht mehr kritisch denken kann und nur noch ein Molekül im Strom der starken Allgemeinstimmung bzw. -willensrichtung bildet, wie sie durch einen grauenhaften Anblick, einige aufpeitschende Ausrufe oder Schlagworte eines Redners plötzlich erzeugt werden. Man bezeichnet diesen Vorgang als *Massensuggestion*. Bei primitiven Populationen sind die Einzel- wie die Massensuggestivwirkungen offenkundig, jedoch meist sozial genormt, beim sogenannten differenzierten Kulturmenschen weniger scharf zu erkennen und wenig genormt, dafür um so intensiver. In den Kinderkreuzzügen, den Tanz- und Geißlerepidemien des Mittelalters lassen sich Massensuggestivphänomene in einer Stärke und einem Umfang beobachten, die uns heute wie Volkskrankheiten anmuten. Dafür wüten heute Kriegsrausch, weltfremde Revolutionsideologie, sinnlose Massengerüchte, Modenarrheit, Einkaufsbesessenheit, Kollektivverbrechen u. a.

Abgesehen von dieser allgemeinen Geltung der Suggestion als eines in Verquickung mit dem rational bestimmten Zweckwillen ständig wirksamen Bestandteiles in unserem normalen Seelenleben, sehen wir aber nun die irrationalen Intentionsphänomene auch vollkommen von der motivierten Absicht abgespalten und als selbständigen Betriebsbestandteil hervortreten, und zwar geschieht dies in denselben „Ausnahmezuständen", in denen auch die übrigen hypobulischen und hyponoischen Mechanismen zur Alleinherrschaft kommen, also vor allem in der Hypnose und in hysterischen Zuständen, sodann in eigenartiger Ausprägung in den katatonischen Bildern der Schizophrenie. Beim *Katatoniker* zeigt sich die Suggestibilität bis zur Karikatur gesteigert in den beiden Erscheinungen der *Katalepsie* und der *Befehlsautomatie*. Die Katalepsie stellt wohl die niedrigste Stufe der Suggestivphänomene dar. Sie besteht darin, daß der Katatoniker jede Haltung, die man seinem Körper gibt, beibehält, so daß man seinen Körper wie Wachs formen kann (Flexibilitas cerea). Ein elementarer sensibler Reiz (z. B. das Biegen des Armes) wird also automatisch und ohne die mindeste Überlegung mit einer fixierenden Einstellung der Muskulatur beantwortet. Auch die negativistischen Muskelgegenspannungen gewisser Katatoniker gehören hierher. Die Befehlsautomatie dagegen stellt eine höhere Form der Suggestibilität dar, weil hier zwar ebenso automatisch, aber nicht mehr auf elementare Körperreize, sondern auf differenzierte Komplexe reagiert wird, und zwar auf Worte und Aufforderungen positiv, beim Negativismus jedoch negativ.

Auch in der tiefen *Hypnose* finden wir beide Formen der Suggestibilität wieder, d. h. als kataleptische Muskelzustände oder als Wirkungen der Wortsuggestion, indem einfache Befehle blindlings ausgeführt und einfache, anschauliche Vorstellungen ebenso blindlings übernommen werden. In der Hypnose gegebene Suggestionen wirken eventuell im Wachzustand nach (posthypnotische Suggestion), eine Tatsache, die wir uns für die ärztliche Behandlung zunutze machen.

Die Suggestivphänomene bei *Hysterischen* unterscheiden sich nicht grundsätzlich von denen in der Hypnose. Am schönsten können wir sie in den therapeutischen Sitzungen bei *Wachsuggestivbehandlungen* studieren. Wir finden hierbei ein sprunghaftes Alternieren von Beeinflußbarkeit und zähen Negativismen in sehr verschiedenen Mischungsverhältnissen. Während wir z. B. bei Behandlung leichter Kinderhysterien öfters nur einer fast wächsernen suggestiven Biegsamkeit begegnen, dominieren bei alten Renten- und Kriegsneurotikern häufig stärkste Negativismen mit wilden hypobulischen Bewegungsstürmen, die zum Teil der Suggestion, zum Teil direkter Gewalt weichen. Dieser Unterschied hängt wohl mit dem Lebensalter und Geschlecht zusammen, insofern bei erwachsenen Männern hysterische Zustände durchschnittlich viel schwerer ausgelöst, aber auch schwerer beseitigt werden als bei Frauen und Kindern. Die therapeutische Resistenz dürfte auch davon abhängen, ob starke Zweckmotive in die Neurose eingegangen sind, oder ob es sich um ein mehr beiläufiges, halb spielerisches Ansprechen auf ungünstige Milieuverhältnisse handelt.

Fassen wir unsere Beobachtungen über die Negativismen und Suggestivphänomene zusammen, so können wir zwei durch Zwischenstufen ineinander übergehende Typen derselben unterscheiden. Eine primitivere Elementarform: wie beim *Dressurvorgang* an höheren Tieren, erfolgen auf elementare Sinnesreize (Schmerz, Griff, Kommandoruf) elementare Muskeleinstellungen in positivem (Katalepsie) oder negativem Sinne (Gegenspannung) und eine indirekte Form: Vorstellungen und Befehle werden mittels der *Sprache* übertragen, wobei sich dann auch die negativistische bzw. befehlsautomatische Reaktion komplizieren kann. Aber auch diese komplexeren Impulse werden blindlings, d. h. ohne Vermittlung höherer Überlegungen, ohne Kritik oder durchdachtes Motiv fertig übernommen und ausgeführt. Was wirkt nun bei dem letzteren Modus suggestiv? Es sind dies einmal starke elementare Sinnesqualitäten, die dem gesprochenen Wort anhaften. Ein typisches Beispiel dafür ist der Kommandoruf, der auf der Grenze zwischen einer sprachlichen Aufforderung und einem scharfen elementaren Sinnesreiz steht. So benutzt die *protreptische Therapie* gern kräftige, knappe, präzise, akzentuierte, ja selbst geschriene Befehle, eventuell durch optische und taktile Hilfen, pantomimische Gesten, Anfassen, Schütteln, elektrischen Schmerzreiz unterstützt oder umgekehrt leise, murmelnde, flüsternde Sprechtöne im halbverdunkelten Zimmer, um den Patienten in eine passive, willenlos aufnahmefähige Einstellung nach Art des Halbschlafes zu bringen.

Neben den elementaren Sinnesqualitäten des gesprochenen Wortes sind seine *sphärischen Zusammenhänge* von größter Bedeutung. Wir lernen hier neben der intellektuellen und sentimentalen Bedeutung der Sphäre noch eine dritte, die *volitive*, kennen. Im Umkreis des Bewußtseins liegen Keime verschieden hoch integrierter *Bewegungsentwürfe* bereit, die sich spontan durchsetzen, intentional gesucht oder suggestiv geweckt werden können. Auch dieser volitive Aspekt ist vom affektiven nicht zu trennen.

Sinnesqualität und *sphärische Resonanz* machen auch im gewöhnlichen Leben die suggestive Wirksamkeit oder Nichtwirksamkeit des gesprochenen Wortes in der Hauptsache aus. Deshalb ist überall wo suggestive Wirkungen im Vordergrund stehen, die Beherrschung der eigenen Körperbewegung und des Stimmklanges die elementare Voraussetzung, intuitives Sprachgefühl für die sphärischen Hintergründe des gewählten Wortes jedoch die höhere.

Schaltung

Die Schaltung ist für das Verständnis des gesunden und des kranken Seelenlebens von besonderer Bedeutung. Das gilt sowohl für die Abbildungs- wie für die Ausdrucksvorgänge. Wir sahen, daß sich beide in phylogenetische Schichten staffeln lassen, deren Beziehungen untereinander zwei verschiedene Formen zeigen.

Im gewöhnlichen Seelenleben des erwachsenen Menschen wirken die Schichten in einem durchgehenden Verband von oben bis unten innig zusammen, und zwar so, daß es kaum möglich ist, die Betriebsbestandteile einzeln für sich herauszusehen. So bemerken wir, daß das apperzeptive Denken stets von einem breiten Strom freiassoziativen seelischen Ablaufs getragen ist, ja, daß offenbar in der *Sphäre des Bewußtseins* ein breiter Dunstkreis traumartiger Agglutinationsvorgänge schwebt, aus denen sich erst das klare Wachdenken entspinnt. Ebenso sahen wir, wie in das motivierte Zweckwollen immerfort hypobulische Ausdrucksdeterminanten, angelegter und suggestiver Art, mit einfließen.

Neben diesem durchgreifenden Zusammenwirken der seelischen Apparate finden wir aber nun als zweiten Funktionstypus die psychischen *Schaltungen.* Hier arbeitet nur eine einzelne seelische Schicht als selbständiger Betriebsteil, während andere Schichten ausgeschaltet sind. Oder wir sehen die *Spaltung,* bei welcher z.B. zwei Schichten gleichzeitig, aber nicht zusammen, sondern jede für sich äußerstenfalls gegeneinander funktionieren. Wir unterscheiden also *Wechselschaltung* und *Nebenschaltung.* So kann beim Einschlafen momentan die apperzeptive Funktion auf die Traumstufe übergehen. Mit einem Ruck kann beim hysterischen Dämmerzustand der Bildablauf auf die Schaltung „katathyme Agglutination“ umschnappen und ebenso plötzlich wieder ins normale Wachdenken zurückkehren. Es entstehen so scharf voneinander abgegrenzte Verhaltensphasen, die in sich selbst organisch integriert, gegeneinander aber wie durch eine Kluft getrennt sind. Diese Wechselschaltung finden wir im gesunden wie im kranken Seelenleben.

Dagegen ist die *Nebenschaltung* in ihren ausgeprägten Formen wohl stets ein krankhaftes Symptom. Wir beobachten sie besonders in der Schizophrenie und manchen verwandten Zuständen seelisch labiler Menschen. In den extremen Graden kommt es zum *„doppelten Bewußtsein“.* Es können dann die Personen und Gegenstände der Umgebung gleichzeitig in zwei Zusammenhängen, einem objektiven und einem traumhaft phantastischen, auftreten. Der alte Arzt erscheint als väterlicher Freund in seiner wirklichen Rolle, zugleich aber als dunkler Anführer einer geldräuberischen Nihilistenbande, der dem Patienten unerhörte Qualen zufügt. Beides kollidiert nicht in seinem Bewußtsein. Andeutungen solcher Doppelschaltungen finden wir übrigens auch im Traum, wenn die Schlaftiefe schwankt.

Praktisch besonders wichtig für unser therapeutisches Handeln sind die Schaltungsverhältnisse des Ausdrucksapparates, speziell in der *Hysterie* (E. Kretschmer 1974). Die Schichten können hier zuweilen sehr stark voneinander abgespalten sein. Wie oft finden wir, daß der Patient zugleich will und nicht will, daß er mit seinem vernünftigen Motivwillen der Heilung zustrebt, während darunter zähe hypobulische Negativismen und triebhafte Abwehrstürme sich entfesseln, sobald wir ihn dieser Heilung näherzubringen versuchen. Wir sehen so häufig, wie eine ursprünglich zweckvolle Vortäuschung, z. B. ein nachgeahmtes Hinken oder Zittern, durch fortschreitende Einschleifung zum reinen Reflex wird, sich dadurch vom bewußten Zweckwillen des Hysterikers mehr und mehr emanzipiert und nun unter die Herrschaft unbeeinflußbarer hypobulischer Strömungen gerät, die dumpf und blind, aber sehr stark sind. Eine Gangstörung z. B. verselbständigt sich, während die hypobulische Sphäre sich mehr und mehr vom Zweckwillen dissoziiert. Verhandeln wir nun gutwillig mit dem Zweckbewußtsein des Patienten, versuchen wir, ihn auf dem Wege vernünftiger Überredung und Übung von seiner Gangstörung zu befreien – plötzlich, als wir eben am Ziel zu sein glaubten, schaltet er von „Zweck“ auf „Abwehrhypobulik" um. Statt einen vernünftigen Menschen glauben wir plötzlich ein gereiztes Tier vor uns zu haben, das fauchend seine Stacheln stellt: das Bewußtsein verengt sich auf einen Punkt; der Blick wird stier und abwesend; ein Hagelwetter von wilden Negativismen, von Krampf- und Zittermechanismen, von Schreien, Schwitzen und Keuchen bricht gegen uns aus. Und diese hypobulischen Widerstände können wir nun nicht mehr mit Überredung und allmählicher Übung beheben, sondern nur noch mit Suggestion, d.h. kräftigen Sinnesreizen, Schmerz und Kommando nach Art des Dressurverfahrens durchbrechen.

Auf der hypobulischen Stufe sind, wie wir sahen, Willensimpulse und affektive Reaktionen, Willensausdruck und Affektausdruck nicht voneinander differenziert. Deshalb stehen dem sich verteidigenden Hysteriker ungeahnte *Register von tiefen Reflexmechanismen* zur Erreichung seiner triebhaften Flucht-, Abwehr- und Beachtungstendenzen zu Gebote, die er im Normalzustand mit direktem Willensentschluß nicht zu ziehen vermöchte. Er kann zittern, erbrechen, blau und blaß werden, und zwar mit einer Leichtigkeit und Vollkommenheit, die ein Mensch sonst absichtlich nicht erreicht.

Außer diesen hypobulischen Schaltungen gibt es aber noch andere Zugänge zu den Reflexmechanismen, die der Arzt kennen muß. Es kann z.B. von einem akuten Schreck noch einige Zeit eine gewisse reflexmäßige Zitterneigung zurückbleiben. Diesen Reflexrest kann ein Patient durch diffuse Muskelspannung und halb absichtliche Affektanstauung (Sichhineinsteigern) allmählich konservieren und so verstärken, daß er nach einigen Tagen automatisch läuft. Je mehr dies der Fall ist und zugleich das Bewußtsein der aktiven Mitbeteiligung sich vor der Selbstkritik verdunkelt, desto mehr wird eine solche ursprünglich bloße Schreckreaktion oder Vortäuschung hysterisch, d.h. schließlich hypobulisch verselbständigt. Den geschilderten Vorgang, durch den dies zustande kommt, bezeichnen wir als *willkürliche Reflexverstärkung*.

DRITTER TEIL

Triebe und Temperamente

9. Kapitel

Triebe und ihre Erscheinungsweisen

Begriffliche Gliederung und Wechselbeziehungen

Wichtig ist die Grundtatsache der polaren Funktionsweise der Triebe, ohne die sich viele psychologische und psychopathologische Erscheinungen nicht verstehen lassen. Sie hat vier Aspekte:

1. Die (wahrscheinlich organisch mitfundierte) *quantitative Stufung*. Ein Trieb kann stark, schwach oder gar nicht gespürt werden. Neben dieser *unipolaren* normalen Graduierung gibt es eine *bipolare* zwischen dem *zu starken* (unangepaßten) und dem fehlenden (aber erforderlichen) Trieb. Nur im Fall der Krankheit, z.B. bei umschriebenen Hirnstörungsherden oder Psychosen, schwingt das Bedürfnis nicht jeweils adäquat aus der Mittellage heraus nach der einen oder andern Seite, sondern bleibt an *einen* Pol gebunden oder ihm angenähert. Hier von „Enthemmung" und „Hemmung" zu sprechen ist fehl am Platz. Diese Bezeichnungen wurden unbedacht auf Physiologie und Psychopathologie übertragen. Begrifflich gehören sie nämlich zur magischen Kategorie und meinen die „Wirkung" eines Subjekts auf den Körper oder die Gegenstandswelt. Wir wissen ja nicht einmal auf der objektiven Ebene, ob z.B. eine sogenannte „Triebhemmung" von Unterbrechung, funktioneller Umordnung oder chemischer Wandlung im Gehirn begleitet wird. Aber selbst wenn uns die Physiologie später einmal darüber aufklären sollte, so bliebe das Begriffspaar „Enthemmung – Hemmung" doch auf die subjektive Seite der Normalpsychologie beschränkt. Nur ein *Subjekt* kann innere Impulse freigeben oder hemmen (vgl. Triebbeherrschung, S. 150).

2. Die *organisch-reflektorische Gegensätzlichkeit*. Es handelt sich um eine *qualitative Polarität* zwischen Trieb und Gegentrieb. Diese stehen antagonistisch, reziprok zueinander. Eindeutig finden wir dies nur auf elementarpsychischem Gebiet und können hier den Triebgegensatz mit den polaren zentralnervösen Regulationen „ergotrop – trophotrop" in Parallele setzen (z.B. die Bedürfnisse Bewegung – Ruhe; Wachen – Schlafen). Die Grundantriebe und -affekte werden vom Zwischenhirn aus so gesteuert, daß sich im Tierversuch, eventuell aber auch beim Menschen von eng zusammenliegenden Reizstellen aus bald maniakalische Erregungen, bald stupor- oder komaartige Ruhe auslösen lassen (Förster u. Gagel 1938 u.a., vgl. S. 48). Nicht selten wechseln sie sich in periodischen Zyklen ab (Beringer 1942, Feuchtwanger 1930 u.a.). Dieses Schema reicht aber bereits beim Gegensatzpaar Angriffs- und Fluchttrieb nicht mehr aus. (Aggressions- und Fliehverhalten können nach Hess beim Tier von der gleichen Hirnstelle aus mit verschieden intensiven, elektrischen Reizen ineinander überführt werden.) Beide sind ergotrop determiniert und bilden lediglich eine fast spiegelbildliche Antinomie innerhalb desselben modalen Bereichs. Ähnliches gilt von den Trieben „Erwerben – Schenken". Einen recht komplizierten Grenzfall bildet auch der Gegensatz „Scham- und Schreckverhalten", beide reflektorisch mit der Gesichtsdurchblutung verbunden. Man kann den ersten Fall (Erröten) mit einer Tendenz zur Abwehr (der Bloßstellung), den zweiten (Erblassen) mit dem Fluchttrieb hypothetisch verknüpfen.

Bei komplexeren Bedürfnissen hingegen (z.B. den erotischen und den geselligen) sehen wir zwar quantitative Abstufungen, aber keine eindeutigen Gegenspieler. Die elementaren Oppositionen werden hier offenbar in einer höheren, wechselseitigen Polarität aufgehoben.

3. Jeder Trieb hat eine *positive* und eine *negative* Gestalt. Das heißt, entweder *begehrt* das Individuum ein Ziel, strebt nach Verbindung und harmonischer Synthese, oder es *meidet* (oft

angstvoll) ein Ziel und sucht Störung der Harmonie, äußerstenfalls Abstand.

4. Triebe können *aktiv* und *passiv* orientiert sein. Im ersten Fall regiert das Bedürfnis nach Gestaltung des Triebziels, im zweiten das nach Erleben, Erleiden desselben (z. B. Geschlechtstrieb, Abhängigkeitstrieb).

Die Pole können sich mischen oder sich (eventuell abrupt) ablösen, ineinander umschlagen. Für jeden Trieb, den wir konstatieren, muß der Ort innerhalb der drei Polaritäten gesucht werden: stark–schwach (fehlend), positiv–negativ, aktiv–passiv. Nur der Mensch kann diese Skalen beherrschen, die Bedürfnisse – was durchaus natürlich ist – intendieren oder zügeln, hemmen oder koordinieren, während beim Tier Zielbewegungen gesetzmäßig entstehen und vergehen.

Was „echte“, selbständige Triebe (Definition s. S. 49 und S. 86f) sind, läßt sich *beim Menschen* mit seiner vielfältig determinierten Psyche nicht einfach beschreibend bestimmen. Da man ihre Zahl nicht genau festlegen kann, gibt es viele theoretische Einteilungen, die jedoch alle nur einen geringen Erkenntniswert besitzen. Das wenig Formelhafte der triebhaften Erlebnisse (und selbst vieler damit verbundener Triebhandlungen), ihre Plastizität und Variabilität stammt daher, daß sie fortwährend von Lernprozessen gewandelt und von rationalen Impulsen bzw. Hemmungen durchkreuzt werden. An seiner Peripherie verliert sich jeder Grundtrieb ohne Grenze in den gebahnten Strombetten des Gesamttemperaments einerseits und den für wechselnde soziale Situationen erlernten Verhaltensweisen andererseits. Nur da, wo wir Bedürfnisse mit einigermaßen isolierbaren körperlichen Substraten in Verbindung setzen können, dürfen wir sie hypothetisch als Einzeltriebe, als seelische Komplexe im biologischen Sinn herausheben. Vergleiche mit der absteigenden Tierreihe helfen uns bei der Einteilung nicht, weil wir *über subjektive Erlebnisse der Tiere nicht urteilen* können (vgl. S. 88). Nur Reflexe und situative Bewegungen lassen sich bei Mensch und Tier ungefähr in Parallelen setzen. In dieser Hinsicht geben uns Reizstellen und Funktionszirkel im Gehirn, die mit fest integrierten, formelhaften, zweckvollen Körperbewegungen – beim Menschen auch Drangerlebnissen – gekoppelt sind, wichtige physiologische Gesichtspunkte zur Gliederung. Bei allen Fortschritten auf diesem Gebiet vergessen wir aber nicht, daß wir die primitiven Triebe beim Menschen im wesentlichen immer noch nach den leicht abhebbaren Organsystemen klassifizieren.

Als *selbständige Grundtriebe* postulieren wir:

1. Schlaf- und Aufwachtrieb,
2. Reiner Bewegungstrieb,
3. Ernährungstriebe (einschließlich Körperausscheidungen),
4. Selbsterhaltungstriebe (Schädigung, Abwehr, Flucht),
5. Erwerbstriebe,
6. Geschlechtstriebe,
7. Geselligkeitstriebe (Pflege, Zärtlichkeit, Hierarchie).

Man beachte, daß diese Triebgruppen *begrifflich nicht auf der gleichen Ebene* liegen. Jede von ihnen kann mehr kollektiv oder individualisiert, mehr primitiv oder differenziert in Erscheinung treten. Je weiter wir die vorangehende Skala hinaufsteigen, desto schwieriger wird es, die Bedürfnisse im Gehirn zu lokalisieren (insbesondere durch Reiz- oder Ausfallsbeobachtungen). Im gesunden Leben kommt strenggenommen *kein Trieb für sich allein* vor, sondern stets in Verbindung mit andern. Die Akzente der einzelnen Komponenten abzuwägen, gehört zu den wichtigsten und schwierigsten diagnostischen Aufgaben. Es gibt nichts Stupideres, als alle Bedürfnisse auf einen Trieb, z. B. den sexuellen, zurückführen zu wollen. Allerdings liegt z. B. der Ernährungstrieb dem Erwerbs- und Sicherungstrieb nahe, und die Berührungspunkte zwischen Macht-, Aggressions- und Sexualtrieben sind nicht schwer zu erkennen. Die komplexeren, insbesondere die erlernten und variablen Triebe brauchen den Grundtrieben an Dynamik und autonomer Starrheit im gegebenen Augenblick nicht nachzustehen.

Die Grundtriebe beim Menschen dürften in Schema und Ziel recht feste und wenig beeinflußbare Konstanten bilden. Aber schon die *Vorstellungsrepräsentation* der Bedürfnisse im Bewußtsein variiert in nicht begrenzbarem Umfang, weil sie sowohl durch *Vorbild und*

Dressur gestaltet, wie auch durch den *spontanen individuellen Einfall* abgewandelt wird. Ebenso ist es bei den *Befriedigungshandlungen*. Doch wie die Phantasie dem Akt, so ist auch *der Trieb dem Instinkt überlegen*-beim Menschen wohlgemerkt! Nicht nur wegen gewisser Gemeinsamkeiten zwischen verschiedenen Triebgruppen, sondern auch aus Gründen einer besonderen Anlage, einer Krankheit oder auch prägender Lerneinflüsse können sich verschiedene, sonst relativ selbständige Bedürfnis- oder Angstbereiche gesetzmäßig verknüpfen, gerade auch da, wo es nicht erwartet wird und nicht sinnvoll erscheint. Wir nennen dies *Triebkoppelung*. Sie spielt, wie das Irradiieren psychischer Energie von einem Triebgebiet auf ein anderes *(Triebirradiation)*, in der Diagnostik wie auch in der Psychotherapie eine große Rolle.

Schlaf- und Aufwachtrieb

Diese Triebgruppe ist am stärksten physiologisch gebunden. Subjektives Bedürfnis und zwangsläufiger *Automatismus* gehen hier Hand in Hand. Schlafen und Wachen müssen deshalb selbständig reguliert sein, weil sie eine elementare Bedingung der individuellen Existenz bilden. Das erste garantiert die Wiederherstellung der Leistungsfähigkeit, das zweite das Bewußtsein und damit die spezifisch menschlichen Lebensmöglichkeiten. Die beiden Pole haben auch insofern eine Sonderstellung, als sie zum Unterschied von den anderen Trieben nicht auf bestimmte Zwecke in der Welt, also auf einen Bezug zu ihr hinzielen, sondern nur das Individuum für sich betreffen. Es fragt sich, ob man das Erwachen als „Trieb" bezeichnen darf. Wir können morgens im Halbschlaf ein Bedürfnis spüren wach zu werden. Doch sind wir davon überzeugt, daß dies nicht elementaren regulativen Erfordernissen entstammt, sondern Gewohnheiten und Motiven (z.B. Tagespflichten). Das Aufwachen scheint mehr menschlich als biotisch determiniert zu sein. Aber auch der Schlaf kann Motive haben, weil wir seinen Zeitpunkt in weiten Grenzen festsetzen. Wir wollen schlafen, um einem Konflikt auszuweichen oder um ihn zu überwinden.

Der Schlaf ist ein *trophotroper Funktionszustand,* der vermutlich durch Serotonin im Gehirn induziert wird. Es laufen intensive Vorgänge ab, die auf Restitution und Aufbau des Organismus hin gerichtet sind (Gehirn, Verdauung). Im Nachtschlaf lösen sich bestimmte in sich gegliederte Perioden durchschnittlich vier- bis sechsmal ab. Eine Periode beginnt mit dem *Tiefschlaf* (orthodoxer Schlaf), der von Flachwellen und Spindeln der elektrischen Gehirnpotentiale begleitet wird. Dauer etwa eine Stunde. Es folgt die zweite Phase des oberflächlichen oder *paradoxen Schlafs,* bei welcher die Augen verschiedenartige schnelle Hin- und Herbewegungen (REM-Rapid eye movements) ausführen und die Gehirnpotentiale ein „Sägezahnmuster" zeigen. Dauer etwa zwanzig Minuten. In dieser Zeit ist der Schläfer für äußere Reize nicht ansprechbar, seine Muskulatur erschlafft (er bewegt vielleicht Gliedmaßen und spricht zeitweilig, kann sich aber nicht nachtwandelnd erheben). Er *träumt intensiv* und bekommt in der Regel genitale Erektionen. Verhindert man den REM-Schlaf, so sind die Betroffenen am folgenden Tag *gereizt, deprimiert* und *unkonzentriert* (aber nicht „neurotisch"!). Bei mehrfachem Entzug können sie heißhungrig, schwer besinnlich werden, evtl. auch halluzinieren. Gesetzmäßigkeit und Bedeutung dieser Persönlichkeitsveränderungen werden noch diskutiert. Nach unterdrücktem REM-Schlaf neigen die Betroffenen dazu, wesentlich häufiger als normal, in diesen zu fallen, also das Versäumte nachzuholen (DEMENT 1965, FOULKES 1969, JOVANOVIĆ 1971). Es liegt nahe, anzunehmen, daß die REM-Phasen eine ausgleichende Funktion im Energiehaushalt des Organismus (diese vagen Begriffe sagen aber wenig aus!) besitzen und zwar in dem Sinn, daß zeitweilige innere Erregungen nötig sind. Ob man jedoch auch Psychosen (z.B. Alkoholdelir, schizophrene Wahnvorstellungen und Sinnestäuschungen) als Ausdruck durch Schlafmangel erzwungener, nachgeholter Antriebssteigerung erklären darf, bleibt abzuwarten.

Bewegungstriebe

Bewegung ist die allgemeinste Notwendigkeit der Lebewesen. Zum Unterschied von der polar ergänzenden Ruhe bedeutet Stillstand soviel wie Tod. Die Bewegungslehre umklammert – wie wir sahen – die ganze Instinktlehre und ist vielleicht ein größerer Abgrund als die geschlechtliche Polarität. Das beim Menschen bewußt gewordene *Bewegungsbedürfnis* nennen wir Bewegungstrieb. Er darf seiner Allgemeinheit und Ganzheitlichkeit wegen nicht andern Spezialtrieben untergeordnet oder gleichgestellt werden. Vor diesem Mißverständnis bewahrt uns allein das Wissen, daß Bewegung ebenso psychologisch motiviert wie zerebralorganisch (eventuell krankhaft) verursacht werden kann. Nach Bewegungsbedürfnis und Bewegungsabläufen zu fragen, gehört zu den wichtigsten Aufgaben des Arztes und insbesondere des Psychiaters. Diese Erscheinungen hängen eng (wenn auch nur von der motorischen Seite her) mit dem zusammen, was wir als „Antrieb" besprochen haben. Der allgemeine Bewegungstrieb trägt sozusagen alle speziellen Äußerungen. Wo er versiegt, wie etwa bei psychotischer Regungslosigkeit, gehen auch alle besonderen Triebhandlungen und schließlich auch alle Vernunfthandlungen zurück oder bleiben ganz aus. Umgekehrt kann ein krankhafter Bewegungsüberschuß, z. B. bei einer schizophrenen Erregung durch Erschöpfung, zum Tode führen.

Wir bemerken schon beim Tier, daß die Gesamtsumme seiner hypothetischen vitalen Energie nicht nur den unmittelbaren Erfordernissen zugute kommt, sondern ein beträchtlicher, frei verfügbarer Rest übrigbleibt, der sich in einen „Bewegungsluxus" bzw. in „spielerische" Tätigkeit ergießt. So ist es besonders bei jungen Tieren, in höherem Maß auch beim Menschen. Dem biologischen Sinn dieser *Spiele* ist Groos (1899, 1930) in feinsinniger Weise nachgegangen. Sie lassen keinen notwendigen Zweck erkennen, haben aber vermutlich eine wichtige mittelbare Funktion, teils physiologisch für das Üben der Kraft und Geschicklichkeit, teils psychologisch als eine frei verfügbare Verhaltensreserve, aus der eventuell in enger Wechselwirkung mit den Triebfaktoren komplexe kulturelle Neuleistungen (schöpferische Entfaltung) entspringen. Auch die Intelligenz empfängt „Stoff" aus dem Spiel. Dieses entfaltet sich zwischen den Polen des Selbstzwecks und der Verbesserung von Lebensbedingungen. Schon Schiller (1794) als Philosoph hat die hohe gesamtvitale Bedeutung des Spieltriebs in überzeugender Weise aufgewiesen. So hat das Spiel auch im Rahmen der Psychotherapie eine große Bedeutung.

Ernährungstriebe

Daß *Hunger* und *Durst* von metabolisch-hormonalen Bedingungen mit abhängen, ist bekannt. In der klinischen Pathologie finden sich bei entsprechend lokalisierten Hirnherden schwere, manchmal groteske Enthemmungen der oralen Triebe: unsinniger Durst, völliger Verlust des Hungergefühls oder unstillbarer Heißhunger ohne Sättigungsgefühl, ferner „Appetenzwandel" (von süß zu sauer u. ä.). In seltenen Fällen treten auch Kopplungen mit *aggressiven Trieben* (z. B. Essen lebender Tiere) oder wahllose Enthemmung mit Verlust des Ekelgefühls (Aufnehmen von Urin und Kot) auf.

Im Rahmen von Zwischenhirnsyndromen bei Schädelbasisfraktur erscheint der Defäkationstrieb gelegentlich ohne Ausscheidung in umschriebenen Drangzuständen: „frustrane Darmkrisen" (E. Kretschmer 1954).

Alle seelischen Veränderungen, besonders Stimmungsschwankungen, können sich auf Hunger und speziellen Appetit auswirken. Der negative Einfluß von Psychosen auf lebensnotwendige Triebe ist so groß, daß z. B.

Kranke in einer schwer gehemmten Depression oder einer katatonen Regungslosigkeit angesichts der verlockendsten Speisen verhungern, wenn man ihnen nicht zu Hilfe kommt.

Der Nahrungstrieb als *Hunger* in seinen elementarsten Formen spielt in der heutigen Industriegesellschaft meist nur eine episodische Rolle. Wo wirkliche Hungersnot ausbricht, kann er, besonders unter den Kumulativwirkungen der Massensuggestion, verheerende Affektentladungen, scheußliche Morde, Gewalttaten und Menschenfraß hervorrufen und wohl auch neurotische Primitivreaktionen (s. Kap. 8) auslösen. Als dauernde Unterernährung mag der Hunger, zusammen mit der Ungunst anderer hygienischer Mängel (Wohnung und Kleidung), den Mitantrieb von Völkerwanderungen, Umsiedlungen, Kriegen und sozialen Umwälzungen liefern, also gerade derjenigen Bewegungen, die für die menschliche Rassenzüchtung, die Stammeskreuzungen, die Herauszüchtung und Wiederaufsaugung führender Aristokratenkasten bis heute von Bedeutung gewesen sind.

Selbsterhaltungstriebe

(Aggressions- und Sicherungstriebe)

Bei den Aggressionstrieben haben wir zwei grundsätzlich verschiedene Aspekte zu unterscheiden, einmal die *Reaktion auf Not* (z.B. Hunger) und *Bedrohung* und zum andern den primären *gemeinschaftsfeindlichen Drang.* Der letztere mag verschiedene psychologische Wurzeln besitzen, aber nicht die der unmittelbaren Bedrohung. Gewiß gibt es zwischen beiden Formen eine breite Übergangszone, zu der etwa die *vermeintliche* Gefahr gehört. Trotzdem ist die Distinktion unerläßlich. Nur der erste Aspekt gehört zu den Selbsterhaltungstrieben, während der zweite unter den Geselligkeitstrieben abgehandelt werden muß.

Die *Aggression* (*Schädigungstriebe*) sehen wir in der Tierwelt und beim Menschen z.B. im *Rivalitätskampf* (Nahrung, Territorium, Sexualpartner), bei *Verteidigung* (sich selbst, Kinder, Gesellschaft) und militärischem *Angriff,* auch beim *Nahrungserwerb* (z.B. Tierschlachtung) zum Vorschein kommen. Sodann aber zeigen sie als *Sadismus und Masochismus* (aktive und passive Grausamkeitsfreude) auch enge *Koppelungen* mit der *Sexualerregung,* die mit dem (allerdings nicht gesetzmäßigen) bemächtigenden bzw. erobernden Charakter der Paarung genetisch zusammenhängen könnten.

Man hüte sich, in psychoanalytischer Manier, *den Selbstbehauptungstrieb* (Selbstbewahrung und Selbstdurchsetzung) *und den Aggressionstrieb* gleichzusetzen! *Schädigen,* insbesondere *Gewalt* anwenden wollen bilden die unterscheidenden Kriterien.

Wie die *Sicherungstriebe* sich mit elementarer Gewalt durchsetzen, haben wir bereits bei den hypobulischen Mechanismen gesehen. Die *Angst als negativer Trieb,* als Antwort auf Bedrohung, ist der wichtigste, hierhergehörige Affekt, und gerade er vermag es wie kein anderer, die Untergründe des physischen Apparates aufzuwühlen und elementare Schutz- und Abwehrmechanismen jeder Art mobil zu machen (Flucht). Das Paradigma für die Schreck- und Angstreaktionen haben uns in Verbindung mit anderen Faktoren die Kriegsneurosen im Massenexperiment geliefert. Während die materiellen *Erwartungen* bei den chronisch sich hinziehenden, reinen Rentenneurosen ihre Auswirkung auf die Gesamtpsyche mehr in schleichenden Mißstimmungen, schlaffer Abulie und diffusen körperlichen Mißempfindungen zeigen, entstehen unter dem Druck von Schreck- und Angstaffekten viel dramatischere Bilder. Diese Affekte wirken besonders stark und grob auf das Psychomotorium und die gesamte Ausdruckssphäre, heftig reizend oder plötzlich lähmend. Sie bewirken in starken Graden Krampf oder Erschlaffung der Muskeln, Notfallexzitationen am Herzgefäßsystem, Bewegungsstürme, Zitteranfälle, Zuckungen, Stupor, panikartiges Davonrennen; daneben auch Bewußtseinstrübungen und Dämmerzustände.

In ganz anderer Weise als der akute Schreck wirkt die *chronische Sorge um die Lebens- und Gesundheitserhaltung* auf die Psyche ein. Aus diesen schleichenden Ängsten entsteht die Gruppe der *hypochondrischen* Beschwerden und Wahnbildungen, die einen wichtigen Bestandteil zahlloser körperlicher Leiden, Neurosen und Psychosen ausmachen. In gehäufter Form entstehen hypochondrische Ideen gerade an den Lebenswendepunkten, einmal in der *Pubertätszeit,* wo ein extrem gesteigerter Lebenstrieb oft im Gegensatz zu Überempfindlichkeit gegen jede kleine Bedrohung, besonders von der wichtigen Sexualsphäre her besteht, andererseits im *Klimakterium* und dem beginnenden *Greisenalter,* wo das Gefühl der nachlassenden Vitalität sich wiederum leicht in hypochondrischen Ideen niederschlägt und in objektiven Beschwerden einen Kristallisationspunkt findet. So sind in der Pubertätszeit besonders Sexualskrupel (Onanie, vermeintliche luetische Ansteckung) typische Ausgangspunkte der quälenden hypochondrischen Ideen, im Klimakterium und Präsenium dagegen vor allem die Furcht vor Krebs, hohem Blutdruck, Atherosklerose.

Erwerbstriebe

Sich aus unterschiedlichen Gründen eines Objekts oder eines Lebewesens zu bemächtigen, gehört zu den elementaren und existentiell wichtigen Antrieben. Als Werkzeuge des *Erwerbens* und *Behaltens* dienen in erster Linie die Hände, weiter der Mund und die Füße. Aber auch der ganze Körper *(„besitzen")* wird direkt oder sinnbildlich mit einbezogen. Als Eigentum gelten Territorium, Gegenstände (Geld) und Nachkommenschaft (übertragen auch Freunde, abhängige Menschen). Der triebhafte Automatismus, zu gewinnen und zu vermehren ist so stark, daß meist mit der Zunahme des Besitzes die Begehrlichkeit steigt. Wir denken daran, daß Nahrung sammelnde Tiere oft ein Vielfaches des vital Erforderlichen zusammenbringen. Umgekehrt pflegt der Mensch bei Schwund des Vermögens unsicher zu werden, auch wenn er objektiv überhaupt nicht gefährdet ist.

Man kann in den Reflexen des *Saugens* und *Greifens* beim Säugling die ersten angeborenen Ansätze kaptativer Tendenzen erblicken. Die späteren differenzierten Erwerbstriebe sind in ihrer Form sehr variabel und erzieherisch beeinflußbar. Bei charakterlicher Abartigkeit kommt es zu sinnlosem *Sammeleifer* oder *Geiz,* was dann bei seelischen Krankheiten groteske Grade annehmen kann. In ihrer dumpfen, unbezwinglichen Affektstärke unterscheiden sich diese abnormen Triebe kaum von vitalen Grundtrieben.

Der Erwerbstrieb bildet einen Sektor der *Sicherungstriebe* und ist – so gesehen – diesen untergeordnet. So dient z.B. das *Geld* neben dem *Machtstreben* weithin dem Sicherheitsstreben. Meistens ist es jedoch ein Äquivalent der *Lebensgenüsse.* Die Neurosen erzeugende Kraft eines Triebes ist uns das beste Reagens auf seine normalpsychologische Stärke und Wichtigkeit. Vor allem der möglichst mühelose Gelderwerb schwebt als Ideal vor. In der Tat sehen wir an diesem Punkt eine Hauptgruppe der *Neurosen* entspringen. Die Unfallgesetzgebung hat uns ein Massenexperiment geliefert, wie neben zahlreichen, hier mitwirkenden Komponenten die Aussicht, durch Müßiggang Geld erwerben zu können, oder auch umgekehrt die Angst vor materieller Not auf breite Volksschichten wirkt. Die Unfähigkeit, sich von dem kleinen Geldgewinn der Rente loszumachen, hat hier zunächst, ehe man Vorbeugungen traf, ein ganzes Heer von seelisch nicht widerstandsfähigen Menschen im Laufe der Jahre zu schweren seelischen Krüppeln gemacht, ihr Seelenleben zur tendenziösen Karikatur verzerrt. Im übrigen ist bei vielen, scheinbar einfachen Rentenneurosen der Kampf ums Geld nur ein vorgeschobenes starkes Einzelmotiv, hinter dem sich tiefere und persönlichere neurotische Triebfedern, Selbstwertkonflikte, soziale Ressentiments und oft auch ausgedehnte sexualpsychologische und familiäre Konflikte verbergen.

Sexualtriebe: Stärke und Hemmung

Die größte psychologische und psychopathologische Bedeutung kommt der Gruppe von Trieben zu, die das Geschlechtsleben tragen. Unter differenzierten Kulturbedingungen sind die *sexuellen Tendenzen* die relativ selbständigsten und am reichsten entfalteten, gleich ob man sie in einem engeren oder weiteren Sinne definiert. Der Sexualtrieb ist ein wichtiger, unabtrennbarer, wenn auch nicht existenznotwendiger Bestandteil des individuellen Charakters, ist in beträchtlichem Umfang am Aufbau der ganzen Persönlichkeit beteiligt und bildet einen dynamischen Faktor ersten Grades, der dem seelischen Triebwerk allenthalben Kraft zuschießen kann, sei es direkt und bewußt oder in den undurchsichtigsten Umschaltungen, Maskierungen und Metamorphosen, jedenfalls in viel weiterem Umfang, als man sich dies meist klarmacht (vgl. BILZ 1943).

In ihren physiologischen Grundlagen sind die Sexualtriebe von erblichen und neuro-hormonalen Faktoren beherrscht. Diesbezüglich lassen sich am ehesten Beobachtungen bei Affen auf den Menschen übertragen. Demnach differenzieren sich körperliche Merkmale und Verhalten nach einem Stufenplan. Zuerst wird das somatische Geschlecht festgelegt. Der fetale Organismus ist primär auf eine weibliche Form hin angelegt, die sich mit den Chromosomen X X automatisch, d.h. ohne hormonelle Unterstützung, entfaltet. Ist jedoch das männliche Chromosom Y vorhanden, so verwandeln sich die Gonaden in Hoden. Von dieser Phase an wirken die Androgene und steuern die weitere männliche Differenzierung. Fehlen die Androgene, bzw. wird ihre Wirkung durch ein Gegenhormon unterdrückt, so entwickelt sich der Fetus weiblich. Vermutlich geht der Ausbildung des somatischen Geschlechts eine für das Verhalten (Paarung, Brutpflege) wichtige Differenzierung des Zwischenhirns parallel (DÖRNER 1972).

Enzephalitische Herde des Zwischenhirns, aber auch Basisfrakturen können zu Schwächung und Verlust, aber auch zu Enthemmung des Sexualtriebes führen. Noch auf der Höhe des Lebens entstehen zuweilen auf dieser Basis perverse Triebumwandlungen (Homosexualität, Pädophilie, Exhibition), deren neurologische Ursache man manchmal an unscheinbaren, enzephalitischen bzw. traumatischen Begleitsymptomen und zuweilen auch im Röntgenbild des 3. Ventrikels erkennen kann. In der forensischen Begutachtung werden sie leicht übersehen. Auch für die Neurosenlehre und Psychotherapie ist zu beachten, daß man keineswegs alle homosexuellen und sonstigen perversen Triebstörungen in psychogene Komplexwirkungen auflösen kann.

Die *Stärke* des Sexualtriebes ist von verschiedenem psychologischem Belang. *Einfache Triebschwäche* führt meist nicht zu seelischen Konflikten, sondern schützt eher davor. Dagegen geht sie meist mit Verbildungen des Gesamttemperamentes, mit Neigung zum Autismus, zur Affektlahmheit und Indolenz einher. Bei starken, aktiven Persönlichkeiten finden wir selten einen schwachen Sexualtrieb, eher Abnormitäten und Unterdrückung. *Frühzeitiges Versagen* des vorher voll entwickelten Sexualtriebes kann zu Depressionen, Insuffizienzgefühlen und allerhand Ersatzstrebungen führen. Speziell in der Ehe entstehen Schwierigkeiten, wenn bei einem Partner der Trieb zu versiegen beginnt, während er beim anderen noch lebhaft ist. Der letztere tendiert dann fast gesetzmäßig zum Ehebruch, was Verwicklungen, heftige Eifersucht bis zu Neurose und Wahn und bei ethisch differenzierten Persönlichkeiten schwere innere Konflikte, ja neurotische und sensitive Reaktionen nach sich ziehen kann. *Einfacher, starker Sexualtrieb,* harmonisch mit dem Gesamttemperament verschmolzen, muß nicht stören. Bei gewerbsmäßigen *Prostituierten* findet sich manchmal ein übermäßig starker Sexualtrieb, häufig aber auch infantilistische Entwicklungsschwäche desselben, die es erlaubt, den Geschlechtsverkehr so gleichgültig wie ein Geschäft zu behandeln. Viele von ihnen sind schwachsinnig (K. SCHNEIDER 1921). Dagegen ergeben sich eine Fülle von Schwierigkeiten dort, wo die *Triebregulationen* überschießend oder widersprüchlich funktionieren. Brutale Hemmungslosigkeit führt häufig zu kriminellen Handlungen. Umgekehrt können extreme psychische Hemmungen und Sperrungen so stark bleiben wie in der Pubertät. Es ergeben sich dann Grade von Schüchternheit, ja geradezu von Affektstupor (Regungslosigkeit durch große Verlegenheit) gegenüber dem anderen Geschlecht, die die Erreichung eines Sexualzieles oder einer vernünftigen und von beiden Seiten angestrebten Heirat verhindern können. Sie bilden zuweilen auch eine Quelle jahrelanger psychischer Spannungen und unglücklicher neurotischer Persönlichkeitsentwicklung.

Die *Hemmungen* gehören zur normalen biologischen Struktur des Sexualtriebes. Es ist nicht so, wie landläufige Medizin und Psychoanalyse behaupten, daß das Schamgefühl und die Verdrängung „unanständiger" Vorstellungen aus Gespräch und Bewußtsein auf nichts als einer oberflächlichen moralischen Konvention beruhten. Daß nur das Bedürfnis echte „Natur", die entsprechende Zurückweisung dagegen eine künstlich hinzugefügte Gesellschaftsübereinkunft sei, diese Meinung wäre ärztlich wie ethisch ein verhängnisvoller Irrtum, den man schon auf biologischer Ebene widerlegen kann.

Die große Ambivalenz des Sexualtriebes, der an denselben Dingen je nach Situation das Begehrenswerteste oder Ekelhafteste zu empfinden zwingt, ist primär tief menschlich, sekundär auch biologisch begründet. Jeder gute Beobachter sieht ferner, mit welch elementarer Zwangsläufigkeit vielfach im *Pubertätsstadium* die Phantasie nach dem Sexuellen begierig drängt, während eine plötzliche reale Gelegenheit zu erotischem Kontakt oder zum Sexualverkehr oder auch nur die Äußerung sexueller Absichten von der Gegenseite her mit Angst, Ablehnung, ja selbst schwerem Affektschock beantwortet wird. In der Pubertätszeit schreitet die Ausbildung der affektiven Hemmungsapparate nicht gleichmäßig fort, sondern oft sehr unebenmäßig, so daß wir im Affektablauf junger Leute eine fast bis zur völligen Sperrung gesteigerte Schüchternheit plötzlich durch eruptive Hemmungslosigkeiten, Flegeleien, Lachausbrüche und dergleichen durchbrochen finden. Die Reifungszeit demonstriert also besonders eindringlich die antagonistische Anlage unserer Triebe.

Die *sexuelle Ambivalenz* entwickelt sich spontan und gesetzmäßig bei normal konstituierten jungen Leuten gerade auch dort, wo spezifische Milieueinflüsse zurücktreten und man die Kinder weder im Sinne der Aufklärung noch der Abschreckung pädagogisch stärker beeinflußt hat. Umgekehrt treffen wir sexuelle *Schamlosigkeit* nicht bei natürlich erzogenen, gesunden Menschen, sondern vorwiegend bei schwer Degenerierten und Geisteskranken an. „Schamhaftigkeit" ist „ein Merkmal der psychischen Gesundheit" (Bilz 1967).

Gerade aus der *Ambivalenz*, der starken Gegenspannung seiner primären Affektstruktur, bezieht wohl der Sexualtrieb seine überwältigende dynamische und damit auch *kulturelle Bedeutung*. Damit soll nicht gesagt sein, daß durch Milieueinflüsse die Grundpolarität zwischen Trieb und Triebhemmung nicht in produktiver oder ungünstiger Weise beeinflußt werden könnte. Allerdings besitzen wir keine Möglichkeit, im Einzelfall den Anteil der biologischen Anlage und der Erziehung zu trennen oder gar zu bestimmen. Das liegt nicht nur an der mangelnden Sichtbarkeit der Phänomene, sondern auch am apriorischen Charakter des „Tabu", das man wie alle menschlichen Fundamentalbezüge nicht ableiten, somit auch nicht erklären kann.

Mit den Triebhemmungen und dem Schamgefühl hängt die Tatsache der Unterdrückung oder *Verdrängung* sexueller Vorstellungen aufs engste zusammen. Das katathyme Übersehen, Vergessen, Wegschieben unlustbetonter oder ambivalenter Tatbestände ist ein wichtiger allgemeinpsychologischer Modus der Erlebnisverarbeitung, der überall und nicht nur auf dem Sexualgebiet gilt. Hier allerdings hat die Verdrängung eine besonders feste und gesetzmäßige Funktion. Daß Kinder vor und in der Pubertätszeit über die Sexualvorgänge oft weniger Bescheid wissen, als dies nach Maßgabe ihrer sonstigen Kombinationskraft bei der Fülle sich aufdrängender Beobachtungen, ohne spezielle Belehrung, erwartet werden müßte, ist eine Tatsache, deren biologischen Aspekt wir nicht übersehen können. Der Mensch kann nur das entdecken, worauf er innerlich vorbereitet ist. Wir sprechen hier besser von *Unverständnis,* weil zum „Wegdrängen" nur im problematischen Spezialfall Anlaß besteht. Doch steigert sich die Verdrängungstendenz durchschnittlich in der Reifezeit und hält auch später in geringerem Grad an. Auch reife, großzügige Menschen empfinden häufig, trotz besserer Einsicht, gegenüber der deutlichen Erörterung somatischer Sexualvorgänge affektive Widerstände, wie sie der innerlich Freie gegenüber anderen Gesellschaftskonventionen nicht zu empfinden pflegt. Das ist nicht nur ein Produkt des Milieus. Es gibt zwar in der Menschheit sehr verschiedenartige geschlechtliche Sitten, aber kein Volk, dem das Sexualleben gleichgültig wäre.

Wir sehen also im Schamgefühl, in der sexuellen Schüchternheit und in der Verdrängung physiologische und psychologisch-menschliche Wesenselemente des Sexualtriebes, die, wenn sie fehlen oder übermäßig stark entwickelt sind, leicht zu individuellen und sozialen Schwierigkeiten Anlaß geben.

Ferner kann man zu den Regulationsstörungen auch jene *schroff alternative, nicht sicher motivierte Triebeinstellung* in Beziehung bringen, die beständig zwischen heftigster Erhitzung und tiefster Abkühlung hin und her schnellt, die den Mann im selben Weibe heute eine Heilige und morgen eine Megäre sehen läßt oder durch welche die Frau den Liebhaber heute mit überschwenglicher Zärtlichkeit und morgen mit den abgefeimtesten Nadelstichen behandelt, heute von sexueller Erregung berauscht wird, morgen bis zur Mordsucht haßt. In der Phase der Kälte beantworten Frauen sexuelle Annäherungsversuche gern mit primitiven hysterischen Abwehrmechanismen.

Die ärztlich am häufigsten begegnenden sexuellen Regulationsstörungen des Mannes sind wohl die *Ejaculatio praecox* und *Impotenz* zum Koitus. Letztere kann durch einfache Triebschwäche, durch hormonale oder genitale Defekte, durch Abnormitäten in den niederen Reflexbahnen bedingt sein. Am häufigsten aber entsteht sie psychisch, indem nach dem ersten mißglückten Kohabitationsversuch die von nun an ängstlich besorgte Aufmerksamkeit die automatische Erektion stört (wie alle reflektorischen Tätigkeiten, so auch Sprache und Gang um so glatter funktionieren, je weniger man darauf achtet). Manchmal wird die sexuelle Erregung im Entstehen durch unklare perverse Partialkomponenten durchkreuzt, oder umschriebene, sphärische Vorstellungskomplexe, latente Antipathien, peinliche Erlebnisspuren, versteckte Ekelerinnerungen vergällen von den Untergründen des Bewußtseins her den erotischen Gefühlsablauf, so wie ein zwiespältiges Kindheitserlebnis eine dauernde Abneigung gegen eine bestimmte Speise hinterlassen kann. Häufig ist die Impotenz auch die Resultante verschiedener Faktoren auf körperlichem und psychischem Gebiet, deren kompliziertes Zusammenspiel wir noch nicht kennen.

Spielarten des Sexualtriebes

Selbst wenn wir den Geschlechtstrieb im engsten Sinn auffassen, so ist er nichts Einfaches oder stets Einheitliches. Wir sehen das große Gebiet der Spielarten und Perversionen, wo das Sexualziel unsicher, spielerisch, verschoben oder durch Koppelung mit anderen Affektgruppen eigentümlich abgewandelt ist. Die *Masturbation* oder Selbstbefriedigung als solche ist keine Perversion, sondern, von exzessiven Graden abgesehen, ein harmloses physiologisches Durchgangs- und Nebenergebnis des gesunden Sexualtriebes, das als Entlastungsventil desselben vor allem dort einsetzt, wo dem Geschlechtsverkehr eine der vielen gesellschaftlichen Schranken entgegensteht. Den Wert einer sexuellen Perversität erhält die Masturbation nur in solchen Fällen, wo sie zum Selbstzweck wird, d.h. wo sie einen Überwert über das normale Geschlechtsleben gewinnt und dieses auch dort ersetzt, wo es möglich wäre. Sie bleibt bei teilretardierten, reifungsgehemmten Konstitutionen, bei denen die überstarken Hemmungen und Ambivalenzen der Frühpubertätszeit im Erwachsenenalter persistieren und den Kontakt mit dem anderen Geschlecht erschweren, dergleichen bei allgemein kontaktschwachen Persönlichkeiten. Es handelt sich im letzteren Fall häufig um autistische Menschen, schizoide Psychopathen, die kein lebhaftes Bedürfnis nach Verkehr mit anderen Menschen besitzen oder diese Beziehungen fürchten. Auch das Sich-selbst-Befriedigen gehört hierher, von den Psychoanalytikern als *Autoerotismus* oder *Narzißmus* bezeichnet, wobei allerdings nur die primitive Lustbefriedigung berücksichtigt wird. Mit Narzißmus sollte man nach allgemeinem Sprachgebrauch die eigentliche Selbstverliebtheit, besonders das Kokettieren mit dem eigenen Äußeren und der eigenen gesellschaftlichen Wirkung bezeichnen.

Die stärkste ärztlich-psychologische Bedeutung bekommt die *Masturbation* durch den Komplex von ethisch-hygienischen Wertungen, der ihr anhaftet. Immer wieder sahen Völker oder Gesellschaftsgruppen in der Zügelung des Sexualtriebes nicht nur eine relative Notwendigkeit zur Ermöglichung eines geordneten Zusammenlebens, sondern ein absolut ethisches Ideal. Das Geschlechtsleben wurde im äußersten Fall ein zur Familien- und Staatserhaltung geduldetes Übel, und seine völlige Ausschaltung zugunsten einer ausschließlich geistig-religiösen Betätigung galt als höchste Stufe persönlicher Vollkommenheit. Die Sexualität wird in den religiösen Lehrgebäuden geradezu zur Sünde schlechthin, zum Kernpunkt, um den sich alles sonst noch Verbotene gruppiert, zum Paradigma des „Fleisches“ gegenüber dem „Geist“, alles Unheiligen und Ungöttlichen, aller atavistischen niederen Impulse gegenüber dem Streben nach kulturell-sittlicher Höherdifferenzierung. Diese dem primär ambivalenten Tabucharakter des Sexualtriebes entspringende schroffe Einstellung ist als Durchgangsstufe des Geschichtsprozesses wohl verständlich.

Die medizinischen Anschauungen über die Sexualität und besonders über die Masturbation waren bis in die jüngste Zeit hinein von dieser *moralischen Auffassung* aufs stärkste gefärbt. Geschlechtskrankheit und Sexualschwäche wurden vielfach als voneinander abhängig betrachtet in einem Denken, das von der populärmoralischen Gefühlseinstellung, daß jede Art von ethisch nicht approbierter Sexualbestätigung wie eine Art Gottesgericht die schlimmste körperliche und seelische Zerrüttung, „Rückenmarksdarre“, Gehirnerweichung, Auszehrung und ähnliches nach sich ziehe, umflossen war. Man kann diese sexualhygienischen Ansichten also als eine einfache Variante der sexualethischen betrachten. An diesem Punkt entspringt auch eine große Anzahl von Neurosen und reaktiver Psychosen, auch wenn nicht jeder Charakter sich in gleichem Maß von den moralischen Vorschriften beeindrucken läßt. Höher differenzierte Persönlichkeiten geraten in die schärfsten Konflikte zwischen ihrem ethischen Ideal und ihren sexuellen Bedürfnissen. Das beständige Unterliegen in diesem Konflikt schafft lebhafte seelische Gegenspannungen, aus denen sensitive Reaktionsformen, wie Beziehungsideen und Zwangsimpulse, erwachsen können. Einfachere Naturen begnügen sich häufig mit schweren hypochondrischen Befürchtungen und Sensationen, deren sexuelle Genese wir ihnen am Gesicht ablesen. Oder die Sexualkonflikte werden verdrängt und führen über komplizierte psychophysische Umschaltungen zu weit abliegenden hysterischen Mechanismen.

Kurz, eine Unmenge seelischer Konflikte in verschiedener Einkleidung entsteht überall dort, wo der Sexualtrieb mit der Gesamtpersönlichkeit nicht konform geht, wo er sich weder nach seinen natürlichen Zielen hin entladen, noch von einer festen, überlegenen Persönlichkeit in einer bejahten Bahn gehalten werden kann. Dies gilt von den Sexualkonflikten normaler und perverser Art, in und außerhalb der Ehe. Der Sexualtrieb im weiten Sinn stellt ein großes energetisches Reservoir dar, von dessen psychischen Ausströmungen in den günstigsten Fällen ein gutes Teil der geistigen Gesamtproduktion getragen und gespeist werden kann. Wo er aber zu schroffe psychische Widerstände oder ungenügende Ableitungsbahnen findet, da entstehen energetische Überspannungen und zuletzt falsche Wege und Kurzschlüsse, die dann in den dunklen Untergründen der Seele zu den son-

derbarsten Verwirrungen und zu paradoxen Fernwirkungen führen können.
Neben der Masturbation sind es vor allem *ungünstige Eheverhältnisse,* die neurotische Seelenkonflikte zur Folge haben. Und zwar besitzen weniger die offenen als die verdeckten Schwierigkeiten das Hauptgewicht, wo unter dem Schein gegenseitiger Korrektheit, ja Überzärtlichkeit unhaltbare psychische Mißklänge sich verbergen. Von den einfachsten Ungeschicklichkeiten und Abwegigkeiten des Sexualverkehrs, von länger geübter Abstinenz, Konzeptions- und Kinderscheu, bis hinauf zu den feinsten und kompliziertesten, auf die Sexualität zurückwirkenden seelischen Disharmonien liegt hier bei empfindlichen Menschen eine unerschöpfliche Quelle dynamischer Verwirrungen der seelischen Apparate. Daran reihen sich moralische Skrupel, Angst vor Schwangerschaft, Furcht vor Geschlechtskrankheit bei *außerehelichem Verkehr.* Dann kommen die Wirkungen des erzwungenen *Zölibates,* das *unfreiwillige Altern* ledig gebliebener Mädchen, wo die letzte stille und unerwiderte Liebe zu den stärksten psychischen Verwicklungen führen kann.
Reichlichen Konfliktstoff bieten ferner die *sexuellen Perversionen,* gleich ob sie angeboren oder erworben, oder, was häufiger geschieht, durch psychische Steigerung einer angedeuteten Präformation sekundär perverse Spezialfixierungen sind. (S. 134)
Die Frage nach den Ursachen der *Homosexualität* (und auch anderer Triebabweichungen) ist traditionell durch ethische, forensische und ästhetische Normsetzungen so stark vorbelastet, aber auch so schwer erforschbar, daß es nicht möglich ist, sie vorurteilslos und tatsachengerecht zu diskutieren.
Die *Erbanlage* als einer der kausalen Faktoren kann nicht mehr bestritten werden. Die sorgfältigen Untersuchungen besonders von KALLMANN (1952) an 85 homosexuellen Zwillingsprobanden geben klare und eindeutige Resultate, was das starke Auseinanderfallen der eineiigen und zweieiigen Paarlinge betrifft (Tab. 2).
Unter variationsstatistischen Gesichtspunkten müssen die Massenuntersuchungen von KINSEY u. Mitarb. (1967a und 1967b) beachtet werden, die eine Skala abgestufter Homosexualitätsgrade an 5300 Männern und 5940 Frauen aufgestellt haben mit dem Resultat, daß sich hier kontinuierliche Variationsreihen der verschiedensten Stufungs- und Mischungsgrade heterosexueller und homosexueller Neigung und Betätigung bilden lassen – wobei besonders die große Häufigkeit homosexueller Teilkomponenten in der Gesamtzahl der Bevölkerung auffällt.
Mit dem „Gesetz der allgemeinen bipolaren Zweigeschlechtlichkeit", das von dem Genetiker HARTMANN (1943) nach Auswertung aller bekannten botanisch-zoologischen Tatsachen aufgestellt wurde, sind die Resultate von KINSEY u. Mitarb. in gutem Einklang.

Tabelle 2. Homosexuelle Zwillinge (nach KALLMANN)

	Anzahl der Paare	Von den konkordanten Paaren gehören die Partner zur KINSEY-Skala 5–6	1–4	Diskordante Paare
EZ	44	31	13	–
ZZ	51	2	11	38
Summe	95	33	24	38

Was meine eigenen klinischen Erfahrungen betrifft, so bestätigen sie zunächst, daß deutliche *Korrelationen zwischen der körperlichen und psychischen Sexualkonstitution* bestehen, d.h. daß bei eingesprengten körperlichen Feminismen des Mannes bzw. Maskulinismen der Frau die entsprechenden Zufärbungen im psychischen Charakterbild erscheinen und auch in der *Gattenwahl* (E. KRETSCHMER 1966b) sowie im sozialen Verhalten deutlich werden.
Eine ähnliche direkte Korrelation besteht aber zwischen Körperbau und homosexueller Triebrichtung nicht. Zwar gibt es auch unter den Homosexuellen Individuen mit intersexen oder eunuchoiden Stigmen. Sie sind aber nicht in der Mehrzahl. Dagegen findet man vielfach leichtere, allgemeine Dysplasien und Körperbauvarianten, darunter auch speziell Reifungshemmungen bis zu deutlichen Infantilismen.

Ich sah z. B. bei einem erwachsenen Homosexuellen Kleinkindproportionen mit auffallend kurzen Extremitäten und rudimentärer Körperbehaarung. Man kann sich hypothetisch vorstellen, daß Varianten dieser Art entsprechend der von KINSEY u. Mitarb. beschriebenen Variationsreihe in der Pubertät die straffe Zielrichtung des Sexualtriebes nicht erreichen, daß diese Konstitutionen vielmehr eine Art unspezifische und polymorph ablenkbare Triebmatrix darstellen, welche Prägungen besonders leicht zugänglich ist.

Von diesen endogenen in der Erbanlage festgelegten oder durch Hirnschäden gesetzten homosexuellen Zwischenstufen gibt es dann alle Übergänge bis zu der vorwiegend psychogenen Perversion, die entweder durch „Prägung" im prägnanten Sinne der Zoologen oder durch banalere Ursachen, durch Milieuwirkung, Verführung, Reizhunger, Mangel an heterosexuellem Verkehr und vor allem häufig durch hypochondrische Autosuggestion bei solchen Psychopathen entstanden ist, die im heterosexuellen Verkehr sich nicht recht sicher fühlen oder versagt haben. Man kann also nicht einfach zwischen endogenen und psychogenen Perversionen unterscheiden. Noch weniger darf man dogmatisch behaupten, daß alle Perversionen schlechthin endogen oder schlechthin psychogen bedingt wären, sondern man muß in jedem einzelnen Fall untersuchen, wieviel von der Abnormität fest in der Konstitution angelegt, wieviel erst durch psychische Einwirkungen im Laufe des Lebens hinzugefügt wurde.

Neben Anlage und Trauma können auch erzieherische Einflüsse, verführende Ereignisse usw. eine ursächliche Rolle spielen. Auch an eine Interferenz verschiedener Einflüsse muß sorgfältig gedacht werden.

Komplizierter als bei der Homosexualität ist die biologische und psychologische Genese bei den anderen Perversionen, zunächst der Gruppe: *Pädophilie* (Sexualtrieb Erwachsener zu Kindern), *Sodomie* (Trieb zu Tieren), *Exhibitionismus* (Trieb zur Entblößung ohne Koitus), *Fetischismus* (Benutzung von toten Gegenständen, Kleidungsstücken, Haaren, Wäsche, Schuhen zur Erzielung sexueller Erregung *Transvestie* (Anziehen von Kleidern des entgegengesetzten Geschlechts). Es wäre unsinnig zu denken, daß etwa die spezielle Neigung, Zopfbänder zu verehren, in Genen, Zwischenhirn, Drüsenformel und Blutchemismus eines Menschen in derselben Weise angelegt sein könnte, wie das bei der allgemeinen Homosexualität zum Teil der Fall ist. Wir müssen wie auch sonst im Geschlechtsleben zweierlei unterscheiden: einmal einen *Konstitutionsfaktor* im Sinne einer unspezifischen, nicht bis zur eindeutigen Zielklarheit sich durchbildenden Sexualanlage und einen *psychogenen Außenfaktor,* der den gewissermaßen unsicher flottierenden Sexualtrieb nun auf ein bestimmtes Sexualziel hinlenkt und endgültig fixiert. Das endogene Moment ist also hier wohl der unspezifisch disponierende, das exogene der spezifisch fixierende Faktor, sofern nicht schon fetale Diskrepanzen (vgl. S. 164) die Richtung festgelegt hatten. Dabei ist zu beachten, daß Pädophilie und Exhibitionismus ebenso wie Homosexualität gar nicht selten nach Encephalitis lethargica bei Menschen, die vorher sexuell normales Verhalten aufwiesen, entstanden sind.

Die biologische Anlage zu einem Teil dieser Perversionen können wir mit KRONFELD (1921) in einem *psychosexuellen Infantilismus,* d. h. in einer „Hemmungsmißbildung" sehen, die den Sexualtrieb partiell auf der kindlichen Entwicklungsstufe verharren läßt, wo wir ja noch keinen eigentlichen Sexualtrieb, sondern höchstens einen unspezifischen Drang und gewisse angedeutete, wandelbare, polymorphe Gefühlsrichtungen finden. Unter ihnen sind besonders gut der *Schau- und Zeigetrieb,* eine Neigung, den nackten Körper, Genitalien und Exkrete vorzuweisen oder neugierig bei anderen Kindern zu betrachten, erkennbar. Sodann sehen wir mitunter die präsexuelle *spielerische Einstellung,* die noch nicht speziell zum Koitus, sondern zur Lustgewinnung durch die verschiedensten beiläufigen Handlungen* ten-

---

*) Wir begreifen hierunter nur Akte mit deutlich genitalem Charakter, während wir die Einbeziehung des Fingerlutschens der Säuglinge in den Sexualbegriff durch die Psychoanalytiker als sachlich inkonsequent ablehnen. Ebenso wenig wollen wir die präsexuellen Antriebe der Kinder allzu schematisch mit dem eigentlichen Sexualtrieb identifizieren und so die Grenze zwischen der ab-

dieren (woraus dann unter anderem die kindliche Onanie entstehen kann). Erst in der Pubertätszeit entsteht beim normalen Menschen aus dieser unspezifischen präsexuellen Martix der spezifisch heterosexuelle Trieb, indem die spielerisch verzettelten Partialantriebe sich nun straff in einer klaren Richtung auf das andere Geschlecht und den Koitus mit ihm zusammenfassen.

Bleibt diese Konzentration aus, so können wir uns leicht vorstellen, wie auf dem Boden einer solchen Entwicklungshemmung gewisse Perversionen Erwachsener entstehen, indem zwar die Triebstärke in der Pubertät anwächst, die unspezifisch polymorphe Triebrichtung der präsexuellen Kindheitsstufe aber teilweise erhalten bleibt. (Daß solche konstitutionellen Entwicklungsstörungen zum Teil vorliegen, ergibt sich aus der Häufigkeit abnormer Befunde an Körperbau und seelischer Gesamtanlage im Sinne dysgenitaler und allgemeinhypoplastischer Körperbaustigmen, von Schwachsinn und dergleichen).

So können wir den *Exhibitionismus* als Abkömmling des präsexuellen Schau- und Zeigetriebes auffassen und den Fetischismus mit der kindlichen Neigung zum Spiel mit lustreizenden Gegenständen in Zusammenhang bringen, wie sich auch die autistische Onanie Erwachsener als Fortsetzung der sexuellen Selbstbefriedigung der Kinder auffassen läßt. Es muß aber häufig noch ein psychischer Außenfaktor hinzutreten, der den ungerichteten Sexualimpulsen nun das spezielle, abwegige Einzelziel gibt.

So konnte z.B. beim *Fetischismus* nachgewiesen werden, daß die erotische Verknüpfung mit Samt dadurch fixiert wurde, daß die erste starke Regung des erwachenden Sexualtriebes durch zufälliges Sitzen auf einem Samtkissen zustande kam. Ein Psychopath hatte als fünfjähriger Knabe die erste lebhafte Lustempfindung dadurch, daß ihn seine Mutter in das Spitzennachthemd seiner jüngeren Schwester steckte, weil sein eigener Nachtanzug gerade nicht aufzufinden war. Dieses Kindheitserlebnis wirkt später richtunggebend auf seinen erwachsenen Sexualtrieb nach, indem er sich seit der Pubertätszeit durch heimliches Anziehen von Frauenkleidern heftig sexuell zu erregen vermag, während er zum Koitus impotent ist (KIRSCHBAUM 1921).

In analoger Weise können wir uns durch eindrucksstarke frühe Sexualerlebnisse (z.B. Zusehen beim Tierkoitus, Beschauen der Genitalien kleiner Gespielen) die Fixierung auf eine spezielle Triebrichtung auch bei manchen Fällen von Pädophilie und Sodomie entstanden denken (immer eine unausgereifte Sexualanlage vorausgesetzt), während die eindeutige Ausrichtung des normalen Sexualtriebes in der Pubertätszeit sonst solche Erlebnisspuren völlig überdeckt und außer Kurs setzt. Viele andere Fälle dieser perversen Betätigungen entstehen ziemlich sicher nicht so spezifisch, sondern mehr faute de mieux, nach Art der Notonanie, als Ersatz für die *mehr* gewünschte normale Sexualbetätigung, unter dem Druck ungünstiger Milieuverhältnisse oder beim Fehlen höherer Hemmungen, wie bei manchen angeborenen Schwachsinnigen oder dement Gewordenen (Senium, Atherosklerose, Paralyse).

Eine gewisse Nebenkomponente von aktiver oder passiv zu erduldender Grausamkeit ist bei manchen Menschen dem Sexualtrieb beigemischt. In krassen Fällen kann die Freude an Mißhandlungen, Schlägen, sklavischer Erniedrigung direkt sexuelle Lust erzeugend an Stelle des Geschlechtsverkehrs treten, was man im aktiven Falle, der Lust am Mißhandeln, als *Sadismus,* im passiven Falle, der Lust am Mißhandeltwerden, als *Masochismus* bezeichnet. Man wird diese Dinge besser nicht als Komponenten des Sexualtriebes selbst, sondern vielmehr als enge Koppelungen der Sexualität mit anderen Trieben, etwa nach Analogie der Synästhesien verschiedener Sinnesgebiete auffassen. Eine Tendenz zu energischem Angriff (männlich) und zum Nachgeben (weiblich) gehört zur normalen sexuellen

---

normen sexuellen Frühreife mit echten, klar bewußten Sexualantrieben und Sexualakten, z.B. nervöser Kinder, und den spielerischen, dunklen und richtungsschwachen Impulsen der *präsexuellen Stufe* Normaler suchen. Die Bezeichnung „polymorph pervers“ für die normale kindliche Einstellung zum Körper ist unglücklich gewählt und karikiert den wirklichen Tatbestand bei gesunden Kindern nach dem Maßstab neurotischer Kinder.

Werbung und ist vielleicht phylogenetisch fundiert. Diese normale Nebenkomponente des Sexualtriebes enthält keine Note von Grausamkeit, sondern allenfalls von *Machttrieb*. Wir können aber verstehen, daß ein starker ausgeprägter Quältrieb leicht in die geschilderte Nebenkomponente miteingehen und, wie bei anderen Perversionen, auf dem Wege der Verschiebung, der speziellen Erlebnisfixierung und dergleichen nicht nur als Begleiterscheinung, sondern auch als Ersatz für den Koitus eintreten kann. Die Phänomene, die man in der zoologischen Verhaltensforschung als *„Übersprung"* der Erregung zwischen zwei Triebgebieten bezeichnet, ebenso die Irradiationen, die bei Reizverstärkung im Zwischenhirn zwischen verschiedenen Erregungszonen entstehen, geben die einfachste und einleuchtendste physiologische Erklärung für die beim Menschen so überaus häufige Vermischung zwischen sexuellen und aggressiven Impulsen (in pathologischen Fällen als Sadismus bzw. Masochismus).

Psychologisch noch wichtiger als die totalen Perversionen sind *verstärkte perverse Nebenkomponenten des Normaltriebes,* die dem Träger selbst oft gar nicht recht bewußt sind und dadurch für ihn zur versteckten Quelle seltsamer innerer Verwicklungen und affektiver Dissonanzen werden können. Die sexuelle Zielrichtung schillert dabei öfters und wird zeitweise durch homosexuelle, sodomitische, sadistische Anklänge abgelenkt, die den klaren affektiven Ablauf dann stärker verwirren als massive Perversionen. An der Wurzel von Zwangsvorstellungen findet man nicht selten solche perversen Partialtriebe, wie etwa die Zwangsvorstellung, jemanden würgen zu müssen oder erwürgt zu haben, die zuweilen unterdrückte sadistische Jugendphantasien als Ausgangspunkt hat.

Im übrigen ist jeder Fall von Perversion nicht nur unter tiefenpsychologischen, auch nicht nur unter erbbiologischen, sondern vor allem unter *hirnphysiologischen,* psychiatrisch-neurologischen Gesichtspunkten genau zu durchleuchten.

Es besteht nach den von mir seit Jahren gesammelten Fällen von Verletzungen und Entzündungsherden an der Schädel-Hirn-Basis kein Zweifel, daß durch Läsion bestimmter zerebraler Kontaktstellen präzise Änderungen der Triebstruktur auf verschiedenen Triebgebieten, besonders auch im Bereich der Sexualität, ausgelöst werden können. Die klinischen Erfahrungen stimmen aufs beste mit den Reizversuchen von HESS (S. 50) am Zwischenhirn überein.

Als forensischer Gutachter finde ich 1941 die Kombination einer scheinbar isolierten, jenseits des 30. Lebensjahres entstandenen *Homosexualität* in umschriebenen Drangzuständen exazerbierend, mit wechselnder Amimie des Gesichts, fehlendem Armpendeln mindestens seit 1933 und Nystagmus, ohne Arztbedürftigkeit bei tätigem Mann in hoher Stellung, nach nicht erkannter Encephalitis lethargica von 1917.

Oder: Ein 48jähriger, gebildeter Mann, bereits wegen *Pädophilie* vorbestraft, kommt wegen der sich hartnäckig wiederholenden Delikte 1948 wieder in die Klinik. Genaue Anamnese ergibt: 1918 schwere Grippe mit 2tägigem Tiefschlaf und dann wochenlanger Schlafsucht. Nachher war Sexualtrieb 2 Jahre lang geschwunden. Weiterhin entwickelten sich chronisch die zwingenden pädophilen Neigungen, in Drangzuständen exazerbierend, besonders nach starker Ermüdung und Anspannung. Es ergibt sich ferner, daß in den letzten Jahren gelegentlich bei Tag Speichel aus dem Mund fließt und daß der Patient beim Spaziergang öfters unwillkürlich in einen sich zunehmend beschleunigenden, kleinschrittigen Trippelgang verfällt, so daß er anhalten und wieder neu ansetzen muß. Die gewöhnlichen Parkinsonsymptome fehlen, überhaupt ist der jetzige neurologische Befund negativ.

Leutnant A., hochintelligenter junger Akademiker von guter Erziehung kam mitten im Krieg in unsere forensische Begutachtung, weil er immer wieder homosexuelle Akte mit seinem Offiziersburschen versuchte. Die Anamnese ergab: Er hatte sich vor einigen Jahren bei einer Schlägerei einen schweren Schädelbruch zugezogen (Schlag auf den Kopf, keine speziellen Konvexitätssymptome; längere Bewußtlosigkeit), lag wochenlang im Krankenhaus. Bei genauem Befragen erinnerte er sich bestimmt, daß er in der ersten Zeit nach dem Unfall übermäßig viel Durst und Urinausscheidung hatte, ferner längere Zeit nachher Gleichgewichtsstörungen mit typisch menièreartig geschilderten Drehschwindelanfällen. Allmählich hatte sich dann im Laufe der Zwischenzeit eine früher nicht vorhandene homosexuelle Triebrichtung eingestellt. Außerdem fiel bei dem früher frischen, aber verständigen Mann ein enthemmtes Wesen auf, das sich als flottes, militärisches Draufgängertum, aber auch öfters in einem saloppen Sichgehenlassen im Dienst und im Verkehr mit Vorgesetzten äußerte. Diese etwa als hypomanisch zu bezeichnende Art zeigte sich auch während der Begutachtung im Sinne einer mehr heiteren, vielgesprächigen und umtriebigen Art mit Ideenreichtum und leichtem Abschweifen, jedoch ohne querulatorisch gereizte oder aggressive Note.

Gewöhnlich denkt man bei der Frage nach den Ursachen einer Perversion entweder nur an eine „psychopathische" Vererbung oder an komplexbedingte frühkindliche Triebfixierungen nach psychoanalytischer Art. Man denkt aber nicht an die zahlreichen Möglichkeiten, daß durch Geburtstrauma, frühkindliche Basisfraktur, vor allem auch durch begleitenzephalitische Herde bei Kinderkrankheiten, oder durch umschriebene basalmeningitische Vorgänge etwa in der Gegend der Basalzisterne Blutungen, Entzündungen, narbige Verwachsungen entstehen, die, auf das dicht benachbarte Hypophysenzwischenhirnsystem sich fortpflanzend, dort genau dieselben Triebverbildungen auslösen können, wie wir sie oben skizziert haben. Wir sprechen dann von einer *prodysklinen* (organischen) Ablenkung der konstitutionellen Entwicklungsrichtung.

Ohne Zweifel zeigen viele Fälle von Triebentgleisungen eine mehrdimensionale Genese im Zusammenwirken von anlagemäßig konstitutionellen, hirnorganischen und psychogenen Faktoren. Die Häufigkeit neuroseartiger *psychogener Entstehung* soll keinesfalls unterschätzt werden. Allerdings sind nach unseren klinischen Erfahrungen die psychotherapeutischen Resultate im Durchschnitt nicht so befriedigend wie bei anderen, selbst schweren Neurosen.

Der Schwerpunkt der weiteren Erforschung des *psychisch reaktiven Bereichs wird wahrscheinlich im Problem der Prägung liegen.* Als prägungsfähig dürfte der Mensch neben der frühen Kindheit, besonders in der triebunsicheren Phase der Pubertät zu betrachten sein.

Geselligkeitstriebe

Diejenigen affektiven Faktoren, auf denen das abgestimmte gruppenmäßige Zusammenleben und dessen Sicherung beruht, pflegt man als *Geselligkeitstriebe* zu bezeichnen, und in der Tat ist der Aufbau von Herden und Staaten in der *Tierwelt* durch feste Instinktmechanismen geregelt. Beim *Menschen* gehören die *sozialen Verhaltensweisen zu den variabelsten und individuell differenziertesten Erscheinungen.* Dennoch ist die Grundrichtung zur Gemeinschaft beim Menschen triebmäßig angelegt. Es ist eine schiefe Gedankenkonstruktion, den sogenannten „reinen Naturmenschen" als egoistische Bestie (Barbar) hinzustellen, die ohne Rücksicht auf andere blind „sich ausleben würde", sobald sie Gelegenheit dazu hätte. Dieser freie „Triebmensch" entspricht nicht der gesunden, unverbildeten Primitivität, es gibt ihn überhaupt nirgends, außer als Wunschphantasie des Dégénéré supérieur, der seine Wurzelinstinkte verloren hat. Die Tierpsychologie wie die Völkerpsychologie lehren uns etwas anderes. Sie zeigen uns bei den in engeren Gemeinschaften lebenden Tieren wie bei den Primitiven meist eine strenge, instinktmäßige oder zeremonielle Regelung sowohl des Geschlechtslebens wie der gesellschaftlichen Ordnung, oft viel schematischer und unerbittlicher als in der zivilisierten Gemeinschaft. Hilfsbereitschaft, Aufopferung, Mitleid (Kropotkin 1910), Einordnung und Unterordnung sind als elementare Strebungen keine kulturellen Kunstprodukte, sondern primär triebmäßig fundiert. Sie fehlen bezeichnenderweise nicht bei besonders gesunden, robusten, natürlichen Menschen, sondern ganz exquisit bei Entarteten, Neurotikern und bei bestimmten psychischen Krankheitsrelikten (nach kindlicher Enzephalitis, nach gewissen schizophrenen Destruktionen u. a.).

Im übrigen ist der Geselligkeitstrieb kein Abkömmling der *Sexualtriebe.* Die Herde ist nicht eine einfache Erweiterung der Geschlechtsgemeinschaft, der Staat nicht eine Weiterbildung der Familie, auch wenn die Sexualtriebe eine wichtige Komponente im sozialen Aufbau bilden. Dies bestätigt auch PLOOG (1963), der beim Totenkopfaffen eine Imponiergebärde mit dem erigierten Penis beschreibt und meint, daß „bestimmte Elemente des Sexualverhaltens ritualisiert und zum sozialen Signal werden, das die Struktur der Gruppe entscheidend beeinflußt". Der *tierische Geselligkeitsinstinkt* nimmt also u. U. geschlechtliche Äußerungen in seinen Dienst. Sonst sind im Tierleben Gemeinschaftstrieb und Sexualtrieb recht unabhängig voneinander. Während der Brunstzeit kollidieren sie öfters. In den Insektenstaaten sind gerade die geschlechtslosen Typen die exquisit gemeinschaftsbildenden. Beim *Menschen* stört der Eros fortgesetzt die sozialen Triebe, was je nach Form und Straffheit der gesellschaftlichen Ordnung eine heilsame oder destruktive Spannung aufrechterhält.

Die Geselligkeitstriebe beziehen sich vornehmlich auf *Brutpflege* (Familientrieb), *Zärtlichkeit, hierarchische Ordnung* und gemeinsames sinnvolles Handeln und Erleben. Der *passive Pflegetrieb* zeigt sich in der Bindung junger und erwachsener Menschen an Familienglieder oder tragende Gemeinschaften (Bedürfnis des Umsorgtwerdens), der *aktive* im Streben nach helfender Tätigkeit und Verantwortung gegenüber anderen (Bedürfnis der Fürsorge). Im Erwachsenen sollen beide Tendenzen entfaltet sein, während Einseitigkeiten in der einen oder anderen Richtung leicht zu Lebensschwäche und Konflikten Anlaß geben.

Die Hirnlokalisation des Brutpflegetriebes kennen wir nicht. Im Tierversuch ging bei doppelseitiger Entfernung der Gürtelwindung der Mutterinstinkt verloren. Es ist aber nicht klar, inwieweit hier eine spezifische Reaktion vorliegt oder eine unspezifische Abstumpfung.

Die *Zärtlichkeit* erkennt den Mitmenschen an und steigert das Lebensgefühl. Sie ist also in gewissem Sinn seelische Nahrung, deren Fehlen als schwere Beeinträchtigung erlebt werden kann. Ihre Darstellungsbahn beginnt mit dem wohlgestimmten Zusammensein, setzt sich im fördernden Sprechen und Handeln fort, um in Freude hervorbringenden körperlichen Berührungen den Höhepunkt der Unmittelbarkeit zu finden. Der Zärtlichkeitstrieb, welcher ästhetische und ethische Gefühle einschließt, reicht weit über den biotischen Zweck hinaus, wie uns schon Instinkthomologe in der Vogel- und Säugerwelt nahelegen. Die Nähe zum erotischen Trieb läßt sich nicht übersehen, doch wäre es eine Torheit, beide doktrinär zu vermengen. Die *soziale und erotische* Komponente zu unterscheiden – gerade bei abnormen Koppelungen – darin liegt die allerdings oft sehr schwierige diagnostische Aufgabe. Das Zärtlichkeitsbedürfnis kann krankhaft gesteigert oder abgeschwächt, aber auch deformiert sein.

Hierarchische Ordnungen einzuhalten oder neu zu schaffen, ist dem Menschen tief eingewurzelt. Der Trieb, aktiv andere *abhängig zu machen* oder selbst passiv von anderen *abhängig zu sein,* bestimmt den *Rang* der Individuen untereinander, d.h. Überlegenheit (Beherrschen), Unterlegenheit (sich Unterwerfen) und Gleichberechtigung. Die biotischen Wurzeln der *Abhängigkeitstriebe* sind nur beim Kind und Jugendlichen einigermaßen sicher zu erkennen, während beim Erwachsenen die eigentümlich schroffe Spannung (zwischen *Kontinuitätsbedürfnis* und *Wandlungsbedürfnis*) der hierarchischen Ordnung gegenüber allein von den gesellschaftlich-psychologischen Verhältnissen abzuhängen scheint.

Wer wann was tun darf oder muß, dafür gibt es kein endgültiges Gesetz. Auch Vergleiche mit der Tierwelt helfen uns nicht als Richtschnur, weil die sozialen Spielregeln bei den höheren Säugern, z.B. Huftieren und Affen, von Art zu Art erheblich wechseln. *Der Mensch muß mit seinen Rangproblemen allein zurechtkommen.* Es gibt keine ideale Gesellschaftsordnung, auch wenn Revolutionäre und Diktatoren durch die Lautstärke ihrer Machtworte diese Unsicherheit und Offenheit einer Entscheidung zu übertönen versuchen. Das demokratische Prinzip ist auch nicht besser als das autokratische oder oligarchische. Es kommt darauf an, was der Mensch in Familie und Staat jeweils daraus zu machen versteht.

Weil sich aber alle Ordnungen mehr oder weniger schlecht auswirken, der Mensch also stets mehr oder weniger unzufrieden ist, so liefert der unaufhebbare *Kontrast zwischen hier-*

archischen Trieben und jeweils gegebenem hierarchischem Gesetz dauernd Sprengstoff für kollektive und individuelle Konflikte. Die *Labilität der Abhängigkeitstriebe* wird u. a. durch folgende Umstände begründet: Der Rangbezug wechselt beim Einzelwesen fortwährend von Situation zu Situation (Familie, Beruf, Gesprächspartner), ja selbst innerhalb *eines* dieser Lebenskreise. Außerdem ist das hierarchische Verhältnis sehr *ambivalent*. Der Mensch möchte bestimmen und doch versorgt werden, Verantwortung tragen und doch gesichert sein. Er strebt nach oben und fürchtet es zugleich. Kein Wunder also, daß sich seelische Gleichgewichtsstörungen immer wieder an Rangproblemen entzünden.

Jedes Lebewesen besitzt als allgemeinen Impuls den Trieb zur *Selbstbehauptung* (Selbsterhaltung und Selbstdurchsetzung) und *Selbstverwirklichung*, schließlich im menschlichen Bereich auch der *Selbstbestätigung*. Nur im extremen Fall steigert sich diese zu dem, was wir Machttrieb oder *‚Wille zur Macht'* (vgl. S. 187) nennen. In der Psychologie der Neurosen ist das Streben, über Dinge und Menschen zu *verfügen* und dadurch Ansehen zu erlangen, ein Faktor erster Ordnung, und wird durch Hemmung oder Mißlingen in Verbindung mit den begleitenden Affektspannungen pathogen.

Die drei besprochenen Aspekte des Geselligkeitstriebes sind stark miteinander verflochten und nicht voneinander zu trennen. Sie verblassen oder lösen sich auf, sobald die soziale Tendenz zur *Massenerscheinung* wird (Massenpsychologie). Durch die Entdifferenzierung der sozialen Triebe entsteht sozusagen ein *zielgerichtetes Chaos*, das allenfalls durch einen Demagogen gesteuert wird *(Herdentrieb)*. Die Gruppe verhält sich wie ein *äußerst egozentrisches Individuum*. Dieses kraftvolle Chaos ist potentiell sehr destruktiv, überwindet bestenfalls unerträgliche Hindernisse und bildet nur selten den Mutterboden echter gesellschaftlicher Erneuerung. Wohl aber bekommt das seelisch kranke Individuum zuweilen in der Kollektivströmung hilfreiche Sicherheit und vorwärtstragenden Schwung – allerdings auf Kosten seiner persönlichen Individualität.

Die *Aggressionstriebe* (Schädigungs-, Tötungstriebe) stehen als Negativum den positiven Gemeinschaftstrieben entgegen. In der Hirnpathologie kennen wir (Encephalitis lethargica der Kinder, Basisfrakturen) schwere bösartige Enthemmungen, die teils isoliert, teils gleichzeitig mit allgemeinem Bewegungsdrang und verschiedenartigen Störungen der Sexualtriebe auftreten. Bei Lethargica-Kindern sah man raubtierartiges, aggressives Verhalten mit blitzartigem Schlagen, Kratzen und Beißen, Bösartigkeit und Verlust aller moralischen Hemmungen und Erziehungsmöglichkeiten.

Von der hormonalen Seite her sind spezifische, auf die Aggressionstriebe wirkende Faktoren nicht bekannt. Dagegen bestehen Koppelungen mit den Sexualtrieben, indem in der Brunst bei zahlreichen Tieren die Aggressions- und Kampftriebe eine mächtige Steigerung erfahren (Hirsche, Rehe, Pferde usw.). Analogien sind auch beim Menschen unverkennbar.

Portmann (1962) hat gezeigt, daß bei Tieren derselben Gattung im Kampf nicht einfach hemmungslose Aggressivität, die fälschlich so genannte „Bestialität", herrscht, sondern vielfach ein „erblich geregeltes Gebaren" mit Hemmungsritualen, die man mit den früheren Verhaltensformeln der „Ritterlichkeit" beim Menschen vergleichen könnte.

Die *Aggressionstriebe* des Menschen zeigen eine starre, atavistische Prägung, die zu beständigen Krisen und Anpassungsstörungen im Lebensraum der modernen Kultur führt, indem die ursprünglich zweckmäßigen Bedürfnisse und Reaktionsformeln nun weniger der Lebenserhaltung als der Lebensbedrohung, ja dem katastrophalen Untergang ganzer Völker und Kulturen dienen. Die Kriege und Revolutionen der neueren Geschichte lassen sich aus ideellen Gründen ebenso unzulänglich ableiten wie aus rein wirtschaftlichen. Die mächtigen, alten Aggressionstriebe haben in Friedenszeiten nur unzulängliche Entlastungsventile, z. B. im Sport. Es entwickeln sich unmerklich schwere Triebstauungen, die sich, an beiläufigen materiellen oder ideellen Kollisionen entzündet, alle paar Jahrzehnte in Krieg oder Revolution entladen und sich manchmal bis zu den scheußlichsten Massenorgien steigern. Dies gilt für alle Völker ungefähr in gleichem Grad. Die Greuel des eigenen Volkes oder Standes, der eigenen politischen Partei, werden rasch katathym vergessen oder idealisiert, die des andern sorgfältig im Gedächtnis bewahrt. Ein beträchtlicher Teil der gesellschaftlichen Beziehungen beruht auf diesen einförmig wiederholten, triebhaften Pendelbewegungen. Die letzten Endes metaphysische Frage, ob die Schädigungs- und Tötungstriebe eine menschliche Notwendigkeit sind oder nur durch die Lebensumstände erzeugt oder wenigstens manifest gemacht werden, läßt sich nicht beantworten, muß aber aus Gründen der sozialen Selbstbesinnung immer wieder gestellt werden.

Die Geselligkeitstriebe, mögen sie auch als starke Keime angeboren sein, lassen sich besonders leicht durch Erziehung und Erfahrung prägen und spezialisieren. Alle politischen und weltanschaulichen Machthaber ziehen aus diesem Umstand großen Nutzen. Aus dem gleichen Grund können die sozialen Bedürfnisse und Fähigkeiten in manchen dekadenten Gemeinschaften, mangels genügender Pflege, verwahrlosen bzw. unentwickelt bleiben. Da im menschlichen Leben fast alles auf eine Gemeinschaft bezogen ist, umklammern die Geselligkeitstriebe alle andern Triebe und haben trotz häufiger Kollision mit den letzteren den höchsten Grad von Verhaltensdetermination.

Triebirradiationen und Triebkoppelungen

Neben der natürlichen Beobachtung lassen sie sich auch in hirnelektrischen Reizversuchen und in der Hypnose darstellen. Die *Hypnose* als therapeutisches Instrument beruht ja auf den Irradiationen, die sich von der Wach-Schlaf-Steuerung aus auf die benachbarten Triebe und überhaupt in der vegetativ-endokrin gekoppelten „Tiefenperson" erzeugen lassen. Solche Irradiationen z.B. zwischen Aggressions- und Sexualtrieben sind in leichter Form physiologisch und wachsen sich in stärkeren und dauerhaften Graden zu den sadistisch-masochistischen Perversionen aus. Ähnliche Irradiationen gibt es vielfach auch zwischen sexuellen und oralen Trieben, zwischen Aggressions- und Bewegungstrieben („Amoklaufen") usw. Die richtige Beobachtung dieser Phänomene hat FREUD zu der irrtümlichen Schlußfolgerung geführt, daß man einen großen Teil aller Triebstrukturen dem (allerdings begrifflich schillernden) Sexualtrieb als abhängige Elemente zuordnen könne.

Solche Irradiationen, die bei einem bestimmten Grad von Triebstauung *plötzlich* ein anderes Triebgebiet in Gang setzen, kann man mutatis mutandis mit dem in der Zoologie üblichen Ausdruck *„Übersprung"* bezeichnen. Andererseits beobachtet man beim Menschen vielfach, daß der Druck lange gestauter Triebe die Struktur der Persönlichkeit langsam und hintergründig *arrodiert* und sozial labilisiert (vgl. S. 90).

Für mehrfache *Irradiationen* aus verschiedenen Triebgebieten, Triebstauung und zuletzt Entladung in einer Übersprungshandlung sei hier ein Beispiel aus meinem klinischen Arbeitskreis genannt:

Es handelt sich um einen komplizierten und zunächst undurchsichtigen Fall von sogenannter *Kleptomanie* bei einem im übrigen geistig gesunden und berufstätigen Mann. Er war nicht forensisch bedroht und die psychologischen Zusammenhänge konnten in einer Reihe vertiefter Explorationen durchweg ohne analytische Deutung erkannt werden.

Der Mann saß als technischer Beobachter auf einer einsamen Bergstation. Nach einem ähnlichen Vorfall vor 5 Jahren hatte er jetzt wieder an zwei aufeinanderfolgenden Tagen Konservenbüchsen im Wert von wenigen Mark in einem Ladengeschäft weggenommen. Der Diebstahl war völlig sinnlos, da er ein gutes Monatsgehalt bezog, beruflich angesehen war und keine wirtschaftlichen Schwierigkeiten hatte.

Die vertieften Explorationen ergaben folgendes:

1. Der Patient liebte von jeher den Reiz der Gefahr, war im Wüstenkrieg auf vorgeschobenem Posten eingesetzt. Auf Patrouille bei plötzlichem Auftauchen von zwei feindlichen Offizieren wurde er sexuell erregt und ejakulierte.

2. Die Lebensmittel im Geschäft nahm er nicht möglichst heimlich weg, sondern mit einem absichtlich provozierten Risiko. Wenn er spürte, man könnte ihn beobachten, empfand er eine gewisse Befriedigung. Er schlenderte etwas auffällig im Laden herum und ging bezeichnenderweise auch nicht weg, als die Verkäuferin einen Polizisten heranrief. (Strafantrag wurde nach privater Regelung nicht gestellt.)
3. Seine sexuelle Triebhaftigkeit war von Haus aus gesteigert. Aus dienstlichen und familiären Gründen war Sexualverkehr nur zeitweise möglich.
4. Er paßte nicht auf den einsamen Posten, da er ein sehr lebendiger, tätiger, bewegungsbedürftiger und umtriebiger Mensch war. Auf seinem Berg fühlte er sich gerade in der Zeit vor den Diebstählen immer wieder von dem Gefühl der Langeweile und inneren Leere bedroht. Es entstand eine zunehmende innere Spannung bis zum Gefühl der Angst. Er begann, sich gefährliche Kampfsituationen aus dem vergangenen und einem etwaigen zukünftigen Krieg auszumalen. Die sexuelle Erregung stieg immer mehr an, ohne befriedigt werden zu können.

Wir sehen also: eine gesunde, sozial brauchbare Persönlichkeit von durchschnittlich erhöhter Triebhaftigkeit, sowohl was die Sexualtriebe, als die Aggressionstriebe (Reiz der Gefahr) betrifft. Neigung zu Triebirradiationen unter Affekthochspannung bestand schon früher (sexuelle Reflexe unter hoher Gefahr). Dieser Mann wird beruflich in eine seiner Vitalität nicht angepaßte Situation versetzt. Das chronisch gebremste Tätigkeitsbedürfnis führt allmählich zu einer bis zu Angstgefühl gesteigerten Affektstauung. Die hochgespannten, gebremsten Affekte beginnen nun wieder sowohl in die aggresive – Gefahr- und Kampfphantasien – wie in die sexuelle Triebsphäre zu irradiieren. Nach Erreichung einer bestimmten Triebstärke entlädt sich das Ganze in eine künstlich gefahrvoll gemachte kaptative Triebhandlung.

In der rationalen Ebene ist diese Handlung völlig unverständlich. Sie enthält von Anfang bis zu Ende kein einziges erklärbares Teilmotiv. Sie hat keine Beweggründe, wohl aber Ursachen. Das heißt, es handelt sich um eine Kette sich gegenseitig auslösender und verstärkender triebdynamischer Vorgänge. Als solche sind sie einleuchtend und erklärbar.

Fälle dieser Art haben für die Durchleuchtung des menschlichen Wesens eine weit über das Kriminologische hinausgehende Bedeutung. Entgegen einer weitverbreiteten rationalistischen Meinung sind die Grundtriebe beim Menschen nicht einfach in einem komplizierten rational-willensgesteuerten Gefüge aufgelöst und durch dieses ersetzt. Sie sind vielmehr nur überformt und arbeiten unterirdisch in diesem Gefüge meist unsichtbar und doch hintergründig ausschlaggebend mit. In bestimmten Umweltsituationen und bei bestimmter Affektstärke lassen sie sich als isolierte, formelhaft hervortretende, selbständige Impulse und abgelöst von jeder rationalen Einbettung umgreifen.

Dies wäre ein Beispiel für kurze, zirkumskripte Übersprungsphänomene. Es sei nun ein zweites Beispiel aus der forensischen Praxis beschrieben, wie mehrfache Triebirradiationen zu chronischen *Arrosionswirkungen* gegenüber der rationalen Persönlichkeit führen, so daß bei ihrem endlichen Durchbruch eine durch Wochen sorgfältig vorbereitete Handlungskette entsteht, die trotz ihrer inneren wohlgefügten Konsequenz in grellem Widerspruch zur Lebenssituation der Täterin steht.

Eine sehr wohlhabende, materiell sorgenfrei lebende 60jährige Frau erhöht ihre Hausratsversicherung unter Einbeziehung zahlreicher fingierter Wertgegenstände von 20000 auf 40000 Mark. Etwa einen Monat später, nach einem, ihr Alibi vortäuschenden Brief, versetzt sie eines Abends ihre Wohnung in einen Zustand, als wäre sie von Einbrechern durchwühlt und beraubt worden. Gleichzeitig setzt sie mit Hilfe von Spiritus, den sie unmittelbar vorher gekauft hat, den Läufer des Treppenhauses und eine Couch in Brand. Anschließend versteckt sie sich in der Toilette, nachdem sie einen Schrank vor deren Tür gerückt hatte, um den Eindruck zu erwecken, sie sei von den angeblichen Räubern eingesperrt worden. Sie läßt sich von den Nachbarn „befreien", gibt in der gleichen Nacht der herbeigerufenen Tochter eine eingehende Schilderung des angeblichen Raubüberfalles und der beteiligten Personen, stellt am nächsten Tage eine umfangreiche Liste der angeblich gestohlenen Gegenstände auf und holt bald darauf persönlich eine Entschädigungssumme von rund 23000 Mark in bar ab. Durch geschickte Irreführung hält sie noch mehrere Mo-

nate lang die Deliktvortäuschung gegenüber der Polizei und Staatsanwaltschaft aufrecht.
Was hier geschah, ist ebenso raffiniert, wie unsachlich und unsinnig. Die Frau ist ohnehin Millionärin, vielfache Hausbesitzerin und hat auch keine Zahlungsverpflichtungen. Was nützt es, wenn sie ihr eigenes Haus anzündet und sich damit eine Geldsumme erschwindelt, die sie gar nicht braucht? Was wiegt dieser unerfindliche Nutzen gegenüber dem Risiko schwerer Zuchthausstrafen mit Zusammenbruch ihrer bürgerlichen Existenz?

Solche Fälle sind besonders geeignet, die manchmal souveräne Durchschlagskraft einer komplizierten hintergründigen Triebdynamik beim Menschen zu beleuchten und speziell die in der Humanbiologie noch wenig beachteten Gesetze der Triebirradiationen aufzuzeigen.

Eine Strukturanalyse der Persönlichkeit ergibt hier folgendes: Frau N. ist von jeher eine überdurchschnittlich triebstarke Persönlichkeit von großer vitaler Energie.
Sexualtriebe: Überschwengliche und wechselnde sexuelle Bindungen in der ersten Lebenshälfte; Ehescheidung; grobe sexuelle Exzesse mit anderen Männern.
Brutpflegetriebe: Die Übung, selbst die erwachsenen Kinder weiter zu bemuttern und sie nicht aus dem familiären Lebenskreis zu entlassen, geht bis zur Gewalttätigkeit. Ihre Eheschließung wird behindert, ihre Ablösung vom Elternhaus sehr übelgenommen.
Aggressionstriebe: Stets kampfbereit, rechthaberisch, mit Neigung zu heftigen, explosiven Zornausbrüchen (Zerschlagen von Kochgeschirr u.ä.); „platzt wie eine Bombe" in eine unerwünschte Stammtischrunde des Ehemannes. Reist nach Italien, nur um den von ihr abgelehnten Angehörigen der Schwiegertochter eine Szene zu machen. „Müsse denen da unten einen Saukrach machen"; „Kampf bis aufs Messer" mit dem Wohnungsamt usw.
Bewegungstriebe: Von Jugend auf rastloser Tätigkeitsdrang, im Haushalt allein nicht zu befriedigen; zähe Willensenergie; baut unermüdlich umfangreichen Hausbesitz auf, organisiert und verwaltet ihr großes Vermögen, läßt bei vorrückendem Alter die zerstörten Häuser wieder herrichten.
Erwerbstriebe: Als junges Mädchen ohne Not kleine Diebstähle (Bluse u.ä.). Bei bedürfnisloser Lebensweise im Geschäftsleben unbegrenzte Besitz- und Erwerbsgier.
Gesamttemperament: Ausgeprägt schizothym. Wenig Kontakt mit den Menschen. Ohne Gefühlswärme. „Pathetisch und hochdramatisch."
Aktuelle Lebenssituation zur Zeit der Tat: Alternd, zunehmende Vereinsamung. Sohn lehnt angebotene Wohnung in der Heimatstadt ab, distanziert sich bewußt, zieht zu den Schwiegereltern nach Italien; Patientin dadurch aufs tiefste verletzt. Nach Erreichung aller geschäftlichen Ziele kein Objekt für expansiven Tätigkeitsdrang mehr.
Bei einer triebstarken Frau sind also bei vorrückendem Lebensalter die meisten Trieberfüllungsmöglichkeiten blockiert oder stark eingeengt. Der heftige Aktivitätsdrang findet keine lohnenden Ziele mehr; Sexualbetätigung scheidet aus. Der hypertrophische Bemutterungstrieb wird von den Kindern schroff abgelehnt, wobei bezeichnenderweise das Verhältnis zum Sohn den letzten explosiven Zündstoff gibt. Schon früher zeigten die einzelnen Triebgruppen starke gegenseitige Irradiationen: Aggressivität und sexuelle Bindung (Stammtischszene und vieles andere), Aggressivität und Brutpflege (Szene in Italien u.a.), kaptative und aggressive Aktivitäten greifen beständig ineinander (Wohnungsamt usw.). Zuletzt bei mangelndem menschlichem Kontakt schwere Triebstauungen, die sich in einer aggressiv-kaptativen Triebhandlung entladen.

Dieser Fall gleicht in der dynamischen Struktur bis in viele Einzelheiten hinein dem kleptomanen Bergwachmann. Dort geht die Triebirradiation als kurzer umschriebener *Übersprung* vor sich, hier als chronisch wirkende, untergründige *Arrosion* der Persönlichkeit, die in eine zeitlich nicht scharf abgesetzte, letztlich irrationale Handlungskette ausmündet.
Wie schon betont wurde, tritt kaum ein Trieb für sich allein auf, sondern gewöhnlich in verschiedenen Kombinationen. Diese Komplexe sind in der Zu- und Unterordnung der einzelnen Komponenten unmerklich so gefügt, daß klare, eindeutige Erlebnisse und geschlossene, sinnvolle Handlungsvollzüge zustande kommen. Lediglich im Fall der Hemmung, des Zwiespaltes oder der Krankheit haben wir Anlaß, die multiple Struktur unseres inneren Triebstromes zu bemerken und darüber nachzudenken. In der medizinischen Psychologie sprechen wir nur dann von *Übersprung,* wenn zwei Triebhaltungen abrupt und ohne Sinnzusammenhang aufeinanderfolgen; von *Irradiation* oder *Koppelung,* wenn etwa zwei Triebelemente gemeinsam auftreten, sich jedoch nicht vertragen, nicht echt aufeinander abge-

stimmt sind, einen Zwiespalt begründen; von *Arrosion,* wenn bei starker Triebhemmung oder intensivem Triebgegensatz die *Triebbeherrschung* (s. dort) auffällig zusammenbricht.

Die Theorie der „Verwandlungen" der Sexualtriebe

Die Verwandlung des Sexualtriebes in nichtsexuelle psychophysische Äußerungen bildet eine der interessantesten Hypothesen, die FREUD (1914) in seiner Psychoanalyse nicht nur anbietet, sondern auch entschieden vertritt, und zwar mit den Sammelbezeichnungen *Konversion* und *Sublimierung.*

Er verstand unter *Konversion* die einfache primitive Triebverlagerung auf (dadurch fehlgesteuerte) Körperfunktionen (Konversionssymptome). Triebe sollen sich vor allem dort verwandeln, wo eine starke sexuelle Tendenz auf unüberwindliche Widerstände, seien es psychische Hemmungen oder Ungunst der Umwelt, stößt. Bei der *Sublimierung* soll ursprünglich sexuelle Antriebskraft für differenzierte Kulturleistungen, besonders auf künstlerischem, ethischem und religiösem Gebiet, eingesetzt werden. Zur Verwandlung komme es oft, aber nicht immer. Weshalb der eine Mensch konvertiert, der andere sublimiert, der dritte überhaupt ohne Zielverlagerung durchhält, bleibt rätselhaft.

Die umstrittene Hypothese einer „Verwandlung der Triebe" gehört zur Kategorie des *magischen Denkens.* Das ist ebenso problematisch wie interessant, wird aber gewöhnlich in den Kontroversen nicht erkannt. Daß sich ein bestimmtes Bedürfnis in ein bestimmtes anderes transformiert oder eine gewisse Bewegungsweise in eine andere, ist weder verständlich noch läßt es sich objektiv demonstrieren. Wegen unserer elementaren Neigung, magisch zu verknüpfen, ist diese Annahme nichtsdestoweniger eine der verführerischsten und beliebtesten psychologischen Ideen, denen auch der Rationalist FREUD mit seinen Anhängern zum Opfer fiel. Doch selbst wenn wir – wie es C. G. JUNG tat – meinen, lediglich eine allgemeine psychische Energie wandle sich und erscheine in verschiedenen Gewändern, so ist dies zwar wesentlich kritischer gedacht, aber ebenso undurchsichtig. Wirkt in der Angst oder im hysterischen Anfall oder in der Begeisterung für Musik die *gleiche* Kraft? Regt sich gar in allen drei Erscheinungen das *gleiche* spezifische sexuelle Bedürfnis? Die einmal in Bewegung gesetzte oder behinderte Kraft muß sich doch irgendwohin ergießen, so glauben wir verstehend sagen zu müssen, bemänteln aber unseren magischen Drang mit dem physikalischen Bild des gestauten Stroms. Wir können weder eine allgemeine noch eine spezifisch psychische Energie bestimmen, sondern nur Phänomene beschreiben.

Bejahen wir diese *phänomenal-rationale Methode,* so beobachten wir, daß sich verschiedene Bedürfnisse und Verhaltensweisen in variabler Reihenfolge und in sich zurückkehrenden Zyklen ablösen. Irgend etwas Gemeinsames zwischen diesen verschiedenen Erscheinungen, das eine *Transformation* begründen könnte, stellen wir nicht fest. *Die Triebe sind different und nur dadurch definierbar.* Und wenn wir sie von der *objektiv-physiologischen* Seite her untersuchen, bekommen wir erst recht keine Stütze für eine Verwandlungstheorie. Wir finden nur Veränderungen zwischen räumlichen Punkten und auf Strecken, sogenannte Erregungen.

Auch hinter der Formulierung des *Triebersatzes* steht die magische Verwandlungshypothese. Wir bedenken aber, daß ein menschlicher Trieb strenggenommen nicht durch einen anderen psychologisch „vertreten" werden kann. Jeder Trieb zielt auf einen einzigartigen und damit nicht ersetzbaren Lebensbereich und eine ebenso unersetzbare Erfahrung. Der Mensch braucht nicht Ersatz, sondern Erfüllung.

Einen Sonderfall bilden z.B. nicht normgerechte sexuelle Praktiken, die bei äußerer Behinderung einer adäquaten Trieberfüllung (moralische Vorschriften, Gefangenschaft u. ä.) zustandekommen (Masturbation, Homosexualität). Selbst hier ist es besser, statt von „Ersatz“ von Notbefriedigung zu reden. Umgekehrt kann auch die echte abnorme Neigung nicht als Triebersatz gelten, weil sie gesucht wird und zufriedenstellt.

Wer denkt, wird der Psychoanalyse gegenüber nicht nur fragen „Ist wirklich ein Trieb an die Stelle eines andern getreten?“, sondern auch „Sind beide Triebe *gleichwertig,* so daß sie sich vertreten *können?*“. Bei der Hypothese des Triebersatzes geht es also letzten Endes um das *Problem der Äquivalenz von Phantasie- und Tätigkeitsbereichen.* Es ist meiner Ansicht nach nicht verbindlich zu lösen. Darum bleiben wir besser bei den Phänomenen und ihrer gesetzmäßigen Abfolge!

Noch skeptischer werden wir, wenn wir den Begriff der *Sublimierung* untersuchen. Psychische, insbesondere sexuelle Energie soll nicht nur transformiert, sondern auch von einer „niederen“ in eine „höhere“ Form übergeführt werden können. C. G. JUNG hat diesen Gedanken sarkastisch als das Postulat der „Goldmacherkunst“ verworfen. In der Tat bildet die einfache Hemmung eines vitalen Triebes keinen zureichenden Grund für kulturelle Leistungen. Hierzu wären ein intendierendes Subjekt und Ideen vonnöten. Der Trieb – gleich ob gebremst oder frei – könnte nur einen fördernden Umstand bilden. Aber auch das Stufenschema Unten – Oben stellt unlösbare Probleme. Wir stoßen hier erneut auf die Grenze des Entwicklungsgedankens. Meint man mit Sublimierung den Unterschied des Integrations-(bzw. Differenzierungs-)grades, so hat man kein Recht, das erotische Leben tiefer zu stellen als die Kunst. Ja, ein entfaltetes Liebesleben liegt höher als eine grobe Religiosität. Und die erotisch – soziale Synthese der Ehe befindet sich nicht unterhalb der ethischen Leistung des Pflegens von Kranken (s. u.). Jeder humane Trieb wirkt prinzipiell auf der gleichen Ebene. Wie hoch diese Ebene liegt, hängt von den gesamtmenschlichen Bezügen ab. FREUD steckt mit seinem Schema in der bürgerlich-rationalistischen Weltanschauung: *Unten* der naturhafte, organisch bestimmte Trieb – *oben* die geistige Stufe ethischer und künstlerischer Schöpfungen. Beide gibt es jedoch nicht als selbständige Sphären, weil sie im Subjekt vereint sind und sich gegenseitig bedingen. Eine Theorie des Aufstiegs und Abstiegs läßt sich also von einer primitiven Trieblehre her nicht formulieren.

So haben die Begriffe Konversion, Triebersatz und Sublimierung heute fast nur noch historische Bedeutung. Die Beobachtungen allerdings, von denen sie ihren Ausgang nahmen, behalten unvermindertes Interesse. Wenn hier eine wissenschaftlich-heuristische Frage übrigbleibt, dann die des Kausalzusammenhangs. Wir können – das ist gewiß sehr schwierig – untersuchen, welche Bedürfnisse und Verhaltensweisen gesetzmäßig auf bestimmte Triebhemmungen folgen und ob „höhere“ Leistungen auf ein tieferes Niveau absinken, wenn der Trieb „befreit“ wurde. Das wäre konsequent.

Auf der *subjektiven Ebene* allerdings, wo magische Verbindungen nicht nur erlaubt, sondern auch unumgänglich sind, also in der Selbstbesinnung oder im Gespräch, kann der Eindruck von Triebverwandlungen unabweislich evident, unter Umständen sogar menschlich hilfreich sein. Eine wissenschaftliche Theorie hingegen läßt sich darauf nicht aufbauen.

Alle diese kritischen Erwägungen müssen wir im Auge behalten, wenn wir die nachfolgenden, an der Psychoanalyse anknüpfenden Darstellungen lesen. *(Der Herausgeber.)*

Das Paradigma einer *„Konversion“* ist die Ablösung *sexueller Erregung durch Angst.* (Ich verwende den Terminus „Konversion“ hier bewußt in weiterem Sinn als FREUD.) Es gibt zahlreiche Fälle, wo auf dem Umweg über bestimmte Vorstellungsverbindungen Sexualtrieb und Angst miteinander in Verbindung treten, so wenn ein nervöses Kind mit beständiger Angst vor elterlicher Bestrafung masturbiert und die beiden durch äußere Konstellation frühzeitig gekoppelten Affekte auch im späteren Leben die Tendenz behalten, zusammen aufzutreten oder einander zu ersetzen, oder wenn hysterische Herzangstattacken mit Atemnot bei einem jungen Psychopathen auf dem Umweg über die hypochondrische Erwartung eines durch Onanie vermeintlich verursachten Herzschlages entstehen. Andererseits finden wir auch Fälle, bei denen eine solche Vorstellungsverbindung nicht besteht, vielmehr nach plötzlichem, gewaltsamem Abbruch einer lange geübten Masturbation oder des normalen Geschlechtsverkehrs mit der Präzision eines physikalischen Experimentes alsbald schwere Angstzustände einsetzen. Das sind „Konversionen" elementarster Form, bei denen wir zu der Vermutung gedrängt werden, daß es zwischen der sexuellen Erregung und dem Angstaffekt „Übersprünge" gibt. Ob in der Tatsache, daß gerade die Angst gewählt wird, ein tieferer biologischer Sinn liegt, oder ob es sich nur um eine unspezifische Irradiation handelt, vermögen wir nicht zu sagen. Als Gegenstück könnte man die sadistisch-masochistischen Perversionen betrachten, wo sich Angriffs- und Leidensaffekte in sexuelle Erregung „verwandeln". Übrigens geben uns gut beobachtende Patienten den Angstaffekt gelegentlich als etwas nicht mit Angst Identisches, sondern als ein nur nahe mit ihr verwandtes Gefühl an, für das sie mangels einer besonderen Bezeichnung den Ausdruck „Angst" gebrauchen. Sie beschreiben auch den phänomenalen Charakter dieses Erlebnisses als etwas dem Sexualempfinden Verwandtes, nur durch äußerste Intensität bis zur Unlust Gesteigertes, so daß es in leichtem Grade als *lustbetonte Sexualempfindung,* in schwerem Grade aber als *Angst* erscheint.

Außer in Angst wirkt sich gebremste Sexualerregung auch häufig in Störungen des vegetativen Nervensystems und körperlichen Mißempfindungen aus. Nicht selten kommen Frauen mit Klagen über quälende innere Unruhe und Schlaflosigkeit, über Darmschmerzen, Herz- und Magenstörungen in unsere Behandlung. Dabei fällt uns eine seltsame Diskrepanz zwischen der angeblichen Qual und der Ungenauigkeit der Beschwerdebeschreibungen auf. Die Patientinnen versichern uns mit großer Bestimmtheit, wie glücklich ihre Ehe und wie zärtlich ihr Verhältnis zu Mann und Kindern sei. Gewinnen wir jedoch ihr Vertrauen, so erzählen sie uns z.B., daß der eheliche Verkehr schon lange unterbrochen ist, vielleicht wegen einer nicht genau begründbaren Verstimmung. Mit der Klärung und Behebung der Ursachen kann plötzliche, überraschende Besserung des körperlichen Befindens eintreten. Auch bei diesen diffusen vegetativen Ausstrahlungen hat man öfters den Eindruck, daß sie nicht durchweg bestimmten Motiven oder Vorstellungen entsprechen, sondern elementar energetisch als Irradiationen von Erregungen aufzufassen sind.

Etwas anders verhält es sich mit den umschriebenen hysterischen Symptomen, die häufig an Sexualproblemen anknüpfen: Anfälle, Erbrechen, Lähmungen, Tic usw. Auch hier kann sexuelle Energie in ihrem natürlichen oder gewünschten Ablauf gehemmt sein und an einer anderen Seite des psychophysischen Apparates in Form einer Betriebsstörung zum Vorschein kommen. Diese Verwandlung ist aber nicht mehr elementar, sondern soll oft einen verschlungenen Weg über komplizierte psychische Umschaltungen, über konstellativ gekoppelte Vorstellungskomplexe, über Verschiebungen, Symbolbildungen, hypobulische Abspaltungen, willkürliche Reflexverstärkungen usw. gehen. Hysterisches Erbrechen kann jedesmal beim Anblick einer bestimmten Speise auftreten, die vielleicht an dem Tag gegessen worden war, an dem man der Patientin eine ihr ekelhafte sexuelle Zumutung gemacht hatte. Dies wäre eine Konversion auf dem Wege der Verschiebung. Eine Patientin zeigt einen eigentümlich rennenden, nach vorn stürzenden Gang. Dahinter steht der sie ständig beherrschende Wunsch: „Nur fort!", der ehelichen Enttäuschungen entsprungen war. Dies wäre eine symbolische Konversion. Eine andere kreislauflabile Patientin lehnt den Geschlechtsverkehr mit ihrem Mann ab. Sein Anblick verursacht ihr heftigen, von Herzklopfen, Zittern und Schwindelgefühl begleiteten Unlustaffekt. Diese reflektorische Welle baut sie jedesmal zu einer theatralischen Szene nach Art eines hysterischen Anfalles aus. Hier geht der Abwehraffekt mit der „willkürlichen Reflexverstärkung" in die Symptome über. Schon diese Beispiele zeigen uns, auf wie komplizierten und vielfältigen Wegen sich jede Art von affektivem Impuls, psychophysisch „transformieren" kann.

Eine Spezialgruppe bilden die psychischen Phänomene, die man als *sexuelle Ersatzbildungen* bezeichnen könnte. Hierher gehört die bereits erwähnte, harmlose Perversion des *Fetischismus,* wo statt menschlicher Liebesobjekte etwa Stiefel, Schürzen oder Taschentücher mit Leidenschaft begehrt, gesammelt, geküßt und verehrt werden. Es kann hierbei zu den sonderbarsten Verschiebungen und Symbolbildungen kommen, die z.B. rätselhafte kriminelle Handlungen, besonders Diebstähle, bei sonst unbescholtenen Personen erklären. Die 36jährige ledige Jungfer Katharine G. (Kielholz 1920) stahl Bauern nachts einen zweijährigen Stier und zwei Paar alte Militärhosen, was sich nicht anders als durch die assoziativen Beziehungen dieser Objekte zu sexuellen Vorstellungskreisen erklären ließ. Psychologisch verwandt sind gewisse typische Absonderlichkeiten und Liebhabereien alternder Fräulein und Junggesellen: der Kanarienvogel, die Hauskatze und der kleine überfütterte Schoßhund sind ebenso bekannte Begleiterscheinungen der einsamen Jungfer, wie die Nelkenzucht, Bücher- und Münzsammlungen eng zu den stillen Spitzwegschen Junggesellen gehören. Derselbe Grad und oft dieselbe Art von Zärtlichkeit, wie sie sonst auf Ehegatten und Kinder verwendet wird, lebt sich hier an kleinen Tieren, Pflanzen und toten Gegenständen aus. Allerdings ist es in vielen Fällen fraglich, ob hier das sexuelle Bedürfnis ersetzt wird und nicht vielmehr der Pflegetrieb und der Besitztrieb ein abseitiges Tätigkeitsfeld finden.

Es gibt ein bekanntes volkstümliches Sprichwort: „Junge Hure, alte Betschwester", das energetische Beziehungen zwischen Sexualtrieb und *religiöser Betätigung,* hier allerdings beides in seiner niedersten Form, zum Ausdruck bringen will. Daß eine gewisse Form bigotter Frömmelei als sexuelle Ersatzbildung aufgefaßt werden könnte, liegt nahe. Von dieser primitiven Form der Ersatzbildung führen nach der Grundhypothese alle Übergänge zur eigentlichen *„Sublimierung",* d.h. zur Verwandlung des primitiven Triebes in die hochwertigsten religiösen und künstlerischen Leistungen.

Bei der *Schizophrenie* sehen wir häufig in gewissen ekstatischen Initialstadien die „Sublimierung" von Erotik in intensivstes religiöses Erleben wie im Experiment vor uns. Der Patient schildert uns, wie eine heftige sexuelle Erregung unter intensivster seelischer Anspannung und Konzentration im Laufe von Stunden und Tagen stufenweise oder in plötzlichem Umschlag in das typisch mystische Gefühl der verklärten Gottvereinigung übergeht, die, selbst fast vorstellungslos, noch mit einem Schimmer erotischer Glücksempfindung durchglüht ist.

Der Schizophrene schildert uns hier krankhaft verzerrt das, was sich als Grunderfahrung durch eine jahrtausendlange kulturgeschichtliche Entwicklung der Menschheit wie ein roter Faden hindurchzieht, nämlich die Verschwisterung von Religion und Erotik. Sie äußert sich naiv und unverhüllt in den orgiastischen Kulten der Primitiven, des Orients und des klassischen Altertums. Wir sehen sie dann in der religiösen Mystik des Mittelalters sich immer mehr verschönern und durchgeistigen. Auch hier klingt in der Inbrunst der religiösen Ekstase, der Gottes- und Marienminne der erotische Gefühlston so klar hindurch, daß sich manche Lieder von weltlichen Liebesliedern nur durch die Namen der Angeredeten unterscheiden lassen. Ebenso bezeichnend ist es für den mystischen Aspekt des Christentums, daß die Kirche eine Sammlung weltlicher Liebeslyrik, wie das Hohelied, unverändert in den heiligen Büchern kodifizierte. In geistlichen Exerzitien mancher Mönchsorden wurden konsequente Methoden ausgebildet, um durch eine Kombination von körperlicher Kasteiung mit einer sinnvollen Gedankendressur die elementare Triebhaftigkeit allmählich stufenweise zu schwächen und der reinen Gottesliebe, Gottesanschauung und ekstatischen Gottesnähe den Weg zu bereiten. Die „Sublimierung" wurde hier in ein erlernbares System gebracht. Luther nennt dies sehr charakteristisch: das „Hinaufklettern in die Majestät Gottes".

Die *Übergangsstufe* von der direkten Ersatzbildung *zur Sublimierung* bildet die Religiosität mancher kleiner Gemeinschaften, Sekten und Konventikel, wie sie sich gern um einzelne affektstarke und verschrobene Männer, um paranoische Propheten und Religionsstifter scharen. Im Verhältnis zwischen dem Sektenoberhaupt und dem weiblichen Teil seiner Anhängerschaft ist die religiöse Verehrung des gottgesandten Propheten von der erotischen Schwärmerei für den Mann psychologisch nicht trennbar und bildet ein einheitliches Gefühl. Ebensowenig können wir allerdings den darin enthaltenen sozialen Trieb der Vaterverehrung bestimmen und abgrenzen. Ein ähnliches Triebkonglomerat dürfte übrigens auch in der gebildeten Gesellschaft unter dem Kometenschweif weiblicher Verehrer wirken, der einem berühmten Erweckungsprediger, Mystiker oder Theosophen nachreist. Man wäre geneigt, historische Sektenbräuche, wie die der bekannten „Mucker von Königsberg" und zahlreicher anderer mit ihrer Verschmelzung von Sexualakten und religiösen Heiligungszeremonien, für vereinzelte, exzentrische Entgleisungen zu halten, wenn wir nicht derselben Auffassung und Praktik auch in modernen teils christlich getönten, teils bewußt satanischen Konventikeln (Zacharias 1964) begegneten. Häufig sehen wir dabei den Sexualtrieb in seiner schärfsten ursprünglichen Ambivalenz, als ein Tabu, als das zugleich Heiligste und Gefährlichste, als große, geheimnisvolle Macht in den Kulthandlungen und ethischen Vorstellungen der Gruppe figurieren.

Wir haben für die Zusammenhänge der höheren Gefühle mit dem Triebuntergrund das Verhältnis von Religion und Sexualtrieb zum Paradigma genommen. Es erübrigt sich, darauf hinzuweisen, daß beim Zustandekommen so komplexer geistiger Bildungen wie der Religion der Sexualtrieb natürlich nur *eine* der energetischen Komponenten bilden kann. Daneben dürften auch die Selbsterhaltungs- und Schutztriebe bei Zauber- und Gebetsriten, bei Unsterblichkeitsglauben und sozialen Sittengeboten eine Rolle spielen. Der Sexualtrieb scheint sich hauptsächlich an der mystisch-ekstatischen Seite der Religion zu beteiligen. Daß *höhere Erscheinungen sich überhaupt nicht in der Triebpsychologie auflösen lassen,* ist im übrigen selbstverständlich. Sie sind *den ganzen Menschen umfassende, hohe, eigenständige Lebensmächte.* Historisch können wir sagen, daß die Religion die älteste Allmutter der höheren Gefühle und Strebungen gewesen ist: Ethik, Kunst und Wissenschaft dienten dem alles umspannenden Glaubensgefühl. Erst allmählich haben sie sich bei starkem Rückgang des letzteren verselbständigt.

Die *Kunst* mit ihrem sinnlichen Empfinden speist sich am unmittelbarsten aus dem triebhaften Untergrund des Seelischen. Die erotische Atmosphäre ist z. B. für die Poesie und die bildende Kunst das wesentliche Lebenselement, sowohl direkt als in den verschiedensten Abwandlungen. Erotische Energiebeträge fließen oft direkt in wertvolle Kunstleistungen. Die gesteigerte Gefühlskraft von Gottfried Kellers poetischen Frauengestalten scheint mit der Verkümmerung seines äußeren Liebesglückes in einem reziproken dynamischen Verhältnis zu stehen. Wenn dagegen ein Mädchen nach einer vereitelten Heiratshoffnung sich plötzlich entschließt, Krankenschwester zu werden, so überträgt sie bei dieser *ethischen* „Sublimierung" wohl noch den allgemeinen affektiven Elan, aber weniger den erotischen Gefühlston auf die neue Richtung der Lebensenergie. Noch mehr gilt dies für entsprechende Vorgänge etwa auf dem Gebiet *wissenschaftlicher* Leistung. Hier werden die Zusammenhänge mit einfachen Trieben lockerer. Die allgemeine Temperamentsanlage ist wichtiger als die spezifisch treibenden Motive.

Puberaler Triebwandel

Im ganzen ist das Triebleben der Kinder trotz der Möglichkeit spontaner oder induzierter Störungen ihrer Einstellungen zum Körper nicht sowohl von der Sexualität im engen Sinne als von dem *Verhältnis zwischen Eltern und Kindern* beherrscht. Es entspricht dies der großen und reichgegliederten Verhaltensgruppe, die man in der Tierwelt als *„Brutpflegeinstinkte"* (S. 138), beim Menschen als *familiäre Triebe* bezeichnet. Vor der Pubertät ist die *Gefühlsbindung des Kindes* an die Eltern in der Grundhaltung als ererbte Konstante festgelegt und entwickelt sich unter gesunden Verhältnissen als Resultante der selbständigen, autonomen Reifung und Erziehung. Das kindliche Verhalten hat eigene Lebensziele und eigenen Gefühlscharakter, der mit den erotischen Triebansätzen frühreifer, nervöser Kinder durchaus nicht gleichgesetzt werden darf. Mit dem letzteren hat die Psychoanalyse viel Verwirrung gestiftet. Die zoologische Verhaltensforschung gibt klarere Auskunft. So sagt LORENZ (bei ACHELIS 1961) auf die Frage, ob das Brutpflegeverhalten ein sexuelles Verhalten sei: Nein, es ist „ein vom Sexuellen ganz unabhängiger Satz von Instinktbewegungen und auch mit einer wesentlich anderen formalen Grundlage". Die Schwellenwerte des sexuellen Verhaltens und die des Brutpflegeverhaltens stehen zueinander reziprok.

Das Kind – Eltern-Verhältnis vor der Pubertät unterscheidet sich durch seinen Triebcharakter deutlich von der Gefühlsbeziehung des Erwachsenen zu seinen Eltern. Ist sie beim Letzteren nicht freie Sympathie, sondern beherrschende Bindung, so liegt eine psychische Reifungshemmung vor, die sich vielfach auch in körperlichen Korrelaten abspiegelt. Ausreifung der erotischen Triebe und Abbau der elementaren Kind – Eltern-Bindung verhalten sich im individuellen Entwicklungsgang ungefähr reziprok. Dementsprechend finden sich (z. B. bei Neurosen) unabgebaute Reste von Elternfixierung häufig in demselben Grad vor, wie das erotische Leben, speziell die Sicherheit in Verlobungs- und Heiratsfragen, noch zu wünschen übrigläßt bzw. mit Verkümmerungen, Hemmungen, Unsicherheiten und vor allem Ambivalenzen belastet ist.

Diese Störungen können hypothetisch ebenso die Ursache wie die Folge der Neurose sein. Pathogene Erlebnisse mögen sie mitbegründen. Doch zeigen die parallellaufenden Störungen der körperlichen Reifungsvorgänge das Gewicht der organbiologischen Voraussetzungen und damit das Fatum beim Wachsen der Persönlichkeit (W. KRETSCHMER 1972). Das Hauptinteresse bieten nicht die massiven, vollständigen Infantilismen, sondern die partiellen Retardierungen, die Teilhemmungen in der *asynchronen* Konstitutionsreifung. Nur diese Diskrepanzen verstärken die Ambivalenzen und Zwiespältigkeiten, aus denen die Neurosen entspringen.

Die Gefühlsbeziehungen der Kinder zu den Eltern lassen bei Entwicklungsgehemmten für das spätere Leben starke Bindungen zurück. In einer elektiven Verehrung bestimmter imponierender Persönlichkeiten kann sich bei erwachsenen Männern noch das *Vaterideal* mit seinem ambivalenten, zwischen Furcht, Trotz und Liebe schillernden Gefühlston verbergen. Die Gattin kann unbewußt nach dem Bild *der Mutter* gewählt werden. Selbst die Berufswahl wird eventuell durch die Nachahmung wie durch den Protest gegenüber dem Vater beeinflußt. In dieser Weise gibt es zahllose Unterströmungen des Trieblebens, deren Herkunft nicht mehr klar ist und die doch oft über folgenschwere Entschlüsse, für rätselhafte innere Mißstimmungen, für Sympathien und Antipathien, ja für die Richtung der ganzen Lebenslinie mehr entscheidet als die klaren logischen Augenblicksüberlegungen, mit denen sie äußerlich motiviert werden. Suchen wir nach der Quelle, so stoßen wir nicht selten auf affektstarke Einzelerlebnisse oder positive und negative Gefühlsbindungen der Kindheits- und Entwicklungsjahre. Zuletzt sind nur noch die Gefühle, aber nicht mehr die zugehörigen Vorstellungen und Erinnerungen im Bewußtsein repräsentiert.

In der Kindheit wird das Gefühlsleben normalerweise durch die Affektbindungen an Vater und Mutter beherrscht. Mit Einsetzen der Pubertät ändert sich dies. Es folgt eine Phase der *Loslösung vom Elternideal,* die oft, aber nicht notwendig, die schroffe Form des Protestes besonders gegen den Vater annimmt. Wünsche und Ziele der Eltern werden dann abgelehnt. Gegen Ende der Adoleszenz ist die Loslösung vollzogen. Erwachsene und Kinder treten ein mehr ruhig neutrales Verhältnis zueinander an, dessen größere Herzlichkeit oder Kühle sich wie unter anderen Menschen nach dem Grad der seelischen Übereinstimmung richtet.

Gleichzeitig mit dem *Loslösungsstadium* setzt eventuell heftig und lebhaft der *Sexualtrieb* ein. Beide stehen zweifellos in engster biologischer Beziehung zueinander. Häufig entwickelt sich der Sexualtrieb der frühen Pubertätszeit zunächst auf zwei getrennten Wegen, auf der einen Seite als eine ideale Schwärmerei für Personen des anderen Geschlechts, andererseits als lokale Erregungen der somatischen Genitalzone. Beides kann einige Zeit nebeneinander bestehen, ein Kontakt beider Vorstellungskreise im Extremfall geradezu verabscheut und verdrängt werden. Erst mit dem Fortschreiten der Pubertätsentwicklung fällt allmählich diese Schranke. Die körperliche Sexualerregung und die psychische Gesamteinstellung zu geliebten Personen fließen in einen unzertrennlichen und sehr gefühlsstarken Gesamtkomplex zusammen, der die Basis für das normale psychophysische Liebesleben gesunder Menschen abgibt.

Eine dritte Eigentümlichkeit der Frühpubertätsentwicklung ist, daß der Sexualtrieb häufig noch kein klares Ziel hat, so daß, auch bei später gesunden Menschen, in diesem Alter leichte Neigungen zum Vorschein kommen können, die man in einer anderen Lebensphase als pervers bezeichnen würde. Das gilt besonders von homosexuellen Begleittendenzen. Eine überspannte gegenseitige Schwärmerei ist bei jungen Mädchen bekanntlich eine natürliche Erscheinung. Auch bei Knaben bekommt die Freundschaft in diesem Alter leichter als sonst den Charakter der Überschwenglichkeit.

Oft entstehen in diesem Alter vorübergehende oder dauernde *Entwicklungshemmungen des Sexualtriebes*. Wir finden sie besonders gehäuft bei *Psychopathen* der schizoiden und neurotischen Gruppen, und sie bilden einen der häufigsten Ausgangspunkte der Seelenkonflikte Nervöser und Geisteskranker. Die Entwicklungshemmung kann jede der drei angedeuteten Stufen betreffen. Wir finden zunächst, daß infantile Gefühlseinstellungen abnorm lange, bis tief in die Pubertät hinein und noch später bleiben und die Entwicklung des Sexualtriebes eigentümlich mitfärben, verbilden und hintanhalten. Da ist vor allem eine überstarke Abhängigkeit von der Mutter, eine schwärmerische Zärtlichkeit zu einer Zeit, wo normale junge Leute von den engen elterlichen Bindungen schon längst zu anderen Idealen abgeschwenkt sind. Ebenso häufig finden wir, daß nervöse junge Leute aus dem eventuell folgenden Proteststadium nicht recht herauskommen. Dieses nimmt dann oft sehr verschärfte und langwierige Formen an. Es entwickeln sich Renitenz, konsequente Opposition, äußerstenfalls boshafte, fanatische Gehässigkeit, ja selbst brutale seelische und körperliche Mißhandlung der Eltern in einem Grad, der, in der äußerlichen psychologischen Situation mangelhaft begründet, nur biologisch verstanden werden kann. Sind mehrere derartige Kinder in einer Familie, so können sie sich gegenseitig anstecken und eine geschlossene Partei bilden, an der alle freundlichen Erziehungs- und Ermahnungsversuche der Eltern wirkungslos abprallen.

Andere Bilder kommen zustande, wo sich die Entwicklungshemmung in einer mangelhaften Verschmelzung der somatischen und der psychischen Sexualanlage kundtut. Die somatische Sexualerregung, soweit sie vorhanden ist, geht ihren selbständigen Weg weiter und wird z. B. durch Masturbation befriedigt. Das psychische Liebesbedürfnis dagegen behält dann eine ähnliche Form wie in der Pubertät bei. Es wirkt sich rein auf dem Phantasieweg in Träumereien und Gedankengebäuden, ja in überwertigen Ideen aus, indem z. B. eine kaum von der Ferne gesehene Person jahrelang zum Gegenstand zarter platonischer Verehrung oder stiller, nie geäußerter Heiratshoffnung gemacht wird. Dies kann sich bis zum Wahn steigern. Andere Jugendliche werden durch jede Kleinigkeit zu abundanten, groben sexuellen Phantasien angeregt, gegen die sich die unreife Persönlichkeit in endlosen Kämpfen verzweifelt wehrt (Vorstellungszwang). Sehr prägnant äußert sich die mangelnde somatopsychische Verschmelzung des Sexualtriebes ferner in einer langdauernden, konsequenten Selbstabsperrung von sexuellem Wissen, einem Verharren in prüder Unkenntnis oder infantilen Vorstellungen über die Generationsvorgänge.

Bei Menschen, deren Sexualtrieb sich nicht glatt mit dem Gesamttemperament verschmilzt, kommt es nie mehr zu einer überbrückbaren *Kluft innerhalb der Gesamtpersönlichkeit:* hier mein Ich, meine ethische Persönlichkeit, dort der Sexualtrieb als etwas beständig Störendes, Feindliches, so daß dann der aufs schärfste zugespitzte moralische Kampf zwischen den beiden Instanzen zum

dauernden Lebensinhalt werden kann. Vieles, was wir als kategorischen Imperativ und moralischen Rigorismus oder als Prüderie und Skrupelhaftigkeit vorfinden, hat in diesen Spannungen seinen biologischen Ausgangspunkt.
Bewältigt der Entwicklungsgehemmte nicht die beiden ersten Aufgaben der Pubertät, innere Ablösung von den Eltern und Entfaltung erotischer Triebe, so scheitert er oft auch an dritten, nämlich am Aufbau der *eigenen Elternrolle*. Wir können hier vom Mißlingen der *Umkehr des Bruttriebes vom passiven zum aktiven Bedürfnis* sprechen, deren Drehachse die Reifungszeit zu sein hätte. Beim Mann entsteht kein Interesse an der Verantwortung für eine Familie, bei der Frau keine Sehnsucht nach eigenen Kindern und ihrer Erziehung. Menschen dieser Art vermeiden (mit Recht) die Ehe sowie andere fürsorgliche und pflegerische Tätigkeiten und leben im extremen Fall eigenbrötlerisch dahin. Allerdings gibt es auch andere, die im Erwachsenenalter jeglicher erotischer Perspektive neutral gegenüberstehen oder ihr ängstlich ausweichen, aber ohne Familiengründung in väterlichen oder mütterlichen Rollen (etwa in Heimen, Schulen u.ä.) voll und erfolgreich Wurzel schlagen.
Schließlich können auch jene Entwicklungsgestörten nicht übergangen werden, die ganz undramatisch, konfliktlos in ihrer Reifung steckenbleiben, weder einen erotischen Trieb, noch einen aktiven Bruttrieb entwickeln, jedoch im geeigneten Beruf unter Umständen Gutes leisten.
Unsere Darstellung hat gezeigt, daß beim Menschen die Reifungsstufen nicht an eine feste Reihungfolge und einen bestimmten Vollendungsgrad gebunden sind. Die gesellschaftliche Ordnung und die menschliche Eigenart lassen genug Spielraum, um auch den Entwicklungsgestörten seinen Platz im Leben finden zu lassen. Gewiß ist die Normabweichung in hohem Maß vom Konflikt bedroht. Doch ob dieser ausbricht, hängt nicht von der Anormalität allein, sondern von der Konstellation aller Faktoren des Persönlichkeitsgefüges und der Umgebungsverhältnisse ab.

Triebbeherrschung

Die Triebe zu beherrschen, d.h. einem Bedürfnis nachgeben oder auf es verzichten zu können, ist für den Menschen schlechthin lebensnotwendig und darum ein Hauptziel jeder echten Erziehung. Besondere Bedeutung kommt der *Fähigkeit, Entbehrungen und Furcht zu ertragen* zu. Die rationale Steuerung genügt bekanntlich nicht, es sei denn, der affektive Grund wäre geordnet, ausgewogen und resistent (vgl. „Charakterkern" S. 176). Wann befriedigt und wann verzichtet wird, dafür gibt es keine absoluten Gesetze. Deshalb ist der Kompromiß die Regel. Allerdings könnte der Mensch ohne den metapsychischen *persönlich-geistigen* Faktor, allein mit der angeborenen und anerzogenen Triebgarnitur, nicht zurechtkommen (was auf naturwissenschaftlicher Ebene allerdings nicht bewiesen werden kann!). Die *geistige Aktivierung* ist also ein wesentliches Element der Pädagogik und eine wichtige Voraussetzung der Triebbeherrschung. Ohne in sich zu herrschen, verweichlicht das Individuum oder es agiert einseitig und damit störend. Wir berühren hier das Problem der Freiheit der Selbstbestimmung, welches wir nicht untersuchen wollen. Doch steht der Arzt als Gutachter wie als Diagnostiker fortwährend vor der Aufgabe, *Änderungen des Freiheitsgrades* einzuschätzen und daraus weittragende Folgerungen zu ziehen.
Die Triebbeherrschung äußert sich einmal im Ertragen von Schmerz, Durst, Kälte, Strapazen, Bedrohung u.ä., andererseits im Grad der *Zurückhaltung* bzw. *Selektion* gegenüber Versuchungen. In beiden Fällen haben wir zu prüfen, ob *geistige Aktivität* und *Resistenz des Charakters* (s. dort) oder Gleichgültigkeit *(Indolenz)* für das positive oder negative Verhalten maßgebend sind. Am geringen Durchstehvermögen z. B. können körperliche Krankheit, labile psychische Konstitution oder seelische Krankheit schuld sein. Umge-

kehrt kann sich hinter der Unerschütterlichkeit gegenüber Belastungen und Verführungen ein Charakterdefekt oder eine Psychose (Schizophrenie, Depression) verbergen. Bei allen seelischen Störungen, gleich ob körperlich verursacht oder nicht, verschiebt sich das innere Gleichgewicht der Kräfte und damit auch die Fähigkeit, Impulse zu bestimmen. Oft geben uns Änderungen der Triebbeherrschung die erste Andeutung einer beginnenden Geisteskrankheit.

Wesen und Funktion der Triebe

Wir sehen die *affektiven Qualitäten* bzw. die *Charaktereigenschaften* eines Menschen sich um seine Triebkonstanten, als die wesentlichen vitalen Brennpunkte, gruppieren und in immer weiteren Kreisen differenzieren und variieren.

Als *Grundtriebe* bezeichnen wir diejenigen Affektkomplexe, die sich auf die lebenswichtigen Ziele richten und die, vorwiegend erblich begründet, auf mehr oder weniger feste und spezifische vegetative und motorische Leistungsformeln hindrängen. Die „höheren Triebe“, von denen die Dichter und Philosophen einstmals redeten, sind vielleicht (wie die Sprache) a priori angelegt aber nicht vererbt, und entfalten sich im gesellschaftlichen Klima von Erziehung und Erfahrung. Sie suchen nach spezifisch menschlichen individuellen und sozialen Werten. Den hinter ihnen stehenden Gefühlskomplex nennen wir „Gemüt“. Eine Grenze zwischen „oben“ und „unten“ bei den Werten läßt sich nicht ziehen. Wir finden nur Schwerpunkte.

Im Seelenleben des Menschen spielen die Grundtriebe eine eigentümliche Doppelrolle: einerseits sind sie ein unlöslich eingewobener Bestandteil des Gesamttemperaments, breite, gewaltige Unterströmungen, von denen die höhere Affektivität weithin getragen und in ihrer Gesamtrichtung bestimmt wird. Andererseits aber bilden sie im Extremfall ziemlich selbständig heraustretende seelische Einzelimpulse, die sich in scharfen Gegensatz zu den geistigen Tendenzen der Persönlichkeit stellen können. Nach beiden Richtungen hin kann der Sexualtrieb als Paradigma überhaupt gelten.

Das Triebleben spiegelt besonders eindrücklich die menschliche Lebensspannung zwischen der *Notwendigkeit,* die in der Krankheit sich verstärkt, und der *Freiheit,* welche in der Gesundheit errungen werden kann. So bildet die Psychologie der Triebe und ihr Zusammenhang mit dem höchsten Seelenleben einen der Angelpunkte der ärztlichen Psychologie. Die hier entstehenden Konflikte lassen neurosenartige reaktive Psychosen und eine Unzahl scheinbar körperlicher Leiden aus sich hervorgehen. Im Gegensatz zu der modulierbareren und anpassungsfähigeren *höheren Affektivität* streben die elementaren Triebe als dumpfe Naturgewalten danach, sich blindlings durchzusetzen, an jeder schwachen Stelle die Widerstände zu durchbrechen und, in ihrem Lauf gestört, seelische Entgleisungen und Störungen der Körperfunktionen hervorzubringen.

Alle menschlichen Triebe sind – zumindest potentiell – *ambivalent,* können also einen positiven und einen negativen Akzent tragen, auch wenn sie äußerlich betrachtet noch so harmlos und „nützlich“ erscheinen. Über den Wert eines Triebes entscheidet nicht der vitale Effekt, sondern die *menschliche Funktion,* die wir immer wieder neu zu prüfen und zu bestimmen haben. Die ständigen Versuche, die Triebambivalenz durch rationale Entlarvungen und ethische Reformen zu neutralisieren, sind in ihrer Mischung von blindem Eifer und Ergebnislosigkeit rührend. Andererseits bilden sie wie alle Utopien wesentliche Motoren und gleichsam künstlerische Handgriffe, mit denen der Prozeß in Gang gehalten und ausgestaltet wird, den wir *Geschichte* nennen. Die letzten großen Unternehmen dieser Art waren die *Französische Revolution* mit ihren Abkömmlingen, der Darwinismus (im weiten Sinn des *Züchtungsoptimismus*) und die *Psychoanalyse.* So ist die Ambiguität der Triebe ein dramatischer Faktor ersten Ranges.

10. Kapitel

Temperamente

Der *Begriff Temperament* gruppiert sich psychologisch in erster Linie um die *Affektivität*. Temperament nennen wir die für eine Individualität charakteristische *Gesamthaltung* der Affektivität nach ihren beiden Hauptfaktoren: *Affizierbarkeit* und *Antrieb*. Dem entsprechen auch philosophisch-psychologische Definitionen (WELLEK 1966): „Typus im dynamischen Aspekt" oder tiefere „Strebungen und Antriebe". Die habituelle *Affizierbarkeit* zeigt besonders zwei für das Temperament grundlegende, voneinander unabhängige Gefühlsskalen: die *psychästhetische* zwischen den Endpolen „sensibel" und „kühl" und die *diathetische* zwischen den Endpolen „heiter" und „traurig". Die ausgesprochen diathetischen Temperamente verhalten sich dabei in psychästetischer Richtung eher neutral, sind wenig „nervös"; die ausgesprochenen Psychästhetiker sind umgekehrt im Diathetischen weniger ausgesprochen und einfach „ernsthaft". In der *entonischen* Skala erfassen wir „Abruptheit" oder „Zähigkeit" des dynamischen Einsatzes. Zu den Grundformen des *Antriebs* gehört auch die *Beweglichkeit,* welche Häufigkeit und Schnelligkeit der Äußerungen umfaßt: „Agilität" und „Gesetztheit" im Tun, wie in der sinnlichen Wahrnehmung, d.h. in jeder Leistung. *Psychästhesie und Stimmung* auf der einen, *Fluidität* und *Beweglichkeit* auf der anderen Seite bilden also den Kern des Begriffes „Temperament". Dabei umfaßt aber das Wort Temperament von alters her die Affektivität mit ihren nervös-metabolischen Grundlagen (vgl. Kap. 5), woraus sich der Zusammenhang des Temperaments mit dem Körperbau, also zwischen körperlicher und seelischer Persönlichkeit ergibt. (Hierüber ausführlich E. KRETSCHMER 1967.)

Allerdings betrachten wir Affizierbarkeit und Antrieb nicht nur reduktiv, auf wenige biologische Kernpunkte bezogen, sondern im ganzen Reichtum ihrer individuellen Schattierung und kulturellen Differenzierung. Viel mehr als alle Strukturverschiedenheiten in den nervösen Apparaten sind die Temperamente ausschlaggebend für das, was man Individualität oder Persönlichkeit nennt, für die Unterschiede eines Menschen vom anderen.

Einen wichtigen Beitrag zur Physiologie der Konstitutionstypen hat F. HOFF (1956) als einer der gründlichsten Kenner der vegetativ nervösen Funktionen geliefert, indem er die polaren vegetativen Steuerungen (Sympathikotonie und Parasympathikotonie), die konstitutionellen Körperformen und zwei polare Repräsentanten innerer Krankheiten miteinander korrelierte (s. Tab. 3).

Es gehen daraus in eindrucksvoller Weise die engen Beziehungen zwischen Form und Funktion, zwischen Körperbau und nervösen Steuerungen hervor, die ich schon früher folgendermaßen zu formulieren versucht hatte: „Die Leptosomen und die Pykniker weichen in ihren vegetativ-endokrinen Steuerungen stark, an manchen Punkten direkt antagonistisch auseinander. Bei bestimmten experimentellen Belastungen zeigen die Pykniker einen kräftigen und rasch einsetzbaren Sympathikustonus, während die Leptosomen ... mehr nach der vagotonen Seite hin orientiert erscheinen." Es ist wichtig, daß HOFF (l.c.) diese Resultate bestätigt.

In der Lehre von den Temperamenten als einer großen psychophysischen Funktionseinheit schließt sich der Ring zwischen Körpermorphologie und vegetativen Steuerungen einerseits und den psychischen Steuerungen von Affektivität und Psychomotorik andererseits – und von da wieder zu den physischen Krankheitsneigungen und den endogenen Psychosen. Das ist es, was das Wort *„Temperament"* als *Ausdruck des Ineinandergreifens der affektiven, vegetativen, humoralen und morphologischen Anlagen des Organismus* bezeichnet.

Tabelle 3. Korrelationen zwischen vegetativer Steuerung, Körperbau und polaren Krankheitsgruppen (nach F. Hoff 1956)

	Vegetative Struktur		Körperbau		Polare Krankheitsgruppen	
	Sympathikotonie	Parasympathikotonie	Pykniker und Athletiker	Leptosome	Hypertoniker	Ulkuskranke
Minutenvolumen pro kg Körpergewicht	+	—	+	—	+	—
Pulsfrequenz	+	—	+	—	+	—
Schlagvolumen	+	—	+	—	+	—
Minutenvolumen	+	—	+	—	+	—
Herzleistung	+	—	+	—	+	—
Mittlerer arterieller Druck	0	0	+	—	+	—
Verhältnis des elastischen zum peripheren Widerstand (E/W)	+	—	(+)	—	+	—
Sauerstoffverbrauch pro kg Körpergewicht	+	—	+	—	+	—
Cholinesterase-Aktivität	—	+			—	+
Lymphozytenzahl	—	+	—	+	—	+
Eosinophilenzahl	—	+	—	+	—	+
K/Ca-Quotient	—	+	0	0	—	+

Zeichenerklärung: + = relativ höher; — = relativ niedriger;
0 = keine verwertbare Differenz

Körperbau- und Temperamentstypen

Die Hauptgruppen der konstitutionellen endogenen Psychosen können uns zunächst auf dem komplexen Gebiet der Konstitutionspsychologie orientieren. Die manisch-depressiven oder zirkulären Gemütskrankheiten stellen dabei die Deformation des normalpsychologischen Temperamentskreises der *Zyklothymiker* dar, während die schizophrenen Psychosen teilweise karikierend den normalen Formkreis der *schizothymen* Temperamente verdeutlichen. Die psychopathischen Grenzzustände zwischen krank und gesund bezeichnen wir als zykloid bzw. schizoid. Die dritte Hauptgruppe der psychischen Erbkrankheiten, die Epilepsie, hat in der psychischen Veranlagung ihrer Träger manche Beziehungen zu den extremen *viskösen* und *explosiven* Temperamenten mancher Athletiker.

Zu den Häufigkeitsbeziehungen zwischen Normaltemperamenten und Erbkrankheiten treten nun weitere Korrelationen zwischen diesen beiden und den Körperbautypen. Es sei eine Reihe kleinerer „dysplastischer" Spezialgruppen gestreift, die teils allgemeine und teils partielle Wachstumshemmungen zeigen, wie die Infantilismen und Hypoplasien zum Teil bestimmte Hormonwirkungen verraten, wie etwa die eunuchoiden Körperbilder, die neuroendokrinen Fettwuchsformen, die myxödematösen und hyperthyreotischen Auswirkungen der Schilddrüse und andere. Alle diese Körperbauvarianten haben ihre eigenen seelischen Korrelate und sind zur Beurteilung der *Entwicklungskurve der Persönlichkeit im Längsschnitt des Lebensablaufs,* insbesondere der einzelnen Faktoren, die die Temperamentsentwicklung steuern, z.B. bei Retardierung und Asynchronie von Neurosen und Schizophrenien, wichtig (vergl. 163ff).

Pykniker sind im mittleren Lebensalter am deutlichsten ausgeprägt: kurzgliedrige, gedrungene Leute von rundlichem, meist wohlgenährtem Aussehen und Neigung zu frischer Gesichtsfarbe. Der Knochenbau ist eher zart, die Muskulatur weich, der Fettansatz an Gesicht, Hals und Stamm oft reichlich. Kopf, Brust und Bauch zeigen stattliche Umfänge bei mehr schmalen, zusammengeschobenen Schultern, was einen etwa tonnenförmigen Rumpfumriß ergibt. Der Kopf sitzt etwas

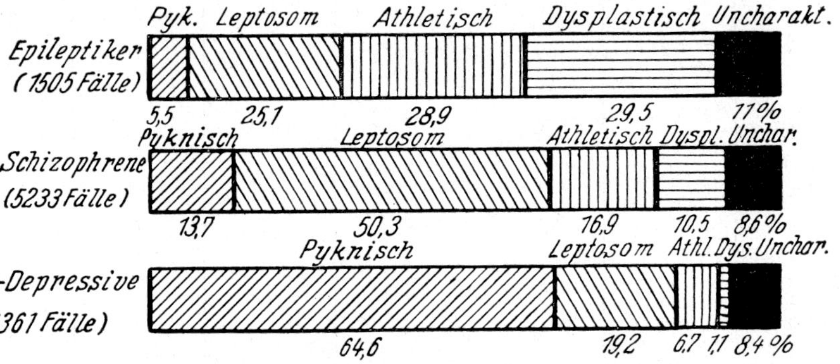

Abb. 19. Verteilung der Konstitutionen auf die Hauptgruppen der Psychosen

Besonders interessieren uns die drei normalen Körperbaugrundtypen: der *pyknische,* der *leptosome* (in seiner extremen Schmalheit als „asthenisch" bezeichnet) und der *athletische* Typus (nachfolgende Abbildungen aus E. Kretschmer 1967). Bei den Trägern dieser Formen treffen wir die Haupttemperamente nicht in gleichmäßiger Verteilung an. Vielmehr sind den Leptosomen vorwiegend die schizothymen, den Athletikern vorwiegend die barykinetischen, den Pyknikern vorwiegend die zyklothymen Temperamente zugeordnet. Entsprechend ist die Verteilung der Erbkrankheiten: die Leptosomen sind vorwiegend bei den Kerngruppen der Schizophrenie, die Pykniker bei den zirkulären Gemütskrankheiten anzutreffen, während die Athletiker in bestimmten Gruppen der Schizophrenie z.B. Katatonie und unter den Epileptikern besonders häufig vertreten sind. Die Verteilungshäufigkeit stellt sich folgendermaßen dar:

vorn auf kurzem, gedrungenem Hals. Der Hirnschädel ist in den typischen Fällen tief mit flacher Scheitelkontur und guter Hinterhauptsrundung, das Gesicht weich, breit und rundlich, von mittleren, harmonischen Höhenproportionen und guter Durchbildung der Einzelform, das Profil weich und schwach gebogen mit fleischiger Nase. Der Frontalumriß des Gesichtes hat, etwas schematisiert, eine flache Fünfeckform oder breite Schildform (s. Abb. 27). Die Hände sind kurz, breit und weich, aber zierlich gebaut. Pykniker haben durchschnittlich weiches, dünnes, zurückweichendes Haupthaar und neigen zu frühzeitigen, starken Glatzen, während Bart- und Körperbehaarung gleichmäßig reichlich ist.

Athletische Männer sind eher langgliedrig. Ein breit ausladender muskulöser Schultergürtel dominiert im optischen Eindruck über die stark sich verjüngende untere Körperhälfte mit relativ schmalem Becken, so daß ein trapezförmiger frontaler Rumpfumriß entsteht. Der Knochenbau ist derb, besonders an Schultergürtel und Extremitätenenden, die Muskulatur unter einer elastischen, fettarmen Haut straff entwickelt und in plastischem Relief durchtretend. Auf kräftigem, hohem Hals sitzt ein derber Hochkopf mit hohem Mittelgesicht und festem, kräftigem Heraustreten von Kinn und Knochenrelief. Der Frontalumriß des Gesichts neigt zur steilen Eiform. Der typische Athletiker hat eine derbe, fahlblasse Gesichtshaut, während die Hände sich oft bläulich verfärben (Akrozyanose).

Männliche *Leptosome* zeigen zylindrischen Rumpf mit langgezogenem, schmalem Brustkorb und schmalen Schultern. Die Extremitäten und der Hals sind lang, Knochen, Muskeln und Haut durchweg grazil, zart, dünn. Der Kopf ist klein, entweder hoch oder rundlich. Die langgezogene scharfe Nase kontrastiert mit einem feinen, eventuell hypoplastischen Unterkiefer. Bei vorspringender Nase und zurücktretendem Kinn entsteht leicht der Eindruck eines Winkelprofils. Der Frontalumriß des Gesichts neigt in deutlichen Fällen zu einer verkürzten Eiform. Die Hautfarbe ist bei Leptosomen häufig blaß, die Primärbehaarung (Kopf und Brauen) fein, die Terminalbehaarung im Durchschnitt am wenigsten ausgeprägt.

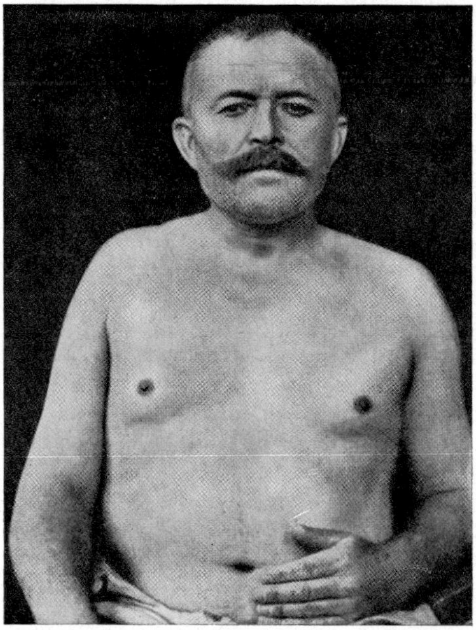

Abb. 20. Pyknischer Habitus

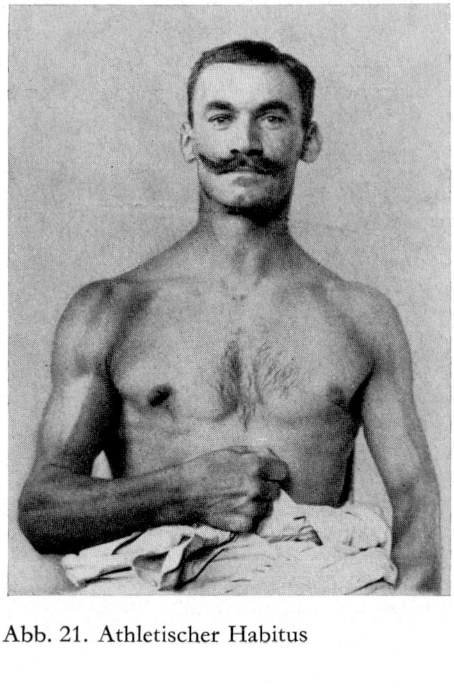

Abb. 21. Athletischer Habitus

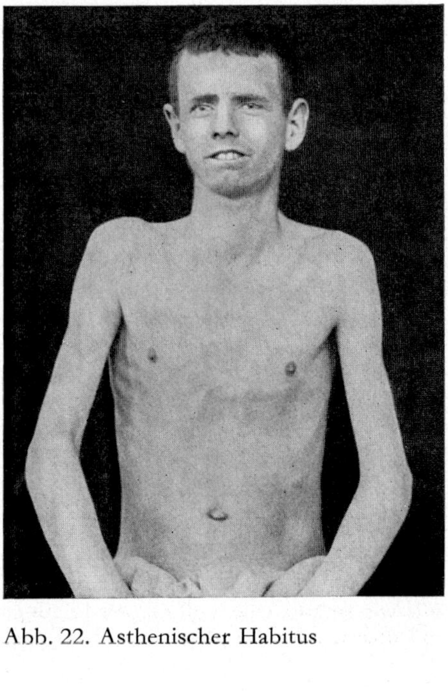

Abb. 22. Asthenischer Habitus

Wir können *Schizothymie, Zyklothymie* und *Barykinesie* als große komplexe Biotypen auffassen, aus denen sich in den verschiedensten Mischungsgraden eine große Menge normaler Temperamentsschattierungen zusammensetzt.
Es ergibt sich bei den bisher erforschten Konstitutionstypen ein wichtiges Grundgesetz: die *Polarität der Temperamente.* Zu jedem Körperbautypus gehört nicht ein Temperament, sondern je ein Kontrastpaar von gegensätzlichen Temperamentsfarben (Tab. 4).
Jeder Mensch trägt alle drei Temperamentsskalen in sich, nur in verschiedener Ausprägung! Dementsprechend fragen wir beim jeweiligen Individuum nicht allein nach *einer* Proportion, sondern nach der vorherrschenden, nach dem *Mischungsverhältnis* bzw. der Legierung der Dimensionen und nach der Ausdrucksstärke der einzelnen Pole.
Was die *Beweglichkeit* angeht, so zeigt der *Zyklothymiker* gleichmäßiges Fließen ohne rhythmische Besonderheiten, ein weiches, unmittelbar natürliches Ansprechen auf Freude und Leid, dagegen ausgeprägte Unterschiede im allgemeinen Tempo vom ausgesprochen schnellen bis zum ausgesprochen langsamen Verlauf zwischen beweglich und behäbig, je nach der Stimmungshöhe.
Die *schizoiden,* insbesondere auch puberalen Extremtemperamente neigen dazu, auf einzelne affektstarke Vorstellungskomplexe überempfindlich zu reagieren, sich lange und heftig in sie zu verkrampfen, bis ein anderer Reiz sie sprunghaft losreißt, während sie gegen zahlreiche andere Reize unempfindlich, gleichgültig erscheinen. Dazu kommen oft Inkongruenzen zwischen Eindrucks- und Ausdrucksfähigkeit, Erlebnisstörungen, die es diesen Menschen nicht erlauben, auch tief empfundene Eindrücke gleich zu verarbeiten, wodurch sich leicht der Affekt staut und auf komplizierten, unvermuteten Seitenwegen abläuft. Dadurch wird, wenn man von stumpfen Defektmenschen absieht, der psychische Rhythmus oft kompliziert und unberechenbar. Der Antrieb der Schizoiden pendelt also häufig zwischen sprunghaft und zäh, beim normalen Schizothymen hingegen zwischen biegsam und beharrlich.
Stimmung und Antrieb des *Zyklothymikers* stimmen meist überein, indem die heiteren zugleich meist auch die agilen und die stimmungsgedämpften zugleich auch die gesetz-

Tabelle 4. Temperamentspolaritäten

Typus	zyklothym (pyknisch)	schizothym (leptosom)	barykinetisch (athletisch)
Temperaments-skala	*Diathetische Proportion* (Stimmung)	*Psychästhetische Proportion* (Empfindlichkeit)	*Entonische Proportion* (Fluidität)
	gehoben (heiter) synton gesenkt (traurig)	sensibel trocken hypästhetisch (kühl)	abrupt stetig phlegmatisch
Extreme	*zykloide*	*schizoide*	*epileptoide**
Varianten	hypomanisch	hyperästhetisch (überempfindlich)	explosiv
	subdepressiv	anästhetisch (stumpf)	viskös (zäh) enechetisch (haftend)

*) Die Bezeichnung „epileptoid" darf nicht wörtlich, sondern nur als *Vergleich* verstanden werden. Wir wissen zu wenig von den Bedingungen der epileptischen Anfälle und erst recht der epileptischen Wesensveränderungen, um das Verhältnis zwischen Charaktervariante und Krankheit unmittelbar bestimmen zu können.

Abb. 23. Pyknischer Habitus. Tiefer Flachkopf

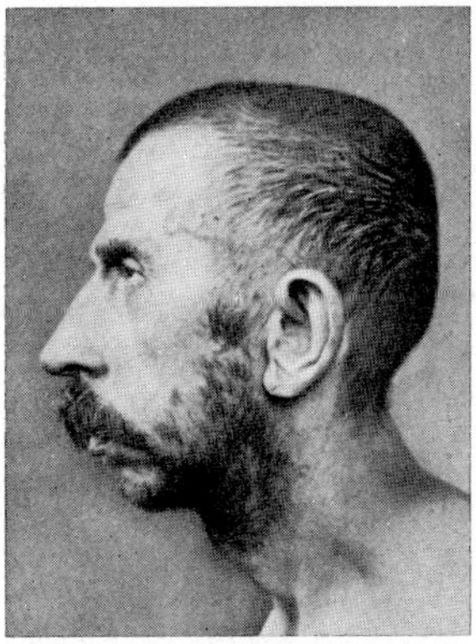

Abb. 25. Asthenischer Habitus. Winkelprofil

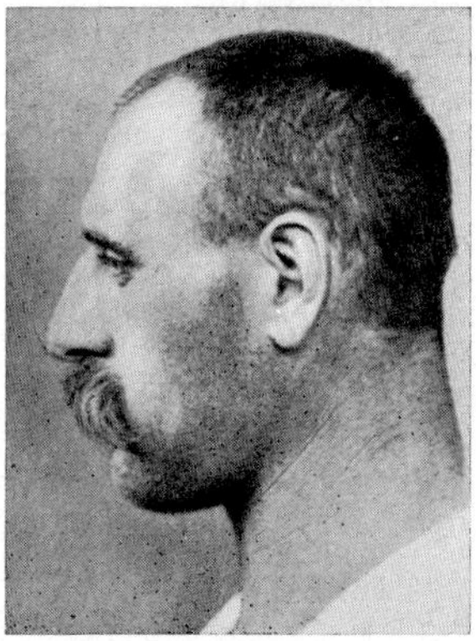

Abb. 24. Athletischer Habitus. Derber Hochkopf

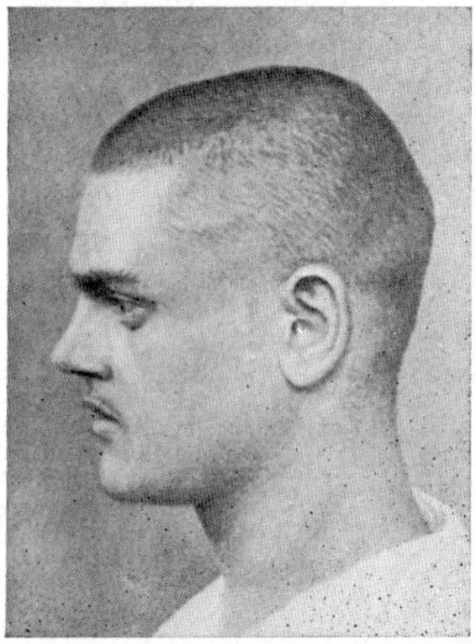

Abb. 26. Hypoplastisches Gesicht

ten sind, wie dies in gesteigerter Form auch die zirkulären Krankheiten (Manie, Depression) zeigen.

Dagegen sind bei den *Schizoiden* Beziehungen zwischen Psychästhesie und speziellem Antrieb nicht zu erkennen, indem zarte Hyperästhetiker oft erstaunliche Zähigkeit im Fühlen und Wollen besitzen, und umgekehrt launische Sprunghaftigkeit auch bei sehr kühlen Indolenten vorkommt, so daß wir also vier Kombinationen: empfindliche wie kalte Zähigkeit, sprunghafte Empfindsamkeit wie launische Indolenz antreffen.

Wenn wir die Symptome der Affizierbarkeit (Psychästhesie und Stimmung) als führende Merkmale zugrunde legen, so ergeben sich *6 Haupttemperamente,* von denen vier polare Flügelgruppen abnorme Extremvarianten bilden: Die *hyperästhetischen* Qualitäten zeigen sich hauptsächlich als mimosenhafte Empfindsamkeit, als Schwärmerei gegenüber Natur und Kunst, aber auch gegenüber bestimmten Personen, als überleichte Empfindlichkeit und Verletzbarkeit durch die alltäglichen Reibungen des Lebens; bei Nervosität und vergröberten, z. B. postschizophrenen Charakteren, als von seelischen Komplexen abhängiger Jähzorn. Die *anästhetischen* Qualitäten erscheinen als schneidende, offensive Kälte oder als passive Stumpfheit, als Interesseneinengung auf abgegrenzte, individuelle Zonen, als „Wurstigkeit" oder als unerschütterlicher Gleichmut. Die *Sprunghaftigkeit* ist bald mehr indolente Haltlosigkeit, bald mehr eigenwillige Laune. Die *Zähigkeit* manifestiert sich charakterlich in den verschiedensten Varian-

Tabelle 5.

Zykloide:	*Schizoide:*
1. Hypomanische: heiter Agile	4. Hyperästhetiker: reizbar Nervöse, zarte Innenmenschen, weltfremde Idealisten
2. Zyklothym-Syntone: praktische Realisten, behäbige Humoristen	5. Schizothyme Mittellagen: kühl Energische, systematisch Konsequente, ruhig Aristokratische
3. Schwerblütige Pessimisten, Zauderer	6. Anästhetiker: Kalte, kalt Nervöse, Egoisten, verschrobene Sonderlinge, Indolente, Affektlahme, stumpfe Bummler und Stutzer

ten: stählerne Energie, störrischer Eigensinn, Pedanterie, Fanatismus, systematische Konsequenz im Denken und Handeln.

Die Varianten der *diathetischen Temperamente* sind weniger zahlreich, wenn wir von den starken Legierungen (Querulanten, Krakeeler, ängstliche, trockene Hypochonder) absehen. Der hypomanische Typus zeigt neben der eigentlich heiteren, flotten noch die zornmütige Stimmungslage. Er variiert zwischen dem rasch sich aufschwingenden Feuertemperament, dem großzügig-praktischen Elan, der Vielgeschäftigkeit und der gleichmäßig sonnigen Heiterkeit.

Die *Psychomotilität der Zyklothymen* ist durch die bald rasche, bald langsame, aber (von den schweren krankhaften Hemmungen abgesehen) stets *runde, natürliche,* ausdrucksadäquate Form der Mimik und der Körperbewegungen ausgezeichnet. Diese sind bei den *Schizothymikern* eher zurückhaltend, aber geschmeidig bis elegant. Den *Schizoiden* allerdings fehlt oft die adäquate Unmittelbarkeit zwischen psychischem Reiz und motorischer Reaktion, in Form der *aristokratisch verhaltenen,* stark abgedämpften oder der *affektlahmen* oder endlich der zeitweilig gesperrten, *steifen, eckigen oder schüchternen* Motorik.

In ihrer *komplexen Lebenseinstellung* und *Milieureaktion* haben die *Zyklothymiker* hauptsächlich Neigung zum Aufgehen in Umwelt und Gegenwart, zu aufgeschlossenem, geselligem, gemütlich-gutherzigem, natürlich-unmittelbarem Wesen, ob sie nun mehr flott unternehmend oder mehr beschaulich, behäbig, schwerblütig erscheinen. Dazu gehören unter anderem die Alltagstypen des *tatkräftigen Praktikers* und des *sinnenfrohen Genießers,* bei den Hochbegabten unter anderem die Typen des breit-behaglich schildernden *Realisten* und des gutmütig-herzlichen *Humoristen* hinsichtlich des künstlerischen Stils – die Typen des *anschaulich beschreibenden und betastenden Empirikers* und des volkstümlich verständlichen Popularisators, hinsichtlich der wissenschaftlichen Denkweise – und im praktischen Leben die Typen des *wohlwollenden, verständigen Vermittlers, des großzügigen Organisators* und des

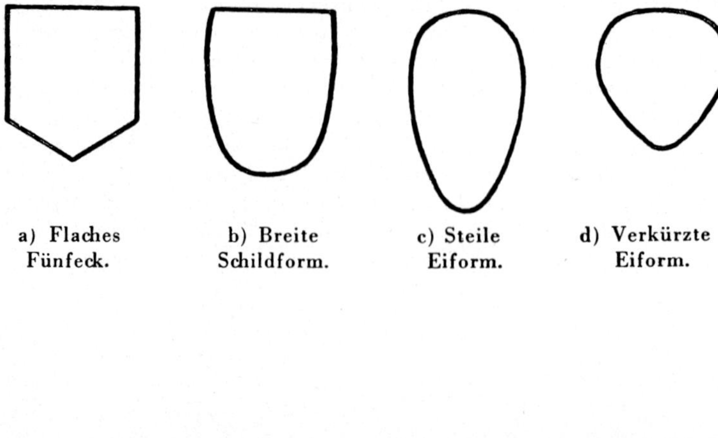

Abb. 27. Typen frontaler Gesichtsumrisse (schematisch und etwas übertrieben)

schwungvollen Draufgängers (vgl. E. KRETSCHMER 1958b).
Die *schizothymen Temperamente* dagegen neigen zum Fürsich- und Insichhineinleben, zur Ausbildung einer abgegrenzten Individualzone, einer Traum-, Ideen- oder Prinzipienwelt, eines bewußten Gegensatzes zwischen Ich und Außenwelt, zu einem empfindsamen oder gleichgültigen Sichzurückziehen von der Masse der Mitmenschen. Bei *Schizoiden* steigert sich dies zu einem kühlen Hinwandeln in der Gemeinschaft, ohne Rücksicht und inneren Rapport. Wir finden unter ihnen zahllose *Defekttypen* von mürrischen Einzelgängern, Haltlosen, Verbrechern. Die sozial hochwertigen schizothymen und schizoiden Typen liefern *feinsinnige Schwärmer und zarte, kühle Formaristokraten*. Wir finden sie in Kunst und Dichtung als stilreine *Formkünstler* und Klassizisten, als weltflüchtige *Romantiker* und sentimentale Idylliker, als tragische *Pathetiker* bis zu krassen *Expressionisten* und Extravaganten, sowie tendenziösen Naturalisten, endlich als geistreiche *Ironiker* und Sarkastiker. In ihrer wissenschaftlichen Denkweise zeigt sich gern ein Hang zum *scholastischen Formalismus* oder zur philosophischen Reflexion, zum *Metaphysischen* und zum *exakt Systematischen*. Von den Typen endlich, die ins handelnde Leben einzugreifen geeignet sind, stellt die schizoide Skala besonders die zäh Energischen, Unbeugsamen, Prinzipiellen und Konsequenten, die *Herrennaturen*, die heroischen *Moralisten*, die reinen *Idealisten*, die kalten *Fanatiker* und Despoten und die diplomatisch biegsamen *kalten Rechner*.

Wir fassen diese Spezialanlagen zusammen (Tab. 6), betonen aber, daß nur die hochwertigen sozialen Plusvarianten und von diesen nur die wichtigsten angeführt werden.

Den Temperamentsgrundzug der *barykinetisch-athletischen Konstitution* bildet die *Tenazität*, das Bleiben bei der Sache, ja selbst bei der objektiven Einzelheit. Diese Beständigkeit und *Genauigkeit* wirken sich je nach den individuellen Schwerpunkten des Charakters als wenig spontane, etwas torpide Zähigkeit oder als gestraffte, zielstrebige Energie aus. Im Nachteil ist der Athletiker dort, wo die Situation Wendigkeit, Lebendigkeit, rasche Umstellung erfordert. Hier wirkt er äußerstenfalls schwerfällig und pedantisch. Einen Vorteil dagegen bilden Zuverlässigkeit und unerschütterliche Seelenruhe in erregten Situationen, wo die nervösen und die warmblütigen Temperamente viel zu stark in Schwingung kommen. Bei athletischen Soldaten und Sportsleuten ist diese phlegmatische Seelenruhe und geringe Reizauswirkung oft ein Hauptfaktor ihrer Leistung.

In der *Affektivität* treten auf der einen Seite Gutmütigkeit und Gemütlichkeit, auf der Gegenseite Verhaltenheit und Wortkargheit, bei Extremen Mürrischkeit und Mißtrauen in Erscheinung (E. KRETSCHMER u. ENKE 1936).
Im Hintergrunde steht eine erhebliche emo-

Tabelle 6. Temperamentstypische Spezialbegabungen

	Zyklothymiker	Schizothymiker
Dichter	Realisten Humoristen	Pathetiker Romantiker Formkünstler
Forscher	Anschaulich beschreibende Empiriker	Exakte Logiker Systematiker Metaphysiker
Führer	Derbe Draufgänger Flotte Organisatoren Verständige Vermittler	Reine Idealisten Despoten und Fanatiker Kalte Rechner

tionale Labilität, die sich sowohl als *Empfindsamkeit* wie als Ansprechbarkeit der *Stimmung* ausdrückt. *Leistungsehrgeiz* und äußere Festigkeit kompensieren die inneren Spannungen und Stauungen, die Verletzlichkeit. Aufbrausen, Leicht-beleidigt-Sein gehören zu diesem Charakterbild, das durch einen Zug zur *Sachlichkeit* ausgeglichen wird (HANNEMANN 1967).

Will man die Geistigkeit des Barykinetikers negativ charakterisieren, so stößt man durchweg auf das Fehlen dessen, was man „esprit" nennt, des Leichten, Flüssigen oder Springenden im Gedankengang, ebenso des Feinsinnigen und Sensiblen. Im ganzen verleiht der athletische Einschlag eine ruhige, bedächtige, schlichte Denkweise, die bei den Hochbegabten den Eindruck von Solidität und Zuverlässigkeit, z. B. im wissenschaftlichen Arbeiten, hervorbringt. Fast alle gelten als trocken und nüchtern. Vielseitigkeit und ausgedehnte Nebeninteressen sind die Ausnahmen, ebenso die phantasievolle Spekulation. Große Arbeitskraft und Gründlichkeit treten dagegen bei einigen Forschern stark hervor.

Im *Experiment* wie im Leben erscheinen die *Leptosomen* in ihrer geistigen Veranlagung mehr intensiv, abstraktiv, analytisch, beharrlich, mit äußerstenfalls barocken Gedankensprüngen, subjektivierend, gefühlsverhalten; die *Pykniker* dagegen mehr extensiv, gegenständlich, synthetisch, leicht ansprechbar und umstellbar, objektivierend, naiv gefühlsmäßig; die Athletiker zäh und beständig bei gleichzeitiger weicher Empfindsamkeit, sonst mehr der schizothymen Art angenähert.

Tabelle 7. *Typenpsychologie*

	zyklothym	*schizothym*	*barykinetisch*
Bewegung:	locker leicht abgerundet gemächlich	gespannt leicht elegant schnell	recht gespannt schwer schwerfällig mäßig schnell
Feinbewegung:	fließend	fließend	gebrochen
Tätigkeitsstil:	Improvisation einzige Intention	System geteilte Intention	System geteilte Intention
Denken:	naiv beweglich konkret	reflektierend beharrlich rigoros abstrakt	reflektierend beharrlich weniger abstrakt
Aufmerksamkeit:	schwankend	beständig	beständig
Affektivität:	unmittelbares Gefühl direkt ansprechbar	verhaltenes Gefühl empfindlich	verhaltenes Gefühl empfindsam
Auffassung:	Teile	Ganzheit	Ganzheit (Teil)
	(von Situation)		
	Ganzheit	Teile	(kleine) Einzelheit
	(von Gegenstand)		
	Form	Farbe	Form (Farbe)
	(subjektiv, innerlich, einheitlich erlebt)		
	Farbe	Form	Farbe (Form)
	(objektiv, äußerlich, gegliedert erlebt)		
Ausrichtung:	extravertiert (Wert, Objekt) (intravertiert durch Gefühl)	intravertiert (Selbstwert) extravertiert (Objekt, Denken)	extravertiert (Wert, Objekt) intravertiert (Selbstwert)
Menschliche Beziehung:	ausgleichend	behauptend	behauptend

In der *Psychomotorik* finden sich grundlegende, auch für praktisch berufliche Zwecke wichtige Verschiedenheiten. Die *Feinheit* und *Abgemessenheit* der Hand- und Fingerbewegungen ist bei den *Leptosomen* am besten ausgeprägt, weniger gut bei den Pyknikern, am schlechtesten bei den *Athletikern.* In der *Koordination der Gesamtmotorik* dagegen sind die *Pykniker* durch weiche, abgerundete, flüssige und sperrungsfreie Bewegungen den Leptosomen und Athletikern überlegen. Aus der *Handschrift,* speziell aus den mit der Schriftwaage gewonnenen *Schreibdruckkurven,* lassen sich mathematisch bestimmbare Indizes für die Form von Affizierbarkeit und Antrieb (Dynamische Struktur) der Körperbautypen gewinnen. Besonders Umfang, Schwankung und Kontinuität der innerseelischen Spannung *(Fluidität)* kommen darin in idealer Weise zur Anschauung (STEINWACHS 1952). Die Schwingungsweite, d.h. die Differenz zwischen Maximal- und Minimaldruck, ist bei den *Pyknikern* am größten, während die Dauerdruckhöhe bei ihnen wesentlich niedriger liegt als bei den Leptosomen und Athletikern. Vollkommener Druckabfall bis zur Nullinie ist bei den *Pyknikern* am häufigsten. Das Freischwingende und Entspannungsfähige der zyklothymen Temperamente kommt in diesen Versuchen ebenso klar zum Ausdruck wie die innere Dauerspannung der *Schizothymiker* und der kompakte, antagonistisch verstärkte, sich steigernde Energieeinsatz der *Barykinetiker.*

Das Temperament der *dysplastischen Gruppe* streut erheblich, pflegt sich allerdings am ehesten an die typische Grundproportion (pyknisch, leptosom, athletisch) des jeweiligen Individuums anzulehnen.

Die Geschlechtstypen

Quantitative und qualitative Ausprägung des körperlichen und seelischen Geschlechtstyps bestimmen in erheblichem Umfang gesellige Anpassung und Zufriedenheit des Individuums, insbesondere auch Formen psychischer Abnormität (Neurose, Psychopathie, Schizophrenie). Festzustellen, inwieweit sich ein Einzelwesen altersentsprechend sexuell entwickelt hat, ist darum ein wesentliches Element der psychologischen Untersuchung. Um diese auswerten zu können, muß man allerdings wissen, wie die geschlechtliche Ausformung im Verlauf der Individualentwicklung entsteht (S. 129).

Seelische Geschlechtsunterschiede beim Menschen entwickeln sich zunehmend von der Geburt an bis zum Abschluß der Reifung. MONEY (1965) in USA untersuchte statistisch unter bestimmten Kriterien, wie sich Knaben und Männer einerseits, Mädchen und Frauen andererseits psychisch unterscheiden und kam zu folgenden Ergebnissen:

Männlich	Weiblich
1. Größere Aktivität.	Kleinere Aktivität.
2. Beginnen häufiger Spiele oder Körpersport, erlauben eher körperlichen Kontakt, bevorzugen Spiele mit persönlicher Durchsetzung und Wettbewerb.	Umgekehrtes Verhalten.
3. Mütterliches Verhalten fehlt.	Interesse für Puppen, Kinder, Kinderpflege.
4. Mehr Interesse für Berufskarriere.	Mehr Interesse für Heirat und Familie.
5. Erotische Erregung durch visuelle und akustische Signale.	Erotische Erregung mehr durch taktile Reize.

Mit diesen Ergebnissen ist jedoch die Frage, ob oder in welchem Umfang beim Menschen die geschlechtstypischen seelischen Charaktere aus der biologischen Anlage oder der Erziehung hervorgehen, noch nicht beantwortet. Die diesbezüglichen Meinungen waren lange Zeit schroff gegensätzlich. Nun ist es von vornherein unwahrscheinlich, daß etwas so Komplexes und Bedeutungsvolles, wie das geschlechtsbezogene Verhalten und Erleben ausschließlich erblich angelegt wäre oder allein durch Erziehung hervorgebracht würde. Gegen das erstere spricht die Variabilität der Lebensformen von Mann und Frau, gegen das zweite die biologische Notwendigkeit fester sexueller Grundeinstellungen im Sinne der Ergänzung der Geschlechter. Man darf annehmen, daß eine psychische Eigenheit um so eher primär angelegt ist, je früher (und damit erziehungsunabhängiger) sie lebensgeschichtlich auftritt und je stabiler sie gegenüber Umwelteinflüssen bleibt. Schon von den ersten Lebenstagen an gibt es Geschlechtsunterschiede. Die Knaben heben den Kopf früher als die Mädchen und erschrecken häufiger (KORNER 1968). Sie sind vor der Brustmahlzeit aktiver und danach passiver, die Mädchen umgekehrt (STOLLER 1968). Diese reagieren empfindlich auf taktile Reize (BELL 1964), lächeln mehr reflektorisch (FREEDMAN 1971) und bewegen den Mund mehr rhythmisch (KORNER 1969). Während der ersten Lebenswochen sind sie visuell aufmerksamer bei zwischenmenschlichem Kontakt. Die größere Aktivität der Knaben zeigte sich zum Beispiel bei 13monatigen Kindern (GOLDBERG 1969): Die Knaben bewegten sich mehr und blieben länger von der Mutter weg, um die Umwelt zu erkunden. Die Mädchen untersuchten zwar ebenfalls aktiv die Umgebung, kamen aber öfter zur Mutter zurück und redeten mehr mit ihr. Die Knaben bevorzugten Gebrauchsgegenstände, z.B. Türgriffe, Lampen usw., während die Mädchen normale Spielzeuge lieber hatten. Nach KAGAN (1971) neigen auch die zweijährigen Mädchen eher zu körperlichem Kontakt mit der Mutter und zur Wiederaufnahme der Beziehungen zu ihr nach einem Spiel, während die Knaben weiter den Raum durchstreifen. Die größere Aktivität der Knaben bleibt auch später während der Kindheit erhalten (RUTTER 1970). Auch im affektiven Verhalten gibt es Unterschiede. 12-monatige Mädchen weinen leichter bei Beeinträchtigungen (GOLDBERG l. c.), bzw. sie erreichen die Schwelle des Weinens eher als die Knaben (KRAMER 1970). Knaben mit frühen Furchtreaktionen waren auch in der ersten Kindheit schüchtern, was bei Mädchen nicht zutraf (BRONSON 1971). Knaben hatten auch mehr Trennungsangst als Mädchen. Es ist wahrscheinlich, daß primäre stabile Geschlechtsunterschiede auf affektivem Gebiet bestehen. Das männliche Kind neigt eher dazu, sich mit den Quellen der Beeinträchtigung direkt, physisch zu befassen. Dazu befähigt später den Mann auch die größere Körperkraft. Das Mädchen fremdelt weniger und erträgt leichter eine Trennung, was auf die spätere Fürsorglichkeit und Geselligkeit des Weibes hinweisen könnte. Das weibliche Geschlecht hätte dadurch mehr Freiheit, Beziehungen zu anderen zu entwickeln und zu genießen.

Knaben reagieren gleichermaßen auf Personen und sachliche Reize, Mädchen mehr auf Personen (KAGAN (l. c.), LEWIS 1965). COHEN (1972) meint, daß das männliche Geschlecht Informationen über die spezifischen Reizeigenschaften, d. h. über den Reiz selbst speichert, das weibliche Informationen über die Auswirkungen der Hinwendung des Kopfes, d. h. der eigenen Aktion. Dies würde heißen, daß das männliche Geschlecht eher auf die Umwelt einwirkt, um wahrzunehmen, das weibliche sich mehr auf die Bezüge und Konsequenzen der Reize einstellt (GARAI 1968). Knaben (6 bis 16 Wochen alt) scheinen besser optisch, Mädchen besser akustisch zu lernen (WATSON 1966, HAUGEN 1972).

Die besten Beweise für die biologiscche Bedingtheit geschlechtsspezifischer Grundeinstellung liefert die Pathologie: Beim sogenannten *adrenogenitalen Syndrom* (S. 165) sind die Individuen weiblich angelegt, das seelische Geschlecht wird jedoch durch die gesteigerte Produktion männlicher Nebennierenrindenhormone männlich bestimmt. Obgleich Kinder dieses Typs wegen ihres vorwiegend weiblichen Aussehens oft weiblich erzogen werden, bevorzugen sie doch männliche Spielkameraden und Knabenspiele, sowie Aktivität außerhalb des Hauses und Körpersport. Sie zeigen auch bald Unzufriedenheit mit ihrer weiblichen Rolle. Hier setzt sich also der männliche Geschlechtstypus gegen die Erziehung durch.

Entwicklungstypische und geschlechtstypische Abweichungen der Konstitution in der Lebensgeschichte

Die Temperamente haben wir zunächst anhand derjenigen Konstitutionen entwickelt, die sich in *Querschnittsbildern* des erwachsenen Alters in einigermaßen stabilen Formen darbieten (Grundtypen). Wir müssen jetzt einen Augenblick bei den konstitutionell bedingten Temperamentsvarianten verweilen, wie sie sich im *Längsschnitt* der Persönlichkeitsentwicklung durch die Lebensalter hindurch ergeben (*Entwicklungstypen*). Das Alter muß, besonders bei Kindern, genau angegeben werden. Also das 8monatige Kind befindet sich im ersten Lebensjahr, das Zweijährige im dritten Lebensjahr, das 15 Jahre alte im sechszehnten Lebensjahr. Verwechselt man beide Bestimmungsweisen, so ergeben sich Abweichungen bis zu zwei Jahren!

Grundtyp und Entwicklungstyp müssen zunächst getrennt voneinander festgestellt werden. Bei der Längsschnittbetrachtung der Temperamente kommt es uns besonders auf die genaue Festlegung der Reifungsmerkmale an, die beim Durchgang durch das Kindes- und Pubertätsalter in aufsteigender Reihenfolge erscheinen, wobei besonders die Passage durch die Pubertät entscheidende Bedeutung hat. Diesen Forschungsweg sind Zeller (1952) und andere gegangen. Die Grundlage bilden die körperbaulichen Mittelwerte der allgemeinen wie der Sexualkonstitution, welche für jedes Lebensjahr im Durchschnitt einer bestimmten Bevölkerung zu berechnen sind. Mit ihnen werden die psychischen, insbesondere klinischen und experimentellen Merkmale korreliert.

Es hat sich herausgestellt, daß für die Beurteilung des psychophysischen Organismus nach Temperament und Leistung zwei Maßstäbe anzulegen sind, einmal das Reifungstempo: die *Retardierung* oder *Akzelerierung* der Entwicklung – und *Synchronie* oder *Asynchronie* einzelner Reifungsmerkmale untereinander. Die Pubertät ist kein einheitlicher Vorgang, sondern besteht, besonders auch was die sehr komplizierte psychophysische Sexualkonstitution betrifft, aus einem Bündel parallellaufender Merkmalsreifungen, die im günstigen Fall synchronisiert miteinander voranschreiten. Häufig versagt aber diese zeitliche Abstimmung. Einzelne Merkmale eilen zeitlich voraus, andere sind noch verzögert. Diese Asynchronien findet man in verschiedener Gradstärke nicht nur klinisch, bei Neurosen und Schizophrenen, sondern z.B. auch bei Lehrlingsanwärtern aus der durchschnittlichen Bevölkerung (Herter 1966). Es hat sich bei unseren Serienuntersuchungen gezeigt, daß die Asynchronien (speziell auch die Teilretardierungen) für Persönlichkeit und Leistungsbild von stärkerer Bedeutung sind als die allgemeinen Retardierungen und die Akzelerierungen als solche. Vor allem führen stärkere Asynchronien zwangsläufig zu hypobulischen Ambitendenzen (meist antagonistische Doppelstrebungen) und sind dadurch Anlässe erster Ordnung für langdauernde Spannungen im Charaktergefüge, Konflikte und neurotische Komplexbildungen (E. Kretschmer 1948, 1967).

Die *Pubertät* stellt eine besonders *krisengeneigte Lebensphase* dar, welche die Gesamthaltung der psychophysischen Persönlichkeit in Mitleidenschaft zieht, sofern ihre wichtigsten vitalen Unterströmungen von wechselnden, nicht mehr bzw. noch nicht wieder einheitlich gesteuert und in heftigen, unvereinbaren Gegenspannungen verwirrt werden. Daß bei Disponierten der Ausbruch schwerer Psychosen, wie der *Hebephrenie,* gerade in diese Zeit fällt, ist keineswegs zufällig, zumal diese öfters wie eine Karikatur puberaler Verhaltensweisen wirkt. Die Pubertät als solche

ist kein krankhafter Vorgang, wohl aber innerhalb des menschlichen Lebensablaufes oft eine Krisenzeit erster Ordnung, in der Diskrepanzen der inneren Anlage und der äußeren Konstellation, die Asynchronien der konstitutionellen Reifungslinien, früherworbene Hirnschäden (Prodyskline Konstitution), ebenso wie Erlebnisreize und Konflikte besonders intensiv zum Ausdruck kommen.
Man kann eine lückenlose quantitative und qualitative Stufenreihe bilden, die von alltäglichen Pubertätsschwierigkeiten normaler junger Leute über die Fälle der immer schärfer akzentuierten psychopathischen Pubertätskrisen bis zu den leichtesten Heboiden, und von da weiter bis zu den schweren Zerfallsformen des Jugendirreseins oder anderer schizophrener Formen führt. Hierbei spielen wahrscheinlich neben den Reifungsschwierigkeiten andere Kausalfaktoren eine Rolle.
Unter medizinisch-psychologischen, soziologischen und ärztlichen Gesichtspunkten ist die gründliche Kenntnis und Unterscheidung der gewöhnlichen *Pubertätskrisen,* der als Übergangsformen an den schizophrenen Formenkreis angrenzenden *Heboide* und der mit massiven Wuchsstörungen einhergehenden *Puberaldystrophien* (häufig auch einseitig als „Pubertätsmagersucht" bezeichnet) notwendig (W. Kretschmer 1972).
Die körperlichen Korrelate dieser Krisen, z.B. Reifungs- und Geschlechtsdysplasien, wird man selten vermissen, sofern man sich überhaupt die Mühe nimmt, darauf zu achten. Die seelischen Reifungsstörungen der Pubertät sind, unbeschadet ihrer psychisch reaktiven Ausgestaltungen, eindeutig physisch-psychisch gekoppelt.

Alle Varianten und Unebenmäßigkeiten des „puberalen Triebwandels" sind nicht nur für die Charakterbeurteilung Jugendlicher von Bedeutung (vgl. S. 147). Ähnliche Wandlungsprobleme der Persönlichkeit werden dann in abgeschwächtem Grad auch bei späteren biologischen „Schwellensituationen", wie im *Klimakterium* und beim *Übergang ins Greisenalter* wieder aktuell. Das Finden oder Nichtfinden des angepaßten Lebensraumes und vor allem des einem bestimmten Lebensalter zukommenden *Stils* hängen neben erworbenen seelischen und sozialen Faktoren von Umgestaltungen des organischen Grundes ab (z.B. Änderung von Antrieb, Stimmung, Sensibilität).

Bei alledem darf nicht vergessen werden, daß die konstitutionellen Reifungsvarianten nicht nur eine Quelle von Schwierigkeiten und Verwicklungen im Charaktergefüge sind, sondern im günstigen Fall auch starke positive Möglichkeiten in sich schließen. Erhaltene echte Kindlichkeit kann der erwachsenen Frau einen besonderen Charme verleihen. Und in der Biographie bedeutender Männer treten nicht selten Züge langdauernder Retardierung als wesentlicher Motor ihrer geistigen Leistung hervor. Seelische Jugendlichkeit des Erwachsenen begünstigt unter Umständen Aufgeschlossenheit, Umstellungsfähigkeit, Verständnis für Kinder, lebendigen Sinn für ästhetische Güter und für tiefe Problematik.

Eine Reihe von Reifungsstörungen und Abweichungen vom Geschlechtstyp lassen sich durch körperliche Ursachen erklären:

Name	*Chromosomen*	*Körperliches Geschlecht*	*Verhalten*
Ullrich Turner	XO	weiblich (Minderwuchs Hypoplasie)	infantil, zufrieden.
Klinefelter	XXY	männlich kleine Hoden (Mikrorchie)	Leicht debil, antriebsarm, scheu, anlehnungsbedürftig, sanft, bequem Lüge, Betrug, Diebstahl, sexuelle Neugier, Exhibitionismus, Pädophilie

Name	*Chromosomen*	*Körperliches Geschlecht*	*Verhalten*
			erwachsen: wechselnde wahllose sexuelle Beziehungen, Unreife, Unsicherheit, Passivität; nur Hilfsberufe, wechselnd
Übermännliches Syndrom	XYY	männlich	In Jugend evtl. unauffällig; Diebstahl, impulsive Aggressionen, kritiklose pädophile und homoerotische Versuche, Intelligenzschwäche, Verstimmbarkeit, Kontaktschwäche (dies alles nicht in jedem Fall deutlich)
Adrenogenitales Syndrom (vgl. S. 162)	XX	weiblich (vorgeburtlich zu viel Androgene)	Verstärkter Sexualtrieb, orgasmusfähig, wenig weibliche Koketterie; Hosen, Arbeitskleidung; Beruf wichtiger als Ehe und Mütterlichkeit
Testikuläre Feminisierung	XY	männlich (vorgeburtlich zu wenig Androgene)	Feminin

Während diese Syndrome sich nur entweder voll ausbilden oder fehlen, gibt es bei den intersexuellen Varianten (maskuline Männer, feminine Frauen) Ausprägungen aller Grade. Man weiß nicht, wie sie vorgeburtlich geprägt werden. Bei einer besonderen Form des weiblichen „Hermaphroditismus" allerdings liegt die Ursache darin, daß die Mütter der Betroffenen zwecks Vorbeugung einer Fehlgeburt hohe Dosen von Progesteron mit androgener Nebenwirkung erhalten hatten. Schon in der Kindheit und Jugend dominieren knabenhafte Interessen und Haltungen. Die Varianten des Geschlechtstyps schaffen auch psychische Probleme. Bei ausgeprägten *transsexuellen* Abweichungen, d.h. wenn körperlicher und seelischer Geschlechtstyp einander entgegengesetzt sind, entsteht ein Zwiespalt, weil die gewünschte sexuelle Rolle nicht gefunden werden kann. Man hat hier versucht, die körperlichen Bedingungen operativ dem psychischen Bild anzupassen, was aber keine ideale Lösung bringt. Leichte *intersexuelle Akzente,* bei denen sich körperliche und seelische Abweichung entsprechen, können es erschweren, die eindeutige sexuelle und geschlechtsspezifische soziale Rolle zu finden. Z.B. fühlen sich maskulin betonte Frauen in ausgesprochen weiblichen Berufen oder in der Ehe beengt. Heiraten sie weiche Männer, so ergänzen sich beide oft gut. Doch drohen auch typische Konflikte, z.B. wenn die sthenische Frau den Mann zu beherrschen versucht und ihn gleichzeitig verachtet, weil er sich unterdrücken läßt. Denn die weibliche Seite ihres Wesens verlangt, zu ihm aufzublicken oder ihn doch als gleichwertigen Partner zu spüren. Auch im Berufsleben, in den kollegialen und hierarchischen Beziehungen, besonders der Frau, spiegeln sich diese Unstimmigkeiten der Temperamentslage wider (E. Kretschmer 1966b).

VIERTER TEIL

Persönlichkeiten und Reaktionstypen

11. Kapitel

Intelligenz und Charakter

Wir schließen nunmehr die Darstellung einzelner seelischer Betriebsbestandteile und Kräfte ab und verlegen den Schwerpunkt auf die gesamte komplexe Persönlichkeit, indem wir sie in ihr ebenso komplexes Lebensmilieu hineinstellen. Wir untersuchen die Gesamtpersönlichkeit in ihrem Wechselverhältnis zur Umwelt.
Uns Ärzte interessieren neben der Intelligenz hauptsächlich die affektiven Seiten der Persönlichkeit, die Art, wie der Mensch fühlt und handelt, wie die Erlebnisreize der Umwelt auf ihn wirken, und wie er seinerseits auf sie reagiert. Aus diesen affektiven Anlage- und Erlebnismomenten ergeben sich zumeist die psychologischen Verwicklungen, die in ihrer körperlichen oder psychischen Auswirkung den Patienten zum Arzt führen.

Intelligenz und Begabung

„Intelligenz" ist kein selbständiges Seelenvermögen, sondern lediglich ein praktisches Kennwort, mit dem man gewisse *Fähigkeiten* und *Leistungen* der Gesamtpersönlichkeit zusammenfaßt und zwar im engeren Sinne auf dem Gebiete der *höheren Abbildungsvorgänge,* also die Fähigkeit *zur Erwerbung und Handhabung des Informationsschatzes.* Die *reproduktive* Intelligenz meint vor allem die Lern- und Merkfähigkeit, die *produktive* Intelligenz vor allem die apperzeptiven Leistungen, die Urteils- und Schlußbildung. Im weiteren Sinn aber trägt die Intelligenz jede Art von Fähigkeit, neue gegenständliche und seelische Zusammenhänge zu erfassen und zu beherrschen (im Bewußtsein wie in der Bewegung) (vgl. S. 187). Diese Definition nähert sich dem Begriff der „Begabung", da nicht nur Kenntnisse und logische Fähigkeiten, sondern auch Künstlergefühl und -phantasie, Geschicklichkeit, praktische Lebensanpassung und dergleichen darunterfallen. Meist aber meint man mit „Intelligenz" „die zusammengesetzte oder globale Fähigkeit des Individuums, zweckvoll zu handeln, vernünftig zu denken und sich mit seiner Umgebung wirkungsvoll auseinanderzusetzen" (WECHSLER 1964). Der Begriff der *Begabung* meint indessen eher die Leistungsfähigkeit auf bestimmten Lebensgebieten.

Aus dem Gesagten geht hervor, daß „Intelligenz" bzw. „Begabung" primär die *quantitativen* Leistungen komplex umfassen. Ein solch quantitativer Intelligenzfaktor ist z. B. *Reichtum oder Armut an Vorstellungen.* So kann ein großer Dichter über 10000 Wörter gebrauchen, während die Umgangssprache mittelbegabter Menschen mit einem Wortschatz von 1000–2000 Wörtern auskommt. Man hat gedacht, daß die Menge der Synapsen (Verbindungen zwischen Gehirnzellen) für diese Begabungshöhe (eventuell vererbungsmäßig) von Belang wären. Doch muß beachtet werden, daß Antrieb, Interesse, Aufmerksamkeit und Beweglichkeit, also vital-temperamentmäßige Faktoren, für die Menge und Dauerhaftigkeit der erworbenen Kenntnisse und Vorstellungsverbindungen mindestens ebenso wichtig sind. Das Temperament ist also für die Intelligenz eines Menschen ein wesentlicher Faktor.
Ebenfalls quantitativ meßbare Komponenten der Intelligenz sind die *Geschwindigkeit,* die *Ermüdungsneigung* und *Erholungsfähigkeit,* die *Gewöhnungs-* und *Übungsfähigkeit.* Sie sind besonders für die Schulbegabung, für den Erwerb von Kenntnissen, aber auch für jede Art produktiver intellektueller Dauerleistung von Belang und umfassen ihren Verlauf über größere Zeitstrecken.

Neben der potentiellen Menge der Vorstellungen eines Menschen pflegt man seine Intelligenz besonders nach dem Verhältnis zwischen *„richtigen"* und *„falschen"* Vorstellungen und Vorstellungsverbindungen zu messen. Dies ist dort sicher, wo es sich um klar bestimmbare Kenntnisse und Urteile handelt, wie etwa Tatsachenwissen, Rechenleistungen und räumliche Gestaltungen.

Intelligenzmeßverfahren müssen, wie alle psychologischen Proben, anhand einer repräsentativen Eichpopulation standardisiert werden. Die Intelligenzprüfung ergibt den Intelligenzquotienten (IQ), womit nur die relative Leistung eines Individuums im Verhältnis zur umgebenden, unter vergleichbaren Bedingungen lebenden gleichaltrigen Bevölkerung erfaßt wird. Entsprechend dieser Relation bleibt der IQ des Einzelnen im Lauf des Lebens fast gleich. 50% der Gesamtbevölkerung leisten einen IQ von über 100; die andere Hälfte liegt unter 100. Die Gesamtverteilung entspricht etwa einer GAUSSschen Kurve. 25% haben ein IQ von über 109,5, 12,1% von über 130. Unter 66 finden sich 3%, so daß man mit 66 die Grenze des ausgeprägten Schwachsinns definiert. Am häufigsten wird der Hamburg-Wechsler-Test für Erwachsene und Kinder benutzt. Zum Unterschied von dem etwa konstanten Quotienten ändert sich die absolute Leistungsfähigkeit mit voranschreitendem Alter, am schnellsten von der Geburt bis etwa zum 17. Lebensjahr. Den Höhepunkt erreicht man um das 27. Lebensjahr. Von da ab senkt sich die Kurve langsam. Im Greisenalter und bei diffusen Gehirnkrankheiten sind einzelne Gebiete der Intelligenz stärker betroffen, im besonderen die optische Erfassung räumlicher Beziehung oder die Merkfähigkeit. Schwachsinn aller Grade (Debilität, Imbezillität, Idiotie) kann erblich oder durch Gehirnschaden (Geburtsverletzung, Gehirnentzündung) entstehen. Es gibt 2 bis 3% Oligophene, von denen nicht einmal die Hälfte ursächlich aufgeklärt werden kann. Bei den erblichen heben sich Chromosomenabnormitäten heraus: Beim Mongolismus Trisomie (3 Chromosomen statt zwei) an der Stelle 21. In anderen Fällen fanden sich erbliche Enzymdefekte (Phenylketonurie, Ahornsirupkrankheit). Der Erbgang ist meist rezessiv.

Je komplexer und bedeutender die menschliche Leistung ist, desto weniger können wir etwas messen, desto relativer wird das Urteil über Bedeutung und Wahrheit ihrer Gedanken oder die Schönheit ihrer künstlerischen Schöpfungen. Hier gibt es keine allgemeinverbindlichen Wertmaßstäbe. Die Ideen HEGELS etwa sind für das eine Zeitalter der höchste Schlußstein der Erkenntnis, für das andere nichts als ein bedauerlicher Irrweg gewesen. Es bleibt für die Schätzung der Begabungshöhe nur ein sozialer Maßstab: die *Breite* und *Dauerhaftigkeit der Wirkung auf die Mitmenschen*. Als *Genialität* bezeichnen wir die Fähigkeit, persönlich geprägte Wertschöpfungen, d.h. Ideen und Ausdrucksformen hervorzubringen, die vorher nicht gedacht und empfunden wurden, mit Einschluß der Heraufführung neuer politischer Epochen.

Einige Ansätze zur *qualitativen Gruppierung* der Begabung scheint uns die Temperamentenlehre zu liefern, mit den Typen des *anschaulich-gegenständlichen,* des *gefühlvollen,* des *traumhaft-symbolischen* und des *abstrakt-systematischen Denkens,* wovon die ersten beiden vorwiegend den Zyklothymikern, die beiden letzten vorwiegend den Schizothymikern zukommen. Man könnte sich vorstellen, daß bei jedem Menschen eine seelische Schicht habituell vorwiegend geschaltet ist, so daß das abstrakt systematische Denken (schizothym) vorwiegend in *apperzeptiven* Vorstellungsakten erfolgt, das anschaulich-gegenständliche Denken (zyklothym) dem *freiassoziativen* Typus näherkommt, während das symbolische Denken von Bedeutungsbeziehungen bzw. *Bildagglutinationen* der dritten Schicht bestimmt wird. Auf diese Weise würden die Begabungstypen des zyklothymen realistischen Erzählers, des extensiv beschreibenden Sammlers und weltoffenen Praktikers (anschaulich-gegenständliche Gruppe), des schizothymen Formkünstlers und Dramatikers, Logikers und Dogmatikers (abstrakt-systematische Gruppe), endlich des schizothymen Dichters und metaphysisch-spekulierenden Theologen und Philosophen (symbolische Gruppe) zustande kommen. Die Komponenten der In-

telligenz hat GUILFORD (1966) am differenziertesten herausgearbeitet.
Eine andere qualitative Einteilung stützt sich auf verschiedene Tätigkeits- und Erlebnisgebiete: In diesem Sinne spricht man von sportlichen, künstlerischen, mathematischen, erotischen, religiösen und anderen *Spezialbegabungen,* die sich in weitere Einzelrichtungen gliedern lassen. Ihre biologischen Grundlagen sind kaum bekannt.

Im Grunde setzen sich die anscheinend einheitlichen *Spezialbegabungen* aus einer Reihe gesonderter und oft heterogener Komponenten zusammen, die sich entweder getrennt oder, wie in manchen Musikerfamilien, gekoppelt vererben können. So müssen bei einem guten Musiker unter anderem rhythmische, melodische, harmonische, psychomotorische und allgemein temperamentmäßige Faktoren zusammenkommen (vgl. HÄCKER 1922). Einer korrelationsstatistischen Arbeit (R. MILLER 1925) an großen Serien von Lehrerseminaristen ist hierüber folgendes zu entnehmen: Gute Allgemeinbegabung und gute Musikbegabung gehen meist Hand in Hand. Geringbegabte sind nur ausnahmsweise gute Musiker. Innerhalb der Musikbegabung verbinden sich die mehr konstruktiven Fächer: Harmonielehre, Orgel, Klavier einerseits, Gesang und Violinspiel andererseits veranlagungsmäßig eher. Es besteht eine Korrelation zwischen Musik- und Mathematikbegabung. Doch sind häufiger ausgezeichnete Musiker zugleich tüchtige Mathematiker als umgekehrt. Tüchtige Mathematiker zeigen besonders gute Leistungen in den konstruktiven musikalischen Fächern (Harmonielehre, Orgel). Geringer ist die Beziehung zwischen musikalischer und zeichnerischer Begabung.

Über die sonstigen Bedingungen der *mathematischen Begabung* wissen wir nicht viel. Zwischen der anschaulich-gegenständlichen (wie sie besonders der Mediziner braucht) und der mathematischen Begabung, scheint eine stark negative Korrelation zu bestehen. Bezeichnend hierfür ist unter anderem der geringe Bruchteil mathematischer Elemente, mit dem das großartige Bauwerk der klassischen Medizin samt Anatomie und Mikroskopie errichtet wurde. Dies muß auch an der Veranlagung der Forscher gelegen haben. Erst seit dem 2. Weltkrieg ist die wissenschaftliche Medizin in ein ausgeprägt mathematisches Stadium eingetreten, an dem jedoch der ausübende Arzt kaum teilzunehmen braucht. Eine „naturwissenschaftliche" Begabung gibt es also nicht, ihre beiden Komponenten treten vielmehr veranlagungsmäßig stark auseinander.
Manuelle (psychomotorische) und geistige Begabung scheinen stark auseinander zu weichen. Bei Experimenten an Schülern zeigten PUPPE und BOGEN (1925), daß intellektuell Begabte in der manuellen Leistungsfähigkeit (Perlenauffädeln und dergleichen) den Normalen unterlegen waren. Auch bei den letzteren besteht ein geringer positiver Zusammenhang zwischen Begabungsgrad und manueller Übungsfähigkeit.
Für die Intelligenzhöhe eines Individuums ist in erster Linie die *Erbanlage* und erst in zweiter Linie der Einfluß von Erziehung und Milieu verantwortlich. Begabung ist *erblich.* PETERS (1925) sammelte die Schulzeugnisse von über 1000 Kindern und verglich sie mit denen ihrer Eltern und Großeltern. Die Zeugnisse der Kinder wichen im Durchschnitt regelmäßig in der gleichen Richtung vom Mittel ab wie die der Eltern, so daß die Kinder höherbegabter Eltern ebenfalls durchschnittlich höherbegabt, die Kinder minderbegabter Eltern ebenfalls durchschnittlich minderbegabt waren. Und zwar betrug die Abweichung im Durchschnitt etwa ein Drittel von der der Eltern. Zwischen den Durchschnittsnoten der Großeltern und Enkel zeigte sich eine wenig geringere Übereinstimmung.
Besonders beweiskräftig sind unter anderem die mit modernen Methoden durchgeführten Untersuchungen von GOTTSCHALDT (1939) an 44 eineiigen und 25 zweieiigen Zwillingspaaren. Im Gesamtbereich des intelligenten Handelns errechnet sich der Einfluß der Erbanlage als ungefähr 2½mal so groß als der der Umwelt. (Ähnlich beim Zwillingsmaterial anderer amerikanischer und deutscher Autoren.) Bei anderen, für das Hochleistungsproblem wichtigen Faktoren der Persönlichkeit ist das Überwiegen der Vererbung noch durchschlagender. Nach GOTTSCHALDT beträgt das Verhältnis Erbanlage zu Umwelt für

„Antrieb" = 6,3 : 1, Ansprechbarkeit = 4,7 : 1, Grundstimmung = 12 : 1.

ERLENMEYER-KIMLING u. JARVIK (1963) werteten alle verfügbaren genetischen Untersuchungen aus. Demgemäß haben eineiige Zwillinge mit weitem Abstand den höchsten Korrelationskoeffizienten (den größten statistischen Zusammenhang). Dieser nimmt mit dem Blutsverwandtschaftsgrad ab.

Hohe Begabung entsteht gelegentlich durch Zufallstreffer der Vererbung bei wahlloser Heirat. Bei früheren Kulturvölkern wurde die Begabung durch *Inzucht* in kleinen Kreisen von enger zusammengehörigen Familien angereichert und in unter sich ähnlichen und mehr untereinander heiratenden Berufs- und Ständekreisen, vor allem Adel-, Gelehrten-, Beamten-, Patrizier- und Kunsthandwerkerfamilien weitervererbt. Es ist ungewiß, ob die Neugruppierung der beruflichen Ziele und Begabungsanforderungen an technischen Leistungen heute in anderen familiären Einteilungen zu neuen Formen der Auswahl, Anreicherung und Züchtung von Spezialbegabungen führen wird.

Das serienweise Studium der Genealogie bedeutender Menschen ist überzeugend. WOODS (1913) hat die Verwandtschaft von 3500 bekannten Amerikanern geprüft. Während irgendein amerikanischer Durchschnittsbürger die Wahrscheinlichkeit von 1 : 500 hatte, mit einem von diesen näher verwandt zu sein, betrug die Wahrscheinlichkeit der Verwandtschaft dieser bedeutenden Männer untereinander ein Fünftel, also das Hundertfache. Ähnlich hat GALTON (1910) die Verwandtschaft von etwa 1000 der berühmtesten Männer Englands untersucht: 100 hervorragende Männer hatten im Durchschnitt 31 bedeutende Väter, 41 bedeutende Söhne, 17 bedeutende Großväter und 14 bedeutende Enkel. Analoge Verhältnisse finden wir in Deutschland. In den günstigsten Fällen entstehen auf diese Art große, durch Generationen ausgebreitete *Talentfamilien,* von denen die Familien BACH, COUPERIN, TIZIAN, FEUERBACH einige der berühmtesten sind. Aber auch sonst kann man besonders in abgeschlossenen Kleinstaaten und Stadtrepubliken eine durchschnittlich große Stabilität der Begabung der alten Beamten-, Gelehrten- und Adelsfamilien häufig durch Jahrhunderte hindurch verfolgen. Im Gegensatz zu der stabilen, durch Vererbung immer gefestigteren Begabung der alten, ingezüchteten Talentstämme entsteht das eigentliche *Genie* fast stets nur als einmaliges, nicht weiter vererbbares Phänomen unter Umständen auf Grund von Kreuzung vorher ingezüchteter Talentstämme, z. B. hochwertiger, einander nahestehender, aber nicht gleichartiger Nationen und Volksstämme (BEETHOVEN) oder der Talentzucht zweier verschiedener Stände, etwa eines alten Gelehrtenstammes mit einer Adelsfamilie (BISMARCK) oder eines ausgesprochen schizothymen mit einem ausgesprochen zyklothymen Temperament (GOETHE) (vgl. E. KRETSCHMER 1958 b, 1966 b, 1967). Zur Struktur schöpferischen Denkens siehe GUILFORD 1952.

Neben der großen Bedeutung der Vererbung muß aber bedacht werden, daß unterschiedliche Bildungseinflüsse – besonders von der Familie her – auch die Anlage unterschiedlich entwickeln. Dies läßt sich positiv nicht bestimmen. Doch haben wir negative Erfahrungen mit *Hemmungen der Intelligenzentwicklung.* Hierher gehören Heimaufenthalte in den ersten Lebensjahren. Dem Kind fehlen intelligenzfördernde Reize wie Erfahrung mit Gegenständen, Sprachsignalen und mütterlichem Gefühlsausdruck, und es kann dann passiv werden und aufhören, die Umwelt stetig zu erkunden. Später können auch neurotische Reaktionen die Intelligenzentwicklung hemmen.

Der mögliche Umfang von positiven und negativen Umgebungseinflüssen (zu denen auch Organkrankheiten und Ernährung gehören) gegenüber den erblichen läßt sich nicht genau messen, dürfte aber erheblich sein.

Rassische Unterschiede von Intelligenz und Begabung anzunehmen ist nicht unsinnig, da es ja auch individuelle Differenzen gibt. Der Beweis ist jedoch schwierig. Je größer und in sich variierter ein Rassenkomplex, desto weniger wahrscheinlich wird es, daß er weniger intelligent ist als ein anderer. So ergaben Studien in USA, daß die niedrigere Intelligenz der Negriden gegenüber den Europiden sich ausglich, wenn erstere vom Land in die Stadt gezogen waren und die Kinder dort einige Jahre gelebt hatten (KLINEBERG 1944).

Charakter

Während wir mit „Temperament" (S. 44) die gleichsam energetischen Grundreserven der Seele meinen, bestimmen wir mit „Charakter" gestaltete und situativ gerichtete psychische Tendenzen.

Den Unterschied zwischen einer *einfachen* Temperaments- und einer komplexen Charaktereigenschaft kann man sich leicht an ein paar Beispielen klarmachen. Bezeichnungen wie „heiter", „reizbar", „beweglich", „steif", „sprunghaft", sind *Temperamentsbezeichnungen.* Sie drücken relativ einfache, elementare Eigenschaften der Stimmungsfarbe und der psychischen Ansprechbarkeit wie des Tempos und der Fluidität seiner Leistungen aus. Ich habe dafür den Ausdruck *„Wurzelformen"* der Persönlichkeit geprägt. Als Wurzelformen bezeichnen wir nur solche psychische Reaktionsneigungen, die 1. einfach, d.h. mit unseren heutigen psychologischen Methoden nicht weiter zurückführbar sind und die 2. mit körperlichen Eigenschaften, speziell mit Körperbautypen statistisch korrelieren, d.h. in einer nachweisbaren Häufigkeitsbeziehung stehen. „Wurzelformen" sind also psycho-physische Elemente. Sie stellen die Summe dessen dar, was von der Persönlichkeit konstitutionstypisch erblich verankert ist. Durch große experimentelle Serienuntersuchungen an Gesunden und den Vergleich mit typischen Phänomenen der Psychopathologie konnte gezeigt werden, daß sich die verschiedenen Körperbautypen immer wieder grundsätzlich voneinander unterscheiden, z.B. in der Spaltungsfähigkeit (hinsichtlich der Zerlegung oder getrennten Führung von Eindrücken und Handlungen), in der Perseverationsfähigkeit (Beharrungsvermögen), in der Empfindlichkeit für Farben und Formen, in der Spannungs- und Entspannungsfähigkeit (psychomotorischer und vegetativer Tonus) und ähnlichem. Mit solchen Temperamentsqualitäten ist ein Teil der sozialen Verhaltensweisen recht eng verbunden, vor allem die grundsätzliche Neigung zur „extravertierten" oder „introvertierten" (JUNG 1950) Lebenseinstellung und anderes.

Nehmen wir dagegen nun *Charakterbezeichnungen,* wie z.B. „treu", „spöttisch", „anständig", „intrigant", „selbstunsicher", „rücksichtslos", so sehen wir sofort, daß solche Eigenschaften niemals mit einfachen biologischen Grundeigentümlichkeiten gegeben sind, sondern als Mischungsprodukt dieser mit der durch besonderes Milieu und besondere Erlebnisse gegebenen Prägung. „Treue" z.B. setzt als angeborene Temperamentsfaktoren ein nicht zu rasches psychisches Tempo, Perseveration und eine relativ ausgeglichene Stimmungslage voraus. Daraus ergibt sich die Charaktereigenschaft der „Stetigkeit", die aber keineswegs alle die Faktoren in sich schließt, die das Wort „Treue" bezeichnet. „Treue" ist eine auf ganz bestimmte soziale Situationen zugespitzte Stetigkeit in den Beziehungen zu bestimmten Menschen oder Menschengruppen (übertragenerweise auch Ideen und Idealen). Hier kommt als weiterer Faktor z.B. die Tiefe und Stärke des Gefühls hinzu, vor allem aber eine Umweltsituation, die stetige, sympathische Affektbezüge ermöglicht und begünstigt, sowie eine Erziehung, die sie traditionsgemäß idealisiert. Anderenfalls kann dieselbe affektive und gleichmäßige Temperamentsanlage völlig andere Charaktereigenschaften bzw. Verhaltensweisen aus sich hervorgehen lassen, z.B. brütenden Haß, schwere Rachsucht. (Ausführliche Gliederung des Charakterbegriffs bei WELLEK 1966.)

Die *Gesamtpersönlichkeit, von der Gefühls- und Willensseite her betrachtet, bezeichnen wir also als Charakter.* Der Charakter eines Menschen entwickelt sich von früher Kindheit an aus der beständigen Wechselwirkung zwischen *Konstitution* und *Konstellation,* d.h. zwischen Erbanlage und Umwelt, als eine Summe allmählich immer fester eingeschliffener Reaktionsbereitschaften. Die konstitutionelle Basis für den Charakter bilden die *Temperamentswurzeln* und die *elementaren Triebe.* Sie sind seine wichtigsten, aber durchaus nicht einzigen Aufbaubestandteile. Weiter können *über den Körper* wirkende Förderungen und Hemmungen von der intrauterinen Keimbeeinflussung an das ganze Leben lang den Charakter modifizieren. Schädelverletzungen z. B. bewirken oft nachhaltige Verschiebungen des Temperaments nach der Seite der Abstumpfung oder Überreizung bzw. der Kombination beider. Bei basalen Hirnverletzungen und Infektherden kann sich die Triebstruktur und damit das ganze Charakterbild tiefgreifend verändern. Durch chronischen Alkoholismus kann ein Persönlichkeitsbild nach der Seite der indolenten Euphorie, der brutalen Reizbarkeit, des ethischen Zerfalls erheblich verwandelt werden, so daß auf dieser Grundlage auch neuartige psychische Reaktionsweisen, wie die Eifersuchtsideen der Trinker, mit zum Teil komplizierter seelischer Genese erwachsen können.

Vor allem aber ist die Charakterentwicklung eines Menschen durch *psychische Außenfaktoren,* in erster Linie durch die lange wirkende Atmosphäre seines Milieus, sodann auch durch besonders erlebnisstarke Einzelereignisse, die in manchen Fällen die Richtung der Persönlichkeitsentwicklung für dauernd abbiegen können, mitbedingt. Derartiges kann z.B. beim Querulanten aus dem Erlebnis einer Rechtskränkung, in anderen Fällen aus schweren sexuellen Erfahrungen oder dem Tod nächster Angehöriger hervorgehen und spielt wahrscheinlich auch bei der Entstehung neurotischer Charaktere eine mitursächliche Rolle. Doch werden es besondere Individuen sein, bei denen ein Einzelerlebnis die Kraft gewinnt, die Persönlichkeit endgültig aus der vorgezeichneten Bahn zu lenken. Auch chronische Milieueinflüsse können die *elementare Temperamentsgrundlage* wohl kaum wesentlich ändern, sondern lediglich – und das ist folgenschwer genug – einzelne Persönlichkeitskomponenten intensiv verstärken oder zurückdrängen. Das Milieu erzeugt starke, umschriebene Reaktionen auch krankhafter Art, wie wir das bei den Haftneurosen und -psychosen sehen. Die Qualitäten des angeborenen Temperaments, eine nervös zarte, eine hypomanische oder eine schwerblütige Anlage allerdings vermag es höchstens zu modifizieren.

Ethik und Umweltkonflikt

Die Wirkungen von Umwelt und Erziehung greifen sehr intensiv an dem komplizierten *seelischen Überbau* an, vor allem an der *ethischen Struktur* eines Menschen. Alles Charakterliche baut sich in ständiger Wechselwirkung zwischen Anlage und Umwelt, zwischen seelischer Struktur und Erlebnis auf.

Man kann sagen, daß im Charakteraufbau der meisten Menschen nichts so sehr von außen eingepflanzt und nichts so wenig konstitutionelles Eigengewächs ist wie ihre ethischen Anschauungen. Gerade die moralischen Normen werden von früher Jugend an als fertige Fremdimplantate wie die Atemluft beständig von der Umwelt aufgenommen und zuletzt so verfestigt, daß es auch im erwachsenen Alter den meisten Menschen unvollständig oder nicht gelingt, sich davon zu emanzipieren, wenn jene konsequent gewirkt haben. Dies gilt von den Normen selbst, während bei der Fähigkeit, nach ihnen zu handeln, die Temperamentsanlage stark mitspricht.

Aus dieser Unstimmigkeit zwischen der vorwiegend umweltlichen Entstehung der ethischen Maxime und den durch Temperaments- und Triebeinflüsse festgelegten Binnentendenzen des praktischen Handelns ergeben sich zahllose psychische Konfliktslagen, denen ein großer Bruchteil aller *Neurosen* und reaktiven *Psychosen* entspringt und denen besonders solche Leute ausgesetzt sind, die lange unter der Wirkung starker und einseitiger ethischer Umwelteinflüsse gestanden haben: also einmal Menschen aus orthodoxen oder sektiererischen religiösen Kreisen, oder aus Berufen mit ausgeprägten starren Standesansichten, wie früher in manchen Beamten- und Offizierskasten. In Gefahr stehen auch solche, die in einer gewissen geistigen Enge aufgewachsen und wenig in verschiedenen Lebenskreisen umhergewürfelt worden sind, und denen es daher nicht möglich war, sich die nötige Freiheit und Anpassungsfähigkeit der ethischen Anschauungen zu erwerben.

Heute entstehen Zwiespalte häufig dadurch, daß Menschen, besonders solche aus Landbezirken und Jugendliche, die Heimat verlassen und in unbekannten Situationen ethisch scheitern (Arbeit in der Fremde, Kriegsdienst, Flucht, Zwangsumsiedlung, Vagabundieren, Reisen). Denn die eigenen Wertnormen stehen plötzlich neuen Maßstäben gegenüber oder sie geraten in ein Vakuum. In beiden Fällen gelingt es ungenügend differenzierten Persönlichkeiten nicht, der spannungsreichen Aufgaben Herr zu werden und sie versuchen, sich entweder defensiv zu isolieren oder verfallen dem moralischen Nihilismus.

Entwurf einer psychiatrischen Charakterlehre *

I. *Einzelfähigkeiten (Funktionen) des Charakters:*

Aufnehmen, Festhalten, Verarbeiten, Erledigen von Erlebnissen

A. *Eindrucksfähigkeit*

(Interesse, Suggestibilität; Empfindlichkeit, Reizbarkeit)

B. *Retentionsfähigkeit*

(Behalten von Affekten und Vorstellungen)

1. Sistierung des Eindrucks, unbewußte Verhinderung des sofortigen Austritts)

2. Retention (bewußtes Festhalten von Affekten und Vorstellungen)

C. *Intrapsychische Aktivität*

(Eindruck zur psychischen Wirksamkeit bringen; neue Gefühlsrichtungen und Willensantriebe erzeugen; Verarbeiten)

D. *Leitungsfähigkeit*

(Schnelligkeit und Richtung der Abfuhr [Erledigung] von Erlebnissen)

1. schnell, nach Gesamtvorstellungsschatz oder nach außen hin
nach Unbewußtheit (Komplexe) hin

2. langsam, in den gleichen Richtungen

Bei Verlangsamung und Ausweichung: Befangenheit, Zurückhaltung, Schüchternheit

* E. Kretschmer 1966 a.

II. *Zusammenspiel der Funktionen:*

1. Verhaltung: bewußte Retention bei lebendiger intrapsychischer Aktivität und verminderter Leitungsfähigkeit

2. Ausweichung: unbewußtes Bewahren bei starker intrapsychischer Aktivität und schlechter Leitungsfähigkeit

Summe der Charakterfunktionen = Gesamtleistungsfähigkeit des Charakters oder psychische Kraft

III. *Formen der Charakterleistung:*

1. Resistenz und Insuffizienz (gegenüber wertstarken Erlebnissen), Erschöpfbarkeit

2. *Sthenie* (große Affekthöhe, -dauer, Äußerungsintensität; Erlebnis der Überlegenheit) desgleichen Willenseinsatz

   Asthenie (Minderung obiger Affekt- und Willensgrößen; Erlebnis der Unterlegenheit desgleichen schwacher Willenseinsatz)

3. Expansivität (Sthenie + Extraversion; asthenische Komponente)
   Sensitivität (Asthenie + Intraversion; sthenische Komponente)

IV. *Charakterkern:*

Dem Handeln verleiht Sthenie *Triebkraft,* Asthenie *Feinheit.*

Starkes Selbstgefühl	= Seelischer Turgor des Sthenikers (egoistisch oder altruistisch)
Starke Willenskraft	= Sthenie und gute Retentionsfähigkeit bei zweckmäßigem Einsatz
Starker ethischer Wille	= Gute Retention, asthenisch-sthenische Mischung (stetige Aufmerksamkeit, Einfühlung, Tatkraft)
Starke Selbstbeherrschung	= Sthenie, gute psychische Aktivität und Leitung, Altruismus

V. *Charaktergewöhnung:*

Gesetzmäßige Umformung des Charakters durch Anpassung und Differenzierung aus beständiger Wechselwirkung zwischen Erlebnissen und Reaktionen. Dieser schicksalhafte Prozeß bekommt durch die Wiederkehr der mit den Charakterfähigkeiten gegebenen Reaktionsformen seine immer stärker festgelegte und irreversible Richtung.

Tabelle 8. *Charaktere und Reaktionsformen*

	Eindrucksfähigkeit	Aktive Retention	Intrapsychische Aktivität	Leitungsfähigkeit	Sthenie	Asthenie	Charaktergewöhnung
1. *Primitiver Charakter*	stark	gering	gering affektsteigernd	schnell nach außen	+		⊖
Primitivreaktion explosiv							⊖
protrahiert		partiell	gering	partiell nach außen	+	+	abklingend
2. *(Hysterischer Charakter)*	empfindlich suggestibel	schwach halbbewußt	stark, ausweichend affektsteigernd	schnell (langsam) nach außen (nach innen)	+	(+)	
Hysterische Reaktion (Ausweichung)							+
3. *Expansiver Charakter*	nervös	stark	stark, ungedämpft zielgerichtet	langsam, nach außen (innen)	+		
Expansive Reaktion							
Expansive Entwicklung							
a) primitiv betont (oberflächlich egoistisch)	empfindlich				+	(+)	+
raffinierte Intrigantin	nervös	stark (halbbewußt)	stark	langsam	+	(+)	+
Verfolgungswahn Eifersuchtswahn ↓							
b) sensitiv betont (feineres ethisches Empfinden)	empfindlich	stark	stark	langsam	(+)	+	+
weicher Leistungsmensch							
Krankhafte expansive Entwicklungen							
Kampfneurose	nervös reizbar	stark	stark, einengend	langsam nach außen	+	(+)	+
Kampfpsychose							
Querulantenwahn ↓							

	Eindrucksfähigkeit	Aktive Retention	Intrapsychische Aktivität	Leitungsfähigkeit	Sthenie	Asthenie	Charaktergewöhnung
↓ Verfolgungswahn Reformerparanoia (offensiv) Erfinderparanoia (offensiv)							
4. *Sensitiver Charakter*	nervös fein differenziert empfindsam	stark (verhaltend)	stark, isolierend	langsam schlecht nach innen	(+)	+	+
Sensitive Reaktion *Sensitive Entwicklung*							
↓ Beziehungsneurose			invertierend (Fremdkörper)				
Beziehungswahn (sensitiver) (Verfolgungswahn)			Völlige Inversion (Wahn)				
5. *Asthenischer Charakter*	empfindsam weich nervös (eventuell depressiv)	stark	schwach	schwach		+	⊖
Asthenische Reaktion							
6. *Zwanghafter Charakter*	empfindlich ängstlich	stark	stark, isolierend affektstauend	nach innen (außen) schlecht	+	(+)	
Zwanghafte Reaktion							+
Zwanghafte Entwicklung							
↓ Zwangsneurose			invertierend (Fremdkörper)				+
Zwangspsychose			volle Inversion (Wahn, Halluzination)				

Anmerkung des Herausgebers:

Die vorliegende psychiatrische Charakterlehre wurde schon 1917 konzipiert. Ich lege sie abstrahiert, als klar geordnetes und geschlossenes Schema vor, und zwar aus zwei Gründen.
Einmal handelt es sich um nichts weniger als das erste differenzierte Charaktersystem in der Psychiatrie. Gleichzeitig vorhandene oder später entstandene polare Bestimmungen wie narzißtisch-anankastisch oder dysthym-hysterisch und andere haben psychiatrisch nur sehr begrenzten Wert. Lediglich JUNGS (1967) Charakterologie mit sechs weitgefaßten und neutralen Kriterien hat grundsätzliche und dauerhafte Bedeutung erlangt, während die weltanschaulich einseitigen psychoanalytischen Persönlichkeitscharakteristiken bezeichnenderweise nicht psychiatrischen Ursprungs sind, was häufig übersehen wird. SCHULTZ-HENCKES System ist hier am breitesten ausgearbeitet und am besten durchdacht (1970).
Zweitens ist KRETSCHMERS Entwurf einer psychiatrischen Charakterlehre im Bewußtsein der Allgemeinheit zu Unrecht hinter dem späteren System der Konstitutionspsychologie zurückgetreten.
Man vergißt, daß das letztere auf dem ersteren aufbaut, ja daß sich beide notwendig ergänzen. Zeigt die Konstitutionsbiologie die relativ *stabilen Charakterschwerpunkte,* so die *dynamische Charakterologie,* wie sich ein bestimmter Charakter im Strom des Lebens wandelt, eventuell bis zur Krankheit hin. Das eine läßt sich vom anderen nicht trennen. Die psychiatrische Charakterlehre – wenn man sie zur Kenntnis nimmt – schützt also die Konstitutionslehre vor primitiven Mißverständnissen. Darüber hinaus hat sie folgende Vorteile: Sie läßt sich auf das gesunde *und* das kranke Seelenleben anwenden (ohne daß man deshalb die Unterschiede übersehen könnte), und sie ist sowohl nach der physiologischen wie nach der motivpsychologischen Seite hin offen.
Das hier wiedergegebene Schema kann prinzipiell auch auf andere, nicht erwähnte spezielle Krankheitsbilder angewandt werden, auch wenn es nicht den ganzen psychiatrischen Bedarf zu decken vermag.

Seine Grenze liegt in folgendem: Es ist „dynamisch-genetisch" angelegt und bewegt sich im formal-strukturellen Bereich. Den Ausgangspunkt bildet das Denkmodell der Energieverwandlung zwischen den Polen (Ereignis) *Erlebnis* und *Reaktionsgefüge* (Vorstellung bzw. Akt). Die Konstitutions- und Triebpsychologie hat dieses trockene Schema durch Farbe und Lebendigkeit einzelner Persönlichkeitszüge bereichert, das Psychobiogramm (S. 208) schließlich soziale Charaktereigenschaften hinzugefügt und damit das ganze abgerundet. So ist ein ungewöhnlich breiter Rahmen für Diagnose und Beurteilung entstanden.

12. Kapitel

Abnorme Erlebnisse

Komplex und überwertige Idee

Unter *Erlebnis* verstehen wir eine gefühlsbetonte, menschlich relevante seelische Einheit. Aus dem gleichmäßigen Fluß psychischer Abläufe heben sich da und dort unter stärkerem affektivem Akzent enger verbundene Wahrnehmungen und Vorstellungen inselförmig heraus, die dann ihrerseits auf den weiteren psychischen Ablauf ein Stück weit bestimmenden Einfluß gewinnen. Nur das Bedeutungsvolle solcher Inhalte nennen wir Erlebnis, unterscheiden es also scharf von *Eindrücken* und *Ereignissen!* Ob letztere zum Erlebnis werden, hängt nicht nur von der Stärke der äußeren Faktoren, sondern auch von der psychischen Konstellation bzw. Bereitschaft des Erlebenden ab. Ein bedeutungsloses kleines Kopfnicken kann für einen Verliebten zum starken Erlebnis werden, das sein

Denken und Handeln auf lange Zeit beherrscht. Umgekehrt wird der Anblick des bewegten Meeres, der für den Binnenlandbewohner ein starkes Erlebnis sein kann, vom Strandfischer nicht mehr besonders registriert.

Affektstarke Erlebnisse, besonders unangenehmer Natur, pflegen Spuren zu hinterlassen, die schlimmstenfalls als seelische Fremdkörper (im Sinne latenter Reaktionsbereitschaften) erscheinen, weil sie sich von dem weiterströmenden Fluß bewußten psychischen Geschehens, als damit nicht vereinbar, abspalten und isolieren (vgl. abnorme Entwicklung S. 177f). Der Wille erreicht sie nicht mehr. Sie werden weder aufgesaugt, noch für das aktuelle psychische Geschehen nutzbar gemacht und bilden dann selbständige energetische Lebenszentren, die im Gegensatz zu manchen bewußten Vorstellungen stehen, aber in den psychischen Ablauf prägend, im Extrem peinlich störend hineinwirken. Wir nennen sie nach C. G. JUNG *psychische Komplexe*. Es gibt *allgemeine* (z. B. sozialer Rang, Geld, Geschlecht) und *individuelle* (biographisch bedingte oder verstärkte) Komplexe (vgl. „Tabu"!). Gesunde und pathogene Komplexe unterscheiden wir nach ihrem Inhalt und ihrer Funktion, was jedoch nicht immer exakt geschehen kann. Treten Komplexe ins Bewußtsein, so können wir sie als *„affektbetonte Vorstellungsgruppen"* definieren. Sie sind als determinierende Brennpunkte neurotischer Störungen sowie reaktiver und endogener Psychosen von weitreichender Bedeutung. Welche Funktion haben nun die Komplexe bei den einzelnen Temperamentstypen? Zyklothymiker arbeiten Erlebnisreize angenehmer und unangenehmer Art meist unmittelbar so auf, wie sie einlaufen. Der *Hypomanische,* heiter, beweglich wie Quecksilber, ohne innere Sperrungen, jedem neuen Eindruck sofort naiv und restlos hingegeben, kennt kaum nachwirkende Komplexe, außer unter wiederholter oder dauernder Belastung. Auch der *Schwerblütige* bildet gern affektbetonte Ideen. Seine depressiven Befürchtungen gehen jedoch mit der sonstigen seelischen Haltung konform und nicht ihr entgegen. Die Schizothymiker und Barykinetiker aber sind sehr zu hintergründigen, kontrastierenden und dauerhaften Komplexen disponiert.

Je nach dem Charakter haben die Komplexe eine verschiedene Stellung zum *Bewußtsein.* Bei dem einen Menschen sind sie vorwiegend sphärisch und werden nicht recht zum klaren Durchleben im seelischen Blickpunkt zugelassen, irritieren und stören ihn aber von der Peripherie, von den dunklen Hintergründen seines Bewußtseins her. Solche sphärischen Komplexe beruhen meist auf katathymer *Verdrängung* (Neurose, Schizophrenie). Dagegen sprechen wir von *Verhaltungen,* wenn Komplexe gerade umgekehrt beständig mit quälender Deutlichkeit im Mittelpunkt des Bewußtseins stehen, wie beim Zwangssyndrom – und nicht vergessen werden können.

Von den Komplexen muß man eine andere Gattung affektstarker Erlebnisse unterscheiden, nämlich die *überwertigen Ideen.* Jemand ist in einem Prozeß, wie er glaubt, zu Unrecht verurteilt worden. Dieses kränkende Erlebnis erfaßt er nun mit ganzer Seele, macht es für Jahr und Tag zu seinem beherrschenden Lebensinhalt, und betreibt die Wiedergutmachung durch alle Instanzen. Er hört und sieht nichts mehr, außer dem, was auf seine große Sache Bezug hat. Diese überwertige Idee wird im Bewußtsein festgehalten, bildet ein Hauptzentrum desselben und amalgamiert sich ohne gleichzeitigen quälenden Zwiespalt mit der Gesamtpersönlichkeit. Diese läßt der überwertigen Idee bereitwillig alle verfügbare psychische Energie zufließen, geht in ihr auf, macht sie geradezu zum Idol. Ein anderer Mensch würde jenes Erlebnis der Prozeßniederlage verarbeiten und sich gerade umgekehrt bemühen, den peinlichen Nachteil zu vergessen, zu anderen positiven Lebenszielen überzugehen, zu essen, zu trinken und ruhig zu arbeiten.

Überwertige Ideen gehören zu den wichtigsten Triebfedern menschlichen Handelns. Sie sammeln „im kleinsten Punkt die höchste Kraft", sie fördern daher besonders das bohrende In-die-Tiefe-Dringen der Gedanken, manche Forscher- und Erfindertätigkeit, überhaupt intensiv konzentrierte Höchstleistungen. In der Geschlechterliebe, in religiöser und politischer Parteiung bilden sich die stärksten überwertigen Ideen, die alles Denken tyrannisch auf

sich ziehen und gegenüber jeder fremden Ideologie blind und gehässig machen. Sie spielen auch als Vorstufen oder Nachwirkungen krankhafter Vorstellungen eine große Rolle.
Wie bestimmen nun Komplexe und überwertige Ideen den seelischen Ablauf, speziell die Assoziationstätigkeit und das Gedächtnis? Die überwertige Idee wirkt wie der Magnetpol auf die Eisenfeilspäne: Alles legt sich konzentrisch um sie und ist auf sie gerichtet. Alle Energie strömt ihr zu. Alle Gedanken beziehen sich auf sie. Der Gesichtskreis wird also stark verengt. Unter den Einflüssen der überwertigen Idee holt sich der Mensch elektiv immer nur die Beobachtungen und Erinnerungen, die zu ihr passen oder sich zu ihren Gunsten umwandeln lassen, während alles, was nicht für sie verwertbar ist oder ihr widerspricht, aus dem Bewußtsein ausgesperrt wird. Sie wirken also intensiv umbildend auf Gedächtnis und Beobachtung. Die Erinnerungen können sich bei nicht widerstandsfähigen Menschen schon nach kurzer Zeit in ihr Gegenteil verkehren. Die überwertige Idee macht also zweierlei: eingeengtes seelisches Blickfeld mit katathymer Selektion des Erfahrungsmaterials und Neigung zu Beziehungsideen, die bei psychopathischen Menschen zum systematischen paranoischen Wahnsystem auswachsen können.
Die Wirkung der Komplexe ist nicht so einfach verständlich. Sie verlängern im Gespräch die Reaktionszeit und provozieren ungewollte Antworten oder sie stören den glatten Gedankenablauf. Wer einen starken Komplex hat, ist zerstreut, ungleichmäßig in seiner Aufmerksamkeit, überhört manches. Ganz ähnlich ist die Wirkung auf die *Psychomotilität:* Man verspricht sich leichter, man benimmt sich ungeschickt, man läßt einen Gegenstand fallen und dergleichen. Ebenso launisch und unberechenbar wird unter Komplexwirkung auch die Gedächtnisfunktion. Es fallen uns ein sonst geläufiger Name, eine Nummer gerade diesmal nicht ein. Mitten in einem Gedichtzitat bleiben wir an einer uns sonst geläufigen Stelle stecken. Oder wir irren uns auffällig in einer Tatsache, die wir sicher zu wissen glauben.
Solche *Fehlreaktionen* (FREUD 1922) oder *Komplexreaktionen* haben manchmal eine erhebliche psychologisch-diagnostische Bedeutung. Sie können uns den Weg zu Komplexen weisen, die ihr Träger zunächst nicht frei gestehen kann und zwar nicht nur zu Komplexen in dem engen, hier gebrauchten Wortsinn, sondern zu affektbetonten Vorstellungen überhaupt. Ein hübsches Beispiel erzählt JUNG (1907):

Ein Herr will das bekannte HEINE-Gedicht rezitieren: „Ein Fichtenbaum steht einsam ..." In der Zeile: „Ihn schläfert" bleibt er stecken, er kann die Fortsetzung: „Mit weißer Decke" nicht finden. Als man ihn zu dem Wort: „Mit weißer Decke" freie Einfälle hervorbringen läßt, bildet er folgende Reihe: „Man denkt bei weißer Decke an ein Totentuch – ein Leintuch, mit dem man Tote zudeckt – (Pause) – jetzt fällt mir ein naher Freund ein – sein Bruder ist jüngst ganz plötzlich gestorben – er soll an einem Herzschlag gestorben sein – er war eben auch sehr korpulent – mein Freund ist auch korpulent, und ich habe schon gedacht, es könnte ihm auch so gehen – er gibt sich wahrscheinlich zu wenig Bewegung – als ich von dem Todesfall hörte, ist mir plötzlich angst geworden, es könnte auch mir so gehen, da wir in unserer Familie sowieso Neigung zur Fettsucht haben und auch mein Großvater an einem Herzschlag gestorben ist. Ich finde mich auch zu korpulent und habe deshalb in diesen Tagen mit einer Entfettungskur begonnen."

Hier liegt also ein stark affektbetonter hypochondrischer Komplex an der Wurzel der Gedächtnisstörung. In derselben Weise können wir auch nach dem schematischen Assoziationsversuch, von den mit verlängerter Reaktionszeit verbundenen Wörtern ausgehend, die Versuchsperson assoziieren lassen und den Komplex ausgraben. Es lassen sich so manchmal pathogene Ideen in einer Hysterie oder Zwangsneurose finden, wenn es uns nicht gelingt, sie in direkter Exploration zu gewinnen. Wir bezeichnen gewisse motorische komplexbedingte Fehlreaktionen als *Symptomhandlungen.* Sie laufen oft anscheinend beiläufig und in der Gedankenlosigkeit ab: Zerknittern eines Papiers, Fallenlassen eines Verlobungsringes, Umwerfen einer Vase und dergleichen. Dahinter stehen manchmal gewisse affektive Tendenzen, z. B. eine uneingestandene Abneigung gegen den Schenker des Verlobungsringes. Man darf gewiß nicht hinter jeder kleinen Ungeschicklichkeit oder Vergeßlichkeit einen wichtigen Komplex suchen. Determiniert ist zwar alles im Seelischen, bis ins kleinste Detail – aber doch nicht immer durch ein Motiv.

Wie vergehen nun Komplexe und überwertige Ideen? Viele, in der Normalpsychologie wohl die meisten gelegentlichen individuellen, lösen sich allmählich von selbst auf, zerfallen und verlieren ihren Affektwert. Sie unterliegen zuletzt der Usur der Zeit. Andere entladen sich plötzlich in einem unerwarteten Zornausbruch oder einer Affekthandlung, worauf dann ein deutliches Gefühl der Erleichterung eintritt. So können bei entsprechend veranlagten Personen Erinnerungsspuren einer peinlichen Situation, latenter persönlicher Spannungen auf Grund einer früheren Kränkung lange Zeit wie unterirdische Minen verborgen liegen, bis jemand durch Worte unversehens gleichsam den Zünder berührt, worauf sie dann heftig explodieren. Dies kann in unerwarteten Situationen geschehen: So wenn ein alter Katatoniker, der wochenlang regungslos erstarrt dagelegen hat, plötzlich aufspringt und einen neuen Mitpatienten ohrfeigt, um sogleich wieder in den Stupor zurückzufallen. Das Gesicht des Mitpatienten hat ihn vielleicht durch eine oberflächliche Ähnlichkeit an einen Menschen erinnert, der ihn vor Jahr und Tag kränkte. Ähnliche Dinge kommen auch in der Normalpsychologie vor. Unbegreifliche Sympathien oder Antipathien gegen bestimmte Personen können durch vage Beziehungen zu latenten alten Komplexen bedingt sein.

Man entlastet Komplexe durchs *Gespräch*. Es kann quälenden Affektdruck vermindern oder aufheben. So wirkt die einfache gründliche Aussprache mit dem Arzt oder einer Vertrauensperson, das, was man „Beichte" nennt, oft günstig. Bei verdrängten Komplexen hilft ihr Wiederauffinden und klares, sachliches Durchdenken, ihre Wiederaufnahme in den Gesamtvorstellungsschatz der Persönlichkeit, also die Behebung ihres Widerspruchs, ihrer Isolierung. Es ist hier oft wie beim Pferd, das vor dunklen Gegenständen scheut, die es von der Peripherie seines Blickfeldes her undeutlich beunruhigen, während es fest und sicher vorbeigeht, wenn wir es gezwungen haben, die Objekte klar ins Auge zu fassen. Allerdings ist großer ärztlicher Takt geboten. Es gibt Dinge, die man besser ruhen läßt, die allmählich beseitigt, durch Ausgrabung aber nur peinlich wiederbelebt werden. Man muß in der Unterredung merken, ob das Nachspüren mehr quälend oder mehr befreiend wirkt.

Die sinnvolle Tätigkeit bildet die individuell und sozial wertvolle Form, um störende Triebe und Reaktionsbereitschaften positiv einzuordnen. Wir müssen die starken Energien, die den Komplexen und überwertigen Ideen zugute kommen, auf die richtigen Mühlen leiten. Je mehr dabei die gewählte Betätigungsrichtung die negativen Tendenzen positiv, vergeistigt fortsetzt, vor allem aber Charakter und Begabung entspricht, desto besser der Erfolg. Deshalb ist Aktivität Kern und Stern der Psychotherapie und schafft allen psychischen Kräften breiten Abfluß, der sie zusammenfaßt und schädliche Abspaltungen verhindert. Man muß Komplexe „aufarbeiten", sei es in energischer Denkarbeit und Auseinandersetzung mit sich selbst, sei es – was besser ist – in Handlungen. Nicht aufgearbeitete Erlebnisenergie ist es in erster Linie, was auf verschlungenen Seitenwegen Neurosen und reaktive Psychosen schafft.

Hier wollen wir als Leitspruch ein Wort von GOETHE (aus „Wilhelm Meister") einfügen, das aus Erfahrung geschöpft ist: „Seelenleiden, in die wir durch Unglück oder eigene Fehler geraten, sie zu heilen vermag der Verstand nichts, die Vernunft wenig, die Zeit viel, entschlossene Tätigkeit hingegen alles."

Psychologischer Kausalansatz

Wenn wir einen Komplex an der Wurzel einer Neurose, ein Erlebnismotiv als Quelle einer Handlung gefunden haben, so dürfen wir uns noch nicht zufriedengeben. Unter *Motiv* verstehen wir entweder ein Thema (Situation) oder einen Trieb, der einen „Beweggrund" bildet. Nur eine Handlung ist motiviert. Der Mensch hingegen „ist" nicht motiviert (das wäre eine Sprachbarbarei) sondern hat Bedürfnisse, interessiert sich, fühlt sich bewogen usw.

Man hört häufig Fragen wie diese: „Hat jener Erfolgreiche aus persönlichem Ehrgeiz, aus Geldgier oder aus Liebe zum allgemeinen Besten seine Laufbahn eingeschlagen?" Solche Fragen sind meist verfehlt, weil der seelische Ansatz zu einer Handlung sich meist weder aus dem einen noch aus dem andern Motiv bildet, sondern aus sämtlichen in der betreffenden Situation überhaupt denkmöglichen Triebfedern, nur in verschiedenen Stärkeverhältnisen. Man zieht aus der falschen Frage gern den populären Schluß: „Ich habe diesem Mann persönlichen Ehrgeiz nachgewiesen – also kann er nicht aus Liebe zum allgemeinen Besten gehandelt haben."

In Wirklichkeit ist es so: Es bildet sich ein Motivbündel, allgemeiner ausgedrückt ein psychisches Kausalbündel, das energetische Teilkomponenten aus den unähnlichsten Quellen in sich aufnehmen und nach einem gemeinsamen Zielpunkte hin vereinigen kann. Die Stoßkraft der endgültig resultierenden Handlung ist dann einheitlich und entspricht der Summe der in sie eingegangenen energetischen Teilkomponenten. Nehmen wir dem Strebenden seinen Geldgewinn, so wird er häufig auch weiterhin anständig arbeiten, aber der affektive Elan wird vielleicht um ein merkliches Teilquantum geringer.

In einer Gruppe wird meist das ethisch höchstwertige Motiv am stärksten ins Bewußtsein treten, während banale, egoistische oder niedere Motive, obgleich vielleicht energetisch stärker beteiligt, meist schwach, vorwiegend sphärisch registriert werden. Elementar triebhafte Tendenzen pflegen besonders gern zugunsten feinerer ethischer Begründungen verdrängt zu werden, ohne daß man deshalb sagen dürfte: Hier ist Heuchelei; das höhere ethische Motiv war am Ansatz dieser Handlung gar nicht beteiligt, war nur Attrappe für das egoistische oder triebhafte. Es heißt: In diese Handlung ist eine Reihe von stärkeren und schwächeren Motiven eingegangen, und in einem solchen Bündel pflegt typischerweise das ethisch höchstwertige das bewußtseinsdominante, das elementar triebhafteste aber das dynamisch dominante zu sein. (Dieses Grundverhältnis läßt sich gewiß nicht beweisen und dürfte auch nicht für alle Fälle gelten.) Ein kluger, praktischer Psychologe wird eher verlangen, daß in eine ethische Lebensrichtung oder Handlung ein gutes Stück von Triebhaftigkeit und gesundem Egoismus mit eingehe, wenn er ihr Dauer und Stoßkraft zutrauen soll. Denn der Tragboden des reinen ethischen Idealismus pflegt bei den meisten Menschen sehr dünn und schwach zu sein.

Hierzu kommt noch eine wichtige Tatsache, die den Beobachtungen des Zusammenspiels von Wille und Reflex analog ist. Suchen wir mit vollem Bewußtsein einen im Gang befindlichen Reflex willensmäßig zu verstärken, ihn gewaltsam zu forcieren, so gelingt dies nicht. Dagegen verschmelzen sich Willensimpuls und Reflexsimpuls, sobald wir den Willensimpuls als allgemeine Zielvorstellung hinzugeben. Dann kommen z.B. ein glattes, natürliches Lachen, Husten oder Zittern zustande. Ganz ähnlich ist es mit den Motiven. Machte sich jener Strebsame jeden Augenblick klar: ich tue dies a) aus Ehrgeiz, b) aus Geldsucht und c) aus Patriotismus, so würden diese drei Motive sehr schlecht zu einer einheitlichen Triebkraft zusammenfließen. Also: heterogene Impulse verschmelzen sich sehr schlecht im hellen Licht des Bewußtseins, und: je weiter vom Blickpunkt des Bewußtseins, desto differentere Impulse können sich einheitlich verbinden. Die Verschmelzung ist also vorwiegend eine sphärische Funktion.

Wir fassen diese einfachen, aber oft vergessenen Regeln der Motivbildung zusammen:

1. Die meisten seelischen Reaktionen entspringen nicht *einem* Motiv, sondern Motivbündeln. Sie zeigen mehr Motivkomponenten, als wir zunächst erwarten.

2. In einem Motivbündel tendiert der ethisch höchstwertige Impuls dazu, bewußtseinsdominant, der elementar triebhafteste aber dynamisch dominant zu werden.

3. Die Impulsverschmelzung ist eine vorwiegend sphärische Funktion. Je weiter vom Blickpunkt des Bewußtseins entfernt, desto heterogenere Impulse können sich verbinden.

Auf dem Gebiete der Neurosen finden wir viele Beispiele für diese Regeln.

Ein 15jähriger Bauernsohn kommt in Behandlung, weil er jede Nacht aus dem Halbschlaf aufschreckt, einen Hund sieht, der ihn frech anfletscht, worauf der Knabe voll Angst zum Schlafzimmer seiner Eltern läuft, gegen die Tür trommelt, heult und sich wütend gebärdet, wenn man ihm nicht öffnet. Er sitzt stundenlang vor der Tür, so daß man nicht schlafen kann. Hier ergibt die Vorgeschichte folgendes: 1. Der Knabe war vor einiger Zeit in die Stadt gefahren, wo ihn im Wirtshaus ein unter dem Ofen hervorspringender Hund plötzlich gebissen hatte. 2. Seine zukünftige Stiefmutter, damals als Braut im Hause seines Vaters, hatte seine Bißwunde vier Wochen lang gepflegt. Zuletzt war der Knabe zärtlich geworden und hatte ihr einen Liebesantrag gemacht, indem er ihr sagte, sie solle nicht seinen Vater nehmen, sondern noch 6 Jahre warten, bis er sie selbst heirate. 3. Als sie seinen Wunsch nach Sexualverkehr ablehnte, ihn verspottete und einen kleinen Dicksack nannte, wurde er von nun ab sehr trotzig und machte ihr schärfste Opposition, weil sie ihn aus seiner seit dem Tode der ersten Mutter maßgebenden Stellung im Haushalt verdrängen und seine künftige Erbschaft verkleinern wolle; er beklagte sich hierüber beim Vater. Die Hochzeit fand aber trotzdem statt, wenige Wochen vor Ausbruch seiner Neurose. 4. Er hatte einiges gestohlen und fürchtete sich vor der Entdeckung.

In dem vermutlichen dynamischen Kausalsatz dieser Neurose haben wir also folgende vier heterogene Triebfedern bzw. Komplexe: zwei Angstkomplexe verschiedener Färbung und aus verschiedener Quelle: a) die Hundeangst als Nachwirkung des Hundebisses und b) die Angst vor der Entdeckung seines Diebstahls. Sodann zwei Protestkomplexe verschiedenen Charakters, beide gegen die Stiefmutter gerichtet: a) eine wütende sexuelle Eifersucht und b) den Kampf um die Macht und das Geld im Haushalt. In den nächtlichen neurotischen Dämmerzuständen fließen nun die energetischen Komponenten aus diesen getrennten affektiven Quellen in eine einzige Resultante zusammen, eine neurotische Affekthandlung, deren tragende Emotion ein homogenes Angst-Wut-Gemisch ist und deren Ergebnis in einer fast drolligen Weise beide Ziele vereinigt: seine Angst zu beschwichtigen und in einem Atemzug damit das nächtliche Eheglück der Stiefmutter aufs gründlichste zu zerstören. In der Handlung lassen sich zwei bzw. drei Komplexe direkt nachweisen, nämlich die Hundeangst in der Halluzination und die Wut gegen die Eltern in dem stundenlangen trotzigen Lärmen vor ihrer Tür, während wir von der Diebstahlsangst nur wissen, daß sie um dieselbe Zeit bestand und mit zur Störung des affektiven Gleichgewichtes beitrug. Dies ist ein typisches Beispiel dafür, wie Motive (und nicht nur neurotische) in den dunklen sphärischen Hintergründen des Bewußtseins zusammenrinnend, aus den mannigfachsten Ursprüngen gespeist werden.

Abnorme Erlebnisformen

Welche Erlebnisgruppen wirken in der seelischen Dynamik am stärksten oder, was dasselbe heißt, veranlassen am leichtesten Neurosen oder reaktive Psychosen? Hierauf gibt uns die klinische Erfahrung ganz eindeutige Antwort. Die stärksten Erlebnisse sind immer die, die an den elementaren Trieben angreifen. „Elementar" darf keinesfalls mit „biologisch" oder „undifferenziert" gleichgesetzt werden, sondern bedeutet „menschlich relevant". Höhe und Tiefe sind letzten Endes dasselbe, wie nicht nur Goethe lehrte (vgl. S. 67f). Das zeigen uns gleichermaßen die hysterischen, paranoischen und zwangsneurotischen Bilder wie auch sonstige Neurosen und die Schizophrenien.

Statistische Motivzählungen haben gezeigt, daß die Religion dem Eros an subjektiver (und vielleicht auch pathogener) Bedeutung nicht nachsteht. Die heutige Verdrängung religiöser Grundbedürfnisse läßt uns allerdings den Sexualtrieb als Konfliktsanlaß höher bewerten. In der Tat spielen neben den Kriegs-, Unfall- und Kinderneurosen sexuell determinierte, reaktive Seelenstörungen eine große Rolle. (Affektstarke Vorstellungen, die mit dem Geschlechtsakt selbst zusammenhängen, Masturbation, Impotenz, Perversion, Abstinenz, Coitus interruptus, Schwangerschafts- und Ansteckungsangst, jede Form von moralischen Sexualskrupeln, unglückliche Liebe, Ehebruch und Ehezerwürfnisse, Eifersucht und

Verlobungsneid, bis hinauf zu den kompliziertesten seelischen Disharmonien, die im Sexualtrieb eine Wurzel haben).

Da nervöse *Kinder* öfters eine abwegige und teilweise verfrühte Sexualität zeigen, so spielen auch in die Kinderneurosen Sexualkomplexe schon mit hinein, und vor allem können Neurosen Erwachsener Beziehungen zu kindlichen Sexualerlebnissen nahelegen. Viele andere Kinderhysterien dagegen sind psychologisch einfach gebaut. Sie stellen nicht mehr dar als flüchtige Reaktionen gegenüber ungünstigen Haus- und Schulverhältnissen: Verhätschelung durch die Mutter, Angst vor dem Vater, vor dem Lehrer, vorm Schlafen im Dunkeln, Vernachlässigung durch die Eltern, einfache Nachahmung von hysterischen Unarten von Mutter, Geschwistern oder Mitschülern.

Die Bedrohung der *Sicherungstriebe* wirkt erlebnisbildend und pathogen in den akuten Schreckbildern von Kriegs- und Unfallneurosen. Dann wird in schleichender Form durch Lebens- und Gesundheitsangst ein Heer von hypochondrischen Komplexen gesetzt, die Jahr und Tag wie ein Alpdruck auf der ganzen Persönlichkeit liegen und Arbeitskraft und Lebensfreude lähmen können. Gegenüber diesen heimtückischen seelischen Schädlingen trägt der Arzt die Hauptverantwortung, der sie oft mit einem Wort beseitigen – und hervorrufen kann. Sehr häufig sind allerdings sowohl die schreckhaften wie die hypochondrischen Reaktionen „überdeterminiert". In ihr Kausalbündel sind hinter der Lebensangst etwa noch Sexualkomplexe oder Berufskränkungen oder Geldwünsche mit eingegangen. Es wird jemand Hypochonder um einer Rentenentschädigung willen, oder um pensioniert zu werden, oder weil man ihn bei der Beförderung übergangen hat, oder weil er Sexualskrupel wegen Onanie oder Geschlechtskrankheit hat.

Besonders widersprüchig finden wir Schreckreaktionen. Eine Kleinigkeit, eine springende Maus, kann bei einem Menschen in einem Fall aufs schwerste erlebnisbildend wirken, während eine ernste Lebensbedrohung vielleicht spurlos an ihm vorübergeht.

Eine Dame (Jung 1918), die vor Jahren in St. Petersburg bei der Revolution, als die Kugeln pfiffen, furchtlos über die Straße gegangen war, kehrt eines Abends in Gesellschaft von einer Einladung zurück. Ein rasch hinter ihnen hertrabendes Fuhrwerk versetzt sie in heftigen Schrecken. Sie rennt kopflos vor den Pferden her, bis sie erschöpft zusammenbricht und mit einer lang nachdauernden hysterischen Reaktion in das Haus des Gastgebers zurückgetragen wird.

Die Analyse ergibt: 1. Sie hat als Kind einen lebensgefährlichen Unfall mit Pferdeschreck auf einer in den Fluß stürzenden Kutsche gehabt, 2. sie kämpft mit einer unterdrückten Liebe zu eben jenem Gastgeber, der ihr auch wirklich in jener Nacht einen feurigen Liebesantrag macht. – Hier haben wir also wieder ein Kausalbündel aus heterogenen Ursprungskomplexen: alte Schreckerinnerung, frischer Liebeswunsch. Diese liegen in der Sphäre des Bewußtseins bereit. Das neue Schreckerlebnis wirkt sozusagen wie das Korn auf eine gesättigte Lösung: Ein winziger Anstoß, und das Ganze schießt zum Kristall zusammen. Solche vorbereitete seelische Situationen nennt man Konstellation. Gerade Schreck- und Angstreaktionen sind in ihrem Eintritt und in ihrer Stärke oft in hohem Grad von sphärischen Konstellationen abhängig. Auch ganz heterogene Komplexe, die mit Schreck selbst gar nichts zu tun haben, können, wie in unserem Beispiel, konstellierend wirken, sofern nur die Impulse sich sphärisch verschmelzen.

Einen ähnlich sinnlosen Pferdeschreck sah ich bei einem alternden Mädchen, deren jüngere Schwester sich soeben verlobt hatte, während sie selbst das Aschenputtel für sie machen mußte. Sie erschrak vor einem vorbeifahrenden Fuhrwerk aufs heftigste und konnte alsbald weder stehen noch gehen, so daß sie selbst nun, aufs sorgfältigste gepflegt und bedient, den Mittelpunkt der Familie bildete.

Hier haben der Neid, der Wunsch nach Liebe und einem besseren Los den Schrecken konstelliert. Ähnlich stecken hinter sinnlosen Angstvorstellungen und Phobien, hinter Zwangsbefürchtungen vor dem Tod geliebter Angehöriger, vor der Ermordung der eigenen Kinder, hinter Furchtanfällen beim Anblick von Mäusen, Ratten, Raupen, flatternden Vögeln, Schlangen recht häufig heterogene Dinge wie unterdrückter Haß, alte Sexualkomplexe und dergleichen.

Daß der Trieb zu materiellem Wohlleben oder umgekehrt die Sorge vor materieller Not eine der wichtigsten Triebfedern in großen Gruppen einfacherer Neurosen bilden, brauchen wir nicht mehr auseinanderzusetzen. Aus der Rentenbegutachtung sind sie jedem ärztlichen Praktiker bekannt. Während die materiellen Triebe bei der Masse mehr den Gefühlston von Not und Neid (Ressentiment) haben, wie er die Rentenneurosen beherrscht, haben sie bei den Wirtschaftsführern ihre spezifische Färbung mehr vom Kampf um die Macht. Hier finden wir entsprechend auch andersartige Neurosen, so vor allem die echte Neurasthenie, die „Nervenerschöpfung" durch übermäßige Arbeit unter schwerer Willensanspannung und Verantwortung, sodann akute Nervenkrisen und bei Zyklothymikern echte gehemmte Depressionen als Reaktion auf riskante Geschäftslage, Konkurrenzkampf, Streik oder materiellen Zusammenbruch (vgl. S. 187).

Stellen somit die drei Gruppen der Sexual-, Sicherungs- und Erwerbstriebe nach Stärke und Häufigkeit die Hauptmasse aller erlebnis- und damit neurosebildenden Faktoren, so dürfen wir doch an anderen Bedingungen nicht vorübergehen, die vor allem soziale Konstellationen und ethische Gefühle betreffen, also den *Gemeinschaftstrieb* und den *Selbstbehauptungstrieb*.

Das Erlebnis der Isolierung, der seelischen Vereinsamung, bringt in den verschiedensten Formen tief eingreifende seelische Wirkungen hervor. Da ist die eigenartige Gruppe der Heimwehreaktionen junger Mädchen (s. S. 191), die typische Kurzschlußhandlungen hervorbringen, häufig aber nur ein vorübergehendes seelisches Kränkeln in Form reaktiver Depressionen oder nervöser Allgemeinbeschwerden erzeugen. Da sind die Haftreaktionen, die besonders in der Untersuchungshaft, der Einzelhaft und bei langdauernden Zuchthausstrafen auftreten, sei es in Form akuter Affektexplosionen oder hysterischer und reaktiv schizophrener Mechanismen, sei es als chronisch katathyme Wahnbildung („Begnadigungswahn"), als Querulanten- und Verfolgungsideen, aber auch als einfache chronische Dämpfung aller Reaktionen. Eigenartig sind die umbildenden Wirkungen der erworbenen *Blindheit* auf die Persönlichkeit. Sie äußern sich teils in kompensierenden Triebenthemmungen (gesteigerte Erotik, überlaute Lebensfreude), teils in einer stillen, katathymen Fröhlichkeit, vor allem aber in einer durchschnittlich gesteigerten mißtrauischen Empfindlichkeit, auf deren Boden sich wahnhafte Seelenstörungen entwickeln können. Noch mehr wirkt die Schwerhörigkeit als chronische Milieustörung, indem sie durch dauernde Vereinsamung und Ausschaltung von dem bequemen seelischen Rapport mit der Umgebung einen reizbaren, mißtrauischen Seelenzustand schafft, aus dem sich ein ängstlicher Verfolgungswahn entwickeln kann. Psychologisch damit verwandt ist die *Versetzung in sprachfremde Umgebung,* die bei primitiven Menschen, z. B. im Krieg bei osteuropäischen Gefangenen, zuweilen akute wahnhafte Angstreaktionen auslöste (ALLERS 1920).

Der Tod geliebter Angehöriger steht den Isolierungserlebnissen am nächsten. Er verursacht bei Zyklothymikern gern reaktive Depressionen, seltener Manien. Bei schizoiden Psychopathen und latent Schizophrenen wirkt er eigenartig besonders dort, wo in der Pubertät und Nachpubertätszeit noch starke infantile Bindungen an die Mutter vorhanden sind. Der Tod der Mutter gibt in solchen Fällen gelegentlich das Signal zu einer akuten schizophrenen Katastrophe. Das Gefühl plötzlicher Schutzlosigkeit läßt einen sensitiven Beziehungswahn aufflackern. Die Mutter oder die Schwester hat den letzten zarten Konnex des Vereinsamten mit der Umwelt gebildet. Nach ihrem Tode bricht gleichsam kontrastierend eine unbegreifliche, kalte Gehässigkeit gegen die anderen Angehörigen aus. Oder ein Mann findet in seiner Isolierung in einer etwas älteren Frau Mutter und Geliebte zugleich, was in einem eigentümlich schillernden Gefühlston zusammengefaßt ist.

Das Erlebnis der *Rechtskränkung* und Ehrenkränkung spielt eine typische Rolle bei der Entstehung expansiver Entwicklungen und Reaktionen, speziell des Querulantenwahns. In zahlreiche Rentenneurosen spielt auch das Gefühl der rechtlichen Benachteiligung hinein. Aus den verschiedenen Komponenten können ganz eigentümlich irisierende Gemische der affektiven Gesamteinstellung entstehen. Dem Erlebnis vermeintlicher oder wirklicher Benachteiligung durch Gerichte und Behörden sind gewisse Konflikte der Beamten- und Angestelltenlaufbahn nahe verwandt. Während der „verfehlte Beruf" eine dauernd schiefe Persönlichkeitseinstellung ergeben kann (z.B. die inneren Schwierigkeiten unfreiwilliger Theologen), sind Erlebnisse, wie Übergehung in der Karriere, vorzeitige, ja selbst rechtzeitige Pensionierung, sehr geeignet, schwere Affektreaktionen, nervöse Zustände, Depressionen und besonders paranoische Einstellungen bis zum eigentlichen Beeinträchtigungswahn zu erzeugen. Chronische Konflikte mit Vorgesetzten oder aufsässigen Untergebenen sind ebenfalls psychologisch oft recht ernst zu nehmen.

Ressentiment und Kampf um die Macht

Unter Ressentiment (Nietzsche 1887, Scheler 1915) verstehen wir die komplexe Gefühlseinstellung der im Leben wirklich oder vermeintlich Verkürzten. Ihr entspringen die aus Neid und Not geborenen Lebensansichten; die Lebensperspektive von unten; ein bohrendes, immer erneutes Gefühl geheimer innerer Auflehnung; die typischen Einstellungen des Schwachen gegen den Mächtigen, des Armen gegen den Reichen, des Häßlichen gegen die Schönen, des Kranken, Entarteten und Welkenden gegen die Gesunden und Jugendlichen. Zugleich bildet sich eine Tendenz zur katathymen Umwertung, die dem Schwachen und Armen den ethischen Höherwert zubilligen möchte. Das Ressentiment ist die Quelle der idealen und der niederträchtigsten ethischen Impulse, je nachdem wir es betrachten. Wir nehmen es hier einfach als psychisches Phänomen. Der Empörung über die Unterdrückung der vielen Schwachen, der herzlosen Ausnützung von Besitz, Macht und geistiger Überlegenheit auf Kosten der im Lebenskampf Unterliegenden ist ein gutes Teil der Ethik der Kulturvölker zu verdanken. Hochbegabte, die selbst litten, die selbst arm oder krank oder seelisch allzu verwundbar waren, haben ihr Mitleid mit den Mitleidenden in Worte gefaßt und ihm dadurch Nachdruck verliehen. Alle Sozialrevolutionäre leben vom Ressentiment und bauen ihre Utopien darauf auf. In gewissen kulturgeschichtlichen Entwicklungsstadien haben Ressentiment und Mitleid zu einer Umwertung der normalen Wertmaßstäbe beigetragen, zu einer tendenziösen, zuweilen das Perverse streifenden ethischen Bevorzugung der geistig Armen, der Hungrigen und Verwahrlosten, der Bettler und Kranken, von Schmutz, Lumpen und Pestgeruch, gleichzeitig zu einer Geringschätzung kräftiger, gesunder Lebensarbeit und züchtete soziale Parasiten in einem Umfang, daß es z.B. im ausgehenden Mittelalter zu den schwersten Kalamitäten geführt hat. Dieser Antagonismus zwischen Herren- und Sklavenmoral, zwischen Individualismus und Kommunismus wirkt auch heute noch tief in ärztlich-soziale Fragen hinein, in die strafrechtliche Begutachtung in Jugendfürsorge und Irrenpflege.

Die Kehrseiten von Mitleid und altruistischer Ethik sind der geheime oder offene Neid und Haß des Kleinen gegen das Große, die Tendenz, das Strahlende zu schwärzen und das Erhabene in den Staub zu ziehen oder sich wenigstens durch kleine Nadelstiche und Repressalien für die eigene Verkürzung schadlos zu halten. Der Wille zur Macht, das Streben, von unten nach oben zu kommen, ist in diesen kleinen Mitteln schon erkennbar. Bei kräftigen Naturen wird er zum offenen Kampf um die Macht, dessen Träger, nur der eigenen Kraft vertrauend, alle sozialen Rücksichten gering schätzt. In der kulturgeschichtlichen Entwicklung, die bekanntlich in Antithesen verläuft, ist dieser Kampf, diese individualistische Herrenmoral, zeitweise als Protest gegen die Auswüchse der altruistischen Ethik neu proklamiert worden (Nietzsche).

Die Neurosenpsychologie gibt in manchen Teilen ein interessantes Spiegelbild dieses Machtkampfes zwischen Siegenden und Unterliegenden (Adler 1912). Viele gerade der hysterischen Mechanismen sind ja nichts anderes als Zweck- und Abwehrneurosen, kleine und oft erfolgreiche Mittel schwach ausgerüsteter, nervöser Individuen, um trotz des ungleichen Spieles doch noch von unten nach oben zu kommen und zuletzt über die Klugheit und die Machtmittel des Gesunden und Starken zu triumphieren. Wir erlebten das Massenexperiment an den Unfall- und Kriegsneurosen, wo es zunächst den seelisch schwach Veranlagten in größtem Umfang gelang, durch eindrucksvolle, aber nicht sehr tief gehende hysterische Produktionen die Klugen zu täuschen, zum Mitleid und zur Schonung zu zwingen, ja sich selbst erhebliche Vorteile gegenüber den Kräftigen und Gesunden zu verschaffen. Wir gaben (S. 185) das Beispiel eines alternden Mädchens, das durch eine hysterische Schreckreaktion seine Lage innerhalb der Familie grundlegend verbessert, ja völlig umgekehrt hat.

Es liegt manchmal eine Art von ausgleichender Gerechtigkeit, manchmal auch die schwerste Ironie in diesen neurotischen Familienverhältnissen. In der Art, wie das hysterische Kind durch schreckerregende Krämpfe und Wutausbrüche seine Eltern tyrannisiert, oder die genußsüchtige Ehefrau durch „ihren Anfall“ und die jedesmal im rechten Augenblick einsetzende Ohnmacht den gesunden Mann zu ihrem Sklaven macht, kommen das Ressentiment und der Kampf um die Macht deutlich zum Vorschein. Die hysterische Neurose ist zuweilen nichts anderes als die Fortsetzung des Kampfes um die Macht mit veränderten Mitteln. Oft können wir nicht umhin, eine kalte Berechnung zu vermuten. Meist aber sind die Ressentimentgefühle sphärisch, diffus, im seelischen Hintergrund verborgen und die daraus entspringenden neurotischen Reaktionen triebhaft oder halb triebhaft wie die Schutz- und Abwehraktionen verfolgter Tiere. Nur das bedeutsame Lächeln, das so vielen Hysterischen während der Vorführung ihrer Symptome unwillkürlich über das Gesicht geht, verrät den geheimen Triumph, den der Schwache über den Starken feiert.

Auch in der Charakterentwicklung können Ressentiment und Machtkampf eine erhebliche Rolle spielen. Die ursprünglichen Anlagen einer Persönlichkeit werden durch die Bedürfnisse des Lebenskampfes herausgeholt, verstärkt oder zurückgedrängt. Wenn die Entwicklungskraft dabei nicht ausreicht, kommt es zu allerhand Halbheiten, Scheinbildungen und Attrappen, die wie echte Persönlichkeitsbestandteile wirken und doch nichts anderes sind als *„Sicherungen“*, markierte Positionen und schwache Vorposten, um den Gegner zu täuschen oder zu schrecken. Es entsteht dann gern das, was man *Überkompensation* nennt, d. h. die starke Unterstreichung von Eigenschaften, die eine dahinter innerlich gefühlte Schwäche verbergen sollen.

Selbstbewußtsein und Selbstwert

Als bewußtes, reflektierendes Wesen faßt der Mensch alles, was er über sich weiß und denkt, im Selbstbewußtsein zusammen. Von „Identität“ zu reden wie es in naiver Nachahmungsfreude oft geschieht, ist unwissenschaftlich, da das Wort „Gleichheit“ oder „Übereinstimmung“ ausdrückt und das psychologisch Gemeinte zu vage ist. Wir gebrauchen besser „Selbstkenntnis“, „Selbstverständnis“, „Selbsteinschätzung“, „Selbstvertrauen“ usw. und schöpfen so den Reichtum deskriptiver Möglichkeiten aus. So weiß jeder, was wir sagen wollen.

Im Selbstwertgefühl scheinen alle Strebungen des Menschen (vom Liebesbedürfnis bis zum Machtbedürfnis) auf höchster Ebene zusammenzufließen. Wenn ich geliebt werde und Einfluß besitze oder wenn ich etwas leiste, habe ich Wert. Der Begriff des Selbstwertes dürfte auf die Wertphilosophie SCHELERS (1915) zurückgehen, dringt in die Psychiatrie ein (JASPERS) und wird in der von ADLER begründeten Individualpsychologie rasch assimiliert, am gründlichsten gewürdigt und dauerhaft integriert. Die verschiedenen Bezeichnungen („Persönlichkeitsgefühl“, „Selbstbewertung“ usw.) kreisen um den gleichen thematischen Mittelpunkt. Auch wir messen dem Begriff zentrale Bedeutung für die psychiatrische Diagnostik und die Psychotherapie zu.

Zum Unterschied von der psychoanalytischen

Trieb- und Ichlehre setzt er das *Subjekt* im vollen menschlichen Sinn voraus. Der Mensch strebt nach hohem Wert und fürchtet die Wertminderung. Der Terminus „beschämende Insuffizienz“ (S. 203) muß in dieser Perspektive verstanden werden. In ungünstiger Position sucht man den *Wertausgleich* gegenüber anderen, im scharfen Konflikt sogar den *Überwert*. Das *Selbstwertgefühl* – so relativ es im Einzelfall sein mag – drückt die Selbsteinschätzung aus.

Man beobachtet nicht selten, daß bucklige, körperlich häßliche und unscheinbare Leute besonders eitel sind, sich in Anzug und Frisur besonders elegant und gepflegt halten.

Ein gealtertes und wirklich sehr häßliches, zwerghaftes Fräulein gewöhnte sich in ihrer schizophrenen Psychose ein karikiertes süßliches Lächeln an und frug jedermann: „Habe ich nicht etwas Liebreizendes im Gesicht?“

Hinter dem betonten Zigarettenrauchen, Räuspern, Renommieren und Muskelzeigen halbwüchsiger Burschen steckt das uneingestandene Bewußtsein der erst halbfertigen Männlichkeit, und die vielbelächelten Protzereien des Emporkömmlings verraten für jedermann seine mangelnde innere Sicherheit im Verkehr mit der vornehmen Welt. *„Selbstwertleere* und *Selbstwertsuche“* (Storch 1918) bestimmen viele der unechten, schiefen, übermäßigen und karikierten Züge im Charakterbild entarteter Hysterischer und schizoider, anästhetischer Psychopathen, ebenso das Suchen nach einer eindrucksvollen Fassade, wo innerlich die Bausteine fehlen, den krampfhaften, oft lächerlichen, oft tragisch anmutenden Kampf, mit unechten Mitteln echten Eindruck zu machen, mit einer Öde im Herzen den verwöhnten Schöngeist darzustellen und warmes menschliches Gefühl zu zeigen, wo innerlich jede Resonanz erloschen ist.

In einer viel feineren Weise finden wir die Überkompensation in manchen Charakterzügen der *Sensitiven*. Die moralische Skrupelhaftigkeit des Zwangsneurotikers ist oft im Kampf mit schwer perversen oder ausschweifenden Sexualantrieben erworben. Und der überreizte Größenwahn zarter Künstler- und Gelehrtennaturen entspringt dem ständigen halben Unterliegen ihrer schwachen Natur unter den rauhen Stößen der Welt.

So entwickelt sich im Lauf des Lebens über den primären Trieb- und Temperamentsgrundlagen der Persönlichkeit ein ganzer Überbau von Kompensationen, Sicherungen, Hemmungen. Als „fiktives“ Leitbild der eigenen Persönlichkeit entsteht eine Art „Ideal-Ich“, das zeigt, wie man selbst gern sein und den anderen erscheinen möchte. Dies bildet sich als Anpassungsversuch an die Umwelt und könnte unter entsprechendem Erlebnisdruck die ganze Charakterentwicklung nach verschiedenen Seiten hin stark verbiegen. Das Ideal-Ich wirkt also auf die ursprünglichen Reaktionsmöglichkeiten der Persönlichkeit stark zurück. So kann z. B. ein Nervöser, je nach den auf ihn einwirkenden Zeitströmungen, geistigen Idealen, Erziehungsfaktoren, sich das eine Mal die fiktive Leitlinie des Herrenmenschen, das andere Mal des leidensseligen Märtyrers oder des kühlen Stoikers, das dritte Mal des verwöhnten Ästheten setzen und sich in die entsprechenden Verhaltensformeln einleben. Degenerative Hysteriker wechseln ihr Ideal-Ich öfters spielerisch wie Theaterrollen. Bei anderen geht die eine Lebensrolle bruchartig, anscheinend unverständlich und doch innerlich sinnvoll in die andere über, wie bei vielen Bekehrungen (Tolstoj). Für den geschulten Blick bleiben aber die Temperaments- und Triebgrundlagen durch das Ideal-Ich hindurch meist gut erkennbar. Denn manche Rollen passen nur für bestimmte Temperamente, und auch dieselbe Lebensrolle wird von verschiedenen Temperamenten mit charakteristisch verschiedener Tönung gespielt.

Die Resultante, die sich bei einem Menschen aus Selbstvertrauen und Insuffizienzgefühlen bildet, kann man als seine *„Selbstwertbilanz“* bezeichnen. Nur in pathologischen Fällen ist sie, jedenfalls äußerlich, eine ganz starre Größe. Gewöhnlich pendelt sie in leichten Schwankungen oder auch in schroffen Kontrasten hin und her. Die Selbstwerthaltung ist nichts Primäres, sondern ein kompliziertes Endresultat vieler Faktoren: Subdepressive Temperamentsfaktoren, schizoide Überempfindlichkeit oder Kontaktschwäche, konstitutionelle Reifungsstörungen und Triebmängel erzeugen leicht Insuffizienzgefühle. Umgekehrt findet man extreme Grade von Selbstüberschätzung bei Hypomanikern und besonders gefühlskalten Aktivisten. Dazu kommt das vitale Gesamtbefinden von der körperlich vegetativen Seite her mit seinen klimatischen, nutritiven und innerorganischen Abhängigkeiten – und natürlich die Erfolge und Mißerfolge im Lebenskampf. Wir finden also psychotherapeutisch in den ADLERschen Mechanismen bzw. Motiven nie das Letzte, sondern müssen bis zu den Charakterstrukturen vordringen, die die Selbstwertlage ebenso bestimmen.

13. Kapitel

Primitivreaktionen

Wenn wir nun auf die Einzeltypen der Erlebnisreaktionen in ihrer Beziehung zum individuellen Charakter eingehen, so ergibt sich alsbald eine Teilung in zwei, nicht streng voneinander getrennte Gruppen: *Primitivreaktionen* und *Persönlichkeitsreaktionen* (vgl. v. HOLZSCHUHER 1949).

Primitivreaktionen nennen wir solche Reaktionen, bei denen der Erlebnisreiz nicht eine entwickelte Gesamtpersönlichkeit völlig durchläuft, sondern sich unvermittelt in impulsiven Augenblickshandlungen oder in seelischen Tiefenmechanismen wieder äußert. Beides, die Impulshandlungen wie die Reaktionen der hypobulisch-hyponoischen Schicht, finden wir vorzugsweise bei primitiven Menschen, bei Kindern und Tieren. Deshalb fassen wir sie unter dem Namen Primitivreaktionen zusammen. Beim erwachsenen Kulturmenschen entstehen sie auf zwei Arten: Entweder ein überstarker Erlebnisreiz überwältigt die höhere Persönlichkeit, so daß dann die tieferen Schichten der Psyche gleichsam vikariierend an die Oberfläche kommen (vgl. S. 36). Oder wir haben es mit seelischen Entwicklungshemmungen, infantilen Persönlichkeiten, Schwachsinnigen, nerven- und willensschwachen Psychopathen, durch Schädeltrauma, Alkohol oder eine latente Schizophrenie Geschädigten zu tun. Dann braucht das Erlebnis nicht besonders stark zu sein. Schon auf gewöhnliche Lebensreize reagieren solche Individuen häufig primitiv, z. B. mit explosiven Affektausbrüchen, Kurzschlußhandlungen und hysterischen Entladungen. Wir sprechen dann von Entartungshysterie, „Affektepilepsie", impulsiver Verwirrtheit, haltlosen Psychopathen usw., wobei sich hinter diesen allgemeinen klinischen Kennworten die verschiedensten biologischen Entstehungen solcher Persönlichkeiten verbergen: hereditäre, intrauterine und späterworbene, traumatische, infektiöse und toxische.

Hier wollen wir nur die gemeinsamen psychologischen Mechanismen in all diesen bunten Bildern herausarbeiten und auf wenige, einfache Typen bringen.

Explosivreaktionen

Von Explosivreaktion sprechen wir überall dort, wo starke Affekte sich ohne zügelnde Überlegung elementar entladen. Die psychische Spannung wird zu groß und macht sich wie ein Gewitter in einer akuten Krise Luft, ob sie nun Nutzen oder Schaden stiftet. Typisch hierfür ist z. B. der *„Zuchthausknall"* der Sträflinge, ein Wut- und Schimpfanfall mit blindem Zerstören, der teils bei einmaligem bestimmtem Anlaß, teils als endliche Entladung lange angesammelten Ärgers eintritt. Ganz ähnliche Explosionen sah man auch im Krieg, etwa vor dem Abmarsch ins Feld, wenn zu der schweren inneren Affektspannung noch ein einziges ungutes Wörtchen eines Vorgesetzten hinzukam. Manche Menschen bekommen diese Diathese nur unter Alkoholwirkung, wo sie dann in sogenannten *pathologischen Rauschzuständen* plötzlich die schwersten Gewalttaten: Beleidigung, Prügelei, Totschlag und Zertrümmerung begehen, an die sie sich nachher nicht erinnern, ja die ihnen selbst vielleicht ganz unbegreiflich sind, besonders wenn sie ihrer sonstigen Wesensart direkt zuwiderlaufen. Diese mit oder ohne Alkoholwirkung eintretenden *Affektdämmerzustände* stellen umschriebene Ausnahmezustände mit Bewußtseinstrübung und nachherigem inselförmigem Erinnerungsausfall dar, und begünstigen hypobulisch-hyponoische Reaktionen. Es ist überhaupt ein Charakteristikum vieler seelischer Tiefenmechanismen, daß sie dort heraustreten, wo das Bewußtsein und damit die höhere Persönlichkeit ausgeschaltet oder entmächtigt ist (Traum, Hypnose, Dämmerzustand).

Mit diesen explosiven Affektkrisen haben bestimmte Formen *motorischer Krampfanfälle,* teils mehr „affektepileptischer", teils mehr hysterischer Art engste biologische Verwandtschaft. Beide sind *Ventilmechanismen,* die Erregungsüberdruck rasch und gründlich abführen. Auch im Einzelfall gehen beide motorischen Entladungsformen fließend ineinander über, indem das Toben und Schlagen mehr und mehr Krampfcharakter annimmt und umgekehrt auch die Krampfbewegungen häufig die Form von Affektausdrucksbewegungen haben. Derselbe Vorgang scheint sich entweder in einer höheren oder tieferen Schicht abzuspielen.

Häufig tritt auch das *blinde Weglaufen* als motorische Äußerung an Stelle einer Krampf- oder Schimpfszene. Der Betroffene weiß noch, daß er sich sehr geärgert hat, verliert dann die Erinnerung und ist erstaunt, sich nachher in einer unbekannten Gegend anzutreffen.

Man darf sich bei Explosivreaktionen nicht immer mit der Feststellung eines unmittelbar auslösenden Erlebnisses zufriedengeben. Häufig sind sie vielmehr Entladungen von langer Hand angelegter Spannungen und psychischer Konstellationen. Das frische Erlebnis ist nur der letzte Tropfen, der das Faß zum Überlaufen bringt.

Ähnliche Explosionen wie Zorn und Ärger macht auch die *Angst.* Man hat sie z.B. als Raptus melancholicus bei Gemütskranken beschrieben. In solchem Raptus können die krisenartig aufschwellende Angst und Verzweiflung nicht nur Selbstmord, sondern auch schwere Gewalttaten, vor allem Tötung der eigenen Familie im Sinne des erweiterten Selbstmordes, hervorrufen.

Kurzschlußhandlungen

Bei Kurzschlußhandlungen setzen sich affektive Impulse unter Umgehung der Gesamtpersönlichkeit direkt in Handlungen um. Auch hier wieder die mangelnde Zwischenschaltung, aber der Kurzschluß äußert sich nicht wie bei den Explosivreaktionen in Form einer elementaren motorischen Entladung, sondern komplizierterer Handlungen.

Ein junges Mädchen vom Lande, schwächlich, sanft und schüchtern, kommt in ihren ersten Dienst in die Stadt, sieht die ersten Wochen leidend und angegriffen aus, klagt aber nicht. Plötzlich eines Morgens steht das Haus in Flammen, die Kinder der Dienstherrschaft sind ermordet. Vor Gericht ergibt sich: Das Mädchen hat furchtbar Heimweh gehabt, fühlte sich übermüdet. Alles war ihm fremd. Es wußte nicht mehr aus noch ein, getraute sich niemand etwas zu sagen. Wenn von dem Haus und den Kindern nichts mehr da wäre, dann dürfte es heim: Diesen Zwischengedanken hat es gedacht oder auch nicht. Ein dumpfer, triebhafter, unerträglicher Zwang: „Nur fort!" Eines Morgens ist ihm nebelhaft und schwindlig im Kopf. Es weiß nicht, was mit ihm geschieht. Als es das Feuer unter der Treppe knistern hört, wird es ruhiger und klarer. – Oder die Tat geht mit einer grauenhaften Besonnenheit und Selbstverständlichkeit vor sich, vor der die Täterin selbst später wie vor einem unverständlichen Rätsel steht. Wir hören dann folgende Schilderungen (JASPERS 1909):

„Das Heimweh, das mit dem Tage des Dienstantritts begann, hatte schon am vierten Tag eine gewaltige Höhe erreicht, als ihr in ihrer trostlosen Stimmung plötzlich der Gedanke kam, Feuer anzulegen. Sie wußte auch sofort, wie sie es machen sollte, ohne an etwas anderes zu denken. Sie wurde von Bangigkeit getrieben und wußte sich nicht anders zu helfen. Der Gedanke wich nicht von ihr.

Nach drei Stunden führte sie ihn aus. Wie sie die brennende Kohle ins *Viehfutter* geworfen hatte, dachte sie etwa: Mag es brennen oder nicht, im letzteren Falle habe es auch nichts zu bedeuten."

Also, solche Kurzschlußhandlungen können mehr in Form eines umschriebenen, inselförmigen Ausnahmezustandes mit Neigung zu Bewußtseinstrübung auftreten, oder sie können nach Art einer normalen Handlung, in sich überlegt, mit Vorsicht und Geschick bei klarem Bewußtsein ausgeführt werden. In beiden Fällen aber ist die Kurzschlußhandlung charakterisiert durch das, was wir oben im Protokoll heraushoben: „ohne an etwas anderes zu denken". Die Handlung, zusammen mit dem affektiven Antrieb, der sie herbeiführte, bildet ein in sich geordnetes, sinnvolles Ganzes. Aber sie ist von der übrigen Persönlichkeit abgespalten, ein Teilstück für sich. Eine gewöhnliche Heimwehreaktion könnte in ihrem ersten Ansatz geradeso verlaufen wie diese. Jedes Dienstmädchen in ähnlicher Situation würde sehr leicht auf den Gedanken kommen: Das halte ich nicht mehr aus: ich muß heim um jeden Preis; oh, wenn doch eines Morgens das Haus verbrannt und meine Pflegekinder tot wären, dann dürfte ich weg. Bis hierher läuft die affektive Erlebnisenergie in beiden Fällen in derselben Bahn. Bei einem gewöhnlichen Dienstmädchen würde sie aber von hier aus noch einen langen, verschlungenen Weg durch den Gefühls- und Vorstellungsschatz der Gesamtpersönlichkeit zu durchlaufen haben: das Mitleid mit der Dienstherrschaft und den Kindern; die Rücksicht auf die Eltern, die Furcht vor der sicheren Verhaftung und Bestrafung; die in der Schule eingeprägten religiösen und moralischen Gebote usw. Nach der Zwischenschaltung aller dieser Vorstellungen würde der Impuls zur Brandstiftung und Kindertötung nicht mehr bis zur Tat führen können. Er würde durch ein Dutzend Gegenimpulse und Widerstände so gebremst, gehemmt und umgebogen sein, daß als motorische Reaktion am Schluß etwas ganz Harmloses zum Vorschein käme: Das Mädchen würde sich gehörig ausweinen oder ihrer Herrschaft beichten, im schlimmsten Falle kündigen oder weglaufen. Bei unserem kriminellen Mädchen aber ging der Heimwehimpuls nicht mehr durch das Filter der Gesamtpersönlichkeit, sondern schlug direkt auf die Psychomotilität durch und führte zu der Handlung, die für den Heimwehaffekt allein die nächstliegende und doch für die Gesamtpersönlichkeit die sinnloseste war. Dies nennen wir *Kurzschluß*.

Die *Heimwehreaktion* in Form von Brandstiftung und Kindertötung war früher ein typisches Syndrom bei 14–17jährigen Dienstmädchen. Meist handelte es sich um infantile, schwächliche Geschöpfe mit zurückgebliebener Pubertätsentwicklung, wo die heftige Heimwehreaktion offenbar auf der mangelhaften Lösung der psychischen Bindung an die Eltern beruht. In ihrer lammfrommen, schüchternen, autistischen Art zeigen solche Mädchen oft deutliche schizoide Züge.

Eine ganz analoge Kurzschlußhandlung sah ich bei einem jungen homosexuellen Kaufmann, dem der Vater wegen seines geschlechtlichen Lebenswandels im Zwist die Wohnungstür verschlossen hatte. Im augenblicklichen Ärger legte er auf dem Speicher des Elternhauses Brand, setzte sich, in weiblichem Falsett Opernarien singend, auf das Dach, um in dieser malerischen Pose in den Flammen seinem unglücklichen Leben ein Ende zu machen.

Auch finden wir den Sexualtrieb besonders häufig an der Wurzel von Kurzschlußhandlungen. Der Doppelselbstmord unglücklicher Liebespaare stellt ein typisches Motiv nicht nur in der Dichtung, sondern auch im realen Leben dar. Wir staunen über die Leichtigkeit, mit der heftige, akute Verliebtheit, die nicht gleich einen Ausweg sieht, den Selbstmord herbeiführt, und zwar auch bei ganz banalen, nicht besonders heroisch veranlagten Naturen. Oft steigt so die Gedankenverbindung *Liebe–Tod* mit einer eigentümlichen Gesetzmäßigkeit bei den verschiedensten Menschen als Furcht wie als Antrieb und oft ohne sinnvollen Zusammenhang auf. Im Volkslied ist das fast formelhaft geworden und bezeugt wohl eine der uralten Affektanastomosen, aber auch symbolische Berührungen zwischen Liebe und Angst.

Die *Pubertätszeit* mit ihrer seelischen Unausgeglichenheit, ihren extremen, verspannten Affektlagen, disponiert besonders zu Kurzschlüssen, vor allem zum Selbstmord, z.B. bei verpflanzten jungen Mädchen, Schülern

und Studenten. Ursächlich wirken die unglückliche Liebe, aber auch Heimweh, Angst vor dem Lehrer, dem Durchfallen in der Prüfung, einfache Fremdheits- und Leereerlebnisse, Vorahnung einer heraufziehenden Schizophrenie.
Der *Kindsmord unehelicher Mütter* ist oft eine typische Kurzschlußhandlung. Viele Fälle von *Fahnenflucht* im Krieg entstanden auf der gleichen Grundlage.

Ein etwas unbegabter Rekrut hat sehr unter seinem Feldwebel zu leiden. Auf der Rückfahrt vom Urlaub nach der Garnison steigt er auf einer beliebigen Station aus und verdingt sich in Uniform, wie er ist, bei einem Bauern zur Heuernte. Er denkt nicht mehr an die Truppe und gebraucht auch keine Vorsicht. Erst nach mehreren Monaten entdeckt man ihn.

Eine *zweite Gruppe* von Kurzschlußhandlungen ist deshalb noch schwerer verständlich, weil sie *ohne starken Affektdruck* vor sich geht. Einem anscheinend gleichgültigen Augenblicksantrieb folgend, wird eine Handlung begangen, die sich weder aus der Persönlichkeit des Handelnden noch aus dem Druck einer zwingenden Situation heraus ergibt.

Ein wohlhabender Student ist nach dem 1. Weltkrieg mit einer Freiwilligenformation ins Revolutionsgebiet abgerückt und wird dort ein paar Tage bei freundlichen Quartierleuten untergebracht. Vor der Rückreise zur Universität sieht er bei ihnen ein paar Bücher, die ihn flüchtig interessieren. Er nimmt sie, ohne um Erlaubnis zu fragen, mit. Ohne darin zu lesen, bringt er sie eingepackt nach Hause. Dort zerreißt und vergräbt er sie in dem Gefühl, etwas Peinliches getan zu haben.

Hier fehlt irgendein starker affektiver Antrieb. Der Täter konnte sich die Bücher um ein paar Mark im nächsten Laden kaufen. Wir finden nichts weiter als die *Irresistenz gegen einen flüchtigen Augenblicksimpuls* bzw. eine völlige Abspaltung dieser isolierten Handlung von den Tendenzen der Gesamtpersönlichkeit. Oft gehören diese motivschwachen Kurzschlußhandlungen zum weiteren schizophrenen Formkreis. Viele sind Initialsymptome einer später ausbrechenden Schizophrenie oder Anzeichen eines schizoiden Defektes. Auch brutale Grausamkeiten und Mordtaten können so unter einem Augenblickseinfall begangen werden. Manchmal steckt ein beginnender syphilitisch-paralytischer oder seniler Zerfall dahinter. Jedenfalls sind *affektschwache Kurzschlußhandlungen immer auf einen ernsten Zerfalls- oder Spaltungsprozeß der Persönlichkeit verdächtig.* Allerdings gibt es auch große Gruppen von anscheinend motivschwachen Kurzschlußhandlungen, hinter denen sich in Wirklichkeit doch starke affektive Triebkräfte verbergen. Diese stammen dann entweder aus starken, nicht unterdrückbaren perversen Nebenkomponenten der Persönlichkeit oder aus alten Komplexwirkungen. Hierher gehören viele Fälle von zwangsartig und anscheinend rätselhaft auftretenden Antrieben und Gelüsten, z. B. von sogenannter Kleptomanie (impulsivem Stehlen) und von sinnlosen Morden und Grausamkeitsdelikten. So entpuppen sich manche Warenhausdiebstähle wohlhabender Damen als einfache Sexualperversionen, indem etwa Samt oder Seide für sie sexuell lustbetont ist und das heimliche Entwenden solcher Stücke ihnen die höchste sexuelle Erregung verschafft. Für den symbolischen Diebstahl siehe Beispiel S. 140. Und manche unerklärliche Mordtaten besonders scheußlicher Art sind sadistische Akte, wie manche historisch berühmten Beispiele von Kinderschlächtern und Giftmischerinnen. Sogar Brandstiftung kann sich mit sexueller Erregung verknüpfen. Wir müssen allerdings zugeben, daß wir den psychologischen Mechanismus vieler Impulshandlungen noch nicht kennen, zumal viele gar nicht äußerlich bestimmten psychologischen Konstellationen, sondern z. B. endogenen *periodischen Verstimmungen* entspringen.

Hypobulische und hyponoische Reaktionen

Es ist ein Vorrecht der unterlegenen Tiere, Kinder und seelisch nicht fertigen Menschen, durch *Verstellung* ihres körperlichen und seelischen Gesamtzustandes, indem sie sich verletzt, krank, kindisch, toll oder tot stellen, den Zweck zu erreichen, peinlichen Situationen zu entgehen und gewünschte herbeizuführen. Vielen dieser Verstellungen und Täuschungen scheint etwas Instinktives anzuhaften. Viele andere werden allerdings mit vollem Zweckbewußtsein bewerkstelligt, aber doch meist von seelisch minderentwickelten Menschen, von Infantilen, Nervenschwachen, Imbezillen und ethisch Defekten. Dies gilt für gewöhnliche Verhältnisse, während unter starkem affektivem Erlebnisdruck auch hochentwickelte, gefestigte Menschen neben allen anderen Primitivmechanismen mit Verstellungstendenzen reagieren können. So wurde im Krieg von guten Beobachtern (Wetzel 1921) festgestellt, daß bei schwerem, akutem Schreck und Tod der nächsten Kameraden tüchtige, stramme Soldaten kurzdauernde Dämmerzustände bekamen, in denen sie auch nach Art einer Pseudodemenz oder eines *Ganser*-Syndroms sich kindisch theatralisch gebärdeten und „vorbeiredeten". Es folgte ein schlagartiges Erwachen. Die volle, kräftige Persönlichkeit war sofort wiederhergestellt und dachte nicht an Vortäuschung und Flucht aus dem Frontdienst.

Die *Verdrängung* dürfen wir als einen den Verstellungsphänomenen nahe verwandten seelischen Mechanismus auffassen. *Die Verdrängung ist die Verstellung vor sich selbst.* Deshalb finden wir sie so häufig in einem innigen Funktionszusammenhang, der hysterische und andere neurotische Bilder kennzeichnet. Unter Verdrängung verstehen wir das Hinausschieben unliebsamer oder ambivalenter Tatbestände aus dem Blickpunkte des Bewußtseins in seine Sphäre, die Vogelstraußpolitik gegenüber den eigenen Seelenvorgängen. Aus verdrängten Erlebnissen bilden sich mit Vorliebe sphärische Komplexe, aus denen sowohl hypobulische und hyponoische Mechanismen, als auch die tendenziösen Verstellungsbereitschaften gespeist werden können, so daß Verdrängung und Verstellung sich dann beständig in die Hände arbeiten. Was man landläufig Hysterie (E. Kretschmer 1974) nennt, stellt ein Geflecht jener Mechanismen dar. Dabei muß allerdings betont werden, daß nicht alle Hysteriker ihre Komplexe verdrängen. Bei vielen sind sie bewußt oder mindestens leicht bewußt zu machen. Auch die Umsetzung des Komplexes in die sichtbaren hysterischen Symptome kann sphärisch, aber auch bewußt vor sich gehen, ohne daß die resultierenden Bilder sich wesentlich voneinander unterscheiden müssen. Wir finden also alle Kombinationen zwischen sphärischer und bewußter Komplexwirksamkeit in der Hysterie.

Besonders deutlich und gehäuft erscheinen Pseudodemenz, Ganser- und Faxensyndrome und verwandte Produktionen bei degenerierten Häftlingen, die einer gerichtlichen Bestrafung entgehen möchten. Hier kommt die Verstellungstendenz als selbständiges psychologisches Bild zum Vorschein, in allen Schattierungen, von der durchtriebenen Simulation bis zu der im Dämmerzustände sich gleichsam automatisch einschaltenden Triebhandlung. Das Verhalten ist so, wie der Laie sich einen kindischen Blödsinn, einen „Verrückten" oder einen „wilden Mann" vorstellt. Diese Bilder können sich beliebig mit anderen Primitivmechanismen kombinieren.

Viel häufiger als in dieser selbständigen Rolle finden wir die Verstellungstendenz als aus dem Hintergrund wirkende dynamische Teilkomponente, die andere, objektiv vorhandene Symptomgruppen, z. B. echte Primitivreaktionen, Reflexbilder oder leichte körperliche Erkrankungen, unmerklich verstärkt und heraushebt. Die heutige Psychiatrie ist geneigt, nur solche Symptombilder als hysterisch zu bezeichnen, in denen eine tendenziöse Komponente, ein Zweck durchblickt, sei es in Form eines aktiven Begehrens oder eines passiven Sichgehenlassens, einer „Flucht in die Krankheit". Reaktionen auf Schreck und Bedrohung sind nicht als „Hysterie" zu bezeichnen. Es kann vorkommen, daß eine große Zahl von Menschen gleichzeitig von einer schweren Katastrophe, z. B. einem Erdbeben (Stierlin

1909) betroffen wird. Von den Geretteten zeigt eine beträchtliche Zahl die Spuren des frischen Affektschocks in Form von hypobulisch-hyponoischen Mechanismen (z.B. Dämmerzuständen, schweren Träumen, katatonieähnlichem Stupor, Paniksymptomen) und Erregungserscheinungen am Reflexapparat (Zittern, Tic, Krämpfe, Herzgefäßstörungen). Jede Art von akutem und chronischem Affekt läßt unmittelbar reflektorisch die körperlichen Organe funktionell mitschwingen (S. 45). Nach ein paar Stunden oder Tagen sondern sich diese, zunächst gleichartige, frische Schreckreaktionen zeigenden Menschen in zwei Gruppen: die nicht Versicherten sind wieder ganz ruhig und gesund geworden. Diejenigen aber, die bei verbleibender Schädigung eine Rente erwarten dürfen, zittern und zucken eventuell durch Jahr und Tag weiter. Erst von dem Punkt an, wo diese Zweckkomponente begonnen hat, verstärkend und konservierend in den ursprünglich rein automatischen psychologischen Ablauf einzugreifen, sprechen wir von Hysterie.

In dieser Art kann sich jede Form von körperlichem oder seelischem Spontanvorgang *„hysterisieren"*. Jemand hat eine leichte Verletzung, einen Rheumatismus, einen Kehlkopfkatarrh, eine begründete seelische Verstimmung gehabt. Wirkt nun in der Zeit, wo diese Störungen in spontanem Abklingen begriffen waren, ein seelischer Reiz auf ihn ein, der geeignet ist, ihm die Fortdauer der Störung innerlich wünschenswert zu machen, so mag der Heilungsvorgang sich stark verzögern oder gar nicht eintreten. In scheinbar rätselhafter Weise bleiben nun der Husten, der Schmerz, das Hinken bestehen oder verstärken sich sogar. Es treten uns, wenn wir in der therapeutischen Sitzung einen Tic, eine Schmerzstelle, ja nur eine leichte Gangstörung beheben wollen, alsbald kräftige Bewegungsstürme und elementare Negativismen, eventuell auf Suggestion hin sprunghaft wechselnd, entgegen. Die Motive solcher Wunsch-, Zweck- und Abwehräußerungen können verschieden sein: eine Rente bekommen, einer unglücklichen Ehe entgehen, Schonung, Liebe und Mitleid erzwingen oder auch nur sich anstaunen lassen, eine große Rolle spielen, einem Protest oder Ärger Ausdruck geben usw. Es gibt ebenso banale Augenblicksanlässe wie indirekte Wirkungen alter Komplexe.

Es bedarf aber nicht einmal akuter Affektstöße oder Krankheiten, um den Verstellungstendenzen einen Angriffspunkt zu bieten, wenn auch episodische Anlässe meist zum Sichtbarmachen einer Tendenz benutzt werden. Jemand kann auch eine *angeborene Organminderwertigkeit* oder eine Disposition zu *leichter Reflexerregung* besitzen, die er dann verstärkt und zur Erreichung seiner Zwecke ausbaut, sobald er unter die Herrschaft einer primitiven Wunsch- und Abwehrtendenz geraten ist. So kann ein nervöser Mensch von Haus aus eine labile Gehirndurchblutung oder einen leichten habituellen Tremor haben und diese leichten Dispositionen bei gegebenem Anlaß durch einen Zweckimpuls zum hysterischen Kollaps oder zum heftigen Schüttelzittern erweitern.

Auf welchen Wegen kommt nun diese rätselhafte Umschaltung zustande, durch die etwa ein Rentenwunsch sich in eine schlaff zyanotische Lähmung oder der Widerwille gegen den Ehemann in einen Tic verwandelt? Wir unterscheiden folgende, vielfach miteinander sich kombinierende Möglichkeiten:

1. die zweckvolle Vortäuschung,
2. die hysterische Gewöhnung,
3. die willkürliche Reflexverstärkung,
4. die hyponoisch-hypobulische Abspaltung.

Zum ersten ist zu bemerken, daß manche Degenerierte und Psychopathen vermöge abnormer angeborener Reflexdispositionen Dinge willkürlich produzieren können, die beim gewöhnlichen Menschen dem Willen nicht direkt zugänglich sind, wie es z.B. Menschen gibt, die spielend leicht erbrechen, zittern, in Ohnmacht fallen. Man muß also mit dem negativen Urteil, daß ein gewisses Symptombild schlechterdings nicht willkürlich hervorgebracht werden könne, vorsichtig sein.

Die *hysterische Gewöhnung* entspricht normalen psychophysischen Grundgesetzen, die wir nur zu wenig beachten. Keine unserer Handlungen wird von Anfang an bis zum Schluß mit dem bewußten Willen durchgeführt. Der Wille regt über eine Zielvorstellung hinweg die Bildung einer fertigen Schaltung, eines „*Gelegenheitsapparats*" (BLEULER 1969) an, der bewußt oder nur durch einen Affekt ausgelöst, exakt und selbständig funktioniert. Benutzt man nun einen solchen Gelegenheitsapparat längere Zeit, so wird er sich durch Übung *formelhaft verkürzen* (vgl. S. 83). Er wird sich drittens *einschleifen,* d.h. immer sicherer und glatter laufen, bis er sich viertens *vom Willen emanzipiert,* nach Art eines *bedingten Reflexes* automatisch auftritt und nun ohne den Willen funktionieren kann, wie unsere Hand gelegentlich am hellen Tag, beim Hinausgehen durch die Tür, unwillkürlich den elektrischen Schalter drückt. Wir bewegen uns also größtenteils nicht mit ausführlich differenzierten Willensantrieben, sondern indem wir eingeschliffene, verselbständigte, halbautomatisierte *Verkürzungsformeln* in Gang setzen.

Bei einer leichten Ischias wird als unbedingter Reflex eine bestimmte Schmerzschutzstellung geschaltet und bei längerer Dauer formelhaft eingeschliffen. Bei normalem Genesungswillen schaltet sich diese Reaktion aus, sobald der Reiz verschwindet. Ist die Persönlichkeit jedoch in eine tendenziöse Einstellung geraten, die sie am Aufhören der Störung desinteressiert oder an der Fortdauer interessiert, so wird die Schonhaltung zum Gelegenheitsapparat. Der Patient hinkt zunehmend, was automatisch ad infinitum weiterläuft, weil kein fremder Wille eingreift. Hypobulische Abspaltungen in Form von Lähmungen treten bei längerer Dauer meist hinzu.

Die *willkürliche Reflexverstärkung* (vgl. S. 120) kann nur auf bestimmten Wegen erfolgen. Greift der Wille mit genau intendiertem Bewegungsziel in den Reflexablauf ein, so stört und zerstört er ihn. Er verstärkt ihn aber, wenn er ihm mehr sphärisch und diffus Energie zuströmen läßt. So können wir z.B. einen Zitterreflex willkürlich steigern, wenn wir nicht die Zitterbewegung nachzuahmen versuchen, sondern nur die zitternden Muskeln diffus hypertonisieren (kontrahieren). Eine andere Form der willkürlichen Reflexverstärkung bezeichnen wir als *Affektgewinnungstechnik.* Der Hysteriker reichert sich Tag für Tag affektiv an, sucht jede kleinste Gelegenheit zur Aufregung, um durch solche Affektreize seine Reflexmechanismen, sein Zittern, seinen Tic, sein Herzklopfen, seine Kampfbereitschaft ständig zu speisen und zu unterhalten. Derartige Wege, um automatische Mechanismen psychischer, sensorischer und motorischer Art in Gang zu halten, gibt es viele. Schmerzen werden durch die beständig hingelenkte Aufmerksamkeit herausgehoben, am Abklingen verhindert und zuletzt eingeschliffen. Auch Verstimmungen und Erregungszustände lassen sich durch künstliches Hineinsteigern unter Zuhilfenahme der Motilität (Auf- und Abrennen, Schimpfen, forciertes Atmen) bis zur äußersten Erhitzung und dem Eintritt echter Explosivreaktionen, Krämpfe und Dämmerzustände absichtlich in die Höhe treiben. Man nennt dies „Affektpumpen". Bei Sträflingen und nervös-moralisch Defekten sieht man dies recht häufig, mit oder ohne Zuhilfenahme von Alkohol.

Hysterische Gewöhnung, willkürliche Reflexverstärkung und Affektgewinnung kann man als klassische oder als operante Konditionierung interpretieren.

Hyponoisch-hypobulische Abspaltungen

Bei manchen Entartungshysterikern, schizoiden Psychopathen und Degenerierten sind die seelischen Tiefenapparate schon durch Gelegenheitsstörungen sehr leicht von den höheren Steuerungen dissoziierbar (phantastische, halluzinatorische oder traumhafte Phänomene, Dämmerzustände – S. 93 – oder Bewegungsanfälle – S. 115). Denn triebgekoppelte Schlüsselreize greifen oft unmittelbar in den Bewegungsapparat ein.

So gehen im Hysteriegebiet die tendenziösen Verstellungen von der nackten Simulation durch alle Übergänge und Kombinationen bis zu der triebhaft katathymen, hyponoischen Symbolisierung hinüber.

14. Kapitel

Persönlichkeitsreaktionen

Die Primitivreaktionen entziehen sich der vollen Zensur durch die Gesamtpersönlichkeit und entstehen, wo die Persönlichkeit nicht geschlossen und nicht voll entwickelt ist. Sie haben nicht den persönlichen Konsens, ja können ihr geradezu widersprechen und aus ihrem sonstigen Verhalten isoliert herausfallen. Primitivreaktionen sind daher bis zu einem gewissen Grad unspezifisch und können bei entsprechender Erlebnisstärke in jeder Art Persönlichkeit ablaufen, auch wenn sie vorzugsweise zum primitiven Typus gehören.

Im Gegensatz dazu nennen wir *Persönlichkeitsreaktionen* solche Verhaltensweisen, bei denen die volle Persönlichkeit intensiv und bewußt mitgearbeitet hat, so daß sie geradezu den *reinsten und prägnantesten Ausdruck der Gesamtindividualität darstellen.* Persönlichkeitsreaktionen sind also spezifisch, auf bestimmte *Charakteranlagen* und *Erlebnisreize* beschränkt, und entstehen nur dort, wo auf eine bestimmte Individualität ein bestimmtes, zu ihr passendes Erlebnis einwirkt.

Milieuprägungen

Es ist kein Zweifel, daß bestimmte straff und speziell organisierte *Berufe,* wie etwa der des Offiziers oder des Geistlichen, der Gesamtpersönlichkeit ihrer Mitglieder einen Stempel aufprägen, dessen Bedeutung weit über das ursprünglich in ihrer Anlage Vorgebildete hinausgeht (vgl. S. 174). Es gibt Berufe und Lebensumstände, die bei ihren Angehörigen geradezu typische krankhafte Reaktionsformen züchten. So sprach man z.B. von Gouvernantenpsychosen. Ein oft demütigendes Milieu schafft ein scharf defensives Selbstgefühl und bei entsprechend veranlagten Menschen fast unerträgliche innere Gegenspannungen, die dann nur noch eines bestimmten Erlebnisanstoßes zum neurotischen Umschlag bedürfen. So entwickelte sich bei älteren Gouvernanten gern eine bittere und empfindliche Nervosität. Kamen noch eine einzelne starke Kränkung oder ein peinlicher ethischer Konflikt dazu, so bildeten sich mit psychologischer Konsequenz wahnhafte Beeinträchtigungs-, Beziehungs- und Verfolgungsideen aus dieser labil-explosiven Gemütslage heraus. Beim Volksschullehrer, wo früher mit energischem, idealem Höherstreben ein Mangel an äußerer sozialer Anerkennung empfindlich kontrastierte, entfalteten sich paranoische Anlagen besonders leicht. Wir sahen mehr als anderswo Menschen, die gegen Umwelt, Vorgesetzte und Behörden dauernd in gespannter Alarmbereitschaft standen, immer auf dem Sprung, sich zurückgesetzt, gekränkt, belächelt zu fühlen. Es ist klar, daß auf dem Boden einer solchen Milieubedrängnis viel leichter als sonst schwere, chronische Nervositäten, abnorme Affektexplosionen, Neurosen und paranoische Entwicklungen wachsen. Ganz ähnlich färbten auch die Ressentimentgefühle des Klassenkampfes beim Fabrikarbeiter oft auf seinen Rentenkampf und die daraus hervorgehenden Rentenneurosen ab.

Heute sind mit den Fluktuationen der Gesellschaft auch die Milieueinflüsse und ihre krankhaften Auswirkungen weniger scharf zu erkennen, wenn sie auch nicht weniger intensiv vorkommen. Quantitativ meßbare Leistungen in meßbarer Zeit als Bewertungsmaßstab schaffen Dauerspannungen im Einsatz der gesamten Persönlichkeit. Fortgesetzte Belastungen des Selbstbewußtseins ergeben sich insbesondere aus dem *Verdecken* der menschlichen Bezüge, z.B. in der unübersichtlichen Komplexheit der gesellschaftlichen Organisationen und der indirekten aber präzisen Aufsicht, die etwa durch die steigende Schnelligkeit der Kontrolle gestrafft wird. Gegenüber der früher betonten mutigen und offenen Konfrontation mit dem Gegner oder der schwierigen Aufgabe treten der *indirekte Kampf* und das *Ausweichen* mehr in den Vordergrund. Man begründet dies mit der Rücksicht auf den anderen, obgleich tatsächlich die Furcht vor der Unannehmlichkeit, aber auch vor Geldverlust und Behinderung des sozialen Aufstiegs den Ausschlag geben. In dieser Haltung gedeiht jedoch kein gesundes Selbstbewußtsein, sondern eher *Weichlichkeit und geringe Resistenz des Charakters*. Die Erziehung idealisiert äußere Fähigkeiten, äußeren Vorteil und rasche Umstellung, während für die Entfaltung positiver Gemeinschaftsgefühle und für das Wachsen beständiger Wertbindungen wenig Raum übrig bleibt. Aus all dem folgt nicht nur Rücksichtslosigkeit der Stärkeren und Unempfindlichen, sondern auch pathogene Unsicherheit, Überempfindlichkeit und Verletzlichkeit der Schwächeren. Der *Verdeckungstendenz* entsprechend verschwinden zunehmend primitive und hysterische Reaktionen und somit die unmittelbaren Entlastungen.

Die Schwerpunkte der Milieubelastung liegen in folgendem: Das Leben in der Stadt hat trotz großer Bequemlichkeit die große Einsamkeit nicht verhindern können, was sich in depressiven Reaktionen und Trunksucht auswirkt. Chronische Dauerspannungen werden durch Verbreiterung und Höherstufung der Lebenskonkurrenz sowie durch bestimmte Formen der politischen Führung (Geheimpolizei, Parteidenunziation usw.) aufrechterhalten oder verschärft. Umgekehrt: Wo *Risiko* und echter Lebenskampf abgenommen werden (Versorgung, Sicherung), kann sich der Charakter nicht kräftigen und festigen. Die nervöse oder depressive Ungeselligkeit, häufig Wurzel seelischer und körperlicher Beschwerden, ergreift alle Berufsstände und beide Geschlechter immer mehr gleichartig, so daß typische gruppengebundene Krankheitsbilder seltener werden.

Im Lebenskreis der sogenannten *alten Jungfer* kombinieren sich besonders intensiv biologische und von außen wirkende psychologische Momente. Das Zölibat, der mehr oder weniger unfreiwillige Ausfall der normalen Sexual- und Fortpflanzungsbedingungen, begünstigt bei bestimmt veranlagten Menschen seelische Umbildungen, Mißbildungen und auch reaktive Seelenstörungen. Wo früher die Frauenberufe fehlten, war dem unverheirateten Mädchen eine ersprießliche Tätigkeit versagt, und es wurde in ungünstigen Fällen zu einem mit Nichtigkeiten ausgefüllten, materiell dürftigen, in der Enge eines Jungfernstübchens und dem Horizont einer Kleinstadt verkümmernden Dasein verurteilt, wie das mutatis mutandis auch heute noch vorkommt. Der daraus oft resultierende pedantische, säuerliche, zimperliche, eventuell bigotte Charakter ist bekannt. Die normalen erotischen Gemütsbedürfnisse kommen bei gutartigen Personen dann in einer Neigung zum gewerbsmäßigen Heiratsstiften im Familien- und Bekanntenkreis, bei weniger freundlichen aber in einer Neigung zu boshaften Schnüffeleien und Klatschereien über den sittlichen Ruf anderer Leute zum Ausdruck.

Auf spezielle Erlebnisreize hin entwickeln sich bei alternden Mädchen dann besonders leicht hysterische und psychosomatische Symptome, aggressive, hartnäckige Querulationen wegen vermeintlicher Heiratsansprüche, zwangsneurotische oder sensitiv-paranoische Ideen auf Grund ethischer Skrupel oder Konflikte mit dem nicht erloschenen Sexualtrieb, oder eigentümlich stille, katathyme Liebeswahnformen, wo z.B. ein längst entschwundener Jugendgeliebter oder ein kaum von der Ferne schüchtern angebeteter, spätgeliebter Mann durch Jahr und Tag mit Zuversicht erwartet wird.

Auslösung, Richtung, Charakterresistenz

Solche Erlebnisse, die besonders geeignet sind, aus einer bestimmten Persönlichkeit gerade die für sie bezeichnenden Reaktionen herauszuholen, nennen wir *Schlüsselerlebnisse*. Schlüsselerlebnis und Charakter passen zusammen wie Schlüssel und Schloß, wie Komplement und Ambozeptor, besonders wenn noch bestimmte Milieuformen kumulierend wirken. So kann das Erlebnis einer kleinen sexualethischen Niederlage spezifisch reizend auf den *sensitiven Charaktertypus* wirken, während es an einer *querulatorischen Kampfnatur* vielleicht spurlos vorübergeht. Umgekehrt kann ein verlorener Zivilprozeß für einen sensitiven Menschen eine bald vergessene Banalität darstellen, während er in einer expansiven Natur alle Kraftreserven zu rücksichtslosem Kampf mobilisiert. Andererseits wird dasselbe Erlebnis, etwa eine unglückliche Liebe, von verschiedenen Charakteren verschieden verarbeitet, was sich dann als Reaktion nach wenigen, typisch verschiedenen Richtungen weiterentwickelt. Ein *expansives* Mädchen wird in der Untreue ihres Geliebten eine schnöde Kränkung ihres Selbst und eine Schande für den Mann sehen, während ein sensitives Mädchen nur die eigene Niederlage und Beschämung erblickt. Ein *infantil-hysterisches* Geschöpf wird, den unliebsamen Tatbestand bald verdrängend, zuletzt nichts mehr zurückbehalten als ein peinliches, dumpfes Mißbehagen und triebhaftes Wünschen, das sich z. B. später in ein paar hysterischen Anfällen entlädt.

Da alles Leben sich zwischen den Polen Ich und Außenwelt vollzieht, bekommt auch der unmittelbare, subjektive Tatbestand unseres *Erlebens* eine *bipolare Gestalt*. Unser psychisches Verhältnis zur Außenwelt ist ein Kräftespiel, in dem wir abwechselnd bald das Gefühl der Überlegenheit, der freudigen Kraft, des Beherrschens und Handelns, bald das der Unterlegenheit, des mutlosen Erleidens, der Niedergeschlagenheit und Beschämung empfinden. Jenes nennen wir *sthenisches,* dieses *asthenisches* Erleben. Je nach Temperament, Milieu und Erziehung ist die komplexe Lebenseinstellung mehr dem sthenischen oder mehr dem asthenischen Pol zugewandt, so daß wir nach dem Durchschnitt ihrer Persönlichkeitsreaktionen mehr sthenische und mehr asthenische Charaktere unterscheiden. Schon bei den *Primitivreaktionen* zeigte sich diese vorwiegende Orientierung nach Angriff oder Flucht, indem z. B. Explosiv- und Kurzschlußhandlungen bei den *sthenischen* Persönlichkeitstypen sich durchschnittlich mehr in aggressiven Wutausbrüchen und Gewalttätigkeiten, bei den *asthenischen* mehr in Angst- und Verzweiflungstaten oder blindem Weglaufen äußern, oder indem die hysterische Verstellung von den einen mehr zur Ausübung ihrer tyrannischen Machttriebe, von den anderen mehr zur „Flucht in die Krankheit" vor den drohenden Aufgaben des Lebens verwendet wird.

Es ist kein Zweifel, daß die sthenische oder asthenische Orientierung und damit die *Resistenzfähigkeit* des Charakters durchschnittlich vorwiegend in der *Temperamentsanlage* wurzeln. Der *hypomanische* Mensch neigt zur sthenischen Lebenseinstellung, zu Lust und Zorn, zu naivem, unerschütterlichem Selbstgefühl und Optimismus, zu einem manchmal drolligen Überzeugtsein vom eigenen Wert und der eigenen Leistung. Der schwerblütige *Zykloide* ist dagegen prädestiniert zu Verzagtheit, Bescheidenheit, mangelndem Selbstvertrauen und Unternehmungsmut, zu Selbstverkleinerung, Schuldgefühl und langen depressiven Reaktionen. Auch unter den *schizoiden* Temperamenten ist die komplexe Lebenseinstellung charakteristisch verschieden, wenn auch nicht so einfach auf den Begriff zu bringen. Im allgemeinen ertragen viele der *zarten Hyperästhetiker* die durchschnittliche Erlebnisstärke des gewöhnlichen Menschenlebens nicht, sie werden schon durch ein kleines Scherzwort, einen banalen Alltagsärger im Innersten getroffen und fühlen sich daher beständig aufs tiefste angegriffen und verwundet. Sie neigen zum asthenischen Erleben, zu schroffen Insuffizienzgefühlen und peinlichen Komplexwirkungen, zur Flucht aus dem Leben in das stille Reich der unbelebten Natur oder weltferner Ideale und Liebhabereien. Oder sie bilden überkompensierend ein überreiztes und labiles Selbstgefühl, das jeden Augenblick wieder in schmerzliche Niederlage umzuschlagen droht. Umgekehrt bewirkt ein gewisser Grad autistischer Einengung durch Psychästhesie, daß die *allopsychische Resonanz,* die *Einfühlung* in fremdes Erleben gedämpft, die *autopsychische,* für eigenes und verwandtes Denken und Fühlen aber sehr lebhaft ist. Das bewirkt oft geradezu groteske Grade von Selbstüberhebung und Selbstvergötterung, von Verachtung und Ignorierung der Umwelt, von überspanntem und rücksichtslosem sthenischen Empfinden und Handeln, das nicht, wie beim Hypomanischen, von einer heiteren Naivität getragen ist, sondern sich schroff, fanatisch, blasiert oder brutal ausdrückt. Weist die asthenische Einstellung des schizoiden Hyperästhetikers leicht einen nervösen, bitteren, mißtrauischen, zum Ressentiment neigenden Zug auf, so kontrastieren damit die weiche, gutmütige Bescheidenheit und Verzagtheit des schwerblütigen Zyklothymen.

Bei ausgesprochen *sthenisch* reagierenden Charakteren finden wir die verschiedensten Mischungen von zyklothym hypomanischen und schizothym fanatischen Temperamentsanteilen, wie denn z. B. die Beziehungen der *Expansivparanoiker* und *Querulanten* einerseits zur chronischen *Manie,* andererseits zu gewissen paranoiden oder paraphrenen Gruppen der *Schizophrenie* wohlbekannt sind. Demgegenüber beobachten wir manchmal unter den vorwiegend asthenisch reagierenden Sensitiven der zwangs- und beziehungsneurotischen Gruppe konstitutionelle Doppelverwandtschaften nach der Seite der feinen schizoiden Hyperästhetiker und der zykloid Depressiven hin.

Außer der *sthenischen* und *asthenischen* Lebenseinstellung gibt es noch eine dritte grundsätzliche Lösung des Problems Ich und Außenwelt, die weder im Sieg noch im Unterliegen, sondern im einfachen Rückzug auf sich selbst besteht: die *rein autistische Lebenseinstellung* eines Herzens, das seine Wonne und seine Pein allein haben will. Die Psyche, von den Unbilden der Umwelt behutsam abgekapselt und in sich verborgen, erfüllt sich ihre aufsteigenden Wünsche in angenehmen Tagträumen und lieblichen oder stolzen Zukunftshoffnungen, ohne darum gekämpft zu haben und ohne durch einen Widerspruch gestört zu werden. Oder sie ängstigt sich mit phantastischen Hirngespinsten, die sie selbst erzeugt hat. Derartiges ist ein Vorrecht der mehr passiv indolenten und triebschwachen Gruppe der Schizoiden und nur auf ihrer Temperamentgrundlage möglich.

Wir brauchen nicht zu sagen, daß sthenische, asthenische und rein autistische Reaktionen auf Umweltreize sich in jeder denkbaren Kombination durchkreuzen und einzeln akzentuieren können. Wie sich denn zuweilen schwere asthenische Gewissensquälerei nach Jahr und Tag bei steigendem Affektdruck in gewaltsamen, offensiven Affekthandlungen entlädt, oder ein zarter Hyperästhetiker seinen beständigen Verwundungen endlich in der Verborgenheit rein autistischer Resignation entgeht. Auch greifen *Primitivreaktionen* und *Persönlichkeitsreaktionen* oft ineinander. Ein Erlebnisreiz kann eine lange, komplizierte Entwicklung durchmachen, dann plötzlich wie durch einen Kurzschluß von der seelischen Oberfläche verschwinden und in einem hysterischen Symptom, einem Tic oder einer Gangstörung an einer ganz unerwarteten Stelle wieder zum Vorschein kommen. Oder eine solche Persönlichkeitsentwicklung wird in einer explosiven Affektkrise plötzlich abreagiert und zum Schluß gebracht. Das geschieht bei ausgesprochen sthenischen Naturen.

Eine reiche, herbe und stolze Bauerntochter (Villinger 1920), von einem russischen Kriegsgefangenen geschwängert, ermordet das Kind und wird verhaftet. In wenigen Tagen verwandelte sie diese für ihre kräftige, selbstbewußte Natur unerträgliche Situation in einem nächtlichen Gebetskampf, in dem sie rang, bis ihr der Schweiß in Strömen herunterrann und sie endlich in Halluzinationen den Himmel für sich offen sah. Danach war sie gesund, heiter und fest.

Wir bezeichnen Reaktionen dieser Art als *akute sthenische Krisen.* Sie sind recht selten, weil kräftige Naturen nur in einer streng geordneten Gesellschaft so tief erschüttert und eventuell zu Ausnahmezuständen gebracht werden.

Einfach *asthenisch* reagieren am deutlichsten solche Menschen, die zugleich schwerblütigweich und hyperästhetisch sind. Bei jedem ernstlichen Erlebnisstoß verfallen sie in depressiv-nervöse Zustände, wo sie sich ganz müde, verwundet und wehrlos fühlen und nicht mehr aktiv denken. Selbstverständlich gehören auch die so häufigen einfach reaktiven Depressionen der schwerblütigen Zykloiden hierher, wie zu den Schizoiden die entsprechenden nervösen Verstimmungen und Verzweiflungsanfälle.

Expansive Entwicklungen

Umfassenderes psychologisches Interesse haben die seelischen Entwicklungen stark kontrastierter Charaktere, wo eine vorwiegend sthenische Charakteranlage durch einen scharfen asthenischen Gegenpol gereizt wird oder umgekehrt. Erstere nennen wir *expansive,* letztere *sensitive* Naturen.

Die schönsten Beispiele expansiver seelischer Entwicklungen finden wir bei der Paranoia der *Querulanten,* auch bei gewissen Fällen von Eifersuchts- und Verfolgungswahn. Wir sehen dort ein ausgesprochen sthenisches Empfinden: Kampfnaturen von fanatischer Zähigkeit, von einer zornmütigen, rücksichtslos offensiven Art und einem schroff hochmütigen, geradezu überspannten Selbstwertgefühl. Gehen wir aber in die Tiefe, so finden wir im Innersten einen wunden Punkt, eine überempfindliche, nervöse Verletzbarkeit, einen verborgenen Herd alter Insuffizienzgefühle. Gerade wo das Selbstgefühl besonders überspannt und der Angriff gegen andere Menschen besonders scharf und vergällt ist, da müssen wir am meisten nach asthenischen Komplexen in der Tiefe suchen: nach einer nicht überwundenen Kränkung mit peinlichem Ohnmachts- und Beschämungsgefühl, nach einem Ressentiment, einem inneren Gebrechen, einer Niederlage im Konkurrenzkampf oder einer Furcht davor. Denn rein sthenisch empfindende Naturen sind ruhig und sicher in ihrem Selbstwertgefühl und ohne Nervosität fest und gewiß auch im schärfsten Kampf. Wo wir aber eine überspannte und maßlose Offensive gegen die Umwelt sehen, da müssen wir meist *Überkompensation* vermuten, einen *asthenischen Stachel,* der im sthenischen Empfinden sitzt.

Der Hauptlehrer Wagner (Gaupp 1914), äußerlich ein Mann von maßlosem Selbstgefühl und schroffer, verletzender Menschenverachtung, schmiedet durch viele Jahre grausam überlegte Rachepläne gegen seine frühere Gemeinde Mühlhausen, von deren Angehörigen er glaubt, sie hätten durch üble Nachrede seinen Leumund zerstört. Im Jahre 1913 überfällt er eines Nacht, wohlausgerüstet mit Mordwerkzeugen, das ahnungslose Dorf, steckt es an allen Ecken in Brand, schießt und schlägt alles nieder, was ihm in den Weg kommt. Wie in seinen späteren dramatischen Dichtungen, so fühlt er sich auch hier als eine Art Messias, als den verfolgten Übermenschen, der das Strafgericht gegen die Gemeinheit der Welt vollzieht. – Die psychologische Analyse ergibt, daß er im Jahre 1901 in Mühlhausen heimlich einen sodomitischen Exzeß beging, aus dem sich unter den heftigsten Gewissensbissen sofort ein Beziehungswahn derart entwickelte, daß er glaubte, seine Verfehlung sei bemerkt und in Mühlhausen ruchbar geworden, und jedermann rede nun darüber in verblümten Spitzen gegen ihn. Überall, wo er später hinkam, bemerkte er dieselben Anzüglichkeiten gegen sich, die ihm zeigten, daß die Mühlhausener das Gerücht auch schon hierher verbreitet hatten.

Dieser Fall hat etwas Typisches an sich. An der tiefsten Wurzel ein Komplex von Niederlage und quälendem Schuldgefühl. Daraus ist in jahrzehntelanger Persönlichkeitsentwicklung überkompensierend ein üppiges System von Größen-, Haß- und Rachegedanken, eine maßlose Überreizung des Selbstgefühls und der sthenisch-aggressiven Lebenseinstellung entstanden. Mancher brutale, gefährliche *Eifersuchtswahn* von Trinkern baut sich ähnlich auf einem latenten Gefühl eigenen Unrechts gegen die Frau und eigener sexueller Impotenz auf, die fanatisch unduldsame moralische Angriffslust mancher Sektenstifter und Naturapostel auf sthenisch überkompensierten Skrupeln gegenüber alten „Jugendsünden" (Onanie und dergleichen).

Doch genügt wohl in vielen Fällen das Erlebnis der einfachen Vergewaltigung der eigenen Rechte ohne persönliches Schuldgefühl als Ausgangspunkt expansiver Entwicklungen. Nirgends tritt uns dieser *Kampf ums Recht* großartiger und erschütternder entgegen als in dem langen und blutigen Ringen, das der Berliner Händler Kohlhase (der Michael Kohlhaas der Kleist-Novelle) von 1532 bis 1540 geführt hat.

Kohlhase (vgl. Pelmann 1910) war auf einer Reise zur Leipziger Messe im Oktober 1532 mit Leuten des sächsischen Junkers von Zeschwitz in

Streit geraten, und die Sachsen hatten ihm zwei Pferde zurückgehalten, für deren Rückgabe sie fünf Groschen Futtergeld verlangten, was der Kohlhase verweigerte. Vergebens legte sich der Kurfürst von Brandenburg, den Kohlhase als seinen Landesherrn um Hilfe angerufen hatte, ins Mittel. Die Pferde waren dabei zugrunde gegangen, Kohlhases Vermögen unter den fortwährenden Händeln ruiniert. Da erließ er im Geist seiner Zeit einen Fehdebrief gegen den von Zeschwitz, und als sich der Kurfürst von Sachsen einmischte, auch gegen diesen, und durchzog von 1535 an vier Jahre lang sengend und brennend das sächsische Land. Auch Luther suchte vergebens zu vermitteln. Kohlhase ruhte nicht, bis er endlich vom Kurfürsten Joachim besiegt, ergriffen und aufs Rad geschlagen war.

Fünf Groschen Futtergeld der Ausgangspunkt – ein Krieg mit zwei mächtigen Adligen des Römisch-deutschen Reichs das Ende: das ist ein typischer Verlauf schwerer expansiver Entwicklungen. Ein kleiner Stein rollt hinab und reißt mehr und mehr Steine und Erdreich mit sich. Ein Expansivparanoiker, in dem die Reaktion einmal entzündet ist, kommt im ungünstigen Fall nicht mehr zur Ruhe, muß zwangsläufig immer größere Kreise seiner Umgebung in Bewegung setzen, bis er selbst oder alles um ihn her vernichtet ist.
Es können in solchen Fällen auch starke Ressentimentgefühle unterer sozialer Klassen mitspielen, wie in manchen querulantenwahnartigen Entwicklungen von *Rentenneurotikern,* die von Instanz zu Instanz appellierend ihr vermeintliches Recht auf Rente zu ihrem eigentlichen Lebensinhalt machen, in dem sie unter Vernachlässigung aller anderen Aufgaben und Pflichten völlig aufgehen. Parteihäupter, Frauenrechtlerinnen, Vorkämpfer unterdrückter Völker und sozialer Klassen, Verteidiger eigener verkannter Verdienste und Entdeckungen können unter der Herrschaft ihrer überwertigen Idee in rein expansive, wahnhafte Persönlichkeitsentwicklungen geraten und zuletzt, blind und taub gegen jedes andere Interesse, nur noch vom rücksichtslosen Kampf gegen ihre Umwelt leben. Bei manchen dieser Typen sind heimliche Ressentiment- und Insuffizienzgefühle sehr deutlich, bei anderen ist, jedenfalls äußerlich, nichts zu sehen als der Kampf ums Recht. Doch muß man auch da immer noch an intimere Erlebnisspuren im seelischen Hintergrund denken, die den allgemeinen Idealen Kraftkomponenten mit zuströmen lassen, ja für die Stärke des aufgewandten Affekts von entscheidender Bedeutung sein können.
In leichteren Fällen kommt es nur zu vorübergehenden expansiven Erlebnisreaktionen, sogenannten *Kampfneurosen,* die in günstiger Umgebung wieder abklingen.

Sensitive und zwangsneurotische Entwicklungen

Die sensitiven Reaktionstypen sind das Spiegelbild der expansiven. Die asthenische Grundrichtung der Lebenseinstellung wird von einem scharfen sthenischen Gegenpol kontrastiert. Menschen, die zu solchen Reaktionen neigen, zeigen auf der einen Seite eine außerordentliche Gemütsweichheit, Resistenzschwäche und zarte Verwundbarkeit, auf der anderen aber einen gewissen Einschlag von selbstbewußtem Ehrgeiz und Eigensinn, weiter ein stark verinnerlichtes Gemütsleben, das nachhaltige gespannte Affekte tief in sich verschließt, eine verfeinerte Selbstbeobachtung und Selbstkritik, eine skrupulöse Ethik und die Fähigkeit zu echtem altruistischen Empfinden. Es sind ernsthafte Menschen von schüchternem, bescheidenem Auftreten. Die konstitutionelle Grundnote weist also in Richtung des feinen schizoiden Hyperästhetikers, manchmal mit einem Einschlag von zyklothym-schwerblütiger Weichheit und altruistischer Gutmütigkeit. Sie neigen zu *Leitungsstörungen,* indem zu ihrer überempfindlichen Eindrucksfähigkeit für Erlebnisreize eine sehr mangelhafte, unebenmäßige Ausdrucksfähigkeit im Mißverhältnis steht, so daß es leicht zu *Affektstauungen,* meist in Form der *Verhaltung,* d.h. der bewußten Komplexbildung kommt. So kann ein peinliches Erlebnis durch Jahr und Tag nicht vergessen, aber auch nicht ausgesprochen werden, sondern drängt sich mit quälender Deutlichkeit immer wieder in den Blickpunkt. Die spezielle subjektive Erlebnisform dieser Komplexe ist durch die scharfe sthenisch-asthenische Gegenspannung bedingt. Ein Einschlag von sthenischem Empfinden, von Stolz und Strebsamkeit gestattet es jenen Menschen nicht, depressiv zu resignieren, sondern stachelt sie trotz ihrer Insuffizienzgefühle immer wieder zum Kampf mit dem quälenden Erlebnis an. Die Spitze des Erlebnisaffektes richtet sich bei diesen zarten, asthenischen Menschen immer nach innen. Die Selbstquälerei, der Selbstvorwurf, der ethische Skrupel sind die typische Antwort des Sensitiven auf den Reiz, während expansive Naturen immer mit dem Vorwurf gegen andere, mit dem Angriff nach außen antworten.

Das Schlüsselerlebnis für den sensitiven Reaktionstypus ist das der *beschämenden Insuffizienz*, der ethischen Niederlage. Ist der Erlebnisreiz sehr stark oder die Konstitution sehr zart und labil, so bleibt es nicht bei der einfachen inneren Selbstquälerei, sondern die affektive Energie des verhaltenen Erlebniskomplexes wirkt sich in sekundären Weiterbildungen aus, die, schon in der Normalpsychologie häufig angedeutet, in der Psychopathologie hauptsächlich in den beiden Formen des *sensitiven Beziehungswahns* und gewissen Formen von *Zwangsneurose* zum Vorschein kommen.

Hat nämlich der seelische Innendruck des verhaltenen Erlebnisses eine bestimmte Höhe erreicht, so führt er gesetzmäßig zur *Affektprojektion*. Die ganze Umwelt ist dann aber von den Spuren desselben Affekts gefärbt, mit dem der Sensitive sich in Wirklichkeit nur innerlich allein abquält. Er fühlt, seine Beschämung müsse ruchbar geworden sein, jedermann wisse um sein peinliches Erlebnis, man sehe ihn so sonderbar an, drehe sich auf der Straße um, wenn er vorbeigehe, man lächle, man gebe sich Zeichen. In harmlosen Tagesgesprächen, selbst in der Zeitung findet er überall verblümte Anspielungen auf sich selbst. Dieses *Beziehungsgefühl* auf Grund von Insuffizienzkomplexen (in schwächerem Grad auch bei stark gehobenem Selbstgefühl) ist als allgemeine seelische Einstellung in leichtem Grad normal. Sobald es sich steigert, wächst es sich in Form einer paranoischen Entwicklung zum festen *Beziehungswahn* aus, manchmal mit weitverzweigter, scharfsinnig kombinierter Systembildung. (Entsprechend ihrem Aufbau auf einer zum Teil schizoid-hyperästhetischen Konstitutionsgrundlage findet man sensitive Reaktionen und Entwicklungsmomente häufig auch in das psychologische Geflecht beginnender, später zur Verblödung führender *schizophrener Prozesse* verschlungen.) Zwischen beiden Extremen stehen jene leichten, vorübergehenden *Beziehungsneurosen*, wie sie der praktische Arzt nicht selten zu Gesicht bekommt.

Die *sensitiven Reaktionen* haben bestimmte typische Ereignisse zum Ausgangspunkt, die besonders geeignet sind, das Erlebnis der beschämenden Insuffizienz zu erzeugen. In erster Linie spielen wieder Sexualkomplexe eine Rolle. Da ist vor allem die heimliche und mit starker ethischer Anspannung vergebens bekämpfte *Masturbation*, die das Erlebnis der beschämenden moralischen Niederlage immer von neuem wieder erzeugt. Hieraus entsteht dann eine eigentümliche Kombination von *Hypochondrie*, sensitiven Beziehungsideen und allgemeiner Depression und Nervosität. Dabei ist auch die Hypochondrie oft nur eine larvierte Form der Gewissensskrupel. Es kommen junge Leute zu uns, die über allgemeinnervöse oder organische Beschwerden zu klagen beginnen, aber mit einem Gesicht, das Angst und schweren inneren Druck verrät. Forschen wir weiter, so kommt das Geständnis der Masturbation zum Vorschein, zugleich mit der Befürchtung, etwa rückenmarksleidend zu sein, schwarze Ringe um die Augen zu haben, die ihnen jedermann auf der Straße ansehe. Von diesen leichten, weitverbreiteten und nicht sehr spezifischen hypochondrischen Beziehungsgefühlen der Masturbanten gibt es dann alle Übergänge bis zu schweren paranoischen Krankheiten mit ausgebautem Beziehungswahn.

Ein unverheirateter Lokomotivführer, der stark masturbiert und dann noch der Frau seines Bruders einen ernstlich abgewiesenen Liebesantrag gemacht hatte, glaubte von da ab immer mehr zu bemerken, daß er von den Kameraden nachts durchs Fenster belauscht würde. Er fand vermeintliche Werkzeugspuren am Schloß seines Koffers, den jene wohl nach Spermaflecken an der Wäsche und nach unsittlichen Büchern durchstöbert hätten. Er hörte allenthalben anzügliche

Bemerkungen seines Bruders über den Liebesantrag und zynische Sticheleien der Kollegen über seine Masturbation heraus, überwarf sich mit den ihm nächststehenden Personen, fühlte sich zuletzt von allen verraten und verstoßen und machte nach jahrelanger progressiver Entwicklung seines Wahns einen Selbstmordversuch, der endlich Affektentladung und offene ärztliche Aussprache herbeiführte.

Ein anderer typischer Ausgangspunkt ist die verspätete Liebe alter Mädchen, die oft unverheiratete Frauen gegen das Klimakterium hin mit einer unwillkommenen erotischen Übererregbarkeit überfällt und zu schwerer Verliebtheit in viel jüngere oder in verheiratete Männer führt. Solche Regungen, die sich weder unterdrücken noch ausleben lassen, die mit Aufbietung aller moralischen Kraft erfolglos innerlich bekämpft werden, münden eventuell in analoge sensitive Charakterentwicklungen, Neurosen und paranoische Beziehungswahnformen. Seltener führen auch Gewissenskonflikte und Insuffizienzgefühle nicht sexueller Art, Zurücksetzung im Amt, Krankheiten und dergleichen zu sensitiver Erlebnisbildung.

Komplizierter und schwerer verständlich als der Beziehungswahn ist die *Zwangsneurose*. Dies rührt daher, daß hier mit den einfühlbaren Persönlichkeitsentwicklungen noch seelische Tiefenmechanismen Hand in Hand arbeiten. Es sind auch sensitive Persönlichkeitstypen, die eine Anlage zur Zwangsneurose haben, und ähnliche Verhaltungen, Komplexe im Sinne der beschämenden ethischen Insuffizienz lösen die speziellen Mechanismen aus. Ähnlich den Beziehungsneurotikern und manchmal noch deutlicher sehen wir, wie ein solcher komplexer Charakter sich genetisch aus gewissen *elementaren biologischen Anlagen* aufbaut. Eine Disposition zu verfeinertem ethischen Empfinden kann schon mit schizoid-hyperästhetischen und zykloid-schwerblütigen Konstitutionskomponenten und besonders mit ihrer Kombination gegeben sein, insofern ein gewisses Maß an Leidensfähigkeit die Voraussetzung für jedes vertiefte *altruistische Mitgefühl* wie für die schärfere Kontrolle der eigenen seelischen Regungen bildet.

Hierzu kommt aber bei Zwangsneurotikern und vielen Sensitiven eine prägnante, spezielle Anlagekomponente, nämlich eine die ethische Tendenz des Gesamtcharakters störende, mit ihr *scharf kontrastierende Anomalie des Sexualtriebes* qualitativer oder quantitativer Art. Es fällt auf, wie viele uns einen sehr früh erwachenden oder jetzt sehr heftigen Sexualtrieb angeben, der oft schon in der frühen Schulzeit zu starker Masturbation, zu kindlichen Liebesabenteuern und zum häufigen Denken an Sexuelles und neugierigen Belauschen von Obszönitäten zwingt. Oder wir finden deutliche perverse Nebenkomponenten, besonders sadistisch-masochistischer und homosexueller Art, manchmal als gut erkennbaren Ausgangspunkt spezieller Zwangsmechanismen, bzw. auch scheinbar zufällig als Nebenangaben in der Anamnese, z. B.:

„Patientin hat seit dem 6. Lebensjahr intensives Interesse am Schweineschlachten, das zuerst mit Schreck, dann mit dem lebhaften Wunsch verknüpft war, selbst geschlachtet zu werden. Es war ihr ein angenehmes Gefühl, wenn die gestochenen Schweine sich sterbend so sanft auf die Seite legten" (masochistische Komponente).

Solche triebhaften antiethischen Nebenkomponenten wirken oft, wie ein Stachel, hypertrophierend auf das Wachstum der Triebregulationen. Es bilden sich in der Gesamtpersönlichkeit enorme ethische Überkompensationen als starkes Widerlager gegen die überreizten oder perversen Sexualantriebe. Dies äußert sich in einer eigentümlichen Übergewissenhaftigkeit, Skrupulosität und Prüderie und führt in günstigen Fällen zur ethischen Hypertrophie, die zu sozial hochwertigen, anständigen und altruistischen Persönlichkeiten gehören kann. Häufiger dient aber dieser Typus der Übermoral vorwiegend dem Ausleben quälerischer Antriebe gegen sich selbst und andere, bei geringem Nutzeffekt.

Manche Zwangsneurosen entwickeln sich folgendermaßen: Irgendein der abnormen Sexualanlage entspringender starker Antrieb, z. B. zur Masturbation, zum Denken oder Aussprechen von Obszönitäten oder zu grausam-wollüstigen Phantasien, drängt sich kraft seiner konstitutionellen Verankerung immer wieder auf und wird von der Gesamtpersönlichkeit ebenso energisch abgelehnt. Die normale Ambivalenz der Sexualvorstellungen gewinnt bei dieser scharfen Gegenspannung hohe

Grade. Aus dieser extremen Ambivalenz entspinnen sich ein primitives, tabugemäßes Verhalten, eine intensive körperliche und seelische Berührungsfurcht, ein immer verzweigteres Netz von Geboten, Verboten, Zeremonien, von Reinigungs- und Sühnevorschriften. Ein zotiges Wort oder Bild drängt sich der Phantasie des Zwangsneurotikers auf. Um den sündhaften Impuls abzuwehren, werden Ersatzworte, Gegenhandlungen, symbolische Abwehrbewegungen, Selbstbestrafungen und daraus immer neue Handlungen entwickelt, wie wir sie im Waschzwang, dem Schlaf- und Ankleidezeremoniell antreffen, bis der zugleich begehrte und gescheute Gedanke, ähnlich einem verehrten und gefürchteten Häuptling, mit einem undurchdringlichen Ritual umgeben und verdeckt ist. Der beständige Antagonismus der verpönten Impulse zu den religiösen Sittengeboten schafft endlich sehr feste Kontrastassoziationen zwischen obszönen und heiligen Vorstellungen, so daß sich – zur Verzweiflung des Neurotikers – immer unter den heiligsten kirchlichen Handlungen die gemeinsten Blasphemien aufdrängen. Es entsteht also in den Zwangsvorstellungen eine Art Kompromißbildung, in der der ängstigende Trieb zugleich abgewehrt und in gemilderter Form ausgelebt wird. Ob alle Zwangsneurosen auf diesem Weg entstehen, wissen wir nicht. In einigen Fällen aber bekommen wir den ganzen Zusammenhang von den Patienten selbst aufgedeckt.

Neben den primitiven Tabuzeremonien enthält die Zwangsneurose oft ausgiebig hyponoische Mechanismen im Sinne der Verschiebung und Symbolbildung, die den entsprechenden Bildungen in der Schizophrenie analog sind. So kann auch der vielverbreitete Waschzwang die Verschiebung des Drangs zur Reinigung von sexueller Beschmutzung (z.B. durch Onanie) auf eine äußerliche Maßnahme darstellen. In jedem solchen Fall kommt der seelische Innendruck an der schwächsten Stelle zum Durchbruch.

Ein frommes Mädchen liebt einen Jägerburschen still und leidenschaftlich. Er merkt nichts davon und wird später wegversetzt, ohne daß eine Aussprache erfolgt wäre. Ihre sexuelle Erregung wird darauf so heftig, daß sie sich auf Vater und Bruder erstreckt, und sie zuletzt das Gefühl hat, daß sie sich „mit jedem Handwerksburschen wegwerfen könnte". Sie versucht nun unter Aufbietung ihrer ganzen Frömmigkeit erfolglos, die bösen Gedanken zu bezwingen. Sie will aller Weltlust entsagen und sich in ein frommes geistliches Leben zurückziehen. In der Zeit dieses Entschlusses sprach sie einmal mit einer frommen Freundin, die gerne Krankenschwester geworden wäre, aber meinte, daß sie auf sexuelle Liebe nicht verzichten könnte. Diese erwähnte dabei den Sündenfall und die Versuchung der *Schlange* im Paradies und sagte, daß die „Erkenntnis des Guten und Bösen" in der biblischen Erzählung nur ein verblümter Ausdruck dafür sei, daß Adam und Eva Sexualverkehr gehabt hätten, ehe es Gott ihnen erlaubte. Kurz darauf bekam die Patientin nach einer schlaflosen Nacht morgens einen krampfartigen Husten und Erbrechen und von da ab die quälende Zwangsvorstellung, eine Schlange im Leibe zu haben, die sie manchmal mit halluzinatorischer Deutlichkeit im Halse hinten verspürte und die sie immer wieder auszuwürgen versuchte.

Dies ist eine klare zwangsneurotische Symbolbildung. Das Gespräch mit der Freundin wird zum auslösenden Gelegenheitsanlaß, durch den sich die innerlich wühlende sexuelle Versuchung in ein uraltes mythisches Bildsymbol übersetzt. Der heftige Affekt, mit dem sie die Schlange vergeblich auszuwürgen versucht, entstammt ihrem vergeblichen Kampf mit der eigenen Sexualität, und die Schlange selbst ist nichts anderes als diese. So kann die ursprünglich reine Persönlichkeitsreaktion bei steigendem Affektdruck plötzlich hyponoischen Zufluß erhalten. Damit werden selbständige Mechanismen in Gang gesetzt, die der bewußten Verarbeitung nicht mehr zugänglich sind.

Bei alledem müssen wir uns klar sein, daß Erlebnisspuren und Komplexe nicht die ganze Zwangsneurose erklären, daß wir vielmehr ohne die Annahme eines angeborenen abnormen Assoziationsapparates, der die Affekte in besondere Verhaltensformen leitet, nicht auskommen. Darum auch der schlechte Psychotherapieerfolg.

Autistische Wunscherfüllungen

Katathyme Mechanismen im Sinne der traumartigen, wahnhaften Selbsterfüllung von Wünschen und des Beschwichtigens von Befürchtungen finden wir häufig schon in Primitivreaktionen eingelagert, z. B. in den flüchtigen „*wahnhaften Einbildungen der Degenerierten*" und Strafgefangenen (Birnbaum 1908) und den *hysterischen Dämmerzuständen,* die manchmal den Patienten szenenartig die gewünschte Situation durchleben lassen.

So verfiel eine Frau, die kinderlos mit ihrem Mann in unglücklicher Ehe lebte, während sie eigentlich dessen Bruder liebte, über all diesen inneren Schwierigkeiten in hysterische Dämmerzustände. In einem solchen erlebte sie, wie sie aus einem brennenden Haus ein neugeborenes Kind rettete, das sie herzlich liebte und an sich drückte, in einem anderen Dämmerzustand eine Szene auf dem Friedhof: Es wurde ein ihr gleichgültiger Mann begraben, vielleicht ein entfernter Verwandter. Der eigene Mann war seltsamerweise nirgends zu sehen, dagegen saß die Patientin neben seinem Bruder, mit dem sie Bier trank.

In einem Dämmerzustand erfüllt sie sich also selbst ihren sehnlichen Wunsch nach einem Kind. In dem anderen ist ihr anderer Wunsch Wirklichkeit geworden: Ihr Mann ist weg, und sie sitzt an der Seite seines Bruders. (Hier ist übrigens auch der Traummechanismus der Verschiebung auf eine Deckfigur schön zu sehen: An der Stelle, wo der affektive Akzent der ganzen Situation liegt und wo sinngemäß der eigene Mann gedacht werden müßte, nämlich im Sarg, liegt eine scheinbar nebensächliche Ersatzfigur, wodurch das moralisch Anstößige des sonst durchsichtigen Traums abgemildert wird).

Hier interessieren uns die autistischen Wunscherfüllungen nur, sofern sie im Rahmen einer Persönlichkeitsentwicklung auftreten. In der *chronischen Paranoia* finden wir neben den expansiven und den sensitiven Reaktionen diese autistischen Wunscherfüllungen als dritte Hauptkomponente vor, besonders schön in Form des *chronischen Liebeswahns*.

Ein stilles, fleißiges, innerlich stets vergnügtes Mädchen, das sich nie um das Treiben seiner Mitmenschen kümmerte, sieht in der Fabrik einen Aufseher, der ihr gut gefällt. Bald hält sie jeden Blick von ihm für ein Liebeszeichen, und als er für immer den Ort verläßt, bleibt sie der festen Hoffnung, daß er sie später heiraten werde. Mit dieser Vorstellung ist sie durch Jahr und Tag glücklich wie eine Braut, braucht nichts zu ihrer Bestätigung, und kein äußerer Einwand stört sie dabei.

Dies ist ein sehr einfacher, geradliniger Mechanismus, der sich nur quantitativ von der seelischen Einstellung normaler Verliebter unterscheidet. In anderen Fällen von Liebeswahn steckt nicht nur diese zufriedene autistische Selbstbeglückung stiller, verschlossener Naturen, sondern etwa die Nachwirkung schwerer Schicksalsschläge und Enttäuschungen oder das heftige Ressentiment verschmähter, alternder Mädchen, das sich bis zur unerbittlich fanatischen Verfolgung vergebens geliebter Männer mit Zudringlichkeiten, Anträgen und Selbstmorddrohungen, ja selbst mit boshaften sexuellen Verleumdungen und gerichtlichen Ansprüchen steigern kann. Auch *intrigante Klatschbasen und anonyme Briefschreiberinnen,* die Sexualwunschphantasie und Ressentiment gleichzeitig ausleben, können sich auf dieser Basis entwickeln. Sie erfinden und verbreiten ehrenrührige sexuelle Verleumdungen über jedermann, besonders aber über die Angesehenen und Glücklichen. Dieses Gewerbe wird zum Lebensinhalt.

Ein anderer sonderbarer Seitenweg autistischer Ersatzbildung sei nachfolgend beschrieben.

Ich kannte einen alten, fleißigen und tüchtigen Bauern, der von dem Mädchen, das er einst vergebens liebte, noch heute glaubt, es werde eines Tages kommen und ihn heiraten. Wenn er dessen heranwachsende Kinder auf der Gasse laufen sieht, sagt er: „Wem gehören denn die Kinder? Die sind nicht von ihr, sondern von der Verwandtschaft." Und er läßt sich's nicht ausreden. Dieser Mann verliebte sich später noch einmal in ein Mädchen, seine Dienstmagd, die dann nach Stuttgart verzog und in einem Automatenbetrieb Dienst nahm. Er fuhr nun monatelang täglich viele Stunden weit von seinem entlegenen Dorf mit der Eisenbahn, nur um einmal am Tag an dem Automaten außen auf- und abzugehen, sah sie aber nicht, weil sie nichts von ihm wissen wollte und ihn sehr schroff abwies. Doch wenn er gefahren war, wars ihm leichter. Nun schrieb ihm auf Veranlassung seiner Mutter hin seine erste Geliebte einen Brief, um ihn von den unsinnigen Reisen abzuhalten, indem sie ihm versicherte, sie selbst sei schon längst verheiratet. Er möge sich endlich beruhigen, es könne nimmer sein. Auf diesen Brief hin ließ er alsbald und endgültig von seinen Reisen zu der Ersatzgeliebten ab (E. Kretschmer 1966a).

Dies schöne psychologische Experiment bestätigt, daß sich starke Affekte von ihrem eigentlichen Gegenstand A auf einen Ersatzgegenstand B werfen können, wobei der Affekt zu B im Grunde der alte Affekt A bleibt und nur von A her beeinflußt und abgestellt werden kann. Unser Bauer schafft sich für das unerfüllte Liebesglück seiner Jugend mannigfaches *Ersatzglück:* zunächst in dem Liebeswahn, daß die inzwischen verehelichte Frau ihn doch noch heiraten werde, womit er glücklich ist und was seinen dauernden innersten Lebensinhalt ausmacht. Zweitens schafft er sich zeitweise ein Ersatzglück in der Liebe zu dem zweiten Mädchen und für diese ebenfalls abgewiesene Neigung einen dritten Glückersatz in dem Auf- und Abgehen vor dem Automaten.

Der krankhafte Fall ist paradigmatisch für die normale Einwirkung chronischer Wunschtendenzen auf unsere Persönlichkeitsentwicklung. Ein ehrgeiziger Beamter, dem die höhere Laufbahn abgeschnitten ist, kann entweder zum expansiven Querulanten oder zum sensitiven, selbstquälerischen Grübler werden. Oder er bildet sich ein Ersatzglück, indem er sich bald fest davon überzeugt, daß das ruhige Landleben einem Ministersessel bei weitem vorzuziehen sei.

Das sind die drei Hauptwege der reaktiven Persönlichkeitsentwicklung. Es gibt selbst Ärzte mit schwerer Lungentuberkulose, die im Endstadium ihrer Krankheit kurz vor dem Tod noch Heiratspläne machen. So sehr kann eine tyrannische Wunschtendenz wie der Selbsterhaltungstrieb alles Denken und Handeln eines Menschen umbiegen. Alle festen Kenntnisse und Erfahrungen werden zur Spreu – vor einem Wunsch. Solches Ersatzglück, solche katathymen Attrappen sind für viele Menschen eine wertvolle und unersetzliche Stütze, um ihr Schicksal tragen zu können, eine Abblendung und milde Umwandlung der Brutalität des wirklichen Lebens und darum eine sinnvolle biologische Regulation. Niemand kann so unnötig und grausam diese Hilfe stören wie der Arzt durch dürre Mitteilung von Vermutungen und Diagnosen da, wo es sich um Leben und Tod des Patienten handelt.

In den *Religionen* haben sich viele autistische Wunscherfüllungen in festen Mythen- und Dogmensystemen auskristallisiert. Der Unsterblichkeitsglaube kann als katathyme Überwindung der realen Todesgewißheit, das Paradies als Ersatzglück für alle nicht gereiften Lebenserfüllungen angesehen werden, während in der Vorstellung der Hölle das Ressentiment und das primitive Rechtsempfinden sich ausleben. In der Mythologie jedes Volkes haben Paradies und Hölle die deutlichen Lokalfarben seiner Wunschphantasien.

PSYCHOBIOGRAMM

für differentielle psychologische, kriminologische und psychiatrische Typenforschung

---

Name: Diagnose:

Alter: a) Körperkonstitution:

Beruf: b) Temperamentstypus:

Untersuchungstag: c) Sozialer Typus:

A. Heredität.

(Am besten kleiner Stammbaum bzw. Verwandtschaftsdiagramm)

B. Lebenskurve

1. Stetig.
2. Reaktiv labil.
3. Endogen periodisch: zykloid, epileptoid.
4. Schubweise Dauerveränderungen in Lebensphasen: Pubertät, Involution. – Erscheinungswechsel.
5. Aufwärtsentwicklung, Gleichbleiben, Abwärtsentwicklung des Persönlichkeitsniveaus.

Kindheit:

Pubertät: verfrüht, normal, verspätet
stürmisch, normal, unebenmäßig.

Involution: verfrüht, normal, verspätet.

Klimakterische Beschwerden: depressive, hypochondrische, neurasthenische, hysterische, paranoide Andeutungen.

Durchgemachte oder noch vorhandene Psychosen oder Neurosen
(einschließlich Haftreaktionen, pathologische Affekt-, Rausch- und Dämmerzustände).

Sonstige bezeichnende Lebensdaten.

Berufswechsel (wiederholt?), Vorstrafen, Familienkonflikte, Ehescheidung, sexuelle Konflikte und Entgleisungen, Trunksucht (und sonstige Suchten), Reisen, Abenteuer usw.

C. Allgemeine Temperamentskalen

	Stimmung und Psychästhesie		Psychisches Tempo und Spannung	Psychomotilität		Soziale Einstellung	
zyklothym	gehoben heiter erregt zornmütig	gemütswarm, gutmütig gemütlich	flotter Elan	vielbeweglich laut	reizadäquat rund weich natürlich	naiv selbstbewußt großzügig unternehmend geschwätzig geschäftig	extravertiert (nach außen gerichtet) realistisch gesellig offen materiell
	sonnig vergnügt		lebendig anregbar	beweglich		genießerisch humoristisch	
	synton behaglich ruhiger Humor		flüssige Energie				
	still gemütsweich		behäbig	behäbig		verständig vermittelnd praktisch	
	gesenkt schwerblütig		ruhig	still (Bewegungsarmut bei weicher Motilität)		bescheiden unentschlossen	
	Stimmungsschwankungen: heiter – traurig		schwingend	schwingend			
schizothym	zart feinfühlig sensibel	ernsthaft, ironisch		hastig	reizadäquat fein konzentriert	idealistisch	intravertiert ideell
	reizbar, aufgeregt, nervös		flink, leicht gleichmäßige Energie	schüchtern		reformerisch revolutionär systematisch organisatorisch konsequent	
	trocken			verhalten aristokratisch straff			
	kühl streng, schroff		gespannt	gehemmt		zurückhaltend	

	Stimmung und Psychästhesie	Psychisches Tempo und Spannung	Psychomotilität	Soziale Einstellung
	Stimmungsschwankungen: ekstatisch pathetisch – nervös – verstimmt	geschmeidig	leicht	
Barykinetisch	reizbar aufgewühlt trocken empfindsam unerschütterlich } ernst ——— Stimmungsschwankungen: derb – froh reizbar – verstimmt	abrupt gesetzt langsam gespannt gleichmäßig	schwer behäbig zäh } reizadäquat grob	derb – selbstbewußt zuverlässig gründlich intensiv stetig } extravertiert materiell (intravertiert)
zykloid	übererregt (heiter, zornig) oberflächlich	schnell geschmeidig	antriebsgesteigert unstet	distanzlos aufdringlich unbeständig
	verzagt schwermütig	langsam	schwerfällig gehemmt	initiativearm
schizoid	mimosenhaft empfindlich kalt, stumpf indolent	zerfahren sprunghaft langsam zäh, steif ——— gesperrt	fahrig zappelig eckig lahm ——— gesperrt	fanatisch pedantisch verstiegen eigensinnig querköpfig einsilbig verschlossen mißvergnügt mißtrauisch menschenscheu menschenfeindlich brutal kontrasozial } zielstrebig autistisch

Diagnose der 6 Randtemperamente

Zykloid	1. *Hypomanisch* Übermäßig heiter und beweglich 2. *Subdepressiv* Antriebsarm, gedrückt	*schizoid*	3. *Hyperästhetisch* Zarter Innenmensch, reizbar, nervös, Idealist 4. *Anästhetisch* Kalt, kalt nervös, verschroben, Sonderling, indolent, affektlahm, stumpfer Bummler
*Epileptoid**	5. *Explosiv* 6. *Viskös* (enechetisch)		

*) Siehe S. 145.

Temperament in normaler oder in psychopathischer Ausprägung?

Mischform:

Abnorme Spezialtypen

1. *Zykloide* und 2. *Schizoide* Psychopathien s.o.
3. *Explosiv epileptoide Merkmale:*
   Grob, brutal, gespannte Verstimmung, explosiver Jähzorn, Neigung zu schweren Affektkrisen, zu Trunksucht, Alkoholintoleranz, pathologischen Rauschzuständen, epileptiformen Krampfanfällen, tiefen Dämmerzuständen, reaktivem Weglaufen.
   Epileptischer Charakter: Klebrig, plump vertraulich, süßlich, bigott, umständlich, pedantisch, egozentrisch.
4. *Hysterische Merkmale:*
   Oberflächlicher, rascher, labiler Affekt, leichte Einschaltung von hypobulischen, hyponoischen, reflektorischen und vegetativ-nervösen Mechanismen (Affektkrämpfe und -krisen, Ohnmachten, Dämmer- und Traumzustände, Zittermechanismen, vasomotorische Symptome usw.). Gesteigerte Suggestibilität – launenhafter Eigensinn, geringe Erinnerungstreue, Neigung zum Gespielten, Theatralischen, Koketten. Geborenes *Schwindlertum,* Lügen, Projektmachen, Aufschneiden, Phantasieren, Intrigieren.
5. *Paranoide Merkmale:*
   a) Neigung zu Mißtrauen, Beeinträchtigungs-, Eifersuchtsgefühlen.
   b) zu Querulation, zu sensitiven Beziehungsgefühlen.
   c) zu Erfinder-, Reformer-, Sektierer-, Prophetenideen.
   d) spezielle paranoide Haftsyndrome.
6. *Hypochondrische und zwangsneurotische Merkmale:*
7. *Einfache Nervosität oder Psychopathie:*

D. Triebleben

1. *Schlaftrieb* (Häufigkeit, Dauer):
2. *Bewegungstrieb:* zu stark, zu schwach. Bequemlichkeits- und Entlastungstendenz. Aktive – passive Einstellung.
3. *Ernährungstrieb:* Speise und Flüssigkeit stark, mittel, schwach begehrt.
   Eßfreude; Genußmittelsucht; Appetenzwandel.
4. *Selbsterhaltungstriebe:*
   Aggressiv, waghalsig, unbesonnen, mutig, kaltblütig, ruhig, besonnen, ängstlich, schreckhaft, feige, hypochondrisch.
   Schlau, hinterhältig, zutraulich, vorsichtig.
5. *Erwerbs- und Besitztriebe:*
   Materielle oder ideelle Gesinnung; verschwenderisch, freigebig, sparsam, geizig, habsüchtig; Luxus.
6. *Sexualtrieb:*
   stark, mittel, schwach,
   früh, mittel, spät entwickelt,
   früh, mittel, spät erloschen,
   starke, mittlere, schwache, unebenmäßige Sexualhemmungen.
   Prüderie, Zynismus.

Neigung zu Impotenz, Ejaculatio praecox, Frigidität und sonstige Aktstörungen.
Abwehr, Verdrängung, Irradiation, Koppelung, sexuelle Fehlhandlungen, Zwiespältigkeit.
Neigung zu starker und vorzugsweiser Masturbation. Prostitution.
Entwicklungshemmungen: Geringe Zielfestigkeit des Sexualtriebs, extremer Platonismus mit Neigung zu Fernliebe und Wunschträumereien.
Perversionen:
Homosexualität: total – als verstärkte Nebenkomponente – aktiv – passiv.
Psychosexuelle Infantilismen: Exhibitionismus, Pädophilie, Sodomie, Fetischismus.
Narzißtische Komponenten (Verliebtheit in sich selbst): (erotisch gefärbte) Eitelkeit, Gepflegtheit.
Sadismus – Masochismus
Metatropismen: Feminismen (beim Mann), Maskulinismen (bei der Frau), Mannweib, weibischer Mann. Transvestit.
Sonstige Triebvarianten:

7. *Geselligkeitstriebe:* Stärke (positiv – negativ)
Gemeinschaftstriebe: Allgemein gerichtet – selektiv
Pflegetrieb, passiv (familienabhängig)
aktiv (Mütterlichkeit u. ä.)
negativ (Elternprotest, Elternhaß; Kinderfeindschaft)
Geltungstrieb: Wille zur Macht, Ehrgeiz, Luxus, Feintuerei, Streberei, Ressentiment.
Grausamkeitstriebe (Schädigung, Tötung): Einfache Grausamkeit; Brutalität, Herrschsucht körperlicher und psychischer Art – kriecherische Unterwürfigkeit, Freude am Dulden und Leiden.
Tierquälerei, Roheitsdelikte usw.
8. *Triebbeherrschung:*
Toleranz gegen Hunger, Durst, Muskelbelastung und seelische Belastung (Selbstbeherrschung, Ermüdung).

E. Komplexer Charakteraufbau und Lebenseinstellung

I. *Verhältnis von Triebhaftem und Rationalem im Gesamtaufbau*

1. *Vorwiegen des Triebhaften:* Impulsive Art. Naiver, unmittelbarer Affektausdruck. Neigung zu *Primitivreaktionen,* unbeherrschter Reizbarkeit, explosiven Affektkrisen und Bewegungstürmen (Zorn, Angst), Bewußtseinsschwankungen (Dämmerzuständen, Stupor, Amnesien), labilem, affektbeeinflußtem Denken und Erinnern, zu Verdrängungen, Verstellungen, Kurzschlußhandlungen, Triebenthemmungen (Verschwendungen, Suchten, Exzessen, Gewalttaten, impulsiven Racheakten, Sexualdelikten); schnelle Affizierbarkeit.

Naive bzw. primitiv-triebhafte Persönlichkeit.

2. *Vorwiegen des charakterlichen Überbaus*
Neigung zum Bewußten, Reflektierten, Überlegten, Durchdachten, lang Vorbereiteten, zur Selbstbeherrschung, zum planvoll Angelegten, Zweckmäßigen; zu Retentionen bzw. Verhaltungen; langsame Affizierbarkeit.
Reflektierende (rational-zweckvolle) Persönlichkeit.
3. *Mittelform* aus beiden: a) gemischt – b) kontrastiert.

II. *Lebenseinstellung* (Verhältnis von Ich und Außenwelt)

Charakter { Extravertiert; autistisch; gemischt, kontrastiert
Realistisch; idealistisch; gemischt, kontrastiert

a) einfach: *sthenisch* mittel *asthenisch*
Bei *sthenischer* Lebenseinstellung: Vorwiegendes Gefühl der Überlegenheit über die Außenwelt, der Kraft, des Beherrschens und Handelns. Neigung zu Selbstüberschätzung, Einbildung, Aktivität, Rücksichtslosigkeit, Aggressivität.
Bei *asthenischer* Lebenseinstellung: Vorwiegendes Gefühl der Unterlegenheit, des Erleidens, der Schwäche und Unfähigkeit, der Minderwertigkeit und Niedergeschlagenheit. Neigung zur Selbstunterschätzung, Bescheidenheit, Nachgiebigkeit, Lebensfeigheit, Ängstlichkeit, Unsicherheit des Auftretens, Passivität.
b) kontrastiert: *expansiv-sensitiv*
Expansiv: Vorwiegend sthenisch mit asthenischem Gegenpol (verborgenen Insuffizienzgefühlen, „angreifbaren Nerven").

Neigung zu sthenisch gefärbten Komplexreaktionen, zu Affektretentionen, zur Überkompensation, zu überreiztem Selbstbewußtsein, zum Übelnehmen, zum Auftrumpfen, zum heftigen, unerwarteten Beleidigtsein, zu bissigen Ausfällen und paranoiden Dauerquerulationen. Egozentrische Moral, Ressentiment.

Sensitiv: Vorwiegend asthenisch mit sthenischem Gegenpol (Ehrgeiz, Strebsamkeit, verletzbarem Selbstgefühl). Neigung zu asthenisch gefärbten Komplexreaktionen, zu Verhaltungen, zu plötzlichen, heftigen Insuffizienzgefühlen, zur Lebensunsicherheit, zu Selbstquälereien, zu überreizten Gewissensskrupeln bei kleinem Anlaß, zum Gefühl der moralischen Beschämung mit daran angeknüpften Beziehungsideen. Moralisch feinfühlig und reflektierend.

c) *Vermittelnde Lebenseinstellung:* Konziliant, praktisch, anpassungsfähig, Aufgehen im Milieu, Kontrast zwischen Ich und Außenwelt wird nicht empfunden (s. syntone Zyklothyme).

d) *Ausweichende Lebenseinstellung:* Neigung zur Unechtheit, zu Fiktionen, Selbsttäuschung, Verstellungen und Rollenspiel, zur Theatralik, zur „Flucht in die Krankheit" (s. Hysteriker).
Neigung zur Ironie, zur Intrige.

F. Soziale Verhaltensweisen.

1. *Ethische Veranlagung*

Egoistisch, altruistisch, gemischt, kontrastiert.
Mitfühlend, mitleidlos, neidisch. Neigung zu Verleumdung, Klatschereien, Bosheiten.
Fleißig, tüchtig, willig, mittel, bequem, gleichgültig, faul, passiv asozial, antisozial.
Selbständig, unselbständig, entschlossen, energisch, zögernd, weich, beeinflußbar, willensschwach.
Anpassungsfähig, einfühlungsfähig, unbeeinflußbar, eigensinnig, störrisch.
Fähigkeit – Unfähigkeit zur Einordnung (Kollegialität) und Unterordnung (Disziplin).
Beliebt, unbeliebt; suggestiv, Führernatur.
Familiensinn:

Spezielle soziale Defekttypen:
Moralischer Schwachsinn, allgemein – speziell.

a) Lügner, Schwindler, Hochstapler – Gewohnheitsdieb.
b) Bummler, Landstreicher.
c) Hehler, Erpresser.
d) Prostituierte, Zuhälter – Gewerbsabtreiber.
e) Sexualverbrecher { normale Sexualkonstitution. / Perverser.
f) Affektverbrecher: Krakeeler, Körperverletzung, Totschlag, Widerstand, Bedrohung.
g) Andere triebhaft-impulsive Handlungen: Triebhafter Brandstifter, Kleptomane und dergleichen.
h) Überlegter Gewaltverbrecher: Einbrecher, Raubmörder usw.

Gelegenheitsdelikte: Durch Milieu, Verführung, spezielle Erlebnissituation, aus Überzeugung.

2. *Religiöse Verhaltensweisen:* Konfession: Mystisch, schwärmerisch, bigott, sektiererisch, abergläubisch, pietistisch; kirchlich, korrekt, pharisäisch, moralisierend, rationalistisch; antireligiös, kommunistisch, materialistisch-monistisch; simulierend.
Rigoristisch, vermittelnd, naiv.
Erotische Ansprüche in der Religionsübung.

3. *Politische Verhaltensweisen:*
selbständig denkend, Außenseiter, „Untertan", „Staatsbürger", „klassenbewußt", „herrschsüchtig", politisches Ressentiment.
Individualistische, soziale, gemischte Lebensanschauung.
Fanatisch, vermittelnd, gleichgültig.
Heroisch, idealistisch, materiell, praktisch, spießbürgerlich.
Traditionsgebunden, veränderlich, unruhig, revolutionär.

4. *Ästhetische und wissenschaftliche Interessen:*
reproduktiv? schöpferisch?
Vorliebe für Musik (welcher Art?):
Vorliebe für Bilder, Wandschmuck, Einrichtung, gute Kleidung.
Vorliebe für Zeichnen, Malen, Basteln, Kunstgewerbe.

Vorliebe für Lektüre: wissenschaftlich (welcher Art?):

belletristisch (welcher Art?):

Vorliebe für Schriftstellerei, Zeitungsartikel, Gedichte, Deklamationen, Festadressen, Theaterspielen, Rednertalent.

Lieblingsbeschäftigungen in der Freizeit:

G. Intelligenz

Hochbegabt, begabt, mittel, debil, imbezill, idiotisch.

Schulzeugnisse:

Seitherige Berufsbegabung:

Gedächtnis, Merkfähigkeit:

Aufmerksamkeitstypus:

Kritik- und Urteilsfähigkeit:

Abstraktionsfähigkeit:

Intelligenzalter:

Theoretische Begabung:

Praktische Begabung:

Verstandes-, Gefühls-, Willensmensch.

Optischer, akustischer, motorischer Typus?

Eidetiker?

Bei Begabten: Anschaulich-gegenständlicher (zyklothym), abstrakt-systematischer (schizothym), traumhaft-romantischer (schizothym) Denktypus?

Ermüdbar, ausdauernd, übungsfähig.

Phantasievoll, nüchtern. Klarer, unklarer Kopf.

Einseitig – vielseitig. Subjektiv – objektiv. Sachlich.

Originell – banal. Gewandt, findig, schlagfertig, schwerfällig, ungeschickt, unpraktisch.

Spezialbegabungen: Sprachen, Philosophie, Mathematik, anschaulich beschreibende Fächer.

Künstlerische Begabung:

Psychomotorische Begabung: Handfertigkeit, Kraft; technische Begabung.

Organisationstalent:

Sonstige Bemerkungen zur Begabung:

Zusammenfassende Charakteristik der Gesamtpersönlichkeit

H. Körperbefund

I. *Maße:*

Schädel:	Umfang horizontal	*Körpergröße:*		*Gewicht:*
	Durchmesser sagittal	*Umfang:*	Brust	Vorderarm
	Durchmesser frontal		Bauch	Hand l.
	Durchmesser vertikal		Hüften	Wade l.
	Gesichtshöhe	*Länge:*	Beine	Arme
	Gesichtsbreite	*Breite:*	Schulter	Becken
	Nasenlänge und -breite			

Indizes: Längen-Breiten-Index des Schädels

PIGNET-Index

Brust-Schulter-Index

Differenz zw. Brustumfang u. Hüftumfg.

Differenz zw. doppelter Beinlänge u. Körperhöhe

II. *Gesicht und Schädel:*

Kopfform: Hochkopf, pyknischer Flachkopf, kleiner Rundkopf, Turmschädel, erweiterter Hirnschädel, uncharakteristisch.

Profil: Winkelprofil, Langnasenprofil, hypoplastisches, pyknisches Profil, uncharakteristisch.

Gesichtsumriß frontal: breite Schildform, flaches Fünfeck, steile Eiform, verkürzte Eiform, kindliches Oval, Siebeneck, uncharakteristisch.

Einzelbeschreibung:

a) Stirn: b) Mittelgesicht:

c) Nase: d) Kinn:

III. *Körperbau:*

Knochen:

Muskulatur (Relief?):

Fett:

Hals:

Schultergürtel:

Brustkorb:

Bauch:

Becken:

Extremitäten:

Hände und Füße:

Beschreibung:

IV. *Behaarung:*

Haupthaar:

Brauen:

Bart:

Genital:

Achsel:

Rumpf:

Arme:

Beine:

Beschreibung:

V. *Endokrine, vegetativ-nervöse, geschlechts-, alters- und rassentypische Befunde* (s. auch III. und IV.)

a) *Drüsen:*
Brustdrüsen:
Schilddrüse:
Genitale:
Hoden (bzw. Ovar.):
Sexuelle Anomalien:

b) *Augensymptome:*
(Gräfe, Aschner, Pupillen, Lidspalte usw.)

c) *Herzgefäßsymptome:*
(stabil – labil, Pulsfrequenz, Gesichtsfarbe, Dermographismus. Akrozyanose, hyperthyreotische Symptome usw.)

d) *Reflexe, Tremor:*

e) *Haut- und Haarfarbe:*

f) *Sekretorische Symptome:*
(Schweiß, Talg usw.)

g) *Hautbeschaffenheit:*
(Turgor, Glätte, Dicke usw.)

h) *Sonstige Befunde* (bes. auch Mißbildungen, Defekte der Sinnesorgane u. dgl.):

i) *Geschlechtstyp:* eindeutig, verwischt, abweichend

k) *Alterstyp:* Erscheinung altersentsprechend, retardiert, akzeleriert, frühgealtert

l) *Rassetyp:* rassische Akzente (Proportion, Farbe, Haarform usw.)

VI. *Zeitpunkte von Veränderungen*

Eintritt der Präpupertät:

Eintritt der Pubertät:

Eintritt der Geistesstörung (bzw. Kriminalität):

Wachstumstempo und -zeitpunkte in der Pubertät (rasches Aufschießen, langes Zurückbleiben):

Eintritt der Involution: (Klimakterium, Senium):

Eintritt der Verfettung:

Eintritt der Abmagerung:

Eintritt bestimmter schwerer Körperkrankkeiten:

VII. *Exogene und persönlichkeitsschädigende Faktoren:*

(Symptome von Alkoholismus und Suchten, luischen und metaluischen Krankheiten, Atherosklerose, traumatischer Hirnschwäche, frühkindlicher Hirnschädigung; dienzephale und extrapyramidale Feinsymptome; neurohormonale Störungen)
Chronische Krankheiten und Defekte

Körperliche Belastbarkeit (stark, schwach; Ermüdung langsam, schnell):

VIII. *Diagnose:*

pyknisch

leptosom { kräftig hager / mittel / asthenisch

athletisch / *Mischform:* { schlank, muskulös / mittel / plump, pastös

dysplastisch: eunuchoider Hochwuchs, sonstige Hochwuchsformen, Gigantismus, Massenwuchs, eunuchoider Fettwuchs, intersex (Maskulinismen, Feminismen), Dystrophia adiposogenitalis, akromegaloid, infantil, hypoplastisch, kretinisch, sonstige Kümmer- und Zwergwuchsformen, rachitisch, einzelne gehäufte Dysplasien und Mangelzeichen.

Wichtige Einzelstigmen:

Anmerkung des Herausgebers:

Das *Psychobiogramm* ist zwischen 1923 und 1925 entstanden. Es war ursprünglich ein Fragebogen, welcher der systematisch vergleichenden Untersuchung von experimentalpsychologischen Probanden, Kranken und Gutachtenfällen der Psychiatrischen Universitätsklinik Tübingen diente. Von der 3. bis 10. Auflage (1950) war es in diesem Buch wiedergegeben und wurde dann zurückgezogen, weil der Verfasser keine Zeit fand, es zu überarbeiten und zu ergänzen. Das ist bedauerlich, weil das Blatt den in seiner Art einmaligen Versuch einer *biologisch-psychologischen Synthese* zeigt, wobei Morphologie und Pathophysiologie einerseits, Elemente der psychiatrischen Charakterkunde, Trieb-, Konstitutions- und Sozialtypologie andererseits aufeinander bezogen sind. Nachdem ich das seinerzeit noch nicht erarbeitete Temperament des athletischen Habitus zusätzlich formuliert und einige Schemata in sich besser abgestimmt hatte, schien es mir gerechtfertigt, das Psychobiogramm erneut zu veröffentlichen. Es eignet sich seines großen Umfangs wegen gewiß nicht als Untersuchungsbogen in der gedrängten Routine von Klinik und Praxis. Wohl aber kann es als Leitfaden die ärztliche oder wissenschaftliche Arbeit unterstützen und Anregungen geben.

Anhang

Über Psychotherapie

Allgemeine psychologische Richtlinien

Psychotherapie ist eine der Haupttätigkeiten nicht nur des Nervenarztes, sondern des Arztes überhaupt. In vielen Fällen wird der Arzt beansprucht, nicht weil eine gründliche körperliche Behandlung notwendig oder möglich wäre, sondern um dem Patienten und seiner Familie über die mit der Krankheit verbundenen Negativaffekte hinwegzuhelfen: über Ängstlichkeit, Hypochondrie, Sorge, Ungewißheit, Mutlosigkeit. Ein guter Teil aller Arzneiverordnungen und Diätvorschriften werden vom Arzt gefordert, um das Gefühl der Aktivität gegenüber dem Schicksal zu erlangen, aus Lähmung und Ohnmacht herauszukommen, um sich eine kleine feste Gewinnchance in einem unsicheren Spiel zu erkaufen, um selbst durch aussichtslose Mittel, durch immer neuen Behandlungswechsel das Bewußtsein zu erhalten, zu kämpfen und noch nicht besiegt zu sein. Das sind verständliche katathyme Bedürfnisse, die gleichen, welche andere Völker veranlassen, Zauberer und Medizinmänner zu besuchen. Der magische Heiler ist der Vorfahre des Arztes. Wenn dieser nicht „zaubern" kann, so tritt auch bei uns der Magnetopath oder der Schäfer an seine Stelle. Zaubern ist die primitive Urform der Psychotherapie.

Wir sehen: es liegt nicht im freien Ermessen des Arztes, ob er Psychotherapie treiben will oder nicht, sondern der Arzt ist an einen Platz gestellt, von dem alle Welt unter einem katathymen Zwang Psychotherapie erwartet und empfängt. Er wirkt psychotherapeutisch, nicht weil er, sondern weil seine Klientel es will. Er wirkt auf alle Fälle intensiv psychisch, ob zum Guten oder zum Schlimmen, das ist ihm selbst in die Hand gegeben.

Hier sind zwei Hauptgesichtspunkte: Unüberlegte Aussprüche verderben die katathymen Regulationen. Nur wo höhere Interessen es verlangen, dürfen wir, vor allem bei Schwerkranken, die kleinen Hoffnungen und Selbsttäuschungen zerstören, die ihnen besser als Morphium über ihre Leiden hinweghelfen. Die „volle Wahrheit", in rücksichtsloser Form ausgesprochen, können die wenigsten Menschen und erst recht die wenigsten Kranken ertragen. Auch das schwerwiegendste prognostische Urteil läßt sich mit dem vollen Ernst der Wahrheit doch in einer Form aussprechen, daß eine kleine Spur Hoffnung übrigbleibt, und das genügt vollkommen. Eine vorsichtig formulierte, ungünstige Prognose nützt praktisch soviel wie eine schlechthin infauste, aber sie schadet weniger.

Noch wichtiger ist der zweite Gesichtspunkt: Unvorsichtige Aussprüche erzeugen Krankheiten. Es gibt Worte, die der Arzt wie starkwirkende Gifte wegschließen müßte: „Krebs", „Tuberkulose", „Gehirnerweichung", „Panzerherz" und vor allem „Rückenmark". Das Wort Rückenmark geht vielen nervösen Leuten durch Mark und Bein. Auch der Ausdruck „Arterienverkalkung" bzw. „Arteriosklerose" ist mit großer Vorsicht zu verwenden. Die Vorstellung, Arterienverkalkung zu haben, kann bei arbeitsgewohnten, alternden Leuten zum schweren Komplex, ja zur chronischen fixen Idee und zum Ausgangspunkt anhaltender depressiv-hypochondrischer Verstimmungen werden, die Arbeitsfähigkeit und Lebensfreude lahmlegen, obgleich der objektive Befund vielleicht geringfügig ist. Auch die Diagnose „Syphilis" darf man bei nervös empfindlichen Leuten nur aussprechen, wenn man seiner Sache absolut sicher ist und Therapie und Rücksicht auf die Ansteckungsgefahr es erfordern. Starkwirkende Krankheitsbezeichnungen benutzen wir in reiner Form nur dort, wo es gilt, robuste, unverständige Menschen zur Vernunft und zur

Rücksicht auf ihre Gesundheit zu zwingen. In allen anderen Fällen setzen wir ein Korrigens hinzu. Immer aber muß der Arzt sich darüber klar sein, daß es sich um einen verantwortlichen Eingriff in das Seelenleben seines Patienten handelt, und er sollte überlegen, ob er sein ärztliches Urteil energisch und unverblümt formulieren darf, oder es vorsichtig umkleiden muß. Denn das Seelische wirkt auf hundert Wegen. Es wirkt auch auf den körperlichen Zustand.

Man sollte die Bevölkerung zu einem vernünftigen Standpunkt gegenüber den Möglichkeiten und Grenzen ärztlicher Hilfe erziehen. Wer aber, im Hinblick auf seine menschliche Unzulänglichkeit, immer nur Skepsis zeigt und nicht therapiert, der wird vom kranken Volk mit Recht abgelehnt. Man holt den Arzt nicht, damit er nur mit den Achseln zuckt. Er soll deshalb keine Mittel verordnen, von deren Unwirksamkeit er selbst überzeugt ist. Aber wenn er sich Mühe gibt, wird er auch in ungünstigen Fällen fast immer ein kleines Mittel finden, das etwas Erleichterung gibt und dann vollkommen genügt, um dem Patienten und seiner Familie als Anknüpfungspunkt für die Hauptsache, nämlich ihre katathymen Regulationen, zu dienen. Das ist der gute und ehrliche Sinn des „ut aliquid fiat“.

Im übrigen sind die seelischen Einstellungen, mit denen der Patient zum Arzte kommt, sehr verschieden. Nur ein Teil will einfach von einem körperlichen Leiden geheilt werden. Viele mit hypochondrischen Sorgen wollen sich mit energischen Versicherungen beruhigen und trösten lassen. Andere wünschen dies gerade nicht, und wenn wir ihnen sagten, daß sie nur eine harmlose Krankheit haben, so würden sie uns das nie verzeihen. Es gibt Frauen, die von „ihren“ Gallensteinen in jedem Eisenbahnwagen mit liebevoller Breite wie von ihren Kindern sprechen und mit ihnen von einem Arzt zum anderen reisen, nur um sich von ihm bestätigen zu lassen, daß er einen solch schweren Fall noch nie gesehen habe, oder um zuletzt von dem berühmten Professor X. zu erzählen, ihr Fall sei auch ihm noch ganz rätselhaft. Hier dient der Gallenstein zur Selbstwerterhöhung, zu einer naiven und harmlosen Verklärung der eigenen Persönlichkeit durch etwas, was die anderen nicht haben. Er gibt einer banalen und beschränkten Persönlichkeit ein erhöhtes Relief und erfüllt denselben Zweck wie bei anderen der Verstand, Reichtum oder die vornehme Geburt.

Dabei sehen wir von den Fällen ab, bei denen die Krankheit oder die Krankheitsangabe nicht bloß diesen Selbstzweck hat, sondern offen oder versteckt egoistischen Zwecken in der Diplomatie des Patienten gegenüber seiner Frau, seinem Vorgesetzten oder seiner Versicherungsbehörde dient. Solche Zweckkomponenten können nicht nur für sich allein Simulationen und Neurosen erzeugen, sondern, was noch wichtiger ist, aufmerksamkeitsbahnend, schmerzverstärkend, bewegungshemmend in jede körperliche Krankheit als heraushebender, verlängernder, ja objektiv verschlimmernder Teilfaktor mit eingehen. Eine objektive Funktionsstörung an Herz oder Magen auf dem Weg über das vegetative Nervensystem wird auch tatsächlich psychogen verstärkt. Die psychische Einstellung tritt also nicht zu einem körperlichen Leiden als Nebenfaktor von außen her hinzu, sondern steckt häufig im körperlichen Krankheitsbild als Kraftkomponente mit darin.

Arbeit und Erholung

Noch heute kommt vielen Ärzten beim Anblick eines psychisch und nervös Leidenden einzig der Gedanke: „Erholung“. Der erste Gedanke müßte aber in der Mehrzahl der Fälle nicht sein: wie bringe ich den Patienten in Urlaub, sondern: wie bringe ich ihn an die Arbeit. Erholung und Arbeit haben je ihre besondere Indikation. Erholung braucht vor allem der Kranke in der Rekonvaleszenz, sodann der durch Überarbeitung oder Affektstrapazen Erschöpfte. Diese Überanstrengung muß aber nachgewiesen sein. Sie ist das erste, was das Publikum ätiologisch behauptet, und meist das erste, was der Arzt bescheinigt. In der Mehrzahl der so zur Erholung geschickten Fälle aber hatten die Beschwerden andere Gründe. Einen früher arbeitsfähigen Menschen, der unter pflichtmäßiger Anspannung seiner Kraft seinen Beruf ohne nachweislich starke Sonderbelastungen versehen hat, mangels eines nachgewiesenen Grundes als überarbeitet zu bezeichnen, ist ein Unfug.

Bestimmte Veranlagungen und Berufe haben allerdings einen gesteigerten Bedarf an regelmäßig einzuhaltenden größeren seelischen Ruhepausen: die nervös Erschöpfbaren und alle intensiv geistig Arbeitenden. Menschen, die unter dauernder großer Verantwortung und Affektspannung stehen, die notgedrungen unter ungünstigen hygienischen Verhältnissen leben, besonders was Nahrungsaufnahme und geregelte Tageseinteilung betrifft, auch geistig regsame Menschen in monotonen, geistlosen oder einseitigen Berufen. Überhaupt kommen die täglichen, wöchentlichen und jährlichen Pausen in vernünftigem Rahmen fast jeder Art menschlicher Arbeit zugute und erhöhen seelische Frische und Leistungsquantum. Hier muß also der Arzt nach der entgegengesetzten Seite sein Votum zur Geltung bringen: bei allen, die gegenüber sich selbst und besonders ihren Untergebenen meinen, daß eine jahraus, jahrein betriebene Hetze oder nicht ausgeglichene Überstunden das Ideal der Pflichterfüllung und das Optimum der Arbeitsleistung nach Qualität und Quantität bedeuten. Regelmäßige Erholung mit völliger Ausspannung und Milieuwechsel brauchen dann vor allem hyperästhetische und gespannte Menschen, die schon im Alltagsleben übermäßig viel Affekt verbrauchen und ihre Komplexe dabei nicht loswerden.

Streng kontraindiziert sind außerplanmäßige Ruhepausen dagegen besonders für folgende zwei Gruppen: für die Hysterischen und anderen Neurotiker, die die „Flucht in die Krankheit“ bezwecken, und zweitens für die Mehrzahl aller konstitutionell Nervösen und Psychopathen, soweit es sich um die Behandlung ihres dauernden Habitualzustandes und nicht bedeutsamer spezieller vorübergehender Gesundheitsstörungen handelt. Der übliche Kuraufenthalt mit einem Tageslauf, der aus ein bißchen Baden, gutem Essen, Flirt, Konversation und Müßiggang zusammengesetzt ist, stellt eine Behandlungsform dar, durch die ein gesunder Mensch in einiger Zeit zum unheilbaren Tagedieb und Hypochonder gemacht werden könnte. Das gilt besonders für solche, deren Arbeits- und Gesundheitswille nicht intakt oder deren allgemeine Lebensenergie von Haus aus zu gering ist. Ein Aufenthalt in Erholungsstätten, Bädern und Sanatorien, wenn er nicht von dem Geist energischer moderner Psychotherapie durchdrungen ist, eignet sich nur für zwei Kategorien psychisch-nervöser Patienten: für wirklich Erschöpfte und affektiv Angegriffene, die sich hier in kurzer Zeit vortrefflich erholen können, und sodann für unheilbar Lebensuntüchtige, schwer Degenerierte, manche schizophrenen Restzustände, für die z. B. ein Sanatoriumsaufenthalt den berechtigten Ersatz für eine seelische Zufluchtsstätte bietet. Anstalten, wo die Kräftigung neurotischer und psychopathischer Menschen für Beruf und Leben intensiv, umfassend und sachverständig betrieben wird, sind heute nicht zahlreich, wenn auch das Verständnis für diese Aufgabe in erfreulicher Zunahme begriffen ist.

Bei der Erholung tritt heute noch ein anderer Aspekt in Erscheinung: Sie kann den Menschen bedrohen. Der eine fürchtet sie, weil er sich inneren Werten nicht öffnen kann und fühlt sich ohne Arbeitsroutine unbehaglich, äußerstenfalls depressiv oder er stürzt sich in die erregende Aktivität des Vergnügens. Beim anderen bringt die Pause das ans Licht, was vorher durch das Geschäft verdeckt war: unerfüllte Bedürfnisse, Feindseligkeiten, Charakterschwächen. Wochenende, Feiertage und Ferien liefern besonders leicht Anlässe, an denen sich innere und mitmenschliche Konflikte entzünden und wo sie offen ausbrechen. Der Arzt fragt den Ratsuchenden deshalb nicht nur nach dem Erfolg der Arbeit, sondern auch mit besonderer Sorgfalt nach dem Verlauf der „freien Zeit“.

Grundprinzipien der Psychotherapie

Unter Psychotherapie versteht man die Behandlung mit psychologischen Hilfsmitteln und Methoden. Sie kann bei seelischen Krankheiten, z.B. Neurosen, Schizophrenie, ferner bei körperlich funktionellen Störungen, endlich auch bei organischen körperlichen Leiden angewandt werden, besonders wenn diese psychische Zugänge und Ursachen haben (Psychosomatik). Indikationen und Grenzen der Psychotherapie ergeben sich für den kritischen Arzt lediglich aus der Erfahrung. Neurosen bedürfen grundsätzlich der Psychotherapie, auch dort, wo sie in körperliche Leiden (Herz- und Magenleiden, gynäkologische Störungen) eingekleidet sind. Auch unter den echten organischen Krankheiten gibt es Fälle wie Magengeschwür, Asthma, Gefäßkrankheit usw., die nach vergeblicher Anwendung bewährter körperlicher Behandlungsmethoden nur durch Psychotherapie oder durch Kombination körperlicher und psychischer Behandlungsmethoden geheilt werden. Es handelt sich dabei heute nicht mehr um allgemeine, gefühlsmäßig gewählte ärztliche Erziehungs- und Beratungsmaßnahmen, sondern um eine Reihe ausgeprägter Spezialmethoden mit einer jeweils durch Erfahrung festgelegten und bis zu einem gewissen Grad lehrbaren Technik, hinter der dann – besonders bei der Psychoanalyse und andern tiefenpsychologischen Systemen – eine komplizierte Theorie mit vielen Deutungen und Beleuchtungen der Tiefen des Seelenlebens und seiner Gefühls- und Triebstruktur steht.

Das *sektenhafte Eingeschworensein* auf eine alleinige Methode, das man heute leider häufig in der Psychotherapie – am meisten in der Psychoanalyse und der Reflextherapie – findet, widerstreitet ebenso dem Geist der Wissenschaft wie dem ärztlichen Ethos und bekundet nichts anderes als weltanschaulichen Eifer. Wer wirklich erkennen und helfen will, weiß, daß er mit *einer* Perspektive nicht auskommt. Neben dieser Unvoreingenommenheit braucht der Psychotherapeut anspruchsvolle *charakterliche Qualitäten*. Analytisch-psychologische Behandlung ist in gleichem Maße wie die psychagogische eine Persönlichkeitsfrage. Nur ein starker, warmherziger und führungsfähiger Mensch wird auf diesem Weg wertvolle Heilresultate erzielen.

Selbstverständlich steht von jeder, zuerst streng methodisch geführten Psychotherapie als Endführung auch der Weg zu den *religiösen Problemen* und Denkformen offen, soweit dies noch in die Kompetenz des Arztes gehört.

Nach meiner Auffassung ist der tiefere Sinn der ethischen Endführung das „Werde, der Du bist", die Achtung vor dem „Gesetz, wonach Du angetreten", die Lösung der heteronomen, fremdgesetzlichen Verkrampfungen, die Ausräumung der falschen Attrappen und Scheinanpassungsversuche, die Entwicklung der in der Anlage gegebenen positiven Potenzen und Kräfte, kurz: die Harmonisierung der Persönlichkeit in sich selbst und mit ihrem Lebensraum. Die *Strukturanalyse* der konstitutionsgebundenen Persönlichkeit mit ihren Temperamenten und Trieben, ebenso wie mit ihren bisherigen sozialen Anpassungsversuchen, Idealen und ethischen Zielsetzungen und das *einfühlende Verständnis* brauchen wir hier wie die Analyse der Erlebnisse und Umweltwirkungen. Die Vorstellung, daß nur die Milieuauswirkungen einer Psychotherapie zugänglich, die Anlage dagegen ein starres Fatum sei, ist irrtümlich und ganz unbiologisch: alles Lebendige ist formbar und dynamisch.

Beim denkenden Arzt werden sich die Wege von selbst in der Mitte treffen: von der konstitutionsgebundenen Persönlichkeit wie von der sozialen Forderung her. Nur wenn man beides im gegenseitigen Bezug gründlich kennt und anerkennt, kann der Patient auch ethisch richtig geführt werden. Diese *aktiv psychagogische Endführung* ist für die meisten Menschen unentbehrlich: nicht nur Analyse, sondern am Schluß vollends das Aufheben der krankhaften Komplexe und Spannungen in adäquate positive Lebenswerte, in der kräftigen Strömung eines tätigen Lebens oder, auf einem tieferen „Goetheschen" Hintergrund gesehen: durch das ewig Wirkende. Nach unserer Erfahrung muß man dem abendländischen Menschen zu seiner Gesundung in der Regel einen aktiven Impuls auf persönlichkeitsgerechte und weltangepaßte Ziele hin geben. Dies scheint der absolute Gegensatz zu der indischen Lebensphilosophie zu sein, die sich, von allem äußeren „Anhaften“ befreiend, auf das Ihâna, auf eine heilige innere Indifferenzzone zurückzieht (LANGEN 1963). Man könnte aber auch in der Tiefe menschlichen Wesens auf letzte Polaritäten stoßen. Es hat im Abendland, auch in neuerer Zeit, besonders auf religiösem Hintergrund, ein paar große Menschen gegeben, die beides in beispielhafter Weise in sich darzustellen und zu vereinigen wußten. Sehr schön hat dies etwa ein Meister der Lebensphilosophie des 18. Jahrhunderts, der berühmte Theologe J. A. BENGEL ausgedrückt und vorgelebt, wenn er von der „Krypsis animae“, der inneren Verborgenheit, der heiligen Stille spricht, die man beständig in sich tragen soll – und die uns bei der Tätigkeit „mitten in den Tumult der schlimmsten Zeiten“ begleitet und trägt. Eine solch vertiefte polare Lebensphilosophie kann man allerdings als Arzt bei der psychotherapeutischen Endführung nur gelegentlich einmal mit verinnerlichten und wertvollen Menschen ausarbeiten.

Zunächst sei ein tabellarischer Überblick über die wichtigsten psychotherapeutischen Methoden gegeben. Ausführliches darüber kann bei FRANKL (1957) und E. KRETSCHMER (1949) nachgelesen werden.

I. Die suggestiven Elementarmethoden:
1. Direkte Hypnose (STOKVIS 1955)
2. Gestufte Aktivhypnose (E. KRETSCHMER 1949)

II. Die Hauptmethoden:
1. Analytische Methoden (FREUD Ges. Werke ab 1941, JUNG Ges. Werke ab 1958, ADLER 1912)
2. Meditative Verfahren: Gelenkter Wachtraum (DESOILLE 1961), Katathymes Bilderleben (LEUNER 1970)
3. Gruppenpsychotherapie (MORENO 1959; SLAVSON 1956)
4. Übungsmethoden: Autogenes Training (SCHULTZ 1970)
5. Zweigleisige Standardmethode (E. KRETSCHMER 1949, LANGEN 1973)
6. Reflextherapie (Lern- oder Verhaltenstherapie) (WOLPE 1970), Protreptik (W. KRETSCHMER 1957)

III. Hilfsmethoden:
1. Arbeitstherapie, Beschäftigungstherapie, Atemsprechtherapie, Heilgymnastik u. a.
2. Psychagogik und einfache Erziehungsmaßnahmen.

IV. Die Formung der Persönlichkeit:
1. Aufbau der Persönlichkeit nach ihren konstitutionellen Grundgesetzen und Aktivitäten (E. KRETSCHMER l. c.)
2. Die soziale Anpassung (KÜNKEL 1935)
3. Daseinsanalyse (BINSWANGER 1955, BOSS 1957) und Logotherapie (FRANKL 1956)
4. Die archetypischen Symbolbegegnungen (JUNG 1946)
5. Die religiösen Endführungen (KÜNKEL 1962, MAEDER 1957).

Zur analytisch-psychologischen Therapie

In der Geschichte systematischen psychologischen Analysierens seelischer Krankheiten nimmt die Methode FREUDS einen stark hervorgehobenen Platz ein. Trotz zahlreicher und gewichtiger Einwände gegen die Psychoanalyse, trotz ihrer erschreckenden weltanschaulichen Einseitigkeit und einer – gemessen am wissenschaftlichen Anspruch – ungewöhnlichen begrifflichen Leichtfertigkeit und Oberflächlichkeit bleiben doch zwei unentwertbare Funde, die immer wieder zum Nachdenken und zum Probieren angeregt haben:

1. Nichtbewußte Verhaltens- und Erlebnisbereitschaften können vermutet und mit gezielter Initiative sichtbar gemacht werden. 2. Eine Vorstellung zieht gesetzmäßig andere nach sich, wobei eine scheinbare Disparatheit durch tiefere Bedeutungen überbrückt sein kann. Alles, was über diese Hypothesen hinausgeht, sei es die formale und inhaltliche Bestimmung des Seelenlebens, die Theorie der „Übertragung", die Handhabung des „Widerstandes", das Ritual des Sofaliegens und vieles andere, ist höchst problematisch und anfechtbar geblieben. Aus diesen Gründen habe ich mich nach eingehendem Studium mehr und mehr von der Psychoanalyse zurückgezogen oder manche ihrer Elemente in weitere Zusammenhänge eingeschmolzen, und zwar in der Erkenntnis, daß die Motivlehre durch eine neutralere Charakterkunde, das historisch-genetische Vorgehen durch ein prospektiv-aktives ergänzt werden müsse.

Die sogenannte Laienanalyse zu Ausbildungszwecken in jeder Form lehne ich entschieden ab und sehe darin eine schwere Gefahr für Volksgesundheit und Moral. Nervös und seelisch Erkrankte können selbstverständlich nur durch den geschulten Spezialarzt analysiert werden. Nicht-Kranke sind im allgemeinen nicht zu analysieren. Die Weggabe einer so heiklen Behandlungsmethode aus der Hand des Facharztes in weitere Kreise würde das Emporwachsen eines höchst unerwünschten „psychotherapeutischen" Kurpfuschertums zur Folge haben. Das Prinzip, daß der Kranke nur vom Arzt behandelt werden darf, ist unaufgebbar.

Sonst ist die analytisch-psychologische Therapie ethisch hochwertig, sofern sie von ethisch hochwertigen Ärzten mit kritischer Vorsicht, spezialistischer Sachkenntnis und genauer Indikationsstellung ausgeübt wird. Sie bildet unter diesen Voraussetzungen nicht nur ein Mittel zur Beseitigung von Krankheitssymptomen, sondern auch einen hervorragenden Weg zur Ehrlichkeit und Selbstkritik und ist geeignet zum gründlichen Umbau gefährdeter Persönlichkeiten.

Schon die Tatsache einer gründlichen *Inventarisierung* der seelischen Gesamtsituation kann beruhigend wirken. Wir beleuchten gemeinsam mit dem Patienten seine seelischen Tatbestände, zeigen ihm ihre sinnvolle, gesetzmäßige Verknüpfung und ihre Auswirkungen und gewöhnen ihn daran, dieselben besonnen und sachlich ins Auge zu fassen. Wir gehen aber behutsam und schonend vor. Bei vielen seelischen Konflikten sind Klärung und Richtigstellung der Zusammenhänge schon gleichbedeutend mit Erleichterung, ja selbst mit Heilung, besonders wenn wir die Analyse gegen den Schluß hin *psychagogisch* unterstützen. *Suggestive* Nebenwirkungen werden stets mitspielen. Vielleicht aber liegt in den meisten Fällen der Haupttheilwert der biographischen Analyse in der Herausarbeitung eines besonders großen und anschaulichen Materials an Erlebnissen, die wie Meilensteine dem Patienten den Weg seiner seitherigen Entwicklung zeigen, die die Grundlinien seiner Persönlichkeitsstruktur klar herausheben. Daraus ergibt sich dann die Korrektur verbogener Lebenseinstellungen, die „Orthopädie" der Gesamtpersönlichkeit unter ärztlicher Führung unmerklich von selbst.

Neben dem *primitiven Abreagieren,* neben der beruhigenden und sinnvoll klärenden Inventarisierung des charakterspezifischen Erlebnismaterials und neben den unvermeidlichen Suggestivwirkungen kann ein wichtiger affektdynamischer Faktor genutzt werden. Das ist das von FREUD herausgearbeitete, besonders bei langdauernden Behandlungen den anscheinend so planvoll klaren Gang der Analyse unterströmende *Spiel von positiver und negativer „Übertragung"*. Letztere wird als „Widerstand" bezeichnet. Der Patient soll die Imagines wichtiger Beziehungspersonen aus seiner Vergangenheit in den Arzt „projizieren" und sich ihm gegenüber so verhalten, wie er es bei jenen tat. So entfaltet sich die Charakterproblematik in der unmittelbaren persönlichen Beziehung. Das therapeutische Prinzip liegt nun in folgendem: Während der positiven Phase der Idealisierung des Therapeuten findet der Patient Erfüllung seiner Wünsche und kann unterdrückte Antriebe entfalten. Damit gewinnt er Kraft, um die wichtigste Aufgabe zu bestehen, nämlich in der „negativen Übertragung" den Arzt, der bestimmte Erwartungen nicht erfüllt und zur Selbstkritik anhält, zu ertragen. Im „Widerstand" wird also der Kranke geübt, Wunsch und Möglichkeit zu unterscheiden, Befriedigung und Verzicht selbst zu bestimmen, statt von ihnen abhängig zu sein.

Die Kunst des Arztes besteht darin, positiven und negativen Rapport jeweils angemessen zu begünstigen. Denn gegenüber reiner Toleranz verharrt der Patient in seinen Illusionen und Fehlhaltungen. Wird er jedoch nur belastet, bricht er die Behandlung ab. So sieht es die Theorie. In Wirklichkeit spielen noch zahlreiche andere Faktoren eine Rolle. Jedenfalls schießt die streng psychoanalytisch gehandhabte „Übertragung" über die gewöhnliche ärztliche Beziehung weit hinaus und erzeugt leicht überhitzte, schwärmerische oder feindselige, jedenfalls kritiklose Haltungen, die oft schwer gesteuert und keineswegs immer in natürliche, echte menschliche Bezüge verwandelt werden können. Wer den Orkus hyponoischer und hypobulischer Impulse beschwört, braucht nicht nur Selbstsicherheit und Selbstbeherrschung, sondern geht auch ein *Wagnis* ein, dessen Ende er nicht voraussieht!

Das selbstverständliche positive Gefühl, auf dem jede ersprießliche körperliche oder psychische Begegnung zwischen Arzt und Patient beruht, nennen wir *Anerkennung* oder *Vertrauen*. Davon geht die Psychotherapie aus und dahin sollte sie immer wieder zurückkehren. Darum pflege ich die zwischenmenschliche Beziehung zwischen Patient und Arzt schon von der ersten Sitzung an auf ruhige, gezügelte menschliche Sympathie hin zu steuern, die nie einen gewissen Grad leiser Distanz verliert. Wir versuchen auch, über die schwierigsten, affektgeladenen Krisenpunkte hinweg immer wieder diese wohltemperierte Atmosphäre zu finden. Dies dämpft die Affekte auch dort, wo wir als Projektionsfigur dienen und dienen müssen. Überschwengliche erotische Affekte lassen sich entweder ganz vermeiden oder bald wieder mit ruhiger Hand in einen guten, ausgewogenen menschlichen Rapport überführen. Dasselbe gilt vom Widerstand, der vor allem im Anfang zu überwinden ist, bis der Patient sich anschickt, die Psychogenese seiner Störungen zu bejahen und in ihre gründliche und unzensierte Bearbeitung einzutreten. Situative Widerstände bekommt jeder Arzt in dem Moment, wo entscheidende, schwere Komplexe berührt werden. Sie wachsen sich aber bei richtiger Führung kaum einmal in haßerfüllte, die ganze Dynamik auf längere Sicht beherrschende Dramen aus. Trotzdem erreichen wir gute therapeutische Ergebnisse. Das weite Ausschwingen von Übertragung und Widerstand braucht also nicht der entscheidende Motor für den Fortschritt der Heilung zu sein, sondern bildet häufig ein die Therapie erschwerendes und verzögerndes Moment.

Nun die schlichte Frage: muß Psychotherapie taktlos sein? Ich möchte sagen: Wenn man den Patienten grob und ungeschickt oder gar mit quälerischem Zynismus auf seine empfindlichsten Komplexe hinstößt, darf man sich nicht wundern, wenn er anfängt, den Arzt zu hassen. Solche „Widerstände" sind schädlich und vermeidbar. Auch die tiefstsitzenden und schwierigsten Komplexe müssen, wenn nötig, mit unerbittlicher Schärfe gemeinsam von Arzt und Patient bearbeitet werden, aber zum richtigen Zeitpunkt. Wie man das macht, ist eine Frage des Taktes, der sprachlichen und gesellschaftlichen Erziehung, nicht zuletzt der Erfahrung. Manche schon zur gedankenlosen routinemäßigen Scheidemünze gewordenen psychoanalytischen Jargonausdrücke stoßen empfindliche Patienten schwer vor den Kopf. Auch die heikelsten und persönlichsten Dinge lassen sich in einer verfeinerten Dialogführung, aber in schlichtem gutem Deutsch so ausdrükken, daß auch die empfindsamste Frau sich nicht verletzt fühlt.

Es gibt einzelne, besonders intuitiv begabte Ärzte, die unter Umgehung einer langsam systematisch anlaufenden Analyse in einem frühen Zeitpunkt plötzlich und gezielt dem Patienten seinen Zentralkomplex auf den Kopf zusagen und so die Therapie rasch und mit durchschlagendem Erfolg zu Ende führen. Bei sprachlich geschickter Formulierung ist der Patient vielleicht erschüttert, aber nicht verletzt, sondern entscheidend erleichtert. (Die nicht nur drastischen, sondern oft recht geschmacklosen sprachlichen Brüskierungen des Patienten, die zuweilen als neue Methode angeboten wurden, können uns allerdings weder therapeutisch noch menschlich überzeugen.) Die Anforderungen an Takt und Einfühlung sind natürlich nicht kleiner, sondern wesentlich größer als bei behutsam systematischen Vorarbeiten. Diese gezielte Therapie läßt sich nicht methodisch lehren, sondern erwächst der persönlichen Begabung Weniger. Die Wirkung einer *analytisch-psychagogischen Behandlung* hängt nicht allein von der Aufhebung der Verdrängung ab. Auch wo z. B. Verhaltungen bewußter Komplexe vorliegen, kann die gründliche Besprechung und folgerichtige Verknüpfung der bewußten Schwierigkeiten durch den Arzt oft günstig wirken. Leider hat man insbesondere den Begriff der gewiß wichtigen „Verdrängung" und des „Widerstandes" stark überspannt und unberechtigterweise zur Alleinherrschaft gebracht. Die Verdrängung affektstarker Erlebnisse schadet nicht immer und ihre Bewußtmachung nützt nicht immer. Das Verdrängen und Vergessen kann wohltätige und notwendige seelische Vernarbungen zuwege bringen, die man nicht stören soll.

Es ist oft die Frage aufgeworfen worden, ob sich der Therapeut bei einer analytischen Behandlung *aktiv oder passiv* verhalten soll. Ich möchte darauf antworten: in der ersten Hälfte vorwiegend passiv, in der zweiten vorwiegend aktiv. Die erste Hälfte dient hauptsächlich dazu, unvoreingenommen und möglichst unbeeinflußt das seelische Material zu gewinnen. Sobald sich die Grundlinien des Aufbaues der Neurose bzw. Psychose einigermaßen übersehen lassen, beginnen wir unmerklich aktiv psychagogische Elemente der Behandlung zuzusetzen, die wir langsam verstärken, indem wir den Patienten von seinen individuellen Voraussetzungen aus in schlichter, gemeinverständlicher Sprache auf die für ihn richtigen Schlußfolgerungen und neuen Lebensziele hinlenken. Hierbei werden wir niemals irgendeine psychoanalytische oder sonstige psychiatrische Theorie, ebensowenig aber irgendeine überlieferte Anschauung oder unsere eigenen persönlichen Lebensmaximen wie einen Talisman gegen künftige Lebensschwierigkeiten fertig anbieten. Wir werden den Kranken vielmehr dazu bringen, die Konsequenz seiner eigenen Veranlagung mit uns gemeinsam zu Ende zu denken – mit allen daraus sich ergebenden Lösungs- und Anpassungsmöglichkeiten und individuell geformten *Maximen*. So mündet unsere Art der Behandlung gegen den Schluß hin ins rein *Psychagogische* aus. Notfalls pflegen wir mit dem Patienten gemeinsam eine Art Schlußprotokoll schriftlich zu formulieren, das manche lebensschwache Patienten gerne als einen festen Halt mitnehmen.

Man sieht, es gibt bei den komplizierten Neurosen keine Analyse ohne Psychagogik – aber auch keine Psychagogik ohne Analyse. Ich habe nie verstehen können, daß bis heute manche Ärzte sagen: wir brauchen keine Analyse, wir heilen unsere Patienten durch Suggestion und Psychagogik. Ohne eine Ahnung, wo der individuelle Konflikt des Patienten sitzt, kann man ihn nicht führen, man kommt über wohlgemeinte allgemeine Redensarten und wenig wirksame Disziplinierungsversuche nicht hinaus. Komplizierte Neurosen sind niemals nur Neurosen, sondern immer Oberflächensignale einer schiefgewordenen Gesamtpersönlichkeitsstruktur. Man soll die Neurose gar nicht heilen, ohne die Persönlichkeit gleichzeitig neu aufzubauen. Hierzu braucht der Patient in erster Linie Selbsterkenntnis, d. h. Analyse. Die Einheitsformel: „Es geht mir jeden Tag in jeder Beziehung besser!" genügt nicht. Das „Erkenne dich selbst" ist der vornehmste und beste Teil aller Psychagogik und aller großen Psychotherapie. Daneben vergessen wir nicht, daß die Mehrzahl unserer Patienten aus Gründen der charakterlichen Einstellung, der Intelligenz oder der materiellen Lage nicht auf diesem Erkenntnisweg geführt werden kann, zum Glück auch nicht immer geführt werden muß. Grundsätzlich hilft hier – wenn überhaupt – die einfache Umstellung. So hat auch die vielgeschmähte *Symptomheilung* ihr gutes Recht und bringt nicht selten anhaltenden Erfolg, weil sie einen neuen Anfang setzt.

Psychotherapie der Persönlichkeit

Man soll einer therapeutischen Analyse stets nur den individuellen Fall und niemals eine einseitige Theorie zugrunde legen. Ein Therapeut, der alle psychologischen Situationen umspannen will, kann sich nicht auf die Lehrmeinungen dieser oder jener Sonderschule einengen. Es gibt heute einen großen Schatz an therapeutisch verwertbarem Wissen, der von einer Reihe namhafter Forscher zusammengebracht ist, und der in allen seinen Teilen der medizinischen Psychologie organisch eingegliedert werden muß. Dabei werden auch Überspannungen, Schiefheiten und Irrtümer zu korrigieren sein, die aus geistiger Abgeschlossenheit entstanden sind.

Sachlich ist zu sagen, daß alle konstitutionsbiologisch bedingten Veranlagungsfaktoren ebenso gründlich zu berücksichtigen sind wie die *Arten der Erlebnisstruktur*. Ja, bei unseren psychotherapeutischen Erfahrungen sind die pathogenen Erlebnisse gegenüber der Charakteranalyse vielfach in die zweite Linie gerückt. Mit geistig genügend differenzierten Patienten analysieren wir also vorwiegend die Hauptkomponenten ihrer erbgebunden konstitutionellen und reaktiv weiterentwickelten Persönlichkeit, diese aber durch den ganzen Lebensgang hindurch an Hand eines großen, vom Patienten schrittweise beizubringenden anschaulichen Erlebnismaterials. Unsere Prüfung geht dann hinaus über „Was sind die krankmachenden Erlebnisse?" zur Frage: „Was sind die Grundlinien der Persönlichkeitsstruktur, wie sind sie durch falsche Belastung verbogen, wie kann man aus den gewordenen Beständen eine harmonische Persönlichkeit aufbauen, und wie bekommt sie Zufriedenheit und den besten Wert für die Gemeinschaft?"

Verschiedene Persönlichkeitstypen haben verschiedene psychotherapeutische Angriffspunkte (vgl. S. 173f). Man muß auch die endogen bedingte Lebenskurve, die psychophysischen Infantilismen, überdauernden Fixierungen, Pubertätsentwicklungshemmungen und -krisen, klimakterischen Schwankungen usw. erkennen, um jede feinste seelische Schwingung des Patienten zu spüren und demgemäß den therapeutischen Aufbau „nach dem Gesetz, wonach er angetreten" zu gestalten. Man vermeidet die in den psychoanalytischen Lehren häufige Monomanie, nur als infantiles, „psychisches Trauma" aufzufassen, was ebenso Frühsymptom der konstitutionellen Reaktionsweise sein könnte. Gerade das zwingt die Psychoanalytiker zu dem zeitraubenden und deshalb affektdynamisch oft nachteiligen Durchanalysieren auch nicht unmittelbar pathogener Kindheitserlebnisse und zu oft sehr problematischen theoretischen Konstruktionen. Bei sorgfältiger, kritischer Abwägung wird man vielfach dahingestellt lassen müssen, was von der Triebgarnitur, die wir antreffen, erbbedingt und was durch frühe Hirnschäden, durch Frühablenkung der Konstitution „prodysklin" (Lempp 1964) erworben ist. Vor vorschnellen kausalen Konstruktionen wird man sich hinsichtlich des Primats der frühkindlichen Erlebnisse ebenso hüten müssen, wie vor rein erbbiologischen Dogmen.

Es gibt weiter komplizierte psychotherapeutische Situationen, die statt Erlebnisanalyse „Orthopädie" der Persönlichkeit verlangen, z. B. bei Patienten, deren Neurose sich nicht vorwiegend von bestimmten psychischen Traumen ableitet, sondern von dem durchgängigen, durch die verschiedensten Alltagserlebnisse immer wieder bestätigten Gefühl, mit typischen eigenen Grundhaltungen oder als Gesamtpersönlichkeit nicht in die Realität hineinzupassen. Die Therapie ist hier in erster Linie Strukturanalyse der Persönlichkeit. Wenn ich einen verschlossenen, feinsinnigen Schizoiden in der ersten Sprechstunde habe, der sich mit qualvoller Mühe einige Andeutungen über sein inneres Erleben abringt – so pflege ich ihm gelegentlich einige feinere Zusammenhänge und Umrißlinien seiner seitherigen inneren Entwicklung, über die er mit keinem Menschen gesprochen hat, zu skizzieren, so daß er sie wie in einem aufgeschlagenen Buch vor sich sieht. Im richtigen Augenblick wirkt ein solches Vorgehen erlösend und schafft sogleich ein starkes Vertrauen. Es beseitigt das neurotische Gefühl der Einzigartigkeit wie der Vereinsamung und macht den

Weg zu den spezifischen Anpassungen frei. Die Strukturanalyse der Persönlichkeit ist in der Tat der tiefste Hintergrund unserer Arbeit, auf den sich letzthin auch die Analyse der Erlebnisse und Komplexe bezieht. Mit anderen Worten: der *Charakter hat den Vorrang vor dem Motiv.* Nur so wird unsere Methodik, insbesondere auch bei den schwereren Fällen und den Kernneurosen verständlich. Kennen wir die Schwerpunkte des Temperaments- und Trieblebens, so läßt sich daraus die Art der Erlebnisse und Komplexe ableiten, auch wenn der umgekehrte Schluß deshalb nicht ausgeschlossen wird. Man kann bei der Charakteranalyse das Persönlichkeitsproblem auf einfache Formeln reduzieren, ohne die Dynamik der Umweltwirkungen und des kollektiv geprägten Verhaltensstils zu vernachlässigen. Darum auch messen wir der *Persönlichkeitsdiagnostik mittels psychologischer Proben, vor Beginn einer Psychotherapie und eventuell auch zur Kontrolle, eine hervorragende Bedeutung zu.*

Wir fragen also: Wie ist die Triebgarnitur beschaffen, mit der der Patient dem Lebenskampf gegenübersteht? Jede einzelne Triebkategorie (s. Kap. 9) soll sorgfältig daraufhin durchforscht werden, ob sie am Aufbau der Neurose beteiligt ist, oder ob sie Hinweise auf Diskrepanzen in der gesamten Triebstruktur gibt. Es interessieren hier neben der Gradstärke einer Triebgruppe das Verhältnis zwischen Haupt- und Nebenkomponenten, zwischen Trieb und Triebhemmung, die Reifungsgrade, die Irradiationen und Übersprungsphänomene usw.

Auf der nächsten Stufe der Strukturanalyse werden das konstitutionelle Gesamttemperament und seine Einzelfaktoren bestimmt. Es stellt sich dann die Frage: Wie ist der gegebene Triebbestand in das Gesamttemperament eingebaut? Es ist ja leicht zu sehen, daß eine gegebene Triebtendenz sich auf dem Boden eines schwerblütig-zyklothymen Temperaments wesentlich anders entwickelt als etwa im Rahmen einer viskösen oder einer schizoid-hyperästhetischen Struktur.

Sind diese trieb- und temperamentsmäßigen Persönlichkeitskerne klar durchleuchtet, so lassen sie sich ihrerseits wieder in das ganze Gewebe hin- und widerspielender Erlebnis- und Umweltwirkungen, in die menschliche Atmosphäre des sich entwickelnden Organismus, die ethischen und gesellschaftlichen Regulationen und Erziehungseinflüsse hineinstellen, die im Wechselspiel mit jenen konstitutionellen Faktoren die Verhaltensnormen gestalten.

Meine psychotherapeutische Arbeitsweise unterscheidet sich also wesentlich von der der klassischen Schulen. Grundsätzlich stellt sie die konstitutionsgebundene Persönlichkeit in den Mittelpunkt, die Herausarbeitung und nachfolgende Harmonisierung des Charakters ist ihr erstes Ziel. Wir streben danach, sämtliche Aspekte des Neurosenaufbaues, die Struktur- wie die Erlebnisanalyse, die gesamte Triebgarnitur, die Sympathieprobleme wie die Selbstwertprobleme zu berücksichtigen. – Technisch ist unsere Arbeit durch den elastischen, je nach Bedarf wechselnden Einsatz sämtlicher zur Verfügung stehender methodischer Technizismen: vertiefte Exploration, frei assoziative Traumanalyse, freie Phantasiebilder, Assoziationsexperiment, kathartische Hypnose, Narkoanalyse, RORSCHACH und andere Proben charakterisiert.

Die Analyse in Hypnose oder in leichten Narkosegraden benutzen wir nicht als selbständige Methoden. Wohl aber sind sie manchmal brauchbare Brücken, die man in den Gang regulärer Analysen vorübergehend dort einschalten kann, wo hartnäckige Stockungen auftreten, d.h. wo entscheidende Komplexe aus affektdynamischen Gründen versperrt sind. Die Patienten empfinden dies oft als wohltätig, und das so zutage geförderte Material wird im Wachen bearbeitet. Schließlich schätzen wir die bewußt aktive psychagogische Endführung in der zweiten Behandlungshälfte.

Der Vorteil dieser Methodik liegt in der optimalen Anpassung an die Individualität des Patienten, ferner in der starken Konzentrierung und Intensivierung eines straffen Arbeitsprogrammes, in der Ausschaltung der „toten Punkte", in der zeitlichen Verkürzung der Behandlungsdauer (eventuell 1–2 Monate bei täglichen Sitzungen) und der dadurch ermöglichten verbesserten Affektdynamik, der unmittelbaren und mitreißenden Führung des Rapports und der Verringerung der bei den sehr langen Behandlungen der Psychoanalytiker unvermeidlichen Schwierigkeiten in der Lösung der Abhängigkeit.

Über Monate hinweg behandeln wir nur bei den schwierigsten Fällen, besonders bei Kernneurosen. Bei den langen Behandlungen überwiegen bald die Nachteile die Vorteile. Was man an (wissenschaftlich sicher wertvollem) Material noch gewinnt, das verliert man doppelt auf der affektdynamischen Seite der Behandlung durch das unvermeidliche Nachlassen der Spannung und die Loslösungsschwierigkeiten. Außerdem ist eine Behandlung, die wegen ihrer hohen Kosten nur für die reichen Leute zugänglich ist, überhaupt keine Behandlungsmethode, die ärztlich ins Gewicht fällt. Unter jedem Gesichtspunkt bildet also die energische Verkürzung der Behandlungszeiten eine der wesentlichsten Lebensfragen für die Zukunft der analytischen Therapie. Nicht theoretische Erwägungen, sondern Anwendbarkeit und Erfolg entscheiden in der Praxis.

Psychosomatische Medizin

Für den Arzt, der sich in der Psychotherapie und der Konstitutionsbiologie gut auskennt, bringt das heute mit starkem Akzent vorgetragene Schlagwort Psychosomatik keine neuen oder überraschenden Gesichtspunkte.

Psychotherapie beruht nicht nur auf Psychologie, sondern auch auf Psychophysiologie, d.h. sie setzt eine vertiefte Kenntnis der physiologischen Arbeitsweisen und Steuerungen des Organismus wie ihrer Verflechtung mit psychischen Kräften voraus. Die zwischen Komplexen, Affektspannungen, vegetativen Steuerungen und Stoffwechselfunktionen hin und wider laufenden Beziehungen, das unlösliche Hineingewobensein psychischer Faktoren in die normalen und krankhaften Zustände des Organismus – das sind die alltäglichen ärztlichen Probleme. Auch ohne subjektive Tendenz reagiert bekanntlich jedes Organ reflektorisch auf akute oder chronische Affekteinflüsse, besonders deutlich Herzgefäßsystem, Verdauungssystem und alle sekretorischen Apparate. Deshalb bezeichnen wir das Herz geradezu als Sitz des Gemütslebens (vgl. S. 45f).

Wer diese Zusammenhänge gründlich studiert hat, der wird unter Psychotherapie nicht nur Methoden verstehen, mit denen man vom Psychischen her körperliche Krankheiten zugänglich macht, sondern auch umgekehrt solche, mit denen man von den vegetativen Steuerungen her sich an psychische Funktionen heranarbeitet. Beides ist z.B. bei den konzentrativen Übungen der Fall (Autogenes Training und andere). Wenn man also den zuviel gebrauchten Ausdruck Psychosomatik benutzt, darf man ihn niemals eingleisig anwenden, sondern nur im Sinne vielfältiger Zirkelwirkungen zwischen psychischen und vegetativen Funktionen (vgl. S. 45ff).

Experimentell lassen sich diese Dinge z.B. in dem psychogalvanischen Versuch (Veraguth 1909) darstellen. Alle Affektschwankungen sind von Änderungen der Größe der Schweißsekretion und damit des elektrischen Hautwiderstandes begleitet. So spiegeln sich alle durch gezielte Sinnesreize (z.B. Wörter) angeregten Emotionen in der galvanischen Registrierung als quantitatives Profil. Es gibt Konstitutionen, bei denen lediglich das Warten auf einen einfachen Versuch im Laboratorium psychovegetative Schwankungen hervorruft, die 15 Minuten und länger dauern. Wenn man diese geringen Belastungen mit dem vergleicht, was an psychischen Reizen im alltäglichen Leben dauernd und mit viel größerer Intensität den Organismus trifft, so bekommt man erst einen Begriff davon, was das beständige Irradiieren der Affektspannungen und Affektschwankungen für das innere Getriebe des Organismus, für sein Wohlbefinden oder Erkranken bedeutet. Der ganze Organismus erscheint dann wie ein Cellokörper, der mit dem Klingen einer Saite dauernd bald stark, bald schwach, vibriert. Psychosomatische Zusammenhänge lassen sich experimentell auch durch Messung der Hautdurchblutungsänderung parallel mit Affektschwankungen demonstrieren. Den wichtigsten Beweis haben allerdings die in Hypnose erzielten Funktionsabweichungen (Haut, Kreislauf, Verdauungstrakt, Ovarien) geliefert.

Man kann dem Schluß nicht ausweichen, daß auch die Funktionen der inneren Organe dauernd unter solchem Einfluß stehen. Hier müssen die klinische Medizin und der praktische Arzt fundamental umdenken. Man hatte sich daran gewöhnt, sogenannte „psychogene“ und „organische“ Krankheiten scharf zu unterscheiden, so, als ob sie wie durch einen tiefen Graben getrennt wären. In Wirklichkeit lassen sich die psychogenen Störungen ohne ihre körperlich physiologischen Korrelate nicht voll erfassen. Umgekehrt sind die sogenannten organischen Krankheiten in Entstehung und Verlauf keineswegs unabhängig von psychischen Kausalfaktoren. Es ist wahrscheinlich, daß beständige als belastend erlebte psychische Spannungen die vegetativ gesteuerten inneren Organe bei empfindlichen Konstitutionen mitschwingen lassen und u. U. zu Störungen ihrer Funktion und schließlich ihrer Substanz führen. Die Konstitutionstypen haben je nach ihrer spezifischen Form der Reizempfindlichkeit ihre verschiedenen organischen Entgleisungsneigungen, beispielsweise in Richtung der arteriellen Hypertonie oder des Magengeschwürs und der Darmspastik. Auch bei anderen körperlichen Störungen, wie der Angina pectoris, dem Asthma bronchiale und vielen Frauenkrankheiten ist der starke Einfluß psychischer Faktoren leicht erkennbar.

Es ergibt sich der paradoxe Tatbestand, daß die Psychosen und die schweren psychischen Krankheiten vielfach einer körperlichen Behandlung bedürfen, die auf denselben biochemischen Forschungen aufbaut wie die innere Medizin, umgekehrt aber viele körperliche Leiden eine psychische Behandlung oder mindestens Mitbehandlung brauchen. Wir müssen deshalb in unserem Gesamtkalkül den psychischen Faktor mindestens als Möglichkeit immer mit einbeziehen und bezeichnen dies als mehrdimensionale Diagnostik.

Neben den einfachen Irradiationen sind für die psychischen Beziehungen zum vegetativen System besonders die Gesetzmäßigkeiten zu beachten, die man als „bedingte Reflexe“ (Pawlow) bezeichnet.

Ein amerikanischer Arzt war morphiumsüchtig. „Wie es bei subkutaner und intravenöser Anwendung zu sein pflegt, so war seine Haut auf Morphin allergisch geworden, so daß die intravenöse Einspritzung von Morphin an der Injektionsstelle eine Quaddel entstehen ließ. Eines Tages, mehr als 6 Monate nach der letzten Morphingabe, brauchte er etwas Blut für einen biochemischen Versuch und entnahm es aus seiner eigenen Ellbogenvene. Gleich nach dem Einstich der Nadel fühlte er den „Ruck“, den er nach Morphininjektionen den ganzen Körper durchziehen gespürt hatte, wenn auch nicht so stark wie nach den früheren Morphingaben. Wenige Sekunden nach der Blutentnahme – natürlich ohne daß etwas injiziert worden wäre – erschien wieder die Quaddel an der Einstichstelle“ (Wexberg 1951).

Wir sehen, wie sich auf Grund häufiger Wiederholung eine feste psychosomatische Koppelung gebildet hat, ein aus psychischen und vegetativen Komponenten gebildeter Symptomkomplex, der auch nach langer Zeit auf einen äußerlich ähnlichen, aber pharmakologisch neutralen Reiz hin jedesmal fertig wie ein Reflex anspringt. Die Bedeutung solcher Erfahrungen für die alltägliche Psychotherapie des praktischen Arztes kann nicht hoch genug veranschlagt werden. Dies gilt im negativen Sinne: Vermeidung des Einschleifens schädlicher bedingter Reflexe durch wiederholte Worte und Handlungen, die, wie im vorigen Beispiel, nicht nur hypochondrische Fixierungen, sondern auch ungünstige körperliche Funktionsänderungen schaffen können. In positiver Richtung: indem bei der täglichen Visite durch häufige Wiederholung von sinnvoll gekoppelten Worten und Handlungen nützliche vegetative Bahnungen zur Überwindung greifbarer körperlicher Leiden gesetzt werden können. In der Hypnose wirkt dies noch wesentlich stärker.

Man hat in Anlehnung an Freud und Adler außerdem die Frage nach dem Sinn eines körperlichen Symptoms, seiner speziellen Lokalisation und Symptomgestaltung, oder anders ausgedrückt, nach der psychischen *Symbolik,* die in einem bestimmten körperlichen Krankheitsbild zum Ausdruck komme, aufgeworfen. In dieser Richtung bewegen sich vor allem die Gedankengänge der von Weizsäckerschen Schule. In konsequenter Durchführung dieses Gedankengangs und unter Verwendung finaler, ethischer und metaphysischer Gesichtspunkte kam man zuletzt bis zu einer Hypothese der persönlichen Schuld in der körperlichen Krankheit, der Selbstbestrafungstendenz und ähnlichem – Gedankengänge, die wir bei FREUD angedeutet finden. So wäre beispielsweise die Lungenerkrankung des Sohnes, unter dem Gesichtspunkt einer Vaterfixierung, mit einem Lungenschuß, den der Vater erhalten hatte, in Zusammenhang zu bringen – oder eine Erkrankung des Urogenitalsystems als Abwehr gegen eine moralisch heikle sexuelle Betätigung aufzufassen (vgl. HOFF u. RINGEL 1964).

Nun lehrt uns die Traumsprache, daß das Bilden von Symbolen im heutigen Menschen lebendig ist. Und wir wissen auch aus den Erfahrungen der ärztlichen Hypnose, daß es möglich ist, Vorstellungen auf bestimmte Körperabschnitte zu richten und lebhaft vorgestellte Bilder in entsprechende körperliche Veränderungen hinüberzuleiten. Man kann deshalb nicht sagen, daß die genannte Fragestellung von vornherein abzulehnen sei, auch wenn sie für das gewohnte ärztliche Denken zunächst paradox anmutet. Nur ist es schwierig, zu beweisbaren Folgerungen zu kommen, und der Gefahr, sich in reine Phantasien zu verlieren, zu entgehen. Auf diesem Wege ist deshalb große Vorsicht geboten (vgl. ALEXANDER 1951).

Es gibt einmal Symptombilder, die durch psychogene Komplexe bedingt sind, d.h. durch gefühlsbetonte Vorstellungen, durch Erlebnisse, Triebkonflikte und Umweltkonstellationen, mit denen der Patient nicht fertig wird. Es gibt aber zweitens zahllose Fälle, wo nicht umschriebene Komplexwirkungen, sondern ein diffuser Überdruck vom Psychischen her, oder eine unzweckmäßige psychische Diätetik den vegetativen Apparat und von daher den ganzen Organismus chronisch belasten und strapazieren. Dies gilt z. B. für Menschen in hoher Verantwortung oder mit verkrampftem Berufsehrgeiz oder für überanstrengte Mütter, die ihre Alltagssorgen nicht ablegen können. Drittens gibt es Gesundheitsstörungen, die nicht vom Psychischen her entstanden sind, aber vom Psychischen her therapiert werden können, z.B. viele funktionelle Organstörungen, prinzipiell aber auch organische Veränderungen verschiedener Art. Wir können die Reichweite dieser Möglichkeit nicht abschätzen.

Im Hinblick auf die *therapeutische* Methodik ist leicht zu sehen, daß auf dem Gebiet der Psychosomatik den konzentrativen Übungsverfahren eine wichtige Rolle zufällt. Dies gilt auch für die zweigleisige Standardmethode, die die psychologische Seite mit berücksichtigt. Einmal sind sie mit dem Prinzip der „induktiven Tonussteuerung“ von vornherein psychophysisch eingestellt, und sodann reichen sie – zumindest in der körperlichen Wirkung – weiter als die Psychoanalyse. Grundsätzlich sind psychotherapeutische Wirkungen mit Entspannungsmethoden bei allen Krankheiten denkbar, die mit den vegetativ-endokrinen Steuerungen des Organismus direkt oder indirekt zusammenhängen.

Wenn wir die Bedeutung dieses Grundsatzes voll erfassen wollen, setzt dies eine erhebliche Auflockerung althergebrachter klinischer Denkformen voraus. Im allgemeinen pflegen wir bei organischen Krankheiten auch heute noch in erster Linie nach Röntgenbildern und anatomischen Präparaten zu urteilen und unsere Vorstellungen über die Vorgänge im lebenden Organismus daran anzuknüpfen. So notwendig und so unentbehrlich diese Schemata für die ständige Klärung und Kontrolle unserer klinischen Diagnostik sind, so hemmen und täuschen sie manchmal unser medikamentöses, physikalisches und besonders psychotherapeutisches Vorgehen. Solange wir bei der Arterienverkalkung nur an den Kalk und bei der multiplen Sklerose nur an irreversible Herde denken, sind uns die entscheidenden therapeutischen Zugänge verschlossen, und unser ärztlicher Leistungswille versinkt im Nihilismus. Die anatomischen Präparate, die diesen Bezeichnungen zugrunde liegen, repräsentieren in keiner Weise den Krankheitsvorgang selbst, seine Ursachen und Funktionen, sondern sie sind am toten Material gewonnene Bilder von Endstadien. Sie spiegeln nichts weiter als notdürftige, sekundäre Versuche des Organismus, Noxen und Funktionsstörungen zu reparieren, die als solche im Endbefund nicht mehr erscheinen. Ähnliches gilt von vielen Röntgenbildern.

Wir müssen also zum starren Röntgenbild die ihm vorausgegangenen funktionellen Vorstadien, die in ihm selbst möglicherweise enthaltenen funktionellen Komponenten und die ihm folgenden sekundären Funktionsänderungen hinzudenken. Hierzu ein lehrreiches Beispiel:

Wir hatten einen Zwangsneurotiker in Behandlung, der außer seiner Krankheit an Narbenstenosen des Pylorus von einem früheren Ulkus her litt. Unterdessen hatten die körperlichen Beschwerden so zugenommen, daß er sich zur Operation entschloß. Die Indikation wurde lege artis vom Chirurgen auf Grund der Röntgenbilder gestellt, die so starke Narbenstrikturen zeigten, daß keine genügende Passage vorhanden war. Da der Patient bei uns das Autogene Training übte, rieten wir zu einem kurzen Aufschub der Operation, um in dieser Zeit zu versuchen, ob die Magenfunktion sich irgendwie psychosomatisch beeinflussen ließe. Wir schritten bis zu tieferen Hypnosegraden fort. Erst hier wurde die Entspannung des Organismus im ganzen so groß, daß sie auch auf den Magen übertragen werden konnte. Unter dieser progressiv gestuften Tonusregulierung wurde der Engpaß wieder frei, so daß jedenfalls vorläufig auf die Operation verzichtet werden konnte.

Es ist merkwürdig, wie wenig man bei Ärzten den einfachen Gedankengang gebahnt findet, der diese psychosomatische Wirkung verständlich macht: Eine Ulkusnarbe behindert nicht nur als solche die Passage, sondern ruft ihrerseits sekundär vegetative Verspannungen hervor, die den Magenkanal noch weiter strikturieren, als es durch den reinen Narbenzug geschähe. Die Gesamtstörung besteht also aus einem starren und einem reversiblen Anteil – und öfters genügt es, letzteren auf dem Weg der induktiven Tonussteuerung anzugehen, um eine praktisch hinlängliche Funktionsverbesserung zu erzielen.

Ähnlich liegen die psychotherapeutischen Chancen bei organischen Gefäßkrankheiten nach Art der Endangiitis obliterans. Wenn uns die Medizinische Klinik gelegentlich einzelne Patienten mit geringer Gehfähigkeit zuschickte, die auf medikamentöse Behandlung nicht reagierten, so gelang es gelegentlich durch eine gestufte Aktivhypnose beispielsweise mehrere Kilometer Gehen zu erreichen. Auch hier dürfte der Angriffspunkt für die Psychotherapie nicht in den organischen Veränderungen als solchen liegen, sondern in sekundären Spasmen der Gefäßwände, die durch den krankhaften Reiz des organischen Gefäßwandschadens auf die vegetativ nervöse Gefäßsteuerung im Circulus vitiosus entstehen. Es ist auch nicht unmöglich, daß durch psychotherapeutische Durchbrechung eines solchen falschen Zirkels wirkliche Heilungsvorgänge organischer Leiden in Gang gebracht oder mindestens unterstützt werden. Dies gilt bei richtiger Indikationsstellung sowohl für analytische wie für übende Methoden.

Es unterliegt also keinem Zweifel, daß bestimmte Gruppen von organischen Körperkrankheiten grundsätzlich psychotherapeutisch angegangen werden können, und zwar besonders solche, an die man auf dem Weg der induktiven Tonussteuerung herankommt. Viele mit primitiven Massensuggestionen erreichten Wunderheilungen alter und neuer Zeit dürften nach den beschriebenen Gesetzmäßigkeiten verlaufen sein.

Es erhebt sich nach alledem die dringende Frage: Wie ist bei körperlichen Krankheiten die differentielle Indikation für körperliche und psychische Behandlungsmethoden zu stellen? Man soll Psychotherapie nicht zu einem Modewort machen. Die Differentialdiagnose zwischen körperlichen und psychischen Komponenten wird durch enge Zusammenarbeit, vor allem von Psychiatern, Internisten und Gynäkologen, schrittweise ausgebaut werden müssen. Bei der therapeutischen Indikation fragen wir nicht, was prinzipiell möglich, sondern was praktisch ist. Generell aber ist zu sagen: Wo ein gutes Medikament oder eine Kneippkur helfen, da haben diese den Vortritt vor den zwar eleganten, aber zeitraubenden und viel ärztliche Arbeitskraft beanspruchenden psychotherapeutischen Methoden. Die Psychotherapeuten sollten nicht versuchen, erprobte Heilverfahren von ihrem Platz zu verdrängen. Umgekehrt muß die Pharmakotherapie vom Odium falscher Anwendung und dem damit verbundenen Mißkredit befreit werden. Es ist sicher, daß bis jetzt Hekatomben von Arzneimitteln, Operationen und Kuraufenthalten an Neurotiker verschwendet worden sind, bei denen nur eine gute Psychotherapie genützt hätte, ja von denen manche mit einer einzigen vertieften Exploration in Ordnung gekommen wären. So vermittelt die medizinische Psychologie zwischen den Polen, aus denen sie selbst gespeist wird. Der Somatiker muß einsehen, daß im Grunde der ganze Organismus bis in die letzte Zelle durchseelt ist. Umgekehrt müssen viele Psychotherapeuten lernen, daß rein psychologische Betrachtungsweisen den Menschen ungenügend erfassen. Je mehr wir in die Tiefe dringen – das gilt besonders für die Psychotherapie – desto mehr stoßen wir auf psychophysische Zusammenhänge, d.h. auf die unlösliche Einheit und Ganzheit, die wir „Leben" nennen, und auf ihren innersten Punkt, das menschliche Herz, in dem Natur und Geist eins werden.

Literatur

ACHELIS, J. D., H. v. DITFURTH: Befinden und Verhalten. Thieme, Stuttgart 1961

ADLER, A.: Über den nervösen Charakter. Bergmann, Wiesbaden 1912

ADLER, A.: Individualpsychologie. Hsg. H. Ansbacher, Reinhard, München 1972

ALEXANDER, F.: Psychosomatische Medizin. de Gruyter, Berlin 1951

ALLERS, R.: Über psychogene Störungen in sprachfremder Umgebung. Z. ges. Neurol. Psychiat. 60 (1920) 281

ALVERDES, F.: Über vergleichende Soziologie, Z. Völkerpsychol. Soziol. 1 (1925) 21

ALVERDES, F.: Die Tierpsychologie in ihren Beziehungen zur Psychologie des Menschen. Hirschfeld, Leipzig 1932

BELL, R.: Three tests for sex differences in the newborn. Biol. Neonat. (Basel) 7 (1964) 335

BENTE, D., S. WIESER: Motorische Schablonen bei stufenweiser zerebraler Restitution. Mschr. Psychiat. Neurol. 125 (1953) 13

BERGER, H.: Körperliche Äußerungen psychischer Zustände. 2 Bde. Fischer, Jena 1904/7

BERGMANN, G.: Funktionelle Pathologie. Springer, Wien 1938

BERINGER, K.: Rhythmischer Wechsel von Enthemmtheit und Gehemmtheit als dienzephale Antriebsstörung. Nervenarzt 15 (1942) 225

BERTSCHINGER, H.: Illustrierte Halluzinationen. Jb. Psychol. Forsch. Deuticke, Leipzig 1912

BETHE, A.: Die Anpassungsfähigkeit (Plastizität) des Nervensystems. Handbuch der normalen und pathologischen Physiologie, Bd. XV, hsg. von A. BETHE, G. v. BERGMANN, G. EMBDEN, A. ELLINGER. Springer, Berlin 1931

BILZ, R.: Pars pro toto. Thieme, Leipzig 1940

BILZ, R.: Lebensgesetze der Liebe (Gefühlselemente Bewegungen und Metaphern). Hirzel, Leipzig 1943

BILZ, R.: Über die menschliche Schamhaftigkeit. Homo 18 (1967) 24

BILZ, R.: Unbewältigte Vergangenheit des Menschengeschlechts. Suhrkamp, Frankfurt 1969

BINSWANGER, L.: Daseinsanalytik und Psychotherapie. In: Ausgewählte Vorträge und Aufsätze, Bd. II. Francke, Bern 1955

BIRKMAYER, W., E. FRÜHMANN, H. STROTZKA: Motorische Schablonen im Erwachen. Arch. Psychiat. Nervenkr. 193 (1955) 513

BIRKMAYER, W.: The balance of biogenic amines as condition for normal behaviour J. Neur. Transm. 33 (1972) 163

BIRNBAUM, K.: Psychosen mit Wahnbildung und wahnhafte Einbildung bei Degenerativen. Mahrholt, Halle 1908

BLEULER, E.: Zur Theorie der Sekundärempfindungen. Zschr. Psychol. 65 (1913) 1

BLEULER, E.: Naturgeschichte der Seele. Springer, Berlin 1921

BLEULER, E.: Die Psychoide als Prinzip der organischen Entwicklung. Springer, Berlin 1925

BLEULER, E.: Lehrbuch der Psychiatrie, 11. Aufl. Springer, Berlin 1969

BLEULER, E., K. LEHMANN: Zwangsmäßige Lichtempfindungen durch Schall und verwandte Erscheinungen. Fuess, Leipzig 1881

BLEULER, M.: Endokrinologische Psychiatrie. Thieme, Stuttgart 1954

BLICKENSTORFER, E.: Mutterinstinkte bei einem Mann mit krankhafter Bildung von laktotropem Hypophysenhormon. Arch. Psychiat. Neur. 182 (1949) 536

BOSS, M.: Psychoanalyse und Daseinsanalytik. Huber, Bern 1957

BRAASCH, F.: Zwei Verlaufsformen der Schlaftiefkurve analog zwei Verlaufsformen verschiedener „Antriebsentfaltung", In Jovanovic, U.: Die Natur des Schlafes. Fischer, Stuttgart 1973

BRENTANO, E.: Von der Klassifikation der psychischen Phänomene. Duncker & Humblot, Leipzig 1911

BRONSON, G.: Fear of the unfamiliar in human infants. In: The origins of human social relations, hrsg. von H. SCHAFFER. Academic Press, New York 1971

BUCY, P. C.: Relations to abnormal involuntary movements. University of Illinois Press, Urbana 1944

BÜHLER, K.: Das Gestaltsprinzip im Leben des Menschen und der Tiere. Huber, Bern 1960

Bustamente, M., H. Spatz, E. Weisschedel: Die Bedeutung des Tuber cinereum und Zwischenhirns für das Zustandekommen der Geschlechtsreifung. Dtsch. med. Wschr. 68 (1942) 289

Bykow, K. M.: Großhirnrinde und innere Organe. Volk und Gesundheit, Berlin 1953

Carruthers, M., P. Taggart: Biochemical and cardiac responses to violent films and television programmes. Brit. Med. J. (1973) 384

Christian, P.: Möglichkeiten und Grenzen einer naturwissenschaftlichen Betrachtung der menschlichen Bewegung. Jb. Psychol. Psychother. 4 (1956) 346

Cohen, L.: A two process model of infant visual attention. Vortrag 1972

Conrad, K.: Über den Begriff der Vorgestalt und seine Bedeutung für die Hirnpathologie. Nervenarzt 18 (1947) 289

Darwin, Ch.: Der Ausdruck der Gemütsbewegungen bei den Menschen und den Tieren. Schweizerbart, Stuttgart 1910

Delius, L.: Psychovegetative Syndrome. Thieme, Stuttgart 1966

Dement, W.: Studies of the function of rapid eye movement (paradoxial sleep) in human subjects. CNR Sci, Paris (1965) 571

Derwort, A.: Zur Psychophysik der handwerklichen Bewegungen bei Gesunden und Hirngeschädigten. Enke, Stuttgart 1948

Desoille, R.: Théorie et pratique du rêve éveillé dirigé. Mont Blanc, Genève 1961

Diamond, M.: Increases in cortical depth and glia numbers in rats subjected to enriches environment. J. comparat. neur. 128 (1966) 117

Dörner, G.: Sexualhormonabhängige Gehirndifferenzierung und Sexualität. Springer, Wien 1972

Driesch, H.: Biologische Probleme höherer Ordnung. Bios Bd. XI. Barth, Leipzig 1941

Ebbinghaus, H.: Über das Gedächtnis. Duncker & Humblot, Leipzig 1885

Eccles, J.: Facing Reality. Springer, Berlin 1971

Ehrenstein, W.: Probleme des höheren Seelenlebens. Reinhardt, München 1965

Enke, W.: Die Psychomotorik der Konstitutionstypen. Barth, Leipzig 1930

Erlenmeyer-Kimling, L., C. Jarvik: Genetics and intelligence. Am. Rev. Science 1942 (1963) 1477

Fahrenberg, J.: Psychophysiologische Persönlichkeitsforschung. Hofgrefe, Göttingen 1967

Feuchtinger, O.: Fettsucht und Magersucht. Vortr. prakt. Med. H. 20. Enke, Stuttgart 1946

Feuchtwanger, E.: Die Funktion des Stirnhirns. Springer, Berlin 1923

Feuchtwanger, E.: Anfallsaequivalente und psychische Dauerveränderungen bei der Epilepsie nach Hirnverletzung. Nervenarzt 3 (1930) 577

Fischer, H.: Psychopathologie des Eunuchoidismus und dessen Beziehungen zur Epilepsie. Zbl. ges. Neurol. Psychiat. 20 (1920) 481

Förster, O., O. Gagel: Ein Fall von Ependymzyste des III. Ventrikels. Zschr. ges. Neurol. Psychiat. 149 (1938) 312

Foulkes, D.: Die Psychologie des Schlafs. Fischer, Frankfurt 1969

Frankl, V.: Theorie und Therapie der Neurosen. Urban & Schwarzenberg, Wien 1956

Frankl, V., V. v. Gebsattel: Handbuch der Neurosenlehre u. Psychotherapie. Urban u. Schwarzenberg München 1957

Freedman, D.: An evolutionary approach to research on the life cycle. Hum. Develop. 14 (1971) 87

Freud, S.: Über Deckerinnerungen. Mschr. Psychiat. Neurol. 6 (1899) 215

Freud, S.: Die Traumdeutung, 9. Aufl. Fischer, Frankfurt 1961

Freud, S.: Zur Einführung des Narzißmus. Jb. psychoanalyt. psychopathol. Forsch., Bd. VI. Deuticke Wien 1914

Freud, S.: Zur Psychopathologie des Alltagslebens, 8. Aufl. Internationaler Psychoanalytischer Verlag, Leipzig 1922a

Freud, S.: Totem und Tabu. Internationaler Psychoanalytischer Verlag, Leipzig 1922b

Freud, S.: Gesammelte Werke. Imago Publishing Co., London 1941

Galton, F.: Genie und Vererbung. Klinkhardt, Leipzig 1910

Gamper, E.: Bau und Leistungen eines menschlichen Mittelhirnwesens. Z. ges. Neurol. Psychiat. 102 (1926) 154

Garai, J.: Sex differences in mental and behavioural traits. Genet. Psychol. Monogr. 77 (1968) 169

Gaupp, R.: Zur Psychologie des Massenmordes. Springer, Berlin 1914

Gelb, A., K. Goldstein: Psychologische Analyse hirnpathologischer Fälle. Barth, Leipzig 1920

Goldberg, S.: Play behaviour in the year old infant. Child Develop. 40 (1969) 21

Goldstein, K., W. Riese: Über induzierte Veränderungen des Tonus. Klin. Wschr. 2 (1923) 6

Goltz, F.: Der Hund ohne Großhirn. Pflügers Arch. ges. Physiol. 51 (1892) 570

Gottschaldt, K.: Erbpsychologie der Elementarfunktionen der Begabung. In: Handbuch der Erbbiologie des Menschen, Bd. V/1, hsg. von G. Just. Springer, Berlin 1939

Gragg, B.: Changes in visual cortex on first exposure of rats to light. Nature (Lond.) 215 (1967) 251

Groos, K.: Die Spiele der Menschen. Fischer, Jena 1899

Groos, K.: Die Spiele der Tiere, 3. Aufl. Fischer, Jena 1930

Guilford, J.: Effectoranalytic study of creative thinking. University of South California, Los Angeles 1952

Guilford, J.: The structure of intellect. Psychol. Bull. 53 (1966) 267

Häcker, V., T. Ziehen: Über Erblichkeit der musikalischen Begabung. Z. Psychol. 88 (1922) 265; 89 (1922) 273; 90 (1922) 204

HANNEMANN, E.: Puberaler Strukturwandel und Z-Test. Phil. Diss. Tübingen 1967
HARTMANN, M.: Die Sexualität der Frau. Fischer, Jena 1943
HASSLER, R.: Extrapyramidal-motorische Syndrome und Erkrankungen. Handbuch der inneren Medizin, Bd. V/3, hsg. von H. SCHWIEGK. Springer, Berlin 1953
HASSLER, R.: Funktionelle Neuroanatomie. Psychiatrie der Gegenwart I/1 A. Springer, Berlin 1967
HAUGEN, G.: Comparisons of vocal imitation, tactile stimulation and food as reinforces for infant vocalizations. Develop. Psychol. 6 (1972) 201
HAUPTMANN, A.: Der „Mangel an Antrieb" – von innen gesehen. Arch. Psychiat. Nervenkr. 66 (1922) 615
HEAD, H., G. HOLMES: Sensory disturbances from cerebral lesion. Brain (1911)
HERTER, B.: Untersuchungen über Entwicklung und Konstitution in der Pubertät. Studium Generale 19 (1966) 632
HESS, W. R.: Psychologie in biologischer Sicht, 2. Aufl. Thieme, Stuttgart 1968
HEYER, G.: Psychische Einflüsse auf die Motilität von Magen und Darm. Klin. Wschr. 2 (1923) 2274
HEYER, G.: Das körperlich-seelische Zusammenwirken in den Lebensvorgängen. In: Grenzfragen Nerven-Seelenleben, hsg. von E. KRETSCHMER. Bergmann, München 1925
HEYER, G.: Praktische Seelenheilkunde, 3. Aufl. Reinhardt, München 1950
HILDEBRANDT, G.: Spontan-rhythmische Schwankungen der Leistungsfähigkeit beim Menschen. Med. Welt 22 (1971) 640
HOFF, F.: Grundformen vegetativer Regulationen. Z. menschl. Vererb.- u. Konstit.-Lehre 33 (1956) 265
HOFF, H., E. RINGEL: Aktuelle Probleme der psychosomatischen Medizin. Jolis, München 1964
v. HOLST, E.: Vom Wirkungsgefüge der Triebe. Naturwissenschaften 47 (1960) 409
v. HOLZSCHUHER, L.: Praktische Psychologie. Heering, Seebruck 1949
HOMBURGER, A.: Zur Gestaltung der menschl. Motorik und ihrer Beurteilung. Z. ges. Neurol. Psychiat. 85 (1923) 274

JACKSON, J. H.: Croonian lectures on the evolution and dissolution of the nervous system. Schweiz. Arch. Neurol. Psychiat. 8 (1921) 293; 9 (1921) 131
JACOB, H.: Wahrnehmungsstörungen und Krankheitserleben. Springer, Berlin 1955
JAENSCH, E. R.: Über die subjektiven Anschauungsbilder. Ber. 7. Kongr. exper. Psychol. 1921
JAENSCH, E. R.: Über den Aufbau der Wahrnehmungswelt. Barth, Leipzig 1923
JAMES, W.: Zit. nach LANGE
JASPERS, K.: Heimweh und Verbrechen. In: Gesammelte Schriften zur Psychopathologie. Springer, Berlin 1963
JASPERS, K.: Allgemeine Psychopathologie, 8. Aufl. Springer, Berlin 1965
JENNINGS, G. S.: Das Verhalten der niederen Organismen. Teubner, Leipzig 1910
JOVANOVIC, U.: Normal Sleep in Man. Hippokrates, Stuttgart 1971
JUNG, C. G.: Diagnostische Assoziationsstudien. In: Beiträge zur experimentellen Psychopathologie. Barth, Leipzig 1904
JUNG, C. G.: Über die Psychologie der Dementia praecox. Marhold, Halle 1907
JUNG, C. G.: Die Psychologie der unbewußten Prozesse. Rascher, Zürich 1918
JUNG, C. G.: Die psychologische Diagnose des Tatbestandes. Rascher, Zürich 1941
JUNG, C. G.: Die Psychologie der Übertragung. Rascher, Zürich 1946
JUNG, C. G.: Psychologische Typen. In: Gesammelte Werke, 10. Aufl., Bd. VI, hsg. von M. NIEHUS-JUNG, L. HURWITZ-EISNER, F. RICKLIN. Rascher, Zürich 1967
JUNG, C. G.: Gesammelte Werke, Bd. I–XVI, hsg. von M. NIEHUS-JUNG, L. HURWITZ-EISNER, F. RICKLIN. Rascher, Zürich 1958

KAGAN, J.: Check one: Male, female. Psychol. today (1969) 39
KAGAN, J.: Change and continuity in infancy. Wiley, New York 1971
KAHLBAUM, K.: Über jugendliche Nerven- und Gemütskranke und ihre pädagogische Behandlung. Allg. Z. Psychiat. 40 (1884) 863
KALLMANN, F. J.: Comparative twin study on the genetic aspects of male homosexuality. J. nerv. ment. Dis. 115 (1952) 283
KALLMANN, F. J.: Twin and sipship study of overt male homosexuality. Amer. J. hum. Genet. 4 (1952) 136
KIELHOLZ, A.: Symbolische Diebstähle. Z. ges. Neurol. Psychiat. 55 (1920) 304
KIENLE, G.: Die optischen Wahrnehmungsstörungen und die nichteuklidische Struktur des Sehraumes. Thieme, Stuttgart 1968
KINSEY, A. C., W. B. POMEROY, C. E. MARTIN: Das sexuelle Verhalten des Mannes. S. Fischer, Frankfurt 1967
KINSEY, A. C., W. B. POMEROY. C. E. MARTIN, P. H. GEBHARD: Das sexuelle Verhalten der Frau. S. Fischer, Frankfurt 1967
KIRSCHBAUM, M.: Über zwei ungewöhnliche Fälle von Parasexualität. Z. ges. Neurol. Psychiat. 64 (1921) 136
KLAGES, L.: Grundlagen der Charakterkunde, 13. Aufl. Bouvier, Bonn 1966
KLAGES, L.: Handschrift und Charakter. 26. Aufl. Bouvier, Bonn 1968
KLAGES, W.: Orbitale und hebephrene Verhaltensweisen. Arch. Psychiat. Nervenkr. 194 (1955/56) 62
KLAGES, W.: Der menschliche Antrieb. Thieme, Stuttgart 1967
KLEIST, K.: Gehirnpathologie. Barth, Leipzig 1934
KLINEBERG, O.: Characteristics of the american negro. New York, Harper & Bross 1944
KLÜVER, H., P. BUCY: An analysis of certain effects of bilateral temporal lobectomy in the rhesus monkey with special reference to „psychic blindness". J. Psychol. 5 (1938) 33
KORNER, A.: Neonatal startles, smiles, erections and reflex sucks. Child develop. 40 (1969) 1039
KRAEPELIN, E.: Psychiatrie, 8. Aufl. Barth, Leipzig 1915

KRAMER, Y.: Responses to frustration in one-year-old infants. Psychosom. Med. 32 (1970) 234

KRAUSS, F.: Die allgemeine und spezielle Pathologie der Person. Thieme, Leipzig 1919

KRAUS, F.: Die Tiefenperson. Med. Klinik (1928) 1729

KRETSCHMER, E.: Das apallische Syndrom. Z. ges. Neurol. Psychiat. 169 (1940) 576

KRETSCHMER, E.: Die Orbitalhirn- und Zwischenhirnsyndrome nach Schädelbasisfrakturen. Arch. Psychiat. Nervenkr. 182 (1949) 452

KRETSCHMER, E.: Psychotherapeutische Studien. Thieme, Stuttgart 1949

KRETSCHMER, E.: Der triebhafte Verbrecher und seine Diagnostik. Arch. Psychiat. Nervenkr. 191 (1953a) 1

KRETSCHMER, E.: Der Begriff der motorischen Schablonen und ihre Rolle in normalen und pathologischen Lebensvorgängen. Arch. Psychiat. Nervenkr. 190 (1953b) 1

KRETSCHMER, E.: Verletzung der Schädelhirnbasis und ihre psychiatrisch-neurologischen Folgen. Dtsch. med. Wschr. 79 (1954) 1709

KRETSCHMER, E.: Geniale Menschen, 5. Aufl. Springer, Berlin 1958b

KRETSCHMER, E.: Gestufte Aktivhypnose. In: Handbuch der Neurosenlehre und Psychotherapie, Bd. IV, hsg. von V. E. FRANKL, V. E. FREIHERR VON GEBSATTEL, J. H. SCHULTZ. Urban & Schwarzenberg, München 1959

KRETSCHMER, E.: Der sensitive Beziehungswahn, 4. Aufl. Springer, Berlin 1966a

KRETSCHMER, E.: Mensch und Lebensgrund. Wunderlich, Tübingen 1966b

KRETSCHMER, E.: Körperbau und Charakter, 25. Aufl. Springer, Berlin 1967

KRETSCHMER, E.: Hysterie, 7. Aufl. Thieme, Stuttgart 1974

KRETSCHMER, E., W. ENKE: Die Persönlichkeit der Athletiker. Thieme, Leipzig 1936

KRETSCHMER, W.: Der Assoziationsversuch nach C. G. JUNG. In: Handbuch der klinischen Psychologie. Bd. I, hsg. von E. STERN. Rascher, Zürich 1954

KRETSCHMER, W.: Protreptik. In: Handbuch der Neurosenlehre und Psychotherapie, Bd. IV, hsg. von V. E. FRANKL, V. E. FRH. VON GEBSATTEL, J. H. SCHULTZ. Urban & Schwarzenberg, München 1957a

KRETSCHMER, W.: Die mythisch-archaische Welt der Schizophrenen als Krankheits- und Heilungsweg. Z. Psychother. med. Psychol. 7 (1957b) 204

KRETSCHMER, W.: Kavain als Psychopharmakon. Münch. Med. Wschr. 112 (1970) 154

KRETSCHMER, W.: Reifung als Grund von Krise und Psychose, Thieme Stuttgart 1972

KRETSCHMER, W., R. HARDER: Über archaische Erlebnisweisen bei Schizophrenen. Z. Psychother. med. Psychol. 4 (1954) 55

KROH, O.: Die subjektiven Anschauungsbilder. Württ. Schulwarte 2 (1927)

KRONFELD, A.: Über psychosexuellen Infantilismus. Bircher, Leipzig 1921

KROPOTKIN, P.: Gegenseitige Hilfe in der Tier- und Menschenwelt. Thomas, Leipzig 1910

KRYZANOVSKAJA, V.: Vozrastnye sdvigi otdel'nych pokazatelej serdečno-sosudistoj sistemy pri umstvennom trude i umstvennych nagruzkach. Gig. Tr. prof. Zabol. 11 (1969) 18

KÜNKEL, F.: Grundzüge der praktischen Seelenheilkunde. Hippokrates, Stuttgart 1935

KÜNKEL, F.: Ringen um Reife. Bahn, Konstanz 1962

KÜNKEL, F.: Charakter, Leiden und Heilung, Wissensch. Buchges. Darmstadt 1970

KÜPPERS, E.: Der Grundplan des Nervensystems und die Lokalisation des Psychischen. Z. ges. Neurol. Psychiat. 75 (1922) 1

LACK, D.: The life of the robin. H. F. Witherbey, London 1943

LANGE, C.: Die Gemütsbewegungen. 2. Aufl. Kabitzsch, Würzburg 1910

LANGEN, D.: Archaische Ekstase und asiatische Meditation mit ihren Beziehungen zum Abendland. Hippokratesverlag, Stuttgart 1963

LANGEN, D.: Die gestufte Aktivhypnose. 3. Aufl. Thieme, Stuttgart 1969

LANGEN, D.: Psychotherapie, 3. Aufl. Thieme, Stuttgart 1973

LEHMANN, A.: Die körperlichen Äußerungen psychischer Zustände. 3 Bde. Leipzig 1899–1905

LEMPP, R.: Frühkindliche Hirnschädigung und Neurose. Huber, Bern 1964

LEUNER, H.: Katathymes Bilderleben. Thieme, Stuttgart 1970

LÉVY-BRÜHL, L.: Das Denken der Naturvölker. Braunmüller, Wien 1921

LEWIS, M.: Patterns of fixation in the young infant. Child develop. 37 (1966) 331

LIEPMANN, H.: Über Ideenflucht. Marhold, Halle 1904

LIEPMANN, H.: Apraxie. Ergebnisse der gesamten Medizin. Urban & Schwarzenberg, Berlin 1920

LÖWENSTEIN, O.: Experimentelle Hysterielehre. Cohen, Bonn 1923

LORENZ, K.: Psychologie und Stammesgeschichte. In: Die Evolution der Organismen, 2. Aufl., hsg. von G. HEBERER. Fischer, Stuttgart 1959

LORENZ, K.: Über tierisches und menschliches Verhalten. In: Aus dem Werdegang der Verhaltenslehre, Bd. I. Piper, München 1967

LORENZ, K., P. LEYHAUSEN: Antriebe tierischen und menschlichen Verhaltens. Piper, München 1968

LURIA, A.: Die höheren kortikalen Funktionen des Menschen und ihre Störungen bei örtlichen Hirnschädigungen. Dtsch. Verl. d. Wissenschaften, Berlin 1970

MAEDER, A.: Der Psychotherapeut als Partner. Rascher, Zürich 1957

MAGNUS, R.: Körperstellung. Springer, Berlin 1924

MAGNUS, R., DE KLEYN: Die Abhängigkeit des Tonus der Extremitätenmuskeln von der Kopfstellung. Pflügers Arch. ges. Physiol. 145 (1912) 455; 147 (1912) 403

MCLEAN, P. D.: Contrasting functions of limbic and neocortical systems of the brain. Amer. J. Med. 25 (1958) 611

MAIER, H. W.: Über katathyme Wahnbildung. Z. ges. Neurol. Psychiat. 13 (1912) 555

MAISTRIAUX, R.: La femme et le destin de l'Afrique. Editest, Brüssel 1969
MARTIN, C.E.: Über aesthetische Synaesthesie. Z. Psychol. 53 (1909) 1
MAYER-GROSS, W., J. STEIN: Pathologie der Wahrnehmung. In: Handbuch der Geisteskrankheiten, Bd. I, hsg. von O. BUMKE. Springer, Berlin 1928
MEYER, A.E.: Instinkt-Kollisionen im Hess'schen Reizversuch. Arch. Psychiat. Nervenkr. 199 (1959) 120
MILLER, R.: Über musikalische Begabung und ihre Beziehung zu sonstigen Anlagen. Z. Psychol. 97 (1925) 191
MONEY, J.: Psychosexual Differentiation. In: Sex Research, hrsg. von J. MONEY. Holt, New York 1965
MORENO, J.: Gruppentherapie und Psychodrama. Thieme, Stuttgart 1959

NIETZSCHE, F.: Genealogie der Moral. Naumann, Leipzig 1887
NONNENBRUCH, W., O. FEUCHTINGER: Über den Wechsel von Fett- und Magersucht als Ausdruck dienzephal-hypophysärer Regulationsstörungen. Dtsch. med. Wschr. 68 (1942) 1045

OSERETZKY, N.: Zur Methodik der Untersuchung der motorischen Komponenten. Z. exp. angew. Psychol. 32 (1929) 257
OTTO, R.: Das Heilige, 31.–35. Aufl. Beck, München 1963

PAWLOW, I.P.: Sämtliche Werke. Akademie-Verlag, Berlin 1953–1954
Pechuël-Loesche: Volkskunde von Loango, Strecker u. Schröder, Stuttgart 1907
PELMANN, C.: Psychische Grenzzustände, 2. Aufl. Cohen, Bonn 1910
PENFIELD, W., T. RASMUSSEN: The cerebral cortex of man. McMillan, New York 1950
PETERS, W.: Vererbung geistiger Eigenschaften und die psychische Konstitution. Fischer, Jena 1925
PETROWA, M.: Patologičeskoe otklonenie razdražit el'nogo i tormožnogo processov pri trudnoj vstreče etich processov. Tr. Inst. Fiziol. (Mosk.) Bd. I, 1926
PETROWA, M.: Kožnye zabolevanija u éksperimental'nych sobak. Tr. Inst. Fiziol. (Mosk.) 1945
PETROWA, M.: Über die Rolle der funktionell geschwächten Hirnrinde bei der Wiederherstellung verschiedener Pathologischer Prozesse im Organismus. Medgis, Moskau 1946
PFAHLER, G.: Der Mensch und sein Lebenswerkzeug. Klett, Stuttgart 1954
PIÉRON, H.: Visual reception. Psyché 1925, 30
PILLERI, F.: Über das Auftreten von Kletterbewegungen im Endstadium eines Falles von Morbus Alzheimer. Arch. Psychiat. Nervenkr. 200 (1960) 455
PLOOG, D.: Motorische Stereotypien als Verhaltensweisen. Nervenarzt 28 (1957) 18
PLOOG, D.: Verhaltensforschung in der Psychiatrie. Proceedings IV World Congress Psychiatry 1966. Excerpta med. Nr. 150
PLOOG, D.: Verhaltensbiologische Hypothesen zur Entstehung endogener Psychosen. In: Schizophrenie und Zyklothymie, hsg. von G. HUBER. Thieme, Stuttgart 1969
POPPELREUTER, W.: Zur Psychologie u. Pathologie der optischen Wahrnehmung. Z. ges. Neurol. Psychiat. 83 (1923) 26
PORTMANN, A.: Tötungshemmung und Arterhaltung. In: Die Frage der Todesstrafe. Piper, München 1962
PREUSS, K. T.: Die geistige Kultur der Naturvölker. Teubner, Leipzig 1914
PRIBRAM, K.: The neurophysiology of remembering. Scientific American 220 (1969) 73
Prinzhorn, H.: Bildnerei der Geisteskranken. Springer, Berlin 1968
PUPPE, P., Bogen: Über die Beziehung zwischen einer Arbeitsleistung der Hand und geistiger Arbeitsleistung. Z. exp. angew. Psychol. 25 (1925) 374

REISS, E.: Zur Theorie der schizophrenen Denkstörung. Zbl. ges. Neurol. Psychiat. 25 (1921) 432
RÉVÉSZ, G.: Ursprung und Vorgeschichte der Sprache. Francke, Bern 1946
RICHTER, H. E.: Akustischer Funktionswandel bei Sprachtaubheit. Arch. Psychiat. Nervenkr. 196 (1957) 99
ROTHACKER, E.: Die Schichten der Persönlichkeit, 7. Aufl. Bouvier, Bonn 1966
RUCH, T.: Motor Systems. In: Handbook for Experimenta Psychology, hrsg. von S. Stevens. Wiley, New York 1951
RUTTER, M. Psychological development. J. Child Psychol. 11 (1970) 49

SANDER, F.: Beiträge zur Psychologie des stereoskopischen Sehens. Arch. Psychol. 65 (1928) 191
SCHÄFFNER, K.: Eine neue Sprache? Callwey, München 1908
SCHELER, M.: Das Ressentiment im Aufbau der Moralen. In: Abhandlungen und Aufsätze, Verlag der Weißen Bücher, Leipzig 1951
SCHILDER, P.: Wahn und Erkenntnis. Springer, Berlin 1918
SCHILDER, P.: Über Gedankenentwicklung. Z. ges. Neurol. Psychiat. 59 (1920) 250
SCHILDER, P.: Seele und Leben. Springer, Berlin 1923
SCHILDER, P.: Medizinische Psychologie. Springer, Berlin 1924
SCHILLER, F.: Briefe über ästhetische Erziehung. 15. Brief. 1794
SCHMIDT, M.: Indianerstudien in Zentralbrasilien. Reimer, Berlin 1905
SCHNEIDER, K.: Studien über Persönlichkeit und Schicksal eingeschriebener Prostituierter. Springer, Berlin 1921
SCHOLZ, W: Klinische, pathologisch-anatomische und erbbiologische Untersuchungen bei familiärer, diffuser Hirnsklerose im Kindesalter. Z. ges. Neurol. Psychiat. 99 (1925) 651
SCHULTZ, J. H.: Über Schichtenbildung im hypnotischen Selbstbeobachten. Mschr. Psychiat. Neurol. 49 (1921) 137
SCHULTZ, J. H.: Die seelische Krankenbehandlung (Psychotherapie), 8. Aufl. Fischer, Stuttgart 1963
SCHULTZ, J. H.: Das autogene Training, 13. Aufl. Thieme, Stuttgart 1970
SCHULTZ-HENCKE, H.: Lehrbuch der analytischen Psychotherapie, 2. Aufl. Thieme, Stuttgart 1970

SEMON, R.: Die Mneme als erhaltendes Prinzip im Wechsel des organischen Geschehens, 5. Aufl. Engelmann, Leipzig 1920
v. SIEBENTHAL, W.: Die Wissenschaft vom Traum. Springer, Berlin 1953
SKALIČKA, V.: Über die sog. Primitivsprachen. Lingua Posnaniensis 6 (1957) 84
SLAVSON, S.: Einführung in die Gruppentherapie. Verlag für medizinische Psychologie, Göttingen 1956
SOMMER, R.: Dreidimensionale Analyse von Ausdrucksbewegungen der Sinnesorgane. Z. Psychol. 16 (1898) 275
v. D. STEINEN, K.: Unter den Naturvölkern Zentral-Brasiliens, 2. Aufl. Reimer, Berlin 1897
STEINWACHS, F.: Die verfeinerte Schreibwaage. Arch. Psychiat. Nervenkr. 187 (1952) 521
STIERLIN, E.: Über die medizinischen Folgezustände der Katastrophe von Courrières. Karger, Berlin 1909
STOKVIS, B., D. LANGEN: Lehrbuch der Hypnose 2. Aufl., Karger, Basel, 1965
STOLLER, R.: Sex and Gender. Science House, New York 1968
STORCH, A.: Zur Psychologie und Pathologie des Selbstwerterlebens. Arch. Psychol. 37 (1918) 113
STORCH, A.: Das archaisch-primitive Erleben und Denken der Schizophrenen. Springer, Berlin 1922
STORCH, A.: Der Entwicklungsgedanke in der Psychopathologie. Ergebn. inn. Med. Kinderheilk. 26 (1924) 774
STUMPF, C.: Gefühl und Gefühlsempfindung. Barth, Leipzig 1928

TAGGART, P., et al.: Electrocardiogram, plasmacatecholamines and lipids and their modification by oxprenolol when speaking before an audience. Lancet (1973) 341
TINBERGEN, N.: Instinktlehre. Parey, Berlin 1952
TSCHERNORUZKIJ, M.: Erfahrungen mit dem Studium der Typen der höheren Nerventätigkeit in der Klinik für innere Krankheiten. Klin. Med. 32 (1954) 330

VERAGUTH, O.: Das psychogalvanische Reflexphänomen. Karger, Berlin 1909
VILLINGER, W.: Gibt es psychogene, nicht hysterische Psychosen auf normalpsychischer Grundlage? Z. ges. Neurol. Psychiat. 57 (1920) 174
VOGT, C., O. VOGT: Zur Kenntnis der pathologischen Veränderungen des Striatum. S.-B. dtsch. Akad. Wiss., Abt. B, 14. Abh. 1920
VOGT, C., O. VOGT: Zur Lehre von den Erkrankungen des striopallidären Systems. J. Psychol. Neurol. Erg. H. 3, 1920
VOLKELT, H.: Über die Vorstellung der Tiere, Engelmann, Leipzig 1914

WATSON, J.: Operant conditioning of visual fixation in infants under visual and auditory reinforcement. Develop. Psychol. 1 (1969) 508
WEBER, E.: Der Einfluß psychischer Vorgänge auf den Körper. Springer, Berlin 1910
WECHSLER, D.: Die Messung der Intelligenz Erwachsener. Huber, Bern 1964
v. WEIZSÄCKER, V.: Der Gestaltkreis, 4. Aufl. Thieme, Stuttgart 1950
WELLEK, A.: Die Polarität im Aufbau des Charakters, 3. Aufl. Francke, München 1966
WETZEL, A.: Über Schockpsychosen. Z. ges. Neurol. Psychiat. 65 (1921) 288
WEXBERG, E.: Ursachen und Symptome der Arzneimittelsucht und des Alkoholismus. Z. Psychother. med. Psychol. 1 (1951) 227
WIESER, ST.: Die motorischen Schablonen des Oralsinnes. Fortschr. Neurol. Psychiat. 23 (1955) 94
WINKLER, W.: Psychologie der modernen Kunst. Alma mater, Tübingen 1949
WINKLER, W.: Übertragung und Psychose, Huber, Bern 1972
WINKLER, W. T.: Der Traum. Fortschr. Neurol. Psychiat. 22 (1954) 227
WINKLER, W. T.: Dynamische Phänomenologie der Schizophrenien als Weg zur gezielten Psychotherapie. Z. Psychother. med. Psychol. 7 (1957) 192
WOLFENSBERGER-HÄSSIG, C.: Soziale Instinkte des Menschen und ihre Beziehung zum Autismus infantum Kanner. Schweiz. med. Wschr. 99 (1969) 306
WOLPE, J.: The practice of behavior therapy. Pergamon, New York 1970
WOODS, F.: Heredity and the Hall of fame. Popular science monthly 82 (1913)
WUNDT, W.: Grundriß der Psychologie, 9. Aufl. Engelmann, Leipzig 1909
WUNDT, W.: Elemente der Völkerpsychologie. Kröner, Leipzig 1913

ZACHARIAS, G.: Satanskult und schwarze Messe. Limes, Wiesbaden 1964
ZELLER, W.: Konstitution und Entwicklung. Verlag Psychol. Rundschau, Göttingen 1952

Gedrängter Überblick:

Delay, J., P. Pichot: Medizinische Psychologie, 2. Aufl. Thieme, Stuttgart 1968

Peters, U.: Wörterbuch der Psychiatrie und medizinischen Psychologie, Urban & Schwarzenberg, München 1971

Ausführliche Darstellungen:

Destunis, G.: Einführung in die Medizinische Psychologie. de Gruyter, Berlin 1955

Gelb, A.: Zur medizinischen Psychologie und philosophischen Anthropologie (Neudruck 1937) Wissenschaftliche Buchgesellschaft, Darmstadt 1969

Heyer, G. R.: Organismus der Seele. Lehmann, München 1932

Schilder, P.: Medizinische Psychologie. Springer, Berlin 1924

Antons, K., et al.: Kursus der Medizinischen Psychologie (gruppendynamische Didaktik), Urban & Schwarzenberg, München, 71

Birnbaum, K.: Handwörterbuch der medizinischen Psychologie, Thieme, Leipzig 1930

Wyss, D.: Lehrbuch der medizinischen Psychologie und Psychotherapie für Studierende, Vandenhoeck, Göttingen 1971

Autorenregister

Beispiele von Charakteren

Sachregister